Gary Friedman, Jack Himmelstein

Konflikte fordern uns heraus

Mediation als Brücke zur Verständigung

Übersetzung von Antje Korsmeier

Wolfgang Metzner Verlag

Redaktion Jürgen Heim, Berlin

Gestaltungskonzept Farnschläder & Mahlstedt, Hamburg
Umschlagabbildung © Nicholas Coley
Druck und Einband Kösel, Altusried-Krugzell
Printed in Germany
ISBN 978-3-943951-08-0

Bibliografische Information der Deutschen Bibliothek
Die Deutsche Bibliothek verzeichnet diese Publikation in der Deutschen Nationalbibliografie; detaillierte bibliografische Daten sind im Internet über http://dnb.d-nb.de abrufbar.

Inhalt

Vorworte

Vorwort der Autoren zur deutschen Ausgabe

Im Jahre 1989 wurden wir beide, Gary Friedman und Jack Himmelstein, zum ersten Mal nach Deutschland eingeladen, um Mediation zu lehren. Zu dieser Zeit hatten wir in den Vereinigten Staaten unseren eigenen, verstehensbasierten Mediationsansatz über ein Jahrzehnt lang entwickelt und gehörten dort zu den ersten, die Mediatoren ausbildeten. In dieser frühen Phase, als eine derartige Form der außergerichtlichen Streitvermittlung in Deutschland und Europa noch kaum bekannt war, erreichte uns die Einladung der etablierten Münchener Rechtsanwälte Hans Georg und Gisela Mähler. Wir kamen dem gerne nach. Im ersten Jahr und in den Folgejahren entfaltete sich ein lebendiger Prozess wechselseitiger Entdeckungen. Wir schätzen uns seit diesem bemerkenswerten Anfang glücklich, Jahr für Jahr nach Deutschland und anderswo in Europa kommen zu können, um dort zu unterrichten.

Seitdem, also in den letzten 25 Jahren, hat sich die Mediation in Deutschland fachlich enorm weiter entwickelt und findet immer breitere Anwendung. Mit Unterstützung solch professioneller Mittler wie Hans Georg und Gisela Mähler, mit denen wir gemeinsam lernen und arbeiten durften, wird sich diese Entwicklung fortsetzen. Engagierte Anwälte, Richter, Therapeuten und weitere Konfliktexperten haben praktische Erfahrungen gesammelt und diese an andere weitergegeben. Auf diese Weise konnten sie dazu beitragen, die Mediation zu einem integralen Bestandteil der deutschen und der gesamten europäischen Gesellschaft zu machen. Damit haben sie für die Streitparteien und die helfenden Experten eine Möglichkeit geschaffen, Konflikte mit mehr Respekt tiefer und achtsamer zu lösen.

Während unserer jahrelangen Arbeit in Deutschland, Österreich und der Schweiz war es uns eine Ehre, an der Entwicklung wichtiger und kreativer Mediationsprojekte mitzuwirken, wie etwa der des EIDOS Projekts Mediation von Hans Georg und Gisela Mähler oder anderer Kursteilnehmer, die mit unserem Mediationsmodells des verstehensbasierten Ansatzes arbeiten. Hervorheben wollen wir das Heidelberger Institut für Mediation unter der Leitung von Rechtsanwältin und Mediatorin Lis Ripke sowie das erste gerichtliche Mediationsprojekt in Deutschland – das Projekt gerichtsnahe Mediation in Niedersachsen – mit Richterin Freya Entringer und schließlich die GEMME (European Association of Judges for Mediation – Europäische Richtervereinigung für Mediation / Deutsche Sektion) mit ihren zahlreichen innovativ denkenden Richtern, die Mediation an vielen deutschen Gerichten in ihre richterliche Arbeit einbezogen haben. Es gibt noch viele andere in Deutschland, Österreich und in der Schweiz zu erwähnen – unter anderem die Bucerius Law School in Hamburg, die österreichische Anwaltliche Vereinigung für Mediation und kooperatives Verhandeln (AVM) und die Universität St. Gallen –, die uns eingeladen hatten, Seminare zu leiten. Dies alles hat direkt und indirekt zur weiteren Entwicklung des verstehensbasierten Mediationsmodells, wie wir es in diesem Buch darstellen, beigetragen. Wir sind dankbar für die wertvollen Beiträge dieser und anderer engagierter Fachleute, von denen wir viel gelernt haben. Sie alle machen Mediation mit großem Engagement zu ihrem persönlichen Anliegen und unterstützen gemeinsam mit ihren Kollegen das sich immer weiter entwickelnde Modell dieser konstruktiven Art der Konfliktlösung. Dabei haben sie die Entwicklung der Mediation in einer Weise gefördert, die ein von Integrität geprägtes Wachstum ermöglichte. Sie unterstützen Parteien, die diese Herausforderung in den unterschiedlichsten Konflikten annehmen und erarbeiten gemeinsam einvernehmliche Lösungen, die ihre beiderseitigen, aber auch ihre unterschiedlichen Sichtweisen anerkennen.

Konflikte scheinen vom Beginn der Geschichte an tief in der Natur des Menschen und seiner Entwicklung verwurzelt zu sein. Deutschland hat eine schwierige, konfliktreiche Geschichte, der sich Deutsche sehr wohl bewusst sind – ebenso wie die Vereinigten Staaten und all die anderen Länder in Europa und der ganzen Welt. In den letzten Jahren wächst ein starkes Interesse an der Mediation. Dies markiert einen wichtigen und hoffnungsvollen Schritt nach vorne in eine neue Zeit, in der die Menschheit kontinuierlich lernt, mit Konflikten konstruktiver umzugehen.

Durch unsere Lehrtätigkeiten konnten wir zu dieser dynamischen Entwicklung in Deutschland beitragen, die auf Österreich und die Schweiz übergriff. Wir hatten die besondere Gelegenheit, uns mit unseren deutschen Kolleginnen und Kollegen immer wieder darüber auszutauschen, wie Mediation in dieser Generation europaweit eine führende Rolle in der sich immer weiterentwickelnden Suche nach humaneren Formen der Konfliktlösung einnehmen konnte. Wir gehen davon aus, dass diese fortlaufende Entwicklung nicht nur eine vorübergehende Form der Verfahrensverkürzung ist, sondern zur Erkenntnis auf Seiten der Mediatoren und der Konfliktparteien führt, die da heißt: »Ja, wir können uns unseren Differenzen gemeinsam stellen und sie auch gemeinsam lösen.«

Die Erkenntnis, dass wir als Individuum und als Teil unserer Gesellschaft unsere Konflikte gemeinsam anders angehen und uns dabei wechselseitig unterstützen können, führt zu einem solch tiefen und authentischen Versprechen. Mediatoren mit ihren Fähigkeiten und ihrem Potenzial, die ihr Inneres bewusst wahrnehmen wollen, schätzen wie wir die Spannungen und Verbindungen in uns und zwischen uns, wenn wir uns gemeinsam Konflikten stellen. Uns Mediatoren eröffnet das die Möglichkeit, zusammen mit den Konfliktbeteiligten nach neuen Wegen zu mehr Integrität, Respekt und Tiefe in uns selbst und im gegenseitigen Verstehen zu suchen, gerade unter dem – beengenden – Einfluss von Konflikten. Dieses Anliegen wird hoffentlich in die Zukunft reichen, in der wir uns, in der sich unsere Gesellschaft, unsere Länder und die Menschheit fortentwickeln. Für uns ist die Veröffentlichung dieser deutschen Ausgabe ein begrüßenswerter Schritt zu mehr Verständnis für einen sich ständig weiterentwickelnden mediativen Ansatz zur Konfliktlösung.

Unter den vielen, mit denen wir in Deutschland zusammengearbeitet haben, wollen wir insbesondere denen danken, die uns die Veröffentlichung dieses Buches erst möglich machten: Connie Leibinger, Rechtsanwältin und Mediatorin in Neu-Ulm, unsere Schülerin, Kollegin und geschätzte Übersetzerin in zahlreichen Seminaren in Deutschland, Österreich und der Schweiz, die uns und unserem Mediationsmodell erst eine Stimme gegeben hat. Mit unerschütterlichem Engagement hat sie sich kontinuierlich für eine geeignete Form der Übersetzung von *Challenging Conflict* eingesetzt, die der tieferen Bedeutung und dem Geist unseres verstehensbasierten Modells entspricht. Wir bedanken uns für die Unterstützung anderer Kollegen in Deutschland, die bei uns gelernt haben und Connie bei ihrer Arbeit an dieser deutschen Ausgabe »Konflikte fordern uns heraus« unterstützt haben, darunter Claudia Stühmeier, Rechtsanwältin und Mediatorin in München.

Und unser Dank gilt auch Jürgen Heim, gelernter Rechtsanwalt und Mediator in Berlin, der sich nach seinem Studium des verstehensbasierten Ansatzes bei uns erfolgreich dafür einsetzte, dieses Buch im Wolfgang Metzner Verlag zu veröffentlichen. Dabei war ihm als Fachredakteur in Zusammenarbeit mit Connie und anderen besonders daran gelegen, die Didaktik des Lernens und die Praxis dieses Mediationsansatzes auf der sprachlichen Ebene begrifflich korrekt und dynamisch-kreativ darzustellen, um das zum Ausdruck zu bringen, was wir alle mit dieser Arbeit erreichen wollen.

Wir freuen uns über die deutsche Ausgabe dieses Buches zusammen mit ihnen und mit allen, mit denen wir im deutschsprachigen Raum zusammen gearbeitet haben. Und wir freuen uns auf Fortsetzung dieser gemeinsamen Reise, um an der kreativen Weiterentwicklung dieses Mediationsansatzes mit all unseren Kollegen – in der Vergangenheit, jetzt und Zukunft – zusammenzuarbeiten. All denen, die sich den Herausforderungen der Konflikte stellen wollen, kann dieses Mediationsmodell helfen, sich aus ihren Klammergriffen zu befreien, mit denen sie jeden und uns alle nur allzu leicht halten. Dabei können wir immer wieder nach Wegen suchen, um mit unseren Streitigkeiten respektvoll, mit gegenseitiger Fürsorge und mit Verständnis füreinander umzugehen und das zu ehren, was uns als Menschen verbindet.

Gary Friedman und Jack Himmelstein
The Center for Understanding in Conflict
Kalifornien/New York August 2013

Vorwort zur Originalausgabe – über die Entwicklung des Mediationsansatzes der Autoren in den USA

Als wir uns im Jahr 1976 kennenlernten, lebten wir an den entgegengesetzten Küsten der USA. Beide suchten wir nach neuen Wegen, um den ethischen Ansprüchen unseres Berufsstandes als Anwälte, aber auch den Erwartungen unserer Mandanten besser zu entsprechen.

Gary war kurz zuvor nach Kalifornien gezogen. Davor hatte er fünf Jahre als Prozessanwalt in der Kanzlei seiner Familie im Osten der USA gearbeitet. Die menschlichen Belastungen in den Verfahren der streitigen Gerichtsbarkeit hatten ihm mehr und mehr zugesetzt. Seit einigen Jahren erkundete er Möglichkeiten, wie er als Anwalt auf eine Weise arbeiten könnte, die seiner Persönlichkeit mehr entsprach. Ansatzweise begann er, Konfliktparteien seine Dienste anzubieten; ein Verfahren, das er bald als Mediation bezeichnen sollte.

Jack hatte drei Jahre an der Columbia Law School unterrichtet, nachdem er zuvor sechs Jahre als Anwalt für Bürgerrechte beim NAACP Legal Defense Fund tätig gewesen war. An der Columbia Law School leitete er ein Forschungsprogramm, bei dem es unter anderem um die persönliche Motivation angehender Rechtsanwälte ging.

In jenen Tagen beschäftigten wir uns – wie viele andere auch – mit der Frage, inwieweit wir als Anwälte unseren Mandanten wirklich helfen könnten und was zu tun sei, um ihnen mehr Hilfe anzubieten. Das traditionelle Rechtssystem war seit langem tief in unserer Gesellschaft verankert und übte eine wichtige Funktion aus. Aber die Art und Weise, wie Rechtsanwälte ihre Mandanten vertraten, wurde immer feindlicher und aggressiver. Druck, Einflussnahme und Manipulation, ja sogar unsaubere Tricks waren mittlerweile bewährte Mittel geworden, um den »Streit« zu gewinnen. Es gab Absprachen und Kompromisse, Gewinner und Verlierer. Eine Entscheidung ging oft mit tiefen Verletzungen psychologischer, emotionaler und finanzieller Art einher – nicht nur für den Verlierer.

Wir waren überzeugt, dass es Wege geben musste, mit denen man eine gewisse Menschlichkeit wieder herstellen kann und bei denen nicht nur um Lösungen »geschachert« wird. Es mag paradox klingen, doch uns interessierte auch die Frage, ob ein Konflikt womöglich einen

Nutzen haben könnte; ob es neben diesem Schema von »gewinnen, verlieren oder Kompromisse schließen« noch etwas anderes gäbe, das darüber hinausreicht. Wir wollten Rechtsstreitigkeiten so bewältigen, dass der Integrität der Beteiligten sowohl während des Verfahrens, als auch nach dessen Abschluss eine größere Bedeutung beigemessen würde.

Wir waren nicht die einzigen, die so dachten. Von unseren Kollegen, Studenten und Freunden wussten wir, dass bei vielen Anwälten das Engagement für Gerechtigkeit, Fürsorge und Hilfe für andere tief verwurzelt war. Wir suchten alle nach einem besseren Weg.

Im Rahmen unserer beruflichen und persönlichen Entwicklung hatte jeder von uns verschiedene Ansätze untersucht, um psychologische und spirituelle Dimensionen menschlicher Identität und zwischenmenschlicher Beziehungen besser verstehen zu können. Im Verlauf dieser Studien kreuzten sich unsere Wege immer wieder und wir wurden Kollegen und Freunde.

Jack hatte damals gerade seine Arbeit an dem neuen *Project on Humanistic Education in Law* begonnen, um neue Ansätze der Rechtslehre zu entwickeln, die sich auf die menschliche Dimension des Unterrichtens und der Rechtspraxis konzentrierten. Mit Unterstützung des *National Institute of Mental Health* forschten die Beteiligten des Columbia Projektes über einen Zeitraum von fünf Jahren. In diesem Zusammenhang gab es eine Reihe von zweiwöchigen Sommer-Intensivtrainingsprogrammen für Lehrende juristischer Fakultäten aus dem ganzen Land. In diesen Kursen suchten wir gemeinsam nach menschlichen, experimentellen und partizipativen Methoden der juristischen Ausbildung. Ebenso versuchten wir herauszufinden, was für ein grundlegendes Verständnis man für die Arbeit als Anwalt braucht, welche Prinzipien ihr zugrunde liegen und wie man diese anwendet.

Gary begleitete Jack als Gastanwalt und Dozent bei diesen Sommerkursen und so erweiterte sich der Raum, in dem wir lernten und nach Innovationen suchten.

Kollegen, die wir bei jenen ersten Schulungen kennenlernten, wurden zu unverzichtbaren Verbündeten unserer Forschungen; diese Freundschaften und Verbindungen sind bis heute lebendig. Howard Lesnick, der die Jefferson B. Fordham Professur für Rechtswissenschaften an der *University of Pennsylvania Law School* innehatte, arbeitete eng mit uns zusammen. Wir versuchten, die Grundlagen des Rechtssystems und der herkömmlichen Anwaltsrolle zu verstehen und erforschten darüber hinaus auch die Grundlagen, auf denen alternative

Methoden basieren könnten, inklusive der Möglichkeiten, die spirituellen Dimensionen der anwaltlichen Arbeit nutzbar zu machen.[1] Jack stieß später als Mitbegründer der Fakultät der Law School der *City University of New York (CUNY)* zu Howard, der dort eine neue Pädagogik für die Vision der CUNY für »das Recht im Dienste menschlicher Bedürfnisse« entwickelte.[2]

Weitere Rechtslehrende, die damals für die Entwicklung und Ausarbeitung jener Ideen und Schulungen wichtig wurden, waren Carrie Menkel-Meadow,[3] A. B. Chettle Jr. Professor of Law an der *Georgetown University School of Law*, Beatrice Moulton,[4] Professor of Law am *Hastings College of the Law*, und Len Riskin,[5] Chesterfield Smith Professor of Law am *University of Florida College of Law*. Sie alle sollten zu den führenden Experten für die Umsetzung der Vision und die sich entwickelnden Praktiken des experimentellen Lernens in der juristischen Ausbildung werden und in dem, was sich damals als *alternative Konfliktlösung* herausbildete.

Diese vier Kollegen planten und führten damals auch mit uns diese Sommer-Intensivkurse durch. Später kamen auch andere Programme hinzu, die sowohl für Dozenten, wie auch für Rechtsanwälte erstellt wurden. Diese Programme reichten von den ersten landesweiten Mediationsschulungen für Dozenten, der Anwendung des Modells menschlichen Verstehens und außergerichtlicher Konfliktlösung über unsere ersten Ausbildungskurse und Workshops für Anwälte, wie man mediatives Bewusstsein auf Konfliktlösungen anwendet, bis hin zu zahlreichen anderen Aspekten juristischer Berufe.

1 Siehe z. B. Dvorkin, Himmelstein und Lesnick, »Becoming a Lawyer«, West Publishing, 1981; Howard Lesnick, »Listening for God: Religion and Moral Discernment«, Fordham Press, 1998.

2 Howard Lesnick, »The Integration of Responsibility and Values: Legal Education in an Alternative Consciousness of Law and Lawyering«, 10 NOVA L. J. 633 (1986); »Infinity in a Grain of Sand: The World of Law and Lawyering as Portrayed in the Clinical Teaching Implicit in the Law School Curriculum«, 38 U. C. L. A. L. Rev. 1157 (1990).

3 Carrie Menkel-Meadow, »Toward Another View of Legal Negotiation: The Structure of Problem-Solving«, 31 U. C. L. A. L. Rev. 745 (1984); »Dispute Processing and Conflict Resolution: Theory, Policy and Practice«, 2003; Carrie Menkel-Meadow et al., »Dispute Resolution: Beyond the Adversarial Model«, New York: Aspen Publishers, 2005.

4 Gary Bellow und Beatrice Moulton, »The Lawyering Process«, Foundation Press, 1978.

5 Leonard L. Riskin, »Mediation and Lawyers«, 43 Ohio State Law Journal 29 (1982); »Mediator Orientations, Strategies, Techniques: A Guide for the Perplexed«, 1 Harvard Negotiation Law Review 7 (1996); »Decision-Making in Mediation: The New Old Grid and the New New Grid system«, 79 Notre Dame Law Review 1 (2003).

Während sich Garys Arbeit weiter zu dem entwickelte, was man zu Recht als Mediation bezeichnen konnte, weitete auch Jack seine Lehre aus. Wir untersuchten beide weiterhin die Voraussetzungen, Prinzipien und Methoden, mit deren Hilfe Anwälte Rechtskonflikte anders bewältigen könnten. Harry Sloan, Coach für Persönlichkeitsentwicklung und Beziehungsfragen, den wir im Laufe unserer psychologischen und spirituellen Erkundungen kennengelernt hatten, schloss sich unseren fortwährenden Bemühungen an. Harry besaß nicht nur einen sanften und zugleich durchdringenden Blick auf die Ziele, die uns miteinander verbanden, sondern auch einen großartigen Sinn für Humor. Er versuchte sich immer vorzustellen, wie die Dinge noch sein könnten. Trotz seines frühen Todes vor zwanzig Jahren wirken seine Einflüsse weiter fort, da er, überzeugt von unserer Arbeit mit Menschen im Konflikt, diese neuen Wege stets unterstützte.

Damals haben wir das gemeinnützige Institut »Center for Mediation in Law« gegründet, das sich vor allem mit der Weiterentwicklung der Konfliktarbeit befasste, wie wir sie für richtig hielten. Wir führten Fortbildungen über die Prinzipien und die Praxis der Mediation durch, die sich an Anwälte, Dozenten und alle Menschen richteten, die beruflich mit Konfliktlösung zu tun haben. Diese Schulungen ermöglichten es, unsere Ideen immer weiter zu entwickeln.

1985 bat Bob Mnookin[6] Gary, ein Seminar für seine Jurastudenten durchzuführen. Mnookin, derzeit Samuel Williston Professor of Law an der *Harvard Law School* sowie Vorsitzender des »Harvard Program on Negotiation«, war damals Professor an der *Stanford Law School*. Sehr erfahren in Verhandlungsfragen war und blieb er offen für neue Ideen, insbesondere für die ihn faszinierende Mediation. Bob hatte den Mut, unsere Methode zu kritisieren, sie aber auch als eine »radikal andere« Herangehensweise an Konflikte zu unterstützen. Auch nachdem er dem Ruf nach Harvard gefolgt war, blieben wir mit Bob in Kontakt. Seine weitere Unterstützung, die er unserem Verständnis von Konflikten sowie der weiteren Entwicklung des verstehensbasierten Modells zukommen ließ, insbesondere durch Ausbildungsprogramme und die Aufnahme eines Schulungsvideos[7], war von unschätzbarem Wert.

6 Siehe z. B. Robert Mnookin, »Why Negotiations Fail: An Exploration of Barriers to the Resolution of Conflict«, 8 Ohio State Journal on Dispute Resolution 235 (1993); Robert Mnookin et al., »Beyond Winning: Negotiating to Create Value in Deals and Disputes« (Belknap Press of Harvard University Press, überarbeitete Fassung 2004).
7 »Saving the Last Dance: Resolving Conflict Through Understanding« (Harvard Law School Program on Negotiation and the Center for Mediation in Law, 2001).

Während wir versuchten, Konflikte zu verstehen und einen besseren Umgang mit ihnen zu finden, bemühten wir uns auch zu erkennen, wie das empathischer geschehen könnte. Wir wollten die *Innenwelt des Konflikts* verstehen; wollten also besser verstehen, was in uns und in den Konfliktparteien vorging, wenn wir sie bei der Bearbeitung ihres Konfliktes unterstützen. Das Studium des Buddhismus war einer von mehreren Wegen, der für unsere Arbeit – den Menschen zu *verstehen* – besonders hilfreich war. Bei diesem Teil unserer Reise haben wir enorm von der aktiven Unterstützung und Freundschaft Norman Fischers profitiert. Der Zen-Priester und frühere Leiter des *San Francisco Zen Center*, Schriftsteller und Dichter, widmet sein Wirken der Frage, wie man die buddhistische Meditationspraxis und Meditationsprinzipien im Alltag anwenden kann. Dazu hat er eine Organisation namens *Everyday Zen*[8] gegründet. Durch die gemeinsame Arbeit mit ihm wissen wir die Bedeutung der Selbsterkenntnis und das Bewusstsein der subjektiven Erfahrungsebene für unseren Mediationsansatz noch mehr zu schätzen. Norman leitet unterschiedliche Fortbildungsseminare in unserem Center.

Viele der Ideen, Prinzipien und Praktiken, die wir in diesem Buch beschreiben, haben wir im Laufe der Jahre mit diesen engagierten Freunden, Kollegen, Ausbildern, Anwälten und anderen Pionieren zusammen entwickelt.

Die Situation heute ist mit der vor dreißig Jahren nicht zu vergleichen. Im Verlauf dieser drei Jahrzehnte wurden landesweit viele unterschiedliche Mediationsansätze und Modelle entwickelt, die aus dem gemeinsamen Wunsch entstanden sind, sowohl innerhalb unseres Berufsstandes der Rechtsanwälte, als auch innerhalb der Bevölkerung, ein freieres und weniger zermürbendes Verfahren zu finden, mit dem man Konflikte gerechter und effizienter beilegen könnte. Heute werden unzählige Konflikte durch Mediation gelöst und die Menschen wissen zumindest um das Verfahren als Alternative zum Gang vor Gericht. Aber

8 Siehe z. B. Norman Fischer, »Taking Our Places: The Buddhist Path to Truly Growing Up« (San Francisco, Harper Collins, 2003). Die »Everyday Zen Foundation« wendet die Erkenntnisse buddhistischer Praxis und buddhistischen Denkens auf unterschiedliche Kontexte an. Für eine umfassende Darstellung der möglichen Anwendungen der Mediation auf die Arbeit von Anwälten und anderen in der Konfliktbewältigung Tätigen, siehe Leonard Riskin, »The Contemplative Lawyer: On the Potential Contributions of Mindfulness Mediation to Law Students, Lawyers, and their Clients«, 7 Harvard Negotiation Review 1, (2002).

nur wenige wissen, wie viele unterschiedliche Arten von Mediation es gibt oder welche Möglichkeiten ihnen die Mediation bieten kann.

Zu Beginn hatten wir gar nicht vor, ein Mediationsmodell zu entwickeln. Wir suchten vor allem nach einer Möglichkeit, Konflikte mit den Betroffenen in einer Weise zu bewältigen, die sowohl ihre als auch unsere Integrität wahrte. Wie wir in diesem Buch ausführen werden, hieß das, dass wir die Parteien darin unterstützten, freiwillig gemeinsame Entscheidungen zu treffen, die auf dem basierten, was allen Parteien wichtig war. Folglich mussten wir auch sicherstellen, dass die Konfliktparteien umfassend über alles informiert waren, was für ihre Entscheidungen relevant sein könnte. Das schloss die Information über die Rechtslage mit ein, ohne dass jedoch das gesamte Verfahren vom Recht – oder von den Anwälten – dominiert würde.[9]

Wir suchten nach dem, was uns selbst in unserer Arbeit mit Konfliktparteien sinnvoll erschien. Dabei stellten wir fest, dass viele der Teilnehmer unserer Seminare – nicht alle – diesen Ansatz oder zumindest Teile davon attraktiv fanden. Nach wie vor sagen wir ihnen, dass sie nur so viel von dem bei uns Gelernten anwenden sollten, wie es ihnen selbst einleuchtet und wie es ihnen für die Konfliktparteien sinnvoll erscheint, die sie unterstützen möchten. Ist das nicht der Fall, erzwingen wir nichts. Tatsächlich ging es bei unserer Suche nach Alternativen im Laufe der letzten dreißig Jahre gerade darum, dass Experten und Konfliktparteien gemeinsam nach Wegen suchen, um bei der Konfliktbearbeitung dem Besten im Menschen Rechnung zu tragen und es Konfliktexperten zu ermöglichen, bei dieser Suche authentisch und sich selbst treu zu bleiben.

Wir wollen mit diesem Buch versuchen, den Geist und die Praxis unseres Mediationsansatzes darzustellen. Dafür haben wir zehn Konflikte aufgearbeitet, bei denen Gary eine Mediation durchgeführt hat. Bei jedem Fall – mit Ausnahme des Sinfonieorchester-Falls und des Nachbarschafts-Falls, für die wir eine Erlaubnis zur Veröffentlichung erhielten – wurden alle Namen, Erkennungsmerkmale und die Umstände

9 Len Riskin, der uns in das Spektrum von *Fördern* und *Bewerten* in seinem Schema einzuordnen versucht, merkte an, dass unser Ansatz zwar im Allgemeinen fördernd sei, aber durch den Einbezug des Rechts möglicherweise ein evaluatives Element auftritt. Er kommt jedoch zu dem Schluss, dass bei diesem Ansatz der Mediator »Bewertungen vornimmt, um die Konfliktparteien von den potenziell einengenden Auswirkungen des Rechts zu befreien.« Riskin, »Mediator Orientations, Strategies, and Techniques: A Grid for the Perplexed«, Anm. 3, S. 37.

gründlich abgeändert, um die Privatsphäre der Konfliktparteien ebenso zu schützen, wie die Vertraulichkeit der Mediationen.

In unserer Einführung in das verstehensbasierte Modell stellen wir die zentralen Aspekte und grundlegenden Prinzipien des Ansatzes vor. Anschließend arbeiten wir das Modell entlang der zehn Fälle in der Praxis aus. Zwischen den Szenen und Dialogen der Mediationen finden sich Erklärungen zur jeweiligen Konfliktdynamik und zu den Entscheidungen des Mediators. Auf diese Weise wird das Modell von Anfang bis Ende immer weiter erläutert. Am Ende der meisten Abschnitte steht ein Kommentar. Dort diskutieren wir ein oder mehrere Kernkonzepte des Mediationsansatzes noch ausführlicher.

Ebenso wie unser Modell der Konfliktbewältigung hat sich auch das *Center for Understandig in Conflict* (vorm. *Center for Mediation in Law)* weiter entwickelt. Mittlerweile führen wir nicht nur Mediationsausbildungen durch, sondern auch Fortbildungen in dem noch jungen Feld der *collobarative practice*, in Deutschland bekannt als *Cooperative Praxis*. Wir arbeiten auch aktiv mit gemeinnützigen und spirituellen Organisationen zusammen, die lernen wollen, wie man effektiv mit zwischenmenschlichen Konflikten umgeht.

Besonderen Dank schulden wir den vielen Kollegen, die uns unterstützt haben – nicht zuletzt durch ihr kritisches Hinterfragen – und die zur Entwicklung des Modells, der Ausbildungen und zu diesem Buch beigetragen haben. Dazu zählen Peg Anderson, Nancy Barash, Barry Berkman, Jill Cohen, Catherine Connor, Dana Curtis, Liz Dvorkin, Laura Farrow, Marc Fleisher, Lauren Friedman, Marcia Goffin, Trina Grillo, Susan Keel, Joan Lieberman, Trish McCall, Chris Anderson McDonald, Katherine Miller, Steve Neustader, Maude Pervere, Martina Reaves, Elizabeth Reingold, Peter Renkow, Amy Rodney, Kathy Stoner, Peter Swords, Mathew Wilkes und viele andere Menschen aus den USA sowie aus anderen Ländern.

Mit den Fallgeschichten und der Modellentwicklung möchten wir auch unsere Wertschätzung für die Konfliktparteien und ihre Anwälte zum Ausdruck bringen – sowie für all diejenigen, die danach streben, Konflikte gemeinsam zu bewältigen und für die vielen Menschen, die sie dabei beruflich unterstützen.

Weitere Informationen über das *Center for Understandig in Conflict* (vorm. *Center for Mediation in Law)* und das Seminarprogramm finden Sie auf folgender Website: www.understandinginconflict.org.

Wir freuen uns, wenn Sie Kontakt mit uns aufnehmen.

Gary Friedman & Jack Himmelstein
Kalifornien/New York, März 2008

Vorwort von Gisela und Hans-Georg Mähler

Der Ursprung

Unsere Lebensverhältnisse haben sich im Verlauf der letzten fünfzig Jahre grundlegend verändert. Das patriarchalisch geprägte Ehe- und Familienbild wurde von partnerschaftlichen Formen des Zusammenlebens abgelöst. Im Wirtschafts- und Arbeitsleben sind vielfach Teams mit einem großen Maß an Eigenverantwortlichkeit an die Stelle hierarchischer Entscheidungsformen getreten. Auch in der Verwaltungspraxis spielt das »kooperative Verwaltungshandeln«, das als konsensuale Steuerungstechnik die klassisch-regulative Steuerung ablöst, eine zunehmend größere Rolle.

Diese grundlegende Veränderung brachte neue Formen der Konfliktbearbeitung mit sich. Neben gerichtlich-hoheitlichen Entscheidungen traten Modelle, die eine *Eigenverantwortlichkeit* der Konfliktpartner mit dem Ziel einer *Verständigung* unterstützen. So wurde die Mediation wieder entdeckt und typischerweise nicht durch Anordnungen von oben, sondern durch das Bedürfnis der Betroffenen im Zusammenspiel mit dem Erfindungsreichtum professioneller Kompetenzen. Die althergebrachte Idee der Mediation deklinierte man als erlernbare Methode. In den USA zählten neben anderen Gary Friedman und Jack Himmelstein bereits in den siebziger Jahren zu den professionellen Erfindern, Findern und Geburtshelfern.

Wir selbst suchten in den achtziger Jahren einerseits als Anwälte in Familiensachen und andererseits als Ehe- und Familienberater nach einem Weg, wie wir Menschen in Trennung und Scheidung angemessen in der Verbindung von Innen und Außen, auf dem innerpsychischen Weg und der äußeren rechtlichen Gestaltung begleiten könnten. Wir fragten uns insbesondere, ob es nicht sinnvoll wäre, auch in rechtlicher Hinsicht von der herkömmlichen anwaltlichen Praxis abzuweichen, immer nur *eine* Partei zu beraten und zu vertreten. Wir wollten *mit beiden* Konfliktpartnern *gemeinsam* Lösungen suchen. 1988 stießen wir auf die Mediation; sie schien uns genau das richtige Angebot zu sein.

In unseren verbundenen Netzwerken suchten wir nach Lehrern und der Zufall wollte es, dass wir auf Gary Friedman und Jack Himmelstein stießen. Gleich zu Beginn wurde das Besondere unserer Begegnung deutlich: Wir wurden mit der jüdisch-deutschen Geschichte konfrontiert. Als Menschen jüdischen Ursprungs war es für beide von Anfang an nicht selbstverständlich, in Deutschland zu lehren. Aus unserer Begegnung heraus und vertieft aus der Erfahrung mit ihren ersten Seminarteilnehmern überschritten sie schließlich bewusst die Grenze und brachten ihre Form der Mediation grundlegend nach Deutschland. Dafür sind wir ihnen bis heute zutiefst dankbar.

So begann für uns die Geschichte der Mediation mit einem persönlich berührenden, wechselseitigen Verständigungsprozess in mitmenschlicher Verbundenheit.

Dieser Ursprung eines jahrelangen Wirkens beider Autoren in Deutschland und später in Österreich, der Schweiz und anderen europäischen Ländern ist für uns symbolisch für das ganz Besondere ihrer Haltung und Vorgehensweise. Für viele wird dies durch das nun glücklicherweise auch in Deutsch vorliegende Buch greifbar.

Die anfängliche Begegnung im Jahre 1989 wies bereits aus, was in ihrem Buchtitel erscheint: »Challenging Conflict«, das heißt: Konflikte fordern uns heraus, um durch aufrichtiges Verstehen unter Einbezug der jeweiligen Gefühlswelten eine Begegnung zwischen unterschiedlichen Ausgangspunkten und Sichtweisen zu ermöglichen. Mit gegenseitigem Respekt kann dadurch im Kontakt eine neue Ebene erreicht werden und auf dieser Grundlage eine neue Verständigung.

»Mediation Through Understanding« ist bei allem methodischen Reichtum viel mehr als eine Methode. Sie ist eine *Haltung*, die von den Autoren als *Angebot* verstanden wird. Wir haben diese Methode, die Gary Friedman und Jack Himmelstein seit den neunziger Jahren in vielen Seminaren im gesamten deutschsprachigen Raum lehren und damit die Praxis prägen, gerne aufgegriffen, angewandt und schließlich unserer eigenen Lehre zugrunde gelegt, so wie andere Ausbilder auch.

Die Praxis

Mit der Anwendung in der Praxis sind wir bei einer weiteren Besonderheit dieses Buches: Es schildert wie kein uns bekanntes anderes vor dem Hintergrund reichhaltigster Erfahrung anhand erlebter praktischer Fälle, wie die Mediation durch Verstehen abläuft und wirkt. Es zeigt an Erfahrungsbeispielen die jeweilige Art des Vorgehens und die Reflexion darüber, sodass es eine reiche Quelle des Lernens für alle Leser ist. Im Unterschied zu vielen Büchern, die in den letzten Jahren **über** Mediation geschrieben wurden, erzählt dieses Buch **von** der Mediation, wie sie wirklich lebt. Es gibt Gelegenheit, Meistern bei der Arbeit über die Schulter zu schauen. Dabei erschließt sich in hervorragender Weise ein praktisch begehbarer Bewusstseinsweg zur Lösung von Konflikten: Wie es gelingen kann, sich von einer gegnerischen, reaktiven Haltung mit eingeengter Sichtweise soweit zu lösen, dass der Blick in die Zukunft frei wird, die eigenen zukunftsorientierten Interessen und eigentlichen Anliegen besser verstanden werden und auf dieser Grundlage eine wechselbezügliche Verständigung auf manchmal ganz unerwarteter Ebene möglich wird.

Im Kleinen wie im Großen kann der hier beschriebene Ansatz des Umgangs mit Konflikten zum Frieden beitragen, der in unserer Welt wieder und wieder auf dem Spiel steht.

Gisela und Hans-Georg Mähler
München, 2013

Vorwort von Lis Ripke

Liest man in diesem Buch »Konflikte fordern uns heraus. Mediation als Brücke zum Verständnis« (»Challenging Conflict – Mediation Through Understanding«) von Gary Friedman und Jack Himmelstein, wird schnell die Faszination ihres speziellen Mediationsansatzes klar: Die Arbeit am Ursprung des Konfliktes mit den Konfliktparteien im gleichen Raum und der Aufbau eines tiefen Verständnisses in und zwischen den Parteien. So werden Lösungen möglich, die von ganzem Herzen von allen angenommen werden können.

Aus meiner Sicht sind vor allem vier Leitideen in den Ausführungen gut zu erkennen und deren Umsetzung herauskristallisiert:

- Die Kraft des Verstehens.
- Die fokussierte Unterstützung der Eigenverantwortlichkeit.
- Die Akzeptanz von Spannungen im Konflikt.
- Das Bemühen des Mediators um eine genaue Reflexion seines inneren Erlebens.

Mediation per Buch zu lehren und zu lernen ist ein schier unerreichbares Unterfangen, liegt doch die Stärke des Mediationsverfahrens in der Gestaltung individueller Lebensentwürfe und einem ergebnisoffenen Verfahren, das eben nicht von der Norm geprägt wird.

Jack Himmelstein und Gary Friedman geben praxisorientiert eine Mikroanalyse ihrer mediativen Arbeit und zeigen in zehn unterschiedlichen Fällen mit wörtlichen Protokollierungen und Kommentaren Wege und Irrwege in der Mediation auf. In ihren Fallanalysen wird deutlich, welche Macht ein Konflikt auf alle Beteiligten inklusive auf den Mediator ausübt und wie schnell im Konflikt nicht nur bei den Medianden positive Gefühle, wie Mitgefühl, Verständnis und Fürsorge, verschwinden. Genaue Interventionen werden aufgezeigt, um dieser Falle zu entgehen.

Dabei arbeiten Himmelstein und Friedman nicht mit erhobenem Zeigefinger und mit Appellen. Der Kerngedanke ihrer Philosophie ist, dass die Medianden die wichtigsten Experten ihrer eigenen Lebensführung sind und Gefühle eine große Rolle spielen, um eine ehrliche Begegnung von Mensch zu Mensch zu ermöglichen.

Sowohl angehende, als auch erfahrene Mediatoren und überhaupt alle Menschen, die an einem anderen Umgang mit Konflikten in der Gesellschaft interessiert sind, können aus diesem Buch viele Impulse erhalten: Gary Friedman und Jack Himmelstein beschreiben ihre *Best Practice* durch eine detaillierte Darstellung der Rahmenbedingungen und der Konzeptentwicklung für jede Gesprächsphase – vom Erstkontakt bis zur Nachbereitung der Mediation. Die Ausführungen über ihr Mediationsmodell erhalten besonderes Gewicht, weil es, wie sich jeder Leser durch die wörtlichen Protokollierungen selbst überzeugen kann, in vollem Einklang mit der ausgeübten Praxis steht.

Es handelt sich nicht um eine bloße Empfehlung, sondern um die Beschreibung eines real durchgeführten und seit Jahren erfolgreichen Mediationsmodells.

Eine Fundgrube für die Mediationskunst!

Lis Ripke
Heidelberg, 2013

Zum Geleit von Robert Mnookin

Dieses Buch ist wegweisend für alle Experten zum Thema Konfliktlösung, weil es grundlegend neue Ideen vorstellt, wie man Konflikte lösen kann. Seine Autoren Gary Friedman und Jack Himmelstein sind meisterhafte Lehrer und großartige Mediatoren, die ihren hart erarbeiteten Wissensschatz in diesem Buch zusammengeführt haben. Den Nutzen des von ihnen entwickelten Modells kann ich persönlich bestätigen – nicht nur aus pädagogischer Sicht, sondern auch aufgrund meiner eigenen praktischen Erfahrung.

In aller Offenheit erwähne ich hier meine persönliche Beziehung zu Gary und Jack, da ich das große Glück hatte, mit beiden zusammenzuarbeiten. An der Harvard Law School leiteten wir zu dritt einen Mediations-Workshop für Rechtsanwälte. Mit Gary konnte ich mehr als zwanzig Jahre lang gemeinsam Lehrveranstaltungen durchführen. Vormals als Professor für Rechtswissenschaften in Stanford und nun in Harvard habe ich unzählige Mediationen in komplexen Streitverfahren durchgeführt; zwei davon beschreibt Gary in diesem Buch. Viele Elemente des von ihnen entwickelten verstehensbasierten Ansatzes sind mittlerweile ein fester Bestandteil meines beruflichen Repertoires – sowohl als Mediator, als auch als Lehrer.

Einige der Ideen, die dem verstehensbasierten Ansatz zugrunde liegen, hatten Gary und Jack schon vor nahezu einer Generation umzusetzen begonnen. Als Ziehväter dieses Modells haben sie seither dessen Entwicklung und weitere Ausarbeitung begleitet. Mit der Veröffentlichung dieses Buches ist das verstehensbasierte Mediationsmodell zur Reife gelangt. Daher erfüllt mich diese Publikation mit besonders großem Stolz.

Aber seien Sie gewarnt. Das Wort »challenging« (engl. für »herausfordernd«) im Titel dieses Buches lässt sich genauso gut auf den Mediationsansatz selbst anwenden. Er basiert auf vier Kernideen. Jede davon stellt bekannte Weisheiten infrage und fordert sie heraus.

Der Mediationsansatz von Jack und Gary betont:

- die Kraft des gegenseitigen Verstehens anstelle von Druck und Überredung,

- die Verantwortung für die Konfliktbeilegung, die allein bei den Beteiligten liegt,
- die Zusammenarbeit, die den Konfliktparteien gemeinsame Entscheidungen ermöglicht,
- eine bewusstere Wahrnehmung der tieferen Konfliktgründe, die Lösungsoptionen sichtbar macht.

Die Umsetzung des verstehensbasierten Ansatzes verlangt von den Konfliktparteien, von deren Anwälten und insbesondere von den Mediatoren eine andere Haltung. Lassen Sie mich das kurz erklären.

Steckt eine Partei mitten in einem schwierigen Konflikt, sehnt sie sich meist danach, verstanden zu werden. Üblicherweise hat sie selbst wenig Interesse daran, die Gegenseite zu verstehen. Viele Konfliktparteien lehnen es sogar ab, sich mit ihrem Kontrahenten im gleichen Raum aufzuhalten, geschweige denn ernsthaft mit ihnen zusammenzuarbeiten, um das Problem zu lösen. Eine Konfliktpartei wird oft versuchen, der Hauptverantwortung für die Klärung des Streits aus dem Weg zu gehen. Stattdessen wälzt sie diese Verantwortung lieber auf ihren Anwalt beziehungsweise einen unabhängigen Dritten ab – sei es auf einen Mediator, einen Schlichter oder einen Richter. Von ihm erwartet sie, er werde schon sagen, was zu tun sei. Viele Konfliktparteien – ebenso wie einige Anwälte – betrachten die Mediation als eine Art unverbindliches Schlichtungsverfahren, bei dem ein weiser und gut informierter Parteiloser die Verantwortung dafür übernimmt, in der Sache selbst richtig zu entscheiden.

Der verstehensbasierte Mediationsansatz stellt auch für viele Anwälte eine Herausforderung dar, wenn sie bei einem solchen Verfahren einen Mandanten vertreten. Ein Anwalt nimmt den Streit möglicherweise nur in den Kategorien der rechtlichen Argumente wahr. Vielleicht bemisst er die Chancen und Risiken nur daran, welche möglichen Beschlüsse ein Gericht fassen könnte; möglicherweise bewertet er nur das monetäre Ergebnis. Der verstehensbasierte Ansatz negiert keineswegs die Bedeutung des Geldes. Er erkennt an, wie wichtig es ist, sehr genau über die rechtlichen Chancen und Risiken nachzudenken, die im Rahmen einer gerichtlichen Entscheidung auftreten. Aber das Modell verlangt auch von den Anwälten, dass sie ein Verfahren unterstützen, bei dem nicht sie als Anwälte, sondern die Konfliktparteien im Rampenlicht stehen: ein Verfahren, das die tiefer liegenden Interessen der Konfliktparteien erkundet; ein Verfahren, das nach Möglichkeiten der Wertschöpfung sucht, um den Kuchen zu vergrößern und daher mehr leistet, als nur zu entscheiden, wer wie viel Geld an wen zu zahlen hat. Das verstehensbasierte Modell unterstützt Konfliktparteien, die sich dafür entscheiden, ihre Beziehung in Ordnung zu bringen und Lösungen zu entwickeln, die ihren eigenen Werten und Bedürfnissen Rechnung tragen, sich aber in dieser Form kaum aus dem Gesetz oder der Rechtsprechung ergeben hätten.

Schließlich bleibt mir noch auf einen letzten und vielleicht auch den wichtigsten Aspekt hinzuweisen: Dieses Modell ist deshalb so herausfordernd – ja radikal –, weil es dem Mediator eine ganz bestimmte Rolle zuweist, nämlich mit den Parteien die psychologischen, emotionalen und interessenbasierten Aspekte zu untersuchen, die möglicherweise dem gegenständlichen Streit zugrunde liegen. Es verlangt vom Mediator, jeder Form von Druck oder Einflussnahme zu widerstehen und auf diese Methoden komplett zu verzichten. Es fordert vom Mediator, mit den Konfliktparteien zusammenzuarbeiten und zwar in Anwesenheit aller Medianden, um eine Lösung zu gestalten, die auf einem tieferen Verstehen der jeweils anderen Seite beruht.

Da die Konfliktparteien oft sehr wütend aufeinander sind, ist die Arbeit mit ihnen besonders schwer, wenn man mit ihnen in einem Raum arbeiten muss. Möglicherweise kennen sie ihre wunden Punkte sehr gut, bewusst oder unbewusst. In der Regel ist jedenfalls ihre Fähigkeit zu einer konstruktiven Kommunikation mit der Gegenseite schwer beeinträchtigt. Die Konfliktparteien dazu zu bringen, wirklich zusammenzuarbeiten, stellt daher selbst für erfahrene Mediatoren oft eine enorme und neue Herausforderung dar. Zudem schränkt dieser Ansatz die Möglichkeiten des Mediators ein, die Parteien zu beeinflussen oder zu manipulieren: Der Mediator kann den Parteien im Rahmen von Einzelgesprächen (»Caucusing«) aufgrund der räumlichen Trennung ganz unterschiedliche Botschaften übermitteln; so erfährt die eine Partei nie, was der anderen Partei wirklich gesagt wurde. Dagegen erhalten beim verstehensbasierten Ansatz alle Konfliktparteien vom Mediator die gleiche Sicht auf die Chancen und Risiken des Prozesses.

Der verstehensbasierte Ansatz der Mediation stellt eine Herausforderung dar: Er verlangt von Konfliktpartnern, Anwälten und Mediatoren, dass sie Konflikte auf eine neue Art und Weise angehen. Aus diesem Grund rechne ich vonseiten der Kollegen und Konfliktexperten mit Widerstand, wenn nicht gar Streit. Aber wie Jack und Gary bin auch ich zutiefst davon überzeugt, dass Konflikte an und für sich nichts Schlechtes sind. Ja, ich habe sogar die Hoffnung, dass die Veröffentlichung dieses neuen Buches einen produktiven Austausch über die Vor- und Nachteile alternativer Konfliktlösungen unterstützt.

Robert H. Mnookin
Samuel Williston Professor of Law at Harvard Law School
Vorsitzender des »Program on Negotiaton« an der Harvard Law School
Cambridge, Massachusetts
März 2008

Einführung in das verstehensbasierte Modell

Seit über dreißig Jahren arbeiten wir mit Menschen in Konfliktsituationen zusammen und bilden Experten dazu aus. Unser Hauptanliegen war und ist es, Konflikte und ihre Funktionsweisen zu verstehen. Unsere Erfahrungen als Anwälte und als Menschen, die auch selbst immer wieder schwierige Auseinandersetzungen erlebten, haben uns gelehrt, wie sehr diese unser Leben beeinflussen. Zu oft waren wir nur mit großer Mühe in der Lage, uns selbst, unsere Angehörigen und Freunde, unsere Mandanten, Kollegen und Studenten aus dem Klammergriff von Konflikten zu befreien.

Haltung im Umgang mit Konflikten

Während dieser Abeit haben wir beide zu einer Haltung im Umgang mit Konflikten gefunden, die für uns von unschätzbarem Wert ist. Sie verlangt nach einer direkten Auseinandersetzung mit den Konflikten, um zu verstehen, wie wir uns ihnen gegenüber verhalten können: nicht nur, um sie zu überstehen, sondern um durch sie unser Leben zu verbessern oder das Leben der Menschen, mit denen wir zusammenarbeiten.

Wenn wir es zulassen, dass Konflikte uns und andere Menschen zu Opfern machen, halten sie uns gefangen und zwingen uns in die Knie. Nehmen wir sie dagegen als Herausforderungen an, gibt uns das die Chance, Werkzeuge zu entwickeln, um sie zu verstehen und lösen zu können. Nach unserer Einsicht verschwinden Konflikte leider nicht, solange wir uns nicht mit ihnen auseinandersetzen. Sie wirken im Untergrund weiter und dominieren vielleicht sogar unser Leben. Werden sie zu dominant, schaffen sie ihre eigene Realität. Sie diktieren, wie wir sie erleben und ebenso, wie wir versuchen ihnen beizukommen. Oft geschieht das unbewusst, sodass wir uns selbst und auch andere Menschen in der Konfliktsituation kaum wiedererkennen, geschweige denn in angemessener Weise wahrnehmen.

Kategorien des Konflikts

Innerhalb eines Konfliktes denkt, fühlt und spricht man in den Kategorien von *richtig* und *falsch*, von *gewinnen* und *verlieren*. Gefühle wie Ärger, Wut oder Selbstgerechtigkeit kommen auf und eskalieren schnell. Oft spielt Angst eine Rolle, die aber häufig versteckt wird. Sogar Verletzungen werden geleugnet und bleiben unsichtbar. Mitgefühl,

Verständnis und Zuwendung wiederum nehmen ab. Sie werden entweder nicht wahr genommen oder – sollten sie sich doch einmal bemerkbar machen – sofort unterdrückt. »Sei zornig«, verlangt der Konflikt. »Du kannst durchaus Angst empfinden, wenn es Dir dabei hilft, den Zorn aufrechtzuerhalten. Aber achte darauf, dass die Angst verborgen bleibt.«

Befindet man sich erst einmal in den Fängen eines Konfliktes, scheint es nur einen Ausweg zu geben: Entweder durch Druck, Überredungskunst oder Manipulation zu gewinnen, oder aber auszuharren, bis der andere klein beigibt. Ist man in diese Sackgasse geraten, bleibt einem immerhin die Befriedigung, sich als unbescholtenes Opfer fühlen zu können. Funktioniert nicht einmal das, hilft einem sicherlich eine unabhängige Instanz. Denn natürlich hat einer recht und der andere unrecht. Und selbstverständlich ist man selbst derjenige, der recht hat!

Regeln des Konflikts

Dies sind oftmals Rahmenbedingungen und Regeln, mit denen Konflikte verbunden sind. Nach unserer Ansicht muss dies nicht zwingend so sein. Denn dieses einseitige und unvollständige Regelwerk führt in eine Sackgasse beziehungsweise in ein Entscheidungsvakuum. Sind wir davon überzeugt, es gäbe nur diese Regeln, und dies sei die einzig *wahre Wirklichkeit*, stecken wir im Konflikt fest. Hinterfragen wir sie, können wir auch andere Wege erkennen.

Wir wollen und können Konflikte nicht einfach abschaffen, weil sie so viel Schaden anrichten. Weit gefehlt. Das ist weder möglich noch ratsam. Wir sind vielmehr der Auffassung, dass das eigentliche Problem nicht der Konflikt an sich ist, sondern die Bereitschaft der Menschen, sich zu schnell auf die Bedingungen des Konflikts einzulassen und ihnen auf einer Abwärtsspirale zu folgen.

Abwärtsspirale

Wir glauben, dass Menschen, die sich nach unserem Ansatz den Bedingungen eines Konflikts stellen, ihr Leben bereichern können. Sie bekommen ein tieferes Verständnis für sich selbst und andere und erweitern ihre Lebenserfahrung. Nach unserer Definition von Mediation ist es entscheidend, dass die beteiligten Parteien den Konflikt wirklich verstehen und sich dadurch in ihrem Leben positiv weiterentwickeln. Damit empfehlen wir aber nicht, sich in Auseinandersetzungen zu stürzen. Es geht vielmehr darum, sich einem Konflikt zu stellen und nach einer Möglichkeit zu suchen, ihn durch Verständigung zu bewältigen.

Um das zu erreichen, versuchen wir allen Beteiligten – den Konfliktparteien und ihren beistehenden Experten – bewusst zu machen, worauf zu achten ist, um nicht in die sogenannten *Konfliktfalle* zu

Konfliktfalle

geraten. Mit diesem Bewusstsein können sie Konflikte nutzen, um das Beste in ihnen zum Vorschein zu bringen, anstatt in tiefste Abgründe zu stürzen.

Unter diesem Aspekt fordern uns Konflikte dazu auf, zunächst eine Tatsache anzuerkennen: In einer Konfliktsituation reagieren wir instinktiv nach bestimmten Regeln. Überwinden wir aber diese Reaktion, können wir in uns die Einsicht und das Verständnis finden, die uns aus dem Klammergriff der Konflikte befreien.

Der verstehensbasierte Ansatz der Mediation

Einer der Gründe für die Effizienz des verstehensbasierten Mediationsmodells ist die Tatsache, dass es sich um eine wirkliche Alternative handelt. Konfliktparteien haben in der Regel verschiedene Möglichkeiten, um ihren Streit zu beheben. Haben sie sich für den Rechtsweg entschieden, können ihre Anwälte einen Vergleich für sie aushandeln oder ein Richter entscheidet am Ende über den Streitfall.

Zusammenarbeit

Mit dem verstehensbasierten Ansatz und seinen neuen Möglichkeiten besteht vor allem die Chance, den Parteien mit Respekt und Anerkennung zu begegnen und so zu nachhaltigeren Lösungen zu gelangen. Menschen in Konfliktsituationen bietet dieser Mediationsansatz einen Weg der *Zusammenarbeit* an, um gemeinsame Entscheidungen zur Streitbeilegung zu treffen.

Diese unübliche Herangehensweise beruht auf einer einfachen Grundannahme:

> Die Beteiligten eines Konfliktes, die ihn verursacht haben und die mit ihm leben, sind seine Experten. Daher sind sie auch die Experten, wenn es um die Suche und Entwicklung der richtigen und passenden Lösungen geht.

Hier brauchen die Konfliktparteien durchaus Unterstützung. Deshalb versuchen wir ihnen zu helfen, einen produktiven und konstruktiven Weg der Zusammenarbeit zu finden. Auf diese Weise können sie den Konflikt und seine Lösungsoptionen verstehen und eine Lösung finden.

Dies gelang uns in der Streitsache *Radix gegen Argyle*, einer der Praxisfälle, die wir in diesem Buch ausführlicher behandeln. Zwei große Unternehmen hatten sich gegenseitig über Jahre hinweg auf Gesamtforderungen von mehr als 300 Millionen Dollar verklagt und eine endlose Folge von Verfahren und Prozessen in Gang gesetzt. Die ganze Zeit über waren die Geschäftsführer und ihre Anwälte auf die rechtlichen Schritte zur Durchsetzung dieser 300-Millionen-Forderung und ihre Verteidigung fixiert. Jede Partei hatte die andere mehrfach beleidigt. Beide waren fest davon überzeugt, dass die Handlungen des Gegenübers die Wurzeln der Konflikte darstellten. Jeder betrachtete den anderen als Feind. Nichts würde sich ändern, wenn sich der andere nicht änderte – und das war ziemlich unwahrscheinlich. Sie steckten schon seit Jahren tief in ihrer Konfliktfalle.

Trotz dieser Stimmungslage machten sich Veränderungen bemerkbar, sobald das Mediationsverfahren begann. Die Parteien befanden sich im gleichen Raum als wir sie fragten, ob sie einen Ausweg finden wollten – und zwar gemeinsam. Es vollzog sich eine kleine, aber spürbare Veränderung: Sie ahnten, es könnte ihnen zumindest gelingen, Verständnis dafür zu entwickeln, wie sie und ihre Unternehmen sich in einem Netz aus Vorurteilen, Meinungen, Haltungen und Gefühlen verstrickt hatten, und wie sehr sie Ihre Konflikte gefangenhielten. Und sie ahnten, dass es vielleicht einen für beide tragfähigen Ausweg geben könnte. Dieser spürbare Hoffnungsschimmer versetzte uns alle in die Lage, über das weitere Vorgehen zu entscheiden.

Bei Radix und Argyle führten diese ersten Einsichten schnell zu neuen Perspektiven. Als die Führungskräfte und ihre jeweiligen Berater die Zusammenarbeit aufnahmen und sich aktiv am Dialog beteiligten, kamen sie schnell zu einer wesentlichen Erkenntnis: Sie hatten sich möglicherweise zu stark auf ihre Anwälte verlassen. Die Anwälte wiederum hatten versucht, ausschließlich ihre Mandanten zu schützen. Diese beiden Aspekte verstärkten die Konflikte maßgeblich, verlängerten sie über Jahre hinweg und verursachten beiden Unternehmen enorme Kosten. Alle Beteiligten waren für gemeinsame Lösungsmöglichkeiten blind geworden. Allmählich erkannten sie, wie diese Entwicklungen sie in die Falle gelockt hatten. Beide Seiten beteiligten sich nun erstmals daran, die eigentlichen Bedingungen der Konflikte infrage zu stellen.

Das war erst ein Anfang, aber es war ein wichtiger Einstieg . Es sollte noch viel harte Arbeit kosten, um ihre Einsichten zu vertiefen und ihre Bereitschaft in eine praktikable Lösung umzuwandeln. Wie sich der Wandel im einzelnen vollzog, werden wir in den Unterabschnitten 1.2 und 4.1 ausführlicher darstellen.

Dieses Buch handelt davon, wie man einen solchen Einstieg findet, wie man das gegenseitige Verstehen vertieft und wie man miteinander arbeiten kann, um einen Konflikt nachhaltig zu lösen.

Die vier zentralen Prinzipien

Dabei gehen wir von vier zentralen Prinzipien aus, die miteinander verbunden sind:

1. *Gegenseitiges Verstehen*
   Die Kraft dieses Verstehens ist mächtiger als jede Form von Druck oder Überredung. Mit ihr kann der Mediator die Mediananden auf dem Weg zu ihrer Konfliktlösung erfolgreich begleiten.
2. *Eigenverantwortung*
   Die Verantwortung für die Konfliktbeilegung liegt allein bei den Medianden.
3. *Zusammenarbeit*
   Der Mediator unterstützt die Medianden bei ihrer Zusammenarbeit, damit sie ihre eigenen Entscheidungen gemeinsam und einvernehmlich treffen können.
4. *Wahrnehmung tieferer Konfliktgründe*
   Passende Lösungsoptionen werden sichtbar, wenn der Konflikt in seiner gesamten Dimension bewusst wahrgenommen wird.

Bereitschaft zur kritischen Auseinandersetzung

Diese zentralen Gedanken unterscheiden sich deutlich von der herkömmlichen Vorgehensweise, mit der die meisten Menschen mit Konflikten umgehen. Sie erfordern allerdings nicht nur die Bereitschaft des Mediators, sondern auch die der Parteien, ein anderes Vorgehen einzuschlagen. Wir haben festgestellt, dass viele Menschen eine derartige Bereitschaft zeigen, sobald sie die Chancen des neuen Vorgehens erkennen. Dadurch entsteht die Motivation, sich mit Konflikten kritisch auseinanderzusetzen.

Die Kraft des Verstehens

Bei herkömmlichen Ansätzen der Konfliktbewältigung geht es im Wesentlichen darum, etwas zu erzwingen. Sind sich zwei Parteien nicht einig, erscheint es unvermeidlich, notwendig und angemessen, Druck, Überredung oder Manipulation anzuwenden oder eine externe Autorität in Anspruch zu nehmen. Das gilt nicht nur für die herkömmlichen Modelle der streitigen Gerichtsbarkeit, sondern auch für einige Formen alternativer Konfliktbewältigungen. Wir behaupten nicht, dass unser Ansatz Druck und Drohungen vollständig beseitigt. Aber wir versuchen, die Kraft des Verstehens so oft wie möglich als Weg zu einer Lösung einzusetzen.

Verstehen und Verständnis

Verstehen und *Verständnis* erweisen sich in mehrfacher Hinsicht als zentral, wenn man zwei Parteien helfen will, ihren Konflikt beizulegen. Zum einen betrifft dies den Streitgegenstand. Wir unterstützen jede Seite darin, ein möglichst umfassendes Verstehen und Verständnis zu erlangen und gleichzeitig zu erkennen: Was ist für sie selbst in dieser Auseinandersetzung wichtig und und was ist für die andere Seite von Bedeutung. Verstehen und Verständnis sind aber auch entscheidend, um eine tragfähige Beziehung zwischen den Parteien und dem Mediator herzustellen, mit der alle einverstanden sind. Verstehen und Verständnis können ausschlaggebend dafür sein, dass die Parteien erkennen, in welche Art von Konflikt sie verstrickt sind und wie sie sich möglicherweise daraus befreien können.

Klarheit

Uns ist wichtig, dass über *alles* Klarheit herrscht, was für die Parteien bei der Konfliktlösung von Bedeutung sein kann: von der Art und Weise unserer Zusammenarbeit bis zur wahren Beschaffenheit des Konflikts und seiner Entstehung, wie er sich ausweitete und wie sich beide Seiten aus ihm befreien können. Wir glauben, dass die Parteien die rechtlichen Konsequenzen ihres Falls kennen und verstehen sollten. Zugleich sind wir der Ansicht, dass das *Recht* unsere Mediation weder beherrschen, noch leiten sollte. Ebenso viel Gewicht legen wir auf die persönlichen und praktischen wie auch auf die wirtschaftlichen und rechtlichen Aspekte eines Konflikts.

Bei der Lösungsfindung möchten wir, dass die Parteien erkennen, was ist ihnen selbst, aber auch der anderen Seite wichtig ist. Wir streben eine Lösung an, die alle Parteien zufriedenstellt.

Eigenverantwortung

Die Verantwortung für den Konflikt liegt bei den Parteien, nicht bei den Mediatoren. Dies bedeutet für den Mediator, nicht zu vergessen, dass es der Konflikt der Parteien ist und diese Tatsache auch zu akzeptieren. Denn nur sie halten den Schlüssel zu ihrer Lösung in den Händen. Und nur sie haben auch die Kraft und die Verantwortung, gemeinsam auf eine solche Lösung hinzuarbeiten – wenn sie denn dazu bereit sind. Eigenverantwortung bedeutet: Beide Parteien verstehen, was für sie substanziell ist und beide erarbeiten eine Lösung, die für alle Beteiligten die beste ist. Es bedeutet auch, dass die Parteien aktiv an der Gestaltung des Mediationsverfahrens mitwirken. Sie fällen gemeinsam mit dem Mediator fortlaufend Entscheidungen, um die Richtung des Verfahrens zu bestimmen.

Was und Wie

Die Parteien üben ihre Verantwortung nicht nur dadurch aus, dass sie die Inhalte bestimmen – das *Was* des Problems, sie sind auch aktiv an der Bestimmung des *Wie* beteiligt – der Art und Weise, wie das Mediationsverfahren abläuft.

Aus unserer Sicht sind das *Was* und das *Wie* untrennbar miteinander verbunden. Beteiligen sich die Parteien aktiv an der Gestaltung des *Wie*, erhöht das in der Regel die Wahrscheinlichkeit, dass sie auch beim *Was* ein besseres Ergebnis erzielen.

Das bedeutet jedoch nicht, dass der Mediator eine passive Rolle übernimmt und die Entscheidung über den Verlauf der Mediation an die Parteien abtritt. Vielmehr sehen wir die Rolle des Mediators in seinem Verhältnis zu den Medianden als *proaktiv und interaktiv* zugleich.

Rolle des Mediators

Das widerspricht anderen Methoden der Konfliktbewältigung, in denen der jeweilige Konfliktexperte aktiv für die Beilegung der Auseinandersetzung verantwortlich zu sein hat. In derartigen Verfahren treten die Parteien einen großen Teil ihrer Kontrolle und Verantwortung an einen Fachmann ab, sei es ihr Rechtsanwalt, ein Richter oder manchmal sogar ein Mediator. Bei unserem Ansatz sind die Parteien selbst verantwortlich und übernehmen eine aktive Rolle.

Verantwortung des Mediators

Auch der Mediator trägt Verantwortung. Er ist dafür verantwortlich, die Parteien in ihren Fähigkeiten zu unterstützen, auf der Basis ihres zunehmenden Verstehens gemeinsam Entscheidungen zu fällen. Ein gegenseitiges Sich-Verstehen und das gegenseitige Verständnis sorgen dafür, dass es sich dabei um bewusst getroffene Entscheidungen handelt.

Zusammenarbeit

Wir glauben,ein Mediator unterstützt die Parteien in ihrer Konfliktlösung dann am besten, wenn er für Ihre Zusammenarbeit sorgt, um *gemeinsam* Entscheidungen zu fällen. Die meisten Mediatoren einer sogenannten Einzelgespräch-Mediation (»Caucusing«) oder Shuttlemediation treffen die Parteien regelmäßig getrennt voneinander.

Direkte und gleichzeitige Zusammenarbeit

Unser Ziel ist es, *direkt und gleichzeitig* mit beiden Parteien zusammenzuarbeiten.

Wir werden im Verlauf dieses Buches noch ausführlich darauf zu sprechen kommen, warum wir diese Methodik vorziehen und wie wir dabei vorgehen. An dieser Stelle wollen wir zunächst einige der Grundlagen vorstellen, auf denen dieses zentrale Prinzip basiert.

Wir arbeiten auf diese Weise, weil es den Parteien bessere Lösungen ermöglicht. Und wir glauben, dass den Parteien so am meisten Respekt entgegengebracht wird. Zugleich gibt es in der Gesellschaft einen dringenden Bedarf, Menschen die Konfliktbewältigung zu erleichtern. Hierzu leistet unser Verfahren einen wichtigen Beitrag.

Wir glauben nicht, dass unser Zugang zur Mediation, der die Zusammenarbeit der Parteien betont, noch irgendein anderer Zugang jeglichem Streit ein Ende setzen kann. Wir sind jedoch der Ansicht, dass er all denjenigen viele Vorteile bietet, die für eine Zusammenarbeit motiviert und dazu in der Lage sind. Wir haben erlebt, mit welchem Erfolg zahlreiche Einzelpersonen und Organisationen damit vorgegangen sind. Einige dieser Fälle finden Sie in diesem Buch.

Es ist ein deutlicher Unterschied, ob der Mediator mit allen Parteien wirklich zusammenarbeitet, oder ob jemand »von außen« kommt und seine Entscheidungen fällt – sei es ein Richter oder ein Anwalt oder auch ein Mediator. Wir sind ferner der Ansicht, dass ein »Laissez-faire-Ansatz« einer anderen Konfliktbewältigung dann nicht sinnvoll ist, wenn er es zulässt, dass eine Partei ihre Entscheidungsmacht aufgibt und sich der Autorität der anderen Partei ausliefert. Die Fälle in diesem Buch machen deutlich, wie sehr wir uns dafür einsetzen, dass die Parteien durch ihre Zusammenarbeit und ihre gemeinsame Entscheidungsfindung dazu in der Lage sind, verantwortungsvoll zu handeln.

Autonomie der Parteien

Ebenso wollen wir sicherstellen, dass die Parteien hinreichend informiert sind, um unabhängige Beurteilungen zutreffen. Wir bemühen uns, ihrem Verhältnis untereinander Rechnung zu tragen, ohne dass sie ihre Autonomie aufgeben. Unser Mediationsansatz beruht auf einer bestimmten Sichtweise über die Autonomie des Individuums und seinen Beziehungen. In der Welt der Mediation nehmen wir eine Mittelposition ein: wir sitzen gewissermaßen zwischen den Stühlen. Auf dem einen Stuhl sitzen diejenigen, für die das Ziel der Mediation nur darin besteht, die Parteien zu unterstützen, sich als vollkommen getrennt voneinander wahrzunehmen und ihr jeweiliges Terrain zu verteidigen. Auf dem anderen Stuhl sitzen jene, für die es bei der Mediation allein um das Verhältnis der Parteien zueinander geht. Wir hingegen glauben, dass eine positive Spannung entsteht, sobald die Individualität der Parteien als ebenso wichtig anerkannt wird, wie das Verhältnis der Parteien zueinander. Beide Aspekte sind essenziell und wir verbinden sie.

Individualität und Verhältnis zueinander

Wahrnehmung tieferer Konfliktgründe

Innenleben des Konflikts

Von Albert Einstein ist folgendes Zitat überliefert: »Man kann Probleme nicht mit dem gleichen Denkansatz lösen, der sie geschaffen hat.« Das bedeutet für uns, nicht nur den nach außen hin sichtbaren Teil des Konflikts zu verstehen, sondern auch seine Tiefe, also die darunter oder dahinter liegenden Anteile aufzudecken. Das bedeutet auch anzuerkennen, dass jeder Konflikt sein »Innenleben« hat. Die Grundlagen für seine Bewältigung werden dann geschaffen, wenn wir zusammen mit den Parteien in bester Absicht untersuchen, was ihrem Streit zugrunde liegt.

Tiefere Verstehensebene

Mit diesem vierten Prinzip kehrt unser Fokus zum Verstehen zurück, allerdings auf einer tieferen Ebene. Diese tiefere Verstehensebene ist in vielen Fällen ausschlaggebend. Daher nimmt sie unter unseren Grundprinzipien eine besondere Stellung ein. Die Frage, was dem Inhalt der Auseinandersetzung zugrunde liegt, wird bei allen Aspekten des Konflikts gestellt. Wir helfen beiden Seiten herauszufinden, was für jeden von ihnen im Streit wirklich wichtig ist. Es geht nicht nur darum, *was* sie wollen, sondern *warum* sie es wollen.

Bei herkömmlichen Ansätzen zielt das Verstehen in erster Linie auf die Oberfläche des Problems. Meist geht es darum, wie viel Geld die eine Seite verlangt und wie viel die andere zu geben bereit ist, während die Konfliktexperten auf die Parteien Druck ausüben, damit sie einen Kompromiss schließen.

Wir versuchen das Verständnis der Parteien für den unter der Oberfläche liegenden Konfliktinhalt zu vertiefen. Zugleich geht es uns um die Fähigkeit der Medianden, neben ihrer eigenen Perspektive auch die der anderen Partei einzunehmen. So können sie zu einer Lösung gelangen, die allen Beteiligten gerecht wird.

Läßt der Druck erst einmal nach und wird das gegenseitige Verständnis umfassender und tiefgreifender, kommen viele Medianden auf kreative Ideen, an die keine Partei gedacht hatte, bevor das Mediationsverfahren begann. Diese Ideen sind im Endeffekt für jeden Teilnehmer befriedigender. Im besten Fall sind aus Konfliktgegnern Konfliktpartner geworden.

Wir arbeiten mit den Parteien, damit sie verstehen, was ihrem Konflikt zugrunde liegt. Das bedeutet, wir untersuchen gemeinsam, was genau zu der Dynamik geführt hat, die sie gefangen hält. Durch ihre aktive Beteiligung, können die Teilnehmer des Mediationsverfahrens gemeinsam entdecken, wie man Konflikte bewältigt. Die Erfahrung hat uns immer wieder gelehrt, dass ein tieferes Verständnis für den Konflikt bereits den Schlüssel zu dessen Lösung bereitstellen kann.

Konflikte können vielschichtig und komplex sein. Bestimmte einschränkende Verhaltensmuster und Verhaltensweisen, in denen Menschen sie erleben, wiederholen sich ständig. Deren Ursachen sind jedoch in der Regel verborgen. So wie die unter der Erde liegenden Wurzeln eines Baumes die mächtige Lebenskraft bergen, die wir über der Erde sehen, so ist das, was unter oder hinter dem Konflikt liegt, prägend für den sichtbaren Streit und verleiht ihm Kraft.

Subjektive Konfliktdimension

In Konflikten geht es selten nur um Geld oder nur darum, wer wem etwas angetan hat. Ein Konflikt hat auch eine subjektive Dimension: Emotionen, Überzeugungen und Annahmen der Menschen, die in den Konflikt involviert sind. Diese subjektive Dimension umfasst Gefühle wie Wut oder Angst, das Bedürfnis nach Schuldzuweisung oder den Wunsch, sich selbst zu rechtfertigen. Sie beruht zudem auf bestimmten Annahmen über die Beschaffenheit des Konflikts, die ihn stützen und ihn am Laufen halten – so wie etwa ein Vertrauen darauf, dass es »richtig« und »falsch« gibt. Bei unserer Arbeit mit den Parteien wollen wir diese Bedingungen infragestellen.

Damit die Konfliktbeteiligten neue Wege gehen können, ist es nötig, bereits vorhandene Überzeugungen offen anzusprechen, wie der Konflikt gelöst werden sollte. In der Regel ist zu hören, dass der andere sich selbst oder seine Position ändern sollte, dass man sich selbst gegen eine Gefahr schützen müsse oder dass ein Experte oder eine höhere Instanz die letzte Entscheidung zu fällen habe.

Reaktionsmuster

Oft stecken die Parteien im Konflikt fest, weil die subjektiven Annahmen, Einstellungen und Gefühle auf beiden Seiten vorhanden sind: Wut erzeugt Wut; auf eine Schuldzuweisung wird mit einer anderen Schuldzuweisung gekontert; versucht eine Seite, sich selbst zu schützen, erzwingt sie eine ähnliche Reaktion bei der anderen Seite und daraus entwickelt sich oft ein abwehrendes und eskalierendes Reaktionsmuster. Die subjektive Dimension, die einem Konflikt zugrunde liegt, hat nicht nur Auswirkungen auf die Streitparteien, sondern auch auf den Mediator sowie auf alle anderen in die Auseinandersetzung involvierten Fachleute. Erkennen wir als Konfliktexperten, was in *uns* vorgeht, wie *wir* über eine oder beide Parteien urteilen, ob *wir* uns mit der einen oder der anderen Seite identifizieren, ob *wir* Wut oder Angst, Mitleid oder Mitgefühl empfinden, kann das für unsere Arbeit mit den Parteien entscheidend sein.

Wenn wir verstehen, dass die objektiven und subjektiven Dimensionen eines Konflikts unausweichlich und entscheidend miteinander verbunden sind, können wir mit den meisten Konflikten erfolgreich umgehen.

Essenzielle Wechselwirkung

Viele Konfliktansätze fokussieren nur eine Dimension, ignorieren die andere und beachten dadurch diese essenzielle Wechselwirkung nicht. Nach unserer Ansicht liegt die Herausforderung darin, beide Dimensionen und ihre Beziehung zueinander zu verstehen. Kurz: Um einen Konflikt zu lösen, ist es hilfreich, ihn in seiner Gesamtheit zu verstehen.

Das soll unserer Ansicht nach nicht bedeuten, jeder Konflikt lasse sich durch »ein bisschen Verständnis« beilegen, weil es auf wundersame Weise das Kräftespiel zwischen den Parteien verändere und das Problem löse. Wir sind vielmehr der Meinung, dass ein gegenseitiges Verstehen den Parteien helfen kann zu erkennen, wie sie in diese raffinierte Falle geraten sind und wie sie anschließend herausfinden können. Das erfordert jedoch ein *umfassendes und tiefgreifendes* Verstehen, um aus einer so komplexen und vielschichtigen Situation auszubrechen. Nochmal: Wir sind der Ansicht, dass die Grundlage für eine Lösung dadurch geschaffen wird, dass wir gemeinsam mit den Parteien entdecken, was dem Konflikt eigentlich zugrunde liegt. Oft erweist sich das als eine Überraschung und oft hat das tiefgreifende Auswirkungen auf unsere Zusammenarbeit.

Ziel dieses Buchs

Vier Prinzipien (siehe S. 35)

Beim verstehensbasierten Zugang zur Mediation greifen vier Prinzipien dynamisch ineinander:

- Gegenseitiges Verstehen
- Eigenverantwortung
- Zusammenarbeit
- Wahrnehmung tieferer Konfliktgründe

In den zehn Fällen, die wir in diesem Buch vorstellen, kommen diese vier Prinzipien und ihre dynamische Interaktion zum Tragen. Unser Ziel ist es, einerseits zu erklären, weshalb wir die Prinzipien als so zentral ansehen und andererseits zu zeigen, wie sie in der Praxis funktionieren.

Bevor wir uns auf diese Reise begeben, möchten wir zunächst zwei wichtige Aspekte des verstehensbasierten Modells hervorheben. Sie leiten sich aus diesen Prinzipien ab und unterscheiden sich von anderen Ansätzen: Zum einen die Mediation ohne Einzelgespräch und zum anderen die Rolle des Rechts und der Rechtsanwälte. Diese Punkte werden in mehreren Mediationsfällen dieses Buches noch ausführlicher behandelt.

Mediation ohne Einzelgespräch

Shuttle-Mediation und Caucus

Manche Zugänge zur Mediation empfehlen, dass der Mediator zwischen den Parteien hin- und herpendelt (Shuttle-Mediation oder Caucusing) und dadurch Informationen erhält, die er oder sie vertraulich behandelt. Für uns liegt das Problem der Einzelgespräch-Mediation darin, dass dadurch der Mediator am meisten über den Konflikt weiß und daher vermeintlich am besten in der Lage ist, ihn zu lösen. Der mit einer derart umfassenden Sicht ausgestattete Mediator läuft Gefahr, sich dazu verleiten zu lassen, die Parteien zu der für ihn am günstigsten erscheinenden Lösung zu drängen oder gar zu manipulieren.

Zusammenarbeit

Wir betonen an dieser Stelle noch einmal: Nicht die Konfliktexperten, sondern die Konfliktparteien wissen und verstehen am besten, was ihrem Streit zugrunde liegt. Sie selbst sind daher auch am besten in der Lage, geeignete Lösungen zu finden.

Die logische Konsequenz daraus ist ein gemeinsames Treffen mit allen beteiligten Parteien und gegebenenfalls deren Beratern.

Für den Erfolg dieser herausfordernden Verfahrensweise sind die Motivation und die Bereitschaft der Streitparteien miteinander zusammenzuarbeiten, ganz entscheidend. Mediatoren gehen oft davon aus, dass die Parteien und ihre Berater nicht zusammenarbeiten *wollen* und halten deshalb die Parteien voneinander getrennt. Wir haben die Erfahrung gemacht, dass es viele Parteien als gegeben voraussetzen, nicht zusammen zu arbeiten und die Verantwortlichkeit für die Erarbeitung einer Lösung in der Person des Mediators zu sehen. Doch verdeutlicht man den Beteiligten, warum es nützlich sein könnte, sich gemeinsam im gleichen Raum aufzuhalten, sind viele motiviert, es auszuprobieren. Sind die Parteien dazu bereit, kann die Zusammenarbeit über die gesamte Dauer des Verfahrens nicht nur anstrengend, sondern sehr wohl lohnend sein. Das belegen die Mediationen, über die wir in diesem Buch berichten.

Die Rolle des Rechts und der Rechtsanwälte

Mediatoren werden oft danach eingeteilt, welche Rolle sie dem Recht bei einer Mediation einräumen. Einige verlassen sich sehr darauf, wie ein Gericht entscheiden würde. Sie suggerieren mit autoritärem Gestus, das Recht sollte der Maßstab sein, mit dessen Hilfe der Konflikt beendet wird. Andere Mediatoren sind besorgt, dass sich die Parteien zu schnell ans Gericht wenden und dadurch die Chance verpassen könnten, kreativere Lösungen zu finden. Sie versuchen das Recht vollständig aus der Mediation herauszuhalten oder beziehen es nur mit ein, wenn die Parteien danach ausdrücklich verlangen.

Beteiligung der Rechtsanwälte

Wir begrüßen ausdrücklich die Beteiligung von Rechtsanwälten und halten es für wichtig, das Recht mit einzubeziehen. Wir gehen allerdings nicht davon aus, dass sich die Parteien ausschließlich oder vorrangig auf das Recht verlassen sollten. Vielmehr bleibt es den Parteien selbst überlassen, wie viel Gewicht sie dem Recht geben möchten.

Unsere Ziele sind:

1. die Parteien über gesetzliche Regelungen sowie über mögliche rechtliche Konsequenzen aufzuklären und
2. sie in ihrer Freiheit zu unterstützen, eigene kreative Lösungen zu gestalten, die eventuell von den Entscheidungen abweichen, die ein Gericht getroffen hätte.

Auf diese Weise lernen die Parteien, dass sie zusammen eine Einigung erzielen können, die sowohl ihre Einzelinteressen als auch ihre gemeinsamen Ziele berücksichtigt. Zugleich sind sie über ihre Rechte und die juristischen Alternativen zu einer im Mediationsverfahren gefundenen Einigung gut informiert.

Zu den Bedenken an unserem Ansatz

Selbst entscheiden

Zuletzt möchten wir noch auf eine verbreitete Sichtweise und Kritik eingehen, nach der diese Art zu arbeiten für die meisten Menschen und die meisten Konflikte unrealistisch sei. Unsere Antwort lautet, dass viele Konfliktparteien vor allem eines können und wollen: selbst entscheiden!

Diese Antwort wird durch unsere mehr als dreißigjährige eigene Erfahrung und die Erfahrung vieler anderer Konfliktexperten gestützt, die diesen Ansatz in ihre Praxis integriert haben. Sie wird nicht zuletzt auch von den Parteien der Mediationsverfahren bestätigt, mit denen wir und viele andere zusammengearbeitet haben.

Wunsch nach Zusammenarbeit

Bei der Entwicklung dieses Ansatzes kam es uns nicht so vor, als erfinden wir etwas Neues. Vielmehr wollten wir einen natürlichen Impuls der Menschen wachrufen und unterstützen, mit einem Konflikt anders umzugehen: den Wunsch nach Zusammenarbeit mit dem Konfliktpartner, auch wenn die jeweiligen Perspektiven erhebliche Differenzen aufweisen. Dieser Impuls wird vielleicht durch Dissonanzen verdeckt, die ein unvermeidbarer Teil jedes Konflikts sind. Aber auch wenn er sich nicht unbedingt zeigt, wartet dieser Impuls doch darauf, dass er Raum erhält,um sich zu entfalten. Selbst wenn es nur der Wunsch nach dem ist, was sein könnte, wenn die Dinge anders wären. Das Gleiche gilt für die Fähigkeit der Parteien, an ihrem Konflikt gemeinsam zu arbeiten und ihn zu bewältigen. Wenn sie die Chance und die nötige Unterstützung erhalten, sind viele sowohl bereit als auch fähig dazu. In unseren Mediationsverfahren versuchen wir genau diesem Impuls der Parteien nachzugeben und dieser Fähigkeit Ausdruck zu verleihen.

Dieser Punkt ist absolut entscheidend, denn der verstehensbasierte Ansatz beruht gerade darauf, dass Mediator und Parteien motiviert sind, auf diese Art zu arbeiten. Aber sie werden nur dann dafür offen sein, wenn der Mediator ihnen vermittelt, dass diese Alternative existiert. Den Rahmen dafür muss der Mediator schaffen. Wie er dabei vorgeht, erläutern wir in diesem Buch.

Abschnitt 1: Die Entscheidung zur Mediation

1.1 Wer entscheidet? Die Blockade auf der Finca

Auf dem Weg nach Südamerika versuchte ich, es mir für die kommenden neun Flugstunden irgendwie gemütlich zu machen. Was würde mich wohl in dem »kleinen Paradies«, meinem Bestimmungsort in den Bergen, erwarten? Ein guter Freund hatte mich zu dieser Reise gedrängt. Er flog jedes Jahr zu einem abgelegenen Ressort, um sich zwei Wochen zurückzuziehen und zu schreiben. Dieses Ressort hieß »La Finca« und lag hoch über dem Meer. Leicht wehmütig deutete mein Freund an, ich sei vielleicht die letzte Hoffnung für die beiden Geschwister, denen das Anwesen gehörte – denn die beiden steckten in einem unentwirrbaren Streit fest.

Graziella und Ricardo hatten das Land von ihren Eltern geerbt und in zwei Parzellen aufgeteilt. Die Finca bestand aus dem Haupthaus, einigen Gästehütten und Wirtschaftsgebäuden sowie Beeten mit Blumen und Feldern, auf denen Biogemüse angebaut wurde. Im Lauf der Jahre waren auf beiden Parzellen neue Gebäude und Felder entstanden. Ricardo kümmerte sich um das Land, die Gärten, den Wald und die Gebäude. Graziella führte den Gästebetrieb und überwachte die Finanzen. Anfangs funktionierte die Zusammenarbeit gut. Mit vereinten Kräften bauten die Geschwister ein für die Zukunft vielversprechendes Geschäft auf. Aber zunehmende Meinungsverschiedenheiten und Unstimmigkeiten über die Leitung des Ressorts sowie die Pläne für Gästebetrieb und Gärten hatten zu Reibereien und sogar Feindseligkeiten zwischen den beiden geführt.

Zum Zeitpunkt meiner Reise war der Fortbestand ihres gemeinsamen Unternehmens ernsthaft gefährdet. Die Stimmung zwischen beiden war durch ihre gegenseitigen Anschuldigungen dermaßen vergiftet, dass mein Freund und andere Stammgäste überlegten, künftig nicht mehr dorthin zu reisen. Mein Freund wirkte wenig zuversichtlich, als er mich zu der Reise nach Südamerika drängte: »Zu viel ist gesagt worden, was sich nicht mehr zurücknehmen lässt. Sie reden nicht einmal mehr miteinander. Beide sind anständige Menschen, aber sie haben sich in ihre Auseinandersetzung geradezu verbissen. Ich hoffe, dass ich mich täusche.« An seinen Worten konnte ich erkennen, wie sehr er den Geschwistern eine Lösung für ihren verfahrenen Streit wünschte. Unabhängig voneinander hatten beide mit ihm darüber gesprochen, dass sie in ihrer verzweifelten Lage für jegliche Hilfe dankbar wären. Das ließ mich hoffen, dass sie ernsthaft daran interessiert waren, sich mit ihrem Konflikt auseinanderzusetzen.

Auf der holprigen Straße zur Finca musste ich an das Gespräch einer Kollegin aus Israel mit einem Oberrabbiner denken, von dem sie uns erzählt hatte. Der Rabbiner hatte sich die Ausführungen unserer Kollegin über ihre Arbeit als Mediatorin angehört und ihr eine knifflige Frage gestellt: »Was sagte Kain zu Abel oder Abel zu Kain, das schließlich zu dem Mord führte?« Sie versuchte angestrengt, sich daran zu erinnern. Er hatte ihr ins Gedächtnis gerufen, dass es in der Bibel und den entsprechenden Kommentierungen sehr genau darum geht, wer was zu wem sagt. Aber so sehr sie sich auch bemühte: es fiel ihr nichts ein. »Kein Wunder!«, hatte der Rabbi gerufen. »Es wurde auch nichts gesagt. Kain war neidisch auf Abel und erschlug ihn. Kein Wort. Kein Gespräch. Vielleicht sind Sie jetzt einer interessanten Sache auf der Spur.«

Bei meiner Ankunft wurde mir sofort klar, warum dieser idyllische Ort meinem Freund so sehr am Herzen lag, und er den Geschwistern einen Ausweg aus ihrer misslichen Lage wünschte. Graziella und Ricardo empfingen mich sehr liebenswürdig. Doch bald schon wurde deutlich, dass sie bereit waren, mit jedem zu sprechen – nur nicht miteinander. Beide versuchten mich mehrmals allein anzutreffen, um mir ihren Fall unter vier Augen zu schildern. Ich sagte ihnen jedes Mal, es sei am besten abzuwarten, bis wir Zeit für ein gemeinsames Gespräch zu dritt hätten. Erst am Nachmittag meines zweiten Tages auf der Finca stimmten beide widerwillig zu, sich mit mir am kommenden Morgen gemeinsam zusammenzusetzen.

Die offensichtliche Feindseligkeit zwischen den beiden überraschte mich ebenso wenig wie ihr Bedürfnis, mir ihre Sicht der Dinge unter vier Augen darzulegen.

Streiten zwei oder mehr Leute miteinander, sagt ihnen ihr Instinkt in der Regel: angreifen – verteidigen – zurückschlagen. Viele von uns versuchen, die direkte Konfrontation zu vermeiden. Wir ziehen es vor, unsere Angelegenheit jemandem vorzutragen, der wohlwollend zuhört. »Ich habe recht – er ist im Unrecht!«, beklagen wir uns gegenüber Freunden, unserer Familie oder wem auch immer. Wir breiten unsere Sorgen aus und hoffen, dass man unsere Sache als wahr und gerecht anerkennt.

Dieser Konflikt bildete keine Ausnahme. Ich konnte ziemlich schnell erkennen, *wie* Graziella und Ricardo mit ihrem Konflikt umgingen – indem sie ihn eben *nicht* angingen. Ich fragte mich, wie sich das ändern könnte. Darauf richte ich grundsätzlich mein Augenmerk. Aber die beiden waren mit ihrer Aufmerksamkeit vollkommen in ihrem Konflikt gefangen. Sie beschäftigte nur der Streitinhalt und die Frage: Was hatte der andere falsch gemacht und was würde er als nächstes anrichten?

In unserem verstehensbasierten Ansatz unterstützen wir die Menschen in ihrem Versuch, eine andere Sichtweise auf ihren Konflikt einzunehmen. Ausschlaggebend dafür ist die Unterscheidung zwischen dem *Was* und dem *Wie*. Die gewonnene Fähigkeit, sowohl das *Was* als auch das *Wie* zu fokussieren, bezeichnen wir als *bifokale Sichtweise*.

Bifokale Sichtweise (s. S. 99)

Graziella und Ricardo, die sich nicht auseinandersetzen wollten, versuchten mich auf ihre Seite zu ziehen. Sie verhielten sich mir gegenüber wie gegenüber einem Richter. Das ist nicht weiter verwunderlich. Mir fällt immer wieder auf, dass sich zwei Parteien, die sich um eine außergerichtliche Beilegung ihres Streits bemühen, weiterhin so verhalten, als befänden sie sich im herkömmlichen System. Sie appellieren an mich und erwarten, dass ich ein Urteil fälle, während ich behutsam versuche, die Verantwortung in ihre eigenen Hände zu legen.

Immer wieder hatte ich in der Vergangenheit die Beteiligten einer Mediation auf diesen Punkt hingewiesen: Es gibt Konfliktpartner, die eine Verantwortung für die Beilegung ihrer Differenzen scheuen, und es gibt Fachleute bei Tagungen oder Schulungen, die die Verantwortung manchmal nur zu gerne übernehmen. Aber noch nie hatte ich die unterschwellige Präsenz eines Rechtsstreits und eines gerichtlichen Verfahrens auf so direkte und dramatische Weise erlebt wie am Morgen meines dritten Tages auf der Finca.

Ich wurde unmittelbar Zeuge eines heftigen Streits zwischen Graziella und Ricardo. Unser Treffen sollte um elf Uhr stattfinden, und ich saß gerade beim Frühstück, als Graziella erschien. Sie war außer Atem und offensichtlich sehr erregt.

»Bitte kommen Sie sofort mit! Wir stecken wieder mitten in einem handfesten Streit!« Graziella sprach Englisch mit mir, das sie und ihr Bruder recht gut beherrschten. Draußen stand ungefähr ein Dutzend

Leute, von denen die meisten wohl auf der Finca arbeiteten. Sie schauten zu, wie Ricardo und ein Busfahrer sich gegenseitig lautstark auf Spanisch beschimpften. Der Busfahrer war gekommen, um einige Gäste abzuholen und hatte abseits der Zufahrt unter Bäumen geparkt. Ihre gegenseitigen Anschuldigungen schienen Ricardo und Graziella an einen dritten Mann zu richten. Auf dem Boden hinter dem Bus lag ein Vogelnest, das aus einem der Bäume gefallen sein musste. Ricardo deutete immer wieder mit Nachdruck auf das Nest, während er etwas auf Spanisch schrie. Er schien überrascht, mich dort zu sehen; auch ich selbst war ein wenig überrascht.

»Sehen Sie, was Graziellas Leute angerichtet haben!«, rief **Ricardo** mir mit hochrotem Kopf auf Englisch zu. »Wir hatten vereinbart, dass niemand dort parken soll!«
Graziella erwiderte giftig: »Der Bus musste irgendwo abseits der Straße parken! Das war keine Absicht. Außerdem ist es nur ein altes leeres Nest. Das ist doch lächerlich!«
»Du kennst Dich mit Vögeln und ihrem Brutverhalten überhaupt nicht aus!«, gab **Ricardo** zurück. »Es gibt Gesetze zum Schutz der Natur ...«
»... und Gesetze darüber, dass man bei Gebäuden für die Öffentlichkeit genug Parkplätze braucht!«, unterbrach ihn **Graziella**, »... falls Du auf Deiner Albernheit bestehst.«

Ricardo wandte sich wieder dem Mann zu, um ihm anscheinend auf Spanisch noch einmal dasselbe zu sagen. Ich vermutete, dass die Haltung, die sie bei dieser Auseinandersetzung einnahmen, typisch für viele ihrer Konflikte war. Das sollte sich später bestätigen. In dieser Situation achtete ich aber vor allem darauf, wie sie mit diesen Differenzen umgingen.

»Wer ist dieser Herr?«, fragte ich.
»Er ist der Richter aus dem Ort«, sagte **Ricardo**.
»Der Richter? Und wieso, wenn ich fragen darf, ist der Richter hier?«
»Ich habe ihn gerufen. Das hier ist ein schwerwiegender Fall von Rechtsverletzung« antwortete **Ricardo**.

Graziella und Ricardo begannen nun einen wütenden Wortwechsel auf Spanisch. Der Richter stand teilnahmslos und leicht verwundert da. Abermals unterbrach ich die Geschwister auf Englisch: »Könnten Sie den Richter bitte fragen, ob er hier ein gerichtliches Verfahren durchführen und etwa ein Urteil erlassen will?«

Ich konnte mir kaum vorstellen, dass er deshalb gekommen war. Aber hier herrschten offenkundig vollkommen andere Gepflogenheiten. Graziella und Ricardo wechselten schnell ein paar spanische Worte mit dem Richter und übersetzten mir seine Antwort: »Jetzt wahrscheinlich nicht.«

Ich versuchte es mit einem anderen Ansatz.

Mediator: Dann frage ich Sie beide: Wollen Sie, dass der Richter hier etwas unternimmt? Dass er eine Entscheidung fällt?
Ricardo: Nicht unbedingt.
Graziella: Der Richter ist gar nicht berechtigt, hier ein Urteil zu fällen. Ich weiß noch nicht einmal, weshalb er hier ist. Aber ich lasse auf keinen Fall zu, dass Ricardo mit seinen Angriffen auf mich so einfach davonkommt.
Mediator: Wenn Sie also beide nicht möchten, dass der Richter ein Urteil fällt, zumindest nicht zum gegenwärtigen Zeitpunkt, vielleicht brauchen Sie ihn dann hier nicht mehr?

Für einen kurzen Augenblick hielten sie überrascht inne, wandten sich dann aber mit ihren Argumenten einfach an mich.

Mediator: Ich schlage vor, dass wir drei uns wie geplant in einer Stunde treffen. Ohne Zuschauer und ohne die wertvolle Zeit des Richters in Anspruch zu nehmen. Bis dahin kann diese Angelegenheit meines Erachtens warten.

Ricardo und Graziella wirkten verblüfft, als sie hörten, dass sie ihr Wortgefecht beenden oder zumindest unterbrechen sollten. Sie zögerten kurz und stimmten dann zu. Als ich mich zum Gehen wandte, nahmen sie ihr Gespräch mit dem Richter wieder auf. Ich wusste nicht, was sie zu ihm sagten, aber ich hoffte, dass sie ihm für seine Zeit dankten.

Viele Konflikte, die Gegenstand einer Mediation sind, könnten auch im Rahmen einer gerichtlichen Auseinandersetzung entschieden werden. Besonders augenfällig war diese Wahlmöglichkeit bei Graziellas und Ricardos Konflikt an diesem Morgen: Sie konnten sich entweder an den Richter wenden, damit er eine Entscheidung träfe, an die sie sich halten müssten. Oder aber sie konnten ihren Konflikt selbst in die Hand nehmen – und zwar gemeinsam. Eine Stunde später erläuterte ich ihnen ohne Umschweife die Wahlmöglichkeiten, die sie für ihr weiteres Vorgehen hatten.

Als sie den Raum betraten, kochten sie immer noch vor Wut.

Graziella: Ich bin froh, dass Sie dabei waren, als Ricardo mal wieder so richtig in Fahrt war. Das muss ich ständig ertragen.

Ricardo: Meine Schwester macht immer wieder Sachen, die mich provozieren.
Mediator: Jeder von Ihnen ist jetzt schon dabei, mir seine Argumente zu präsentieren. Doch bevor wir drei überhaupt das Problem verstehen, das zwischen Ihnen steht, und uns mit ihm beschäftigen können, müssen Sie beide sich entscheiden. Möchten Sie weiterhin, jeder für sich, mit dem Richter sprechen oder gemeinsam mit mir? Wie Sie wissen, hat der Richter die Aufgabe und die Befugnis zu entscheiden, wer recht hat. Meine Herangehensweise unterscheidet sich davon.
Graziella: Sie sind hier, weil jemand, dem wir beide vertrauen, Sie uns sehr empfohlen hat. Und wir zahlen Ihnen viel Geld dafür. Also wäre es doch vielleicht besser, wenn Sie die Sache für uns in den Griff bekommen würden.
Mediator: Ich kann Ihnen helfen, dass Sie die Sache selbst in den Griff bekommen. Aber ich bin kein Richter. Ich habe nicht die Machtbefugnis eines Richters. Und ich würde auch nicht entscheiden wollen, wer von Ihnen im Recht ist.
Ricardo: Ich möchte lieber mit Ihnen sprechen. Das ist schließlich der Grund, weshalb wir Sie gebeten haben, von so weit her zu kommen und uns zu helfen.
Mediator: Danke, das weiß ich zu schätzen. Aber haben Sie den Eindruck, dass ich irgendeine Art von Entscheidung fällen werde?
Graziella: Vielleicht müssen Sie das tun. Denn Sie sehen, wir wissen beide nicht mehr, wie wir miteinander sprechen sollen, ohne vollkommen aus der Fassung zu geraten.
Mediator: Das ist mir nicht entgangen. Aber mir fällt auch auf, dass Sie nicht wirklich daran interessiert sind, die Entscheidungsbefugnis an den Richter abzugeben.
Graziella: Stimmt. Ich glaube nicht, dass er gut für uns entscheiden kann.
Ricardo: Wir würden uns einfach weiter streiten, auch nachdem er sein Urteil gefällt hätte.
Mediator: Wünschen Sie sich ein Verfahren, in dem Sie beide miteinander sprechen können? Ohne sich gegenseitig Dinge an den Kopf zu werfen und auf der Stelle zu treten? Möchten Sie tatsächlich gemeinsam entscheiden, auch wenn Sie sich vielleicht über den anderen aufregen?
Ricardo: Natürlich. Das klingt gut. Aber ich lasse mich nicht über den Tisch ziehen.
Mediator: Das habe ich schon gemerkt, ebenso wenig wie Ihre Schwester. Großartig. Es scheint also, als würden Sie beide gern die Entscheidungen gemeinsam treffen, wenn das möglich ist. Meine Aufgabe wäre es dann, Ihnen zu helfen, genau das zu tun.
Graziella: Aber wir können doch noch nicht einmal vernünftig miteinander sprechen.

Mediator: Würden Sie das denn gerne tun?
Graziella: Ich muss Ihnen jetzt mal etwas erzählen. Wenn mein Bruder wütend wird und mich anschreit, bekomme ich wirklich Angst. Ich hasse das und will es nicht länger hinnehmen.
Mediator: Gesetzt den Fall, Sie arbeiten zusammen. Dann müssten Sie eine Form von Austausch finden, bei der Sie keine Angst empfinden. Und die Frage lautet, ob das etwas ist, was Sie möchten.
Graziella: Klar, und mir wäre es auch am liebsten, wenn immer schönes Wetter wäre.
Mediator: Auf das Wetter haben Sie keinen Einfluss. Aber Sie beide können durchaus bestimmen, wie Sie mit diesem Konflikt umgehen. Nur müssten Sie beide für einen Versuch bereit sein, das auch zu tun.
Graziella: Er ist nun einmal so, wie er ist.
Mediator: Also wäre es für Sie vielleicht wichtig zu wissen, ob Ricardo sich anders verhalten könnte und das auch tun möchte. Und Ricardo wünscht sich vermutlich das Gleiche von Ihnen.
Ricardo: Und ich müsste auch sichergehen können, dass sie nicht wegläuft, sobald es hart wird.
Mediator: Gut. Sie haben mir beide gesagt, was Sie vom anderen brauchen, um überhaupt die Chance zu haben, miteinander zusammenzuarbeiten. Was brauchen Sie von mir?
Graziella: Wenn Sie nicht entscheiden, wer recht und wer unrecht hat, was werden Sie dann tun?
Mediator: Meine Aufgabe ist es, Sie in Ihrem gegenseitigen Gespräch zu unterstützen und Ihnen ein Gefühl von Sicherheit zu vermitteln. Sie sollen sich frei fühlen, ganz offen zu sprechen. Ich werde Ihnen helfen, ein so umfassendes Verständnis wie möglich zu entwickeln, und Sie in die Lage versetzen, gemeinsam Entscheidungen zu treffen.
Ricardo: Wie gehen Sie dabei vor?
Mediator: Indem ich weiterhin das tue, was ich gerade tue. Ich werde versuchen, Sie beide zu verstehen und jedem von Ihnen den Raum geben, das zu sagen, was Sie sagen möchten. Letztendlich werde ich Ihnen dabei behilflich sein, dass Sie Ihren Konflikt wirklich verstehen. Das heißt, dass Sie erkennen, wie er von beiden Seiten aussieht. Das ist etwas, woran Sie vielleicht noch nie gedacht haben. Auf dieser Grundlage können Sie dann die Entscheidungen treffen, die Sie nach Ihrer Einschätzung treffen müssen.
Ricardo: Ich hoffe, Sie werden Graziella dazu bringen einzusehen, wie gemein sie sich verhalten hat. Sie hat sich geweigert, sich mit mir auseinanderzusetzen und hinter meinem Rücken agiert.
Graziella: Und ich hoffe, Sie werden Ricardo dazu bringen, dass er aufhört, mich zu tyrannisieren.
Mediator: Wenn Sie einen Weg finden, während Ihres Streits anders miteinander umzugehen, ist das ein gutes Ziel – und ich glaube, dass ich Ih-

nen dabei helfen kann. Bislang habe ich allerdings das Gefühl, dass sich jeder von Ihnen eigentlich wünscht, dass ich auf seiner Seite stehe. Aber wenn ich Ihnen beiden helfen soll, dann kann ich nicht für den einen und gegen den anderen sein. Ich werde hier in der Mitte bleiben und jedem von Ihnen das zuversichtliche Gefühl geben, dass ich Sie verstehe und unterstütze. Aber ich ergreife nicht Partei. Wenn ich der einen Seite Recht gebe oder der anderen, dann werde ich Teil des Problems. Ein Richter kann ein Urteil für den einen und gegen den anderen fällen. Aber wenn einer von Ihnen den Eindruck hätte, ich stünde auf der Seite des anderen, würde dieses Verfahren scheitern. Sollten Sie deshalb irgendwann das Gefühl haben, dass ich nicht in der Mitte bin, dann hoffe ich, Sie sagen mir das, damit wir das ausschließen können.

Uns allen war klar: Es wäre besser, wenn sie sich die Entscheidungsbefugnis teilten, anstatt diese an jemand anders abzutreten. Ich half Graziella und Ricardo, auf das *Wie* zu achten. Dadurch wurde für sie erstmals erkennbar, inwiefern sich ein traditionelles Gerichtsverfahren von unserer Zusammenarbeit unterschied.

Beide Geschwister waren starke Persönlichkeiten. Aber wie die meisten Menschen, die miteinander im Streit liegen, richteten sie ihre Kräfte gegeneinander, was zu einer Blockade führte. Die tatsächliche oder auch nur erwünschte Zuflucht zu einem Richter oder einem anderen Dritten, der die Entscheidungen treffen würde, versprach keine Lösung. Ich spürte deutlich, dass sie ihren Konflikt zum Positiven wenden könnten, wenn es ihnen gelänge, ihre Kräfte für eine gemeinsame Zusammenarbeit zu nutzen. Dafür würden wir aufdecken müssen, wie sie sich in diese Sackgasse hineinmanövriert hatten und sehen, ob beide motiviert waren, den Konflikt gemeinsam zu bewältigen. Wir kommen im Verlauf dieses Buches noch einmal auf diese Blockadesituation zurück und werden sehen, wie die Geschwister auf diese Herausforderung reagieren (vgl. Abschnitt 4.2 S. 286 ff.).

Kommentar: Wer entscheidet?

Bei unserem Ansatz der Konfliktbewältigung hat sich ein Begriff als besonders hilfreich erwiesen: die *Konfliktfalle*.

Wenn Menschen in einer Konfliktfalle gefangen sind, liegt es oft an der Art und Weise, wie sie mit ihrem Konflikt umgegangen sind. Je stärker sie miteinander ringen, desto hoffnungsloser sitzen sie in der Falle fest. Wir glauben, dass die Parteien erst verstehen müssen, *wie* sie in die Konfliktfalle geraten sind *und nach welchem Muster* sie an den Konflikt herangehen. Aus dieser Falle herauszufinden kann dann zur inhaltlichen Lösung ihres Streits führen – zum *Was*.

Genau das war der Schwerpunkt, den der Mediator im ersten Gespräch mit Graziella und Ricardo setzen wollte.

Konfliktfalle

Eine Konfliktfalle besteht aus einer Reihe von Reaktionen auf den Konflikt, die sich gegenseitig verstärken und damit den Konflikt weiter eskalieren. Diese Reaktionen führen dazu, dass die Parteien in ihrer Auseinandersetzung feststecken; auch wenn die Schritte und entsprechenden Gegenschritte beider Parteien scheinbar dazu gedacht sind, den Streit zu beenden. Diese miteinander verwobenen Handlungen und Reaktionen werden wiederum von einer Vielzahl zugrunde liegender und einander verstärkender Annahmen gestützt, die die Parteien voneinander und vom Konflikt selbst haben.

Wir möchten verdeutlichen, wie Menschen in eine Konfliktfalle geraten und wie sie durch ihr Verstehen wieder aus ihr herausfinden können.

Wir beschreiben zunächst die herkömmlichen Ansätze der Konfliktbearbeitung und stellen sie dann dem verstehensbasierten Ansatz gegenüber.

Herkömmliche Ansätze der Konfliktbearbeitung

Zwei herkömmliche Ansätze der Konfliktbearbeitung sind vorherrschend: Beim ersten Ansatz, der *Blockade*, stehen sich beide Seiten festgefahren gegenüber – in einer Sackgasse. Jede Seite greift die andere an oder versucht sie zu überzeugen und keine gibt nach.

Blockade

Beim zweiten Ansatz, der *Übertragung der Entscheidungsbefugnis*, wenden sich die Parteien an eine dritte Partei, die den Streit schlichten soll.

Übertragung der Entscheidungsbefugnis

Jeder dieser beiden Ansätze kann sich zur Konfliktfalle entwickeln.

Die Blockade

Die verfahrene Situation zwischen Graziella und Ricardo an jenem Morgen auf der Finca ist typisch für die Art und Weise, wie Menschen in den meisten Gesellschaften mit Konflikten umgehen.

Die Kontrahenten stehen einander gegenüber: *Angriff – Verteidigung – Gegenangriff*. Womöglich geht es tatsächlich darum, den Konflikt zu beenden. Der Streitpartner soll zu einem Anerkenntnis gezwungen werden, dass er im Unrecht ist. Er soll schlichtweg aufgeben oder zumindest nachgeben. Doch der andere reagiert in gleicher Weise. In einer eskalierenden Dynamik behaupten beide ihre Sicht der Dinge. Sie verteidigen sich, verunglimpfen den anderen und weigern sich, ihm zuzuhören. Jeder hat das Gefühl, er sei schon allein deswegen dazu berechtigt, sich so zu verhalten, weil der andere dies oder jenes sage und tue. Aber auch deshalb, weil der andere sich weigere, zuzuhören oder zu antworten. Keiner von ihnen bemüht sich, die Sichtweise des anderen zu verstehen, keiner zeigt sich dafür empfänglich. Eine echte Blockade. Beide Seiten sind in ihrem Streit gefangen – und zeichnet sich keine Veränderung ab, hält das wahrscheinlich auch an.

Eskalierende Dynamik

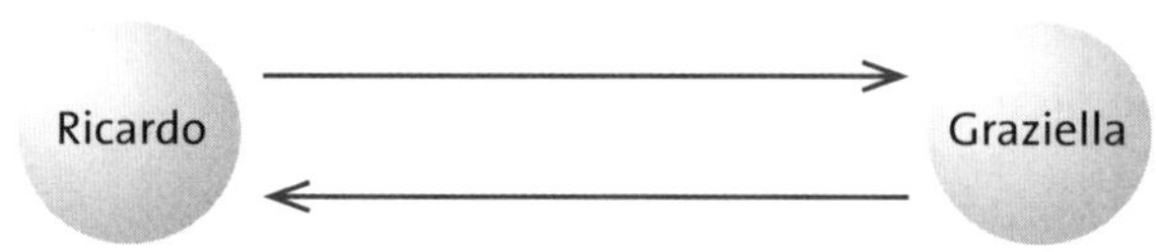

Abbildung 1.1: Die Blockade.

In Anbetracht der menschlichen Natur scheint diese Dynamik ebenso natürlich wie unvermeidbar zu sein. In der Geschichte ist diese Dynamik bei kleineren und größeren Konflikten immer wieder zum Tragen gekommen. Jede Konfliktpartei versucht lediglich, sich selbst, die Familie, den Besitz oder das eigene Land zu schützen. Angesichts des erlittenen oder angedrohten Leids sieht man sich gezwungen, »die andere Seite« und ihre Taten zu verurteilen.

Vermutlich wünschen sich beide Seiten, die jeweils andere Seite möge sie verstehen. »Sieh es doch ein: Ich habe recht – Du hast unrecht!« Aber sie selbst wollen oder können kein Verständnis aufbringen. Sie *re*agieren nur, wenn sie versuchen zu überzeugen, anzugreifen oder zu verteidigen. Die andere Seite spiegelt indessen diese Abwehrhaltung. Keiner versteht diese Reaktionen; stattdessen sorgt ihr Verhalten dafür, dass sich dieses Muster immer weiter verstärkt. Keiner wird verstanden; keiner fühlt sich verstanden. Blockade!

Die Übertragung der Entscheidungsbefugnis

Beim zweiten herkömmlichen Ansatz einer Konfliktbearbeitung versucht jede Partei, einen Dritten davon zu überzeugen, dass sie im Recht ist. Ist der Streitfall schwerwiegend genug und gelangen die Streitpartner nicht von sich aus zu einer Lösung, können sie oder ihre Rechtsanwälte beschließen, die Angelegenheit einer dritten Partei zu übergeben, die dazu entscheidungsbefugt ist.

Dabei sitzt dieser Entscheidungsträger im übertragenen Sinne – und oft auch wörtlich – über den Konfliktpartnern. Er ist befugt, über ihren Streit zu entscheiden (Abb. 1.2). Die Anwesenheit eines Dritten in seiner Rolle des Entscheidungsträgers führt zu einer Betrachtungsweise des Konflikts, die davon ausgeht, dass es ausschließlich die beiden Positionen »Recht« und »Unrecht« gibt. Diese Sichtweise rechtfertigt gleichzeitig die Übertragung auf den Entscheidungsträger.

Übertragung auf Entscheidungsträger

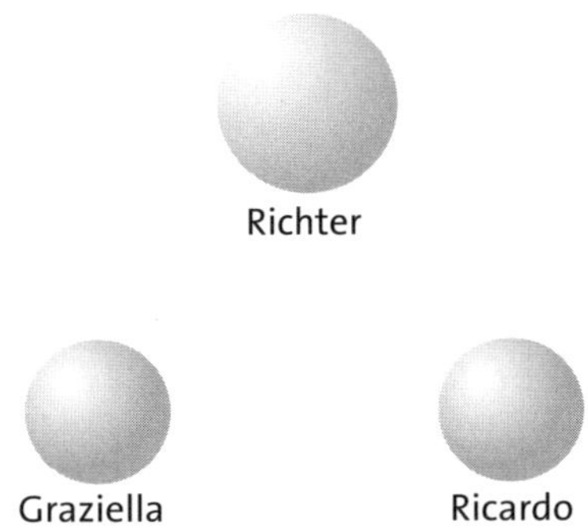

Abbildung 1.2: Die Entscheidung eines Dritten.

Dieses Modell der Konfliktbewältigung ist uns so geläufig, dass es – ohne hinterfragt zu werden – die Basis bildet, auf der viele Streitpartner ihren Konflikt angehen. Bei einigen Konflikten ist dieses Modell tatsächlich sehr sinnvoll. Daher sollte man es nicht grundsätzlich ausschließen, um einer Mediation den Vorzug zu geben. Vielmehr geht es darum, dass die Streitpartner den herkömmlichen Ansatz nicht automatisch oder grundsätzlich übernehmen, als sei er ein Gesetz. Leider greifen ihn aber viele auf – und sind sie erst einmal juristisch unterwegs, stellen sie die engen Grenzen dieses Ansatzes erst später fest, während ihr Kampf sich in die Länge zieht. Denn selbst wenn die Angelegenheit von einem Richter entschieden wird, bleibt der Konflikt im Wesentlichen doch oft ungelöst.

Mediator als neutraler Dritter

Die verstehensbasierte Alternative

Der verstehensbasierte Ansatz der Konfliktbewältigung arbeitet mit einem *neutralen Dritten* und geht von anderen Voraussetzungen aus. Wir stellen diesen Ansatz hier in seiner einfachsten Variante schematisch dar.

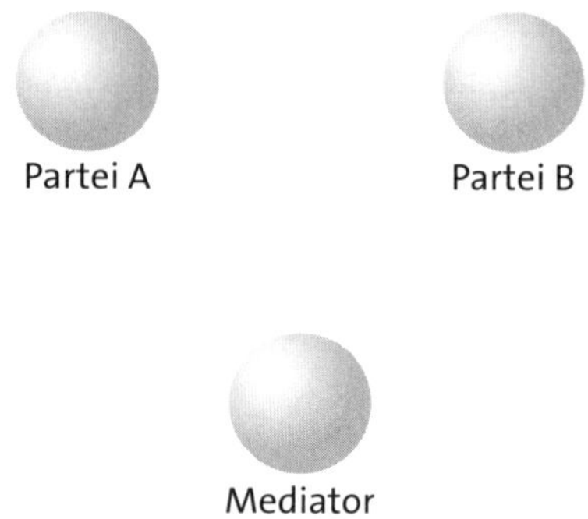

Abbildung 1.3: Der neutrale Dritte.

Eigenverantwortung der Parteien

Bei unserem Ansatz treffen sich die Parteien und der Mediator – manchmal in Anwesenheit der Rechtsanwälte, manchmal ohne sie. In Abbildung 1.3 sind alle drei Parteien in gleicher Größe dargestellt. Der Mediator ist unterhalb der Parteien platziert. Dies soll ausdrücken, dass er nicht die Position eines Richters innehat. Die Abbildung zeigt zudem, dass die Eigenverantwortung der Parteien entscheidend ist. Verwandte Formen der Konfliktbewältigung variieren explizit oder implizit in der Frage, ob dem Dritten während des Verfahrens ein hohes Maß an Autorität zukommen sollte. Fast alle stimmen jedoch darin überein, dass der unabhängige Dritte bei einer Mediation weniger Autorität hat als ein Richter im herkömmlichen Rechtssystem.

Das Ziel besteht unseres Erachtens darin, das Denken in den Kategorien von »richtig« und »falsch« hinter sich zu lassen. Wir möchten, dass der Mediator und die Parteien *zusammenarbeiten*, sodass das gegenseitige Sich-Verstehen die Grundlage bildet, auf der die Parteien gemeinsam Entscheidungen fällen können.

Auswirkungen herkömmlicher Ansätze auf die verstehensbasierte Mediation

Ein Mediator ist kein Richter

Treten Konfliktpartner in die Welt der Mediation ein, denken sie zuweilen, das herkömmliche System der streitigen Gerichtsbarkeit hinter sich zu lassen: Der Richter wird einfach durch einen Mediator ersetzt. Aber die streitige Gerichtsbarkeit bleibt in mehreren maßgeblichen Punkten durchaus gegenwärtig.

Unsere Erfahrung zeigt: Man kann die Parteien aus dem herkömmlichen System herausnehmen, aber oft ist es schwer, das herkömmliche System aus den Köpfen der Parteien herauszubekommen.

Wenn wir verstehen, wie sehr das herkömmliche System das Denken der Parteien und ihrer Berater zu Beginn der Mediation beherrscht, kann das entscheidend dazu beitragen, ihnen erfolgreich aus ihrer Konfliktfalle herauszuhelfen. Diese Form der Unterstützung stellt eine Herausforderung dar, denn der herkömmliche Ansatz der Konfliktbearbeitung ist tief im Unterbewusstsein aller Beteiligten verankert. Er beeinflusst die Art und Weise, wie sie über den Konflikt denken und fühlen und ebenso die Art und Weise, wie sie eine Lösung suchen.

Die Parteien neigen mitunter dazu, den Mediator wie einen Richter wahrzunehmen: Sie weisen einander die Schuld zu, wobei richtig gegen falsch steht. Sie verlassen sich auf das Gesetz als herrschende Richtschnur, als stünden sie vor Gericht. Sie behandeln einander wie Gegner, als stünden sie sich in einem Rechtsstreit gegenüber. Sie haben diese – in unserer Kultur so üblichen – Verhaltensweisen verinnerlicht.

Dies liegt zum Teil auch an den Erfahrungen, die Teilnehmer mit herkömmlichen Konfliktsituationen gemacht haben: Sei es bei eigenen Konflikten, bei Konflikten anderer Menschen oder weil sie dem Mediator eine Form von Autorität zuschreiben, die der Rolle des Richters zugrunde liegt. Andererseits ist die Gesellschaft gegenüber Konflikten zutiefst von einer Vorstellung geprägt: Die gerechte und effiziente Beilegung von Differenzen erfordert die Anwesenheit eines Dritten, der für die Streitpartner entscheidet oder sie zumindest in seinem Sinne überzeugt. So ist der althergebrachte Umgang mit Konflikten selbst ein Ausdruck dessen, was Menschen über Konflikte denken und fühlen und welche Art des Umgangs mit Konflikten sie für angemessen halten.

Anwesenheit eines Dritten

Diese Auffassung hat in unterschiedlichen Gesellschaften dazu geführt, dass die Autorität tatsächlich einem unparteiischen Dritten übertragen wurde. Der Dritte – sei dies eine unparteiische Instanz, ein Schiedsgericht oder der Dorfälteste – soll entscheiden, wer recht und wer unrecht hat. Denn von Gewalt einmal abgesehen: Wie ließe sich sonst ein Streit schlichten, in dem beide Parteien einander stark widersprechende Ansichten vertreten? Und in dem jede Seite glaubt, sie habe recht oder es zumindest verdient, sich durchzusetzen? Die Überzeugung, dass dies die einzig mögliche oder gar zwangsläufige Herangehensweise an einen Konflikt ist, wird wiederum von der entsprechenden Haltung und Handlungsweise des jeweiligen »Gegners« verstärkt: Er denkt in etwa das Gleiche.

Diese Vorstellung davon, wie ein Konflikt notwendigerweise und adäquat zu lösen sei, wird von vielen Konfliktexperten geteilt und damit verstärkt. In einem Vorgang, den man als *Professionalisierung des Konflikts* bezeichnen könnte, wenden sich die Parteien oft an Fachleute – seien es Anwälte, Richter oder Mediatoren, die ihren Streit beheben sollen.

Professionalisierung des Konflikts

Genau das taten Graziella und Ricardo, die erst zum Richter und dann zum Mediator gingen. Die Anwälte und Richter – manchmal auch die Mediatoren – sehen es als ihre Aufgabe an, den Konflikt zu lösen. Sind die Überzeugungen und Erwartungen erst einmal etabliert, dann schnappt die Konfliktfalle zu.

Das Schloss dieser Falle ist besonders stark, weil die Beteiligten in der Regel weder bemerken, dass es vorhanden ist, noch, wie effektiv es ist. Sie halten es vielmehr für die einzige Möglichkeit, zu einem Ergebnis zu kommen. Damit Parteien ihren Konflikt überhaupt auf eine andere Art *erleben* können, müssen sie erkennen, dass vielleicht mehrere Möglichkeiten zur Verfügung stehen. Wenn aber nicht nur die Gegner die herkömmliche Herangehensweise verinnerlicht haben, sondern selbst der Mediator oder ein anderer Dritter, dann ist die Herausforderung umso größer. Damit der Mediator den Streitpartnern helfen kann, ihren Konflikt auf eine grundlegend andere Art und Weise anzugehen, muss er zunächst selbst erkennen, dass es mehr als eine Möglichkeit gibt.

Die bestmögliche Hilfestellung für die Parteien besteht darin, sich aus dem feindbildlichen Denken der herkömmlichen Herangehensweise an Konflikte zu befreien. Es ist wichtig, den Fokus auf das *Wie* des Konflikts zu legen, anstatt nur das *Was* – dessen Inhalt – zu berücksichtigen.

In zwei entscheidenden Schritten kann der Mediator die Streitpartner aus ihrer Konfliktfalle befreien:

Befreiung aus der Konfliktfalle

1. Schritt: Der Mediator hilft den Parteien zu erkennen, wie weit sie den herkömmlichen Ansatz der Konfliktbeilegung übernommen haben und aufgrund welcher Voraussetzungen. Sie stecken möglicherweise deshalb fest, weil sie sich ausschließlich innerhalb der engen Grenzen der traditionellen Methoden bewegt haben.

2. Schritt: Der Mediator stellt eine alternative Herangehensweise vor, die von anderen Voraussetzungen ausgeht. Er zeigt den Parteien auf, wie ihnen diese neue Alternative helfen kann, sich aus ihrem Konflikt zu befreien.

Diese Hilfestellung war bei Ricardo und Graziella gut zu beobachten:

In ihrem gemeinsamen Gespräch mit dem Mediator erkannten die Geschwister ihre bisherige Herangehensweise an ihren Konflikt – oder genau genommen, dass sie ihn bisher *nicht* angegangen waren. Sie hatten die Wahl, die Angelegenheit auch auf eine andere Weise zu handhaben. Darin lag eine Chance: Ihre von Angriff und Verteidigung geprägte Blockade, in der eine dritte Partei für sie entscheiden sollte, in einen echten Dialog umzuwandeln. Ein solches Gespräch von Angesicht zu Angesicht eröffnete die Möglichkeit, ihre eigene Perspektive zu überdenken, aber auch die Sichtweise des anderen zu verstehen und gemeinsam darüber zu entscheiden, wie sie mit ihren Differenzen umgehen wollten.

Von der Blockade zum Dialog

Wenn wir in Abschnitt 2.2 (S. 138 ff.) zur *Blockade auf der Finca* zurückkehren, werden wir erkennen, wie grundlegend wichtig die folgende Frage ist: *Wie möchten die Parteien mit dem Konflikt umgehen?* Diese grundlegende Wahl entscheidet manchmal alles.

Im nächsten Unterabschnitt erleben wir den Anfang einer Mediation zwischen zwei großen Unternehmen: Radix gegen Argyle. Uns wird die Funktionsweise einer *Konfliktfalle* aufgezeigt, wenn Rechtsanwälte hinzugezogen und die Gründe erläutert werden, warum ihre Anwesenheit einen Konflikt oft noch verschärfen kann. Wir erleben auch, wie der Mediator den Parteien und ihren Rechtsberatern bei der Aufdeckung der Falle, in der sie stecken, helfen und wie er sie unterstützen kann, sich durch ihre *Zusammenarbeit* aus dieser Falle zu befreien.

1.2 Die freiwillige Entscheidung zur gemeinsamen Konfliktarbeit: Radix und Argyle

Während ich im Warteraum einer großen Anwaltskanzlei saß, wusste ich noch nicht, wie ich diesen neuen Fall angehen wollte. Hinter den Türen des großen Besprechungsraums hatten sich die Anwälte und Führungskräfte zweier großer Unternehmen versammelt, die seit einigen Jahren einen erbitterten Rechtsstreit über viele Millionen Dollar führten.

Die Anwesenden interviewten soeben einen Mediator, dem der Ruf vorauseilte, sehr effizient zu arbeiten. Meine Aufgabe lag darin, ihnen den Unterschied zwischen ihm und mir zu verdeutlichen, damit sie eine kluge Wahl treffen könnten. Würde mir das aufrichtig und reflektiert in einer Weise gelingen, die einen anderen Ansatz in der Herangehensweise an ihren Konflikt erkennen ließ? Keinesfalls sollte es so wirken, als wollte ich ihnen meinen Mediationsansatz oder mich selbst als Mediator »verkaufen«.

Kurze Zeit später sah ich im Besprechungszimmer zu meinem großen Erstaunen mehr als zwanzig Spitzenvertreter der beiden Unternehmen *und* deren Rechtsanwälte um einen großen Tisch sitzen. Noch während ich mich setzte, eröffnete einer der Anwälte das Gespräch.

Radix-Anwalt: Ich möchte gleich auf den Punkt kommen und Ihnen sagen, wonach wir suchen. Wir haben in der Vergangenheit bereits zahlreiche Auseinandersetzungen zwischen unseren beiden Unternehmen geführt. Im konkreten Streitfall geht es um mehrere hundert Millionen Dollar. Diese Angelegenheit wird in ungefähr sechs Monaten vor Gericht verhandelt. Falls möglich, würden wir unseren Konflikt jedoch gerne in einem Mediationsverfahren beilegen. Deshalb bitten wir Sie, uns Ihren Mediationsansatz zu erklären und dabei insbesondere auf die Unterschiede zwischen Ihnen und Jim Black einzugehen, der – wenn ich so sagen darf – Ihr größter Konkurrent ist.
Mediator: Ich habe Jim noch nie persönlich in einer Mediation erlebt, aber ich kenne seinen hervorragenden Ruf. Der größte Unterschied zwischen unserer Arbeit liegt vermutlich in einem Punkt: Ich ziehe es vor, dass die maßgeblichen Entscheidungsträger und Anwälte beider Seiten während des gesamten Mediationsverfahrens stets mit mir zusammen in einem Raum anwesend sind.
Radix-Anwalt: Tatsächlich, das ist ein großer Unterschied. Warum gehen Sie so vor?
Mediator: Weil bei unserem Mediationsansatz nicht *ich* die Entscheidungen fälle. Dafür sind die Parteien zuständig. Damit Ihre Mandanten gemeinsame Entscheidungen treffen können – was in meinen Augen

das Ziel des Verfahrens ist – sollen sie ein Maximum an Kontrolle über das Verfahren haben. Um das zu gewährleisten, müssen sie Zugang zu so vielen Informationen wie möglich haben. Dabei geht es nicht nur um die Kontrolle über Vereinbarungen am Ende des Verfahrens, also darüber, wie die Lösung Ihres Streits schließlich konkret aussehen wird, sondern auch um die gemeinsame Gestaltung des Lösungsweges. Sie stehen in diesem Moment vor einer wichtigen Entscheidung: Sie müssen gemeinsam einen Mediator auswählen. Mir wäre es nicht recht, wenn ich beide Seiten getrennt voneinander treffen sollte. Ich könnte jeweils unterschiedliche Dinge sagen, um jede Seite davon zu überzeugen, sich für mich zu entscheiden.
Radix-Anwalt: Das ist sehr edel von Ihnen, aber ich denke, dass es eine Menge Probleme gibt, wenn wir uns alle im gleichen Raum befinden.
Mediator: Davon gehe ich aus. Vielleicht haben wir gerade mit einem dieser Probleme zu tun. Aber es tauchen auch viele Probleme auf, wenn der Mediator wie ein Shuttle-Diplomat auftritt, der zwischen den Parteien hin- und herpendelt. Natürlich ist es eine große Herausforderung, eine produktive Form der Zusammenarbeit zu etablieren, wenn ein Konflikt bereits eskaliert ist. Dies umso mehr, wenn es eine Vorgeschichte gegenseitiger Abneigung gibt oder wenn die bisherigen Ereignisse von beiden Seiten sehr unterschiedlich wahrgenommen werden und die Vorstellungen über eine sinnvolle Lösung stark divergieren. Ihre Entscheidung, wie Sie dieser Herausforderung begegnen wollen, hängt letztlich mit der Frage zusammen, warum Sie den Konflikt in einer Mediation lösen möchten.
Radix-Anwalt: Das ist doch klar. Wir wollen sehen, ob wir diesen Fall einvernehmlich beilegen können.
Radix-Manager: Dürfte ich an dieser Stelle vielleicht etwas sagen?
Mediator: Das hoffe ich doch.
Radix-Manager: Bei allem Respekt, den ich Ihrer Arbeit als Rechtsanwälte entgegenbringe – aber seit dreißig Jahren stehen sich Argyle und unser Unternehmen fast ununterbrochen vor Gericht gegenüber. Ich glaube, wir hätten alle mehr davon, nicht so viel Zeit darauf zu verwenden, uns gegenseitig zu bekriegen. In unserer Branche vollziehen sich Veränderungen mit Lichtgeschwindigkeit, die auch uns zu Veränderungen zwingen, wenn wir nicht auf der Strecke bleiben wollen. Es interessiert mich wirklich, ob es uns nicht gelingen kann, uns darauf zu konzentrieren, anstatt so viel Zeit damit zu verbringen, uns gegenseitig in die Ecke zu drängen. Innerhalb der kommenden Wochen sind fünf Mitglieder unseres Managements zu Aussagen vor Gericht geladen. Wir verlieren unglaublich viel Zeit mit Gerichtsprozessen. Natürlich ziehen wir das durch, wenn wir müssen – besonders in diesem Fall, bei dem es um so viel Geld geht. Aber ich gebe die Hoffnung nicht auf, dass wir die Sache auch besser hinbekommen.

Argyle-Manager: Ich bin so froh, dass Sie das sagen, Jerry, weil ich gerade das Gleiche gedacht habe. Ich würde gerne mit dieser Angelegenheit abschließen und wissen, dass sie wirklich vorbei ist. Denn eins ist klar: Bei diesem Fall steht so viel Geld auf dem Spiel, dass es nicht bloß darum geht, einen Prozess durchzustehen, der enorm zeitaufwändig sein wird. Der Verlierer wird auf jeden Fall Berufung einlegen. Das heißt, vor uns allen liegen Jahre, in denen dieser Fall weiter verhandelt werden wird; ganz zu schweigen von anderen Fällen, die noch hinzukommen können.
Mediator: Somit ist für Sie, und zwar für beide Seiten, eine Mediation vor allem deshalb von Interesse, weil Sie hoffen, damit den anhaltenden Konflikt ein für alle Mal zu beenden.

Die aktive Beteiligung der Parteien

Aktive Beteiligung der Parteien

Die Führungskräfte von Radix und Argyle hatten sich sehr schnell in die Auseinandersetzung eingemischt, die sich nun deutlich anders gestaltete als der von ihren Anwälten bestimmte Kurs, der die lange Geschichte ihres Konflikts bis dahin geprägt hatte. Die aktive Beteiligung der Parteien spielt bei unserer Herangehensweise eine zentrale Rolle. Deshalb freute ich mich über ihre Bereitschaft, selbst die Führung zu übernehmen. Radix und Argyle waren seit Jahren in einem endlosen Netz von Feindseligkeiten und Beleidigungen, Beschuldigungen, Gegenbeschuldigungen und strategischen Schachzügen gefangen. Wann immer es kritisch wurde, hatten sie die Handhabung des Streits ihren Anwälten anvertraut; dadurch hielten sie sich bisher vom Konflikt und voneinander fern. Ironischerweise hatte genau dieses Verhalten dazu geführt, dass ihre Unternehmen nicht vorankamen.

In der Regel übergeben Geschäftsleute Rechtskonflikte nur zu gern ihren Anwälten, die dafür schließlich bezahlt werden. Sind Anwälte mit einer Sache befasst, liegt alles Weitere bei ihnen. Sollte es jemals dazu kommen, dass sich die Parteien zusammensetzen, um ihren Streit beizulegen, überlassen die meisten Manager ihren Anwälten das Wort. Die Anwälte wiederum wollen ihre Mandanten schützen und geben sich kämpferisch. Das Festhalten an diesen Rollen und den damit verbundenen unausgesprochenen Hypothesen ist etwas ganz Typisches, wenn zwei Parteien in einer Konfliktfalle gefangen sind. Eine solche Falle entsteht oft genau dadurch, dass die Parteien die Bewältigung des Streits ihren Anwälten anvertrauen.

Wir bezweifeln nicht, dass Anwälte ihren Mandanten durchaus wertvolle Dienste leisten. Bei vielen Auseinandersetzungen, die Rechtsfragen aufwerfen oder enthalten, sind Anwälte in der Tat notwendig. Wir sind dankbar, wenn sie mit im Raum sind. Jedoch birgt der traditionelle Umgang mit Rechtsstreitigkeiten die Gefahr, dass sich die Parteien darin verfangen und die Chance zur Zusammenarbeit verpassen, die für die Lösung des Konflikts erforderlich ist.

In unserem Fall benötigten die Parteien Unterstützung, um zunächst zu erkennen, dass sie sich in einer Falle befanden, um dann in einem weiteren Schritt aus der Falle herauszufinden.

Als die Führungskräfte von Radix und Argyle begannen, sich aktiv an der Diskussion zu beteiligen, sorgten sie dadurch vielleicht für ein wenig Nervosität bei ihren Anwälten. Aber es war ein erster wichtiger Schritt zur Befreiung aus der Konfliktfalle. Beide Seiten gestanden einander ein, welch hohe Kosten die langjährigen Rechtsstreitigkeiten beiden Unternehmen verursacht hatten. Und sie räumten ein, dass die Kosten in Zukunft vermutlich noch höher ausfallen könnten. Auf diese Weise bekundeten sie ihren Wunsch, die Situation zu verändern – und diese Motivation deutete auf einen Ausweg hin.

Schlüsselposition der Parteien und ihre Verantwortung

Der verstehensbasierte Ansatz beinhaltet, dass wir die Parteien in den Mittelpunkt stellen. Es ist *ihr* Konflikt und sie sind es, die letztendlich am besten wissen, wie man ihn lösen kann. Haben die Parteien das erst einmal erkannt, können sie von dieser Schlüsselposition aus die *Verantwortung* für die anstehenden gemeinsamen Entscheidungen *übernehmen*. Erkennen sie diese grundlegende Verantwortung nicht an, sondern übertragen sie ihren Anwälten, bleiben sie aller Voraussicht nach in ihrer Konfliktfalle gefangen.

Allein die *Möglichkeit*, dass es zu ihrer ständig eskalierenden Situation eine Alternative geben könnte, zeigt vielen Parteien bereits ansatzweise einen Ausweg auf. Das gilt umso mehr, wenn sie bemerken, dass die andere Seite das gleiche Bedürfnis hat. Wir glauben, dass solche Regungen – sich gegenseitig wahrzunehmen und zur *Zusammenarbeit* bereit zu sein – oft unter der Oberfläche verborgen liegen. Für uns ist es daher wichtig, einen Weg zu finden, auf dem die Parteien diesen tiefer liegenden Impulsen gemeinsam nachgehen können. Für die anwesenden Manager war das ein Schlüsselerlebnis.

Natürlich wollten die Anwälte nicht einfach übergangen werden. Wie sich noch zeigen sollte, war es absolut notwendig, sie in den Dialog mit einzubeziehen. Erst dadurch konnten die Parteien darin bestärkt werden, ihre Schlüsselrolle zur Lösung des Konflikts wahrzunehmen, sodass die Konfliktfalle nicht wieder zuschnappen konnte.

Mediator: Was halten Sie davon, im gleichen Raum zusammenzuarbeiten? Weshalb würden Sie das wollen? Oder weshalb gerade nicht?
Argyle-Anwalt: Ehrlich gesagt glaube ich nicht, dass wir diese Auseinandersetzungen beilegen können, wenn nicht beide Seiten ihre Karten offen auf den Tisch legen. Und das wird uns leichter gelingen, wenn wir uns einzeln mit Ihnen treffen.
Mediator: Ich stimme Ihnen zu, dass es für die Lösung dieses Falls vielleicht entscheidend ist, die Karten offenzulegen, aber wenn ich der Einzige wäre, der alles sieht, was auf dem Tisch liegt, würde mich das bedenklich stimmen. Wenn ich mich mit beiden Seiten separat treffe und mir jeder von Ihnen seine Karten zeigt, bin ich verpflichtet, Ihrer beider Geheimnisse zu wahren. Und was sollte ich Ihrer Ansicht nach dann mit jenem Wissen tun?
Argyle-Anwalt: Ich würde erwarten, dass Sie wüssten, was Sie damit zu tun hätten. Es gibt erprobte Verfahren, die unabhängige Dritte erfolgreich angewandt haben, um auf dieser Basis Fälle zu vergleichen.
Mediator: Wie zum Beispiel beiden Seiten kräftig einzuheizen, um zu einer Abmachung zu kommen.
Argyle-Anwalt: Das ist eine Technik, die funktionieren kann.
Mediator: Dadurch wird dem Dritten viel Macht überantwortet. Wenn Sie Jim Black mit der Mediation beauftragen, würde er vermutlich so vorgehen. Wenn beide Seiten ihm sagen, wie sie juristisch vorzugehen gedenken, wird er sich wahrscheinlich ein ziemlich gutes Bild davon machen können, wie seines Erachtens dieser Fall zu einem Abschluss kommen sollte. Weil er das aber für sich behalten muss, werden Sie ihm vertrauen müssen, ohne wirklich zu verstehen, weshalb er Sie und Ihre Gegenseite dazu bringen will, ein für beide Seiten tragfähiges Ergebnis zu erzielen. Vermutlich kann das auf beide Seiten so wirken, als sollten sie zu etwas gezwungen werden. Kurz: Ich würde mich lieber auf die Kraft des Verstehens als auf die Macht des Drucks oder Zwangs stützen. Das Verstehen würde Ihre jeweiligen Rechtspositionen integrieren und noch darüber hinausgehen.
Argyle-Anwalt: Was meinen Sie mit ›darüber hinaus‹?
Mediator: Ich denke, es ist wichtig, nicht nur die juristischen Standpunkte beider Parteien zu berücksichtigen, sondern auch die zugrunde liegende wirtschaftliche Realität. Wie müssen herausfinden, was für jedes der beiden Unternehmen wichtig ist.

Die Kraft des Verstehens

Freie Entscheidung zum Verstehen

Die freie Entscheidung, den Weg des *Verstehens* einzuschlagen, anstatt etwas erzwingen zu wollen, ist bei unserer Herangehensweise essenziell: Wir bemühen uns, dies den Konfliktpartnern klar auseinanderzusetzen. Wird auf eine Nötigung ebenfalls mit Nötigung reagiert, bleiben die Parteien in einem Kampf gefangen. Durch das Verstehen kann es gelingen, aus diesem Teufelskreis auszubrechen. Wir sind jedoch nicht so naiv zu glauben, dass sich jeglicher »Druck oder Zwang« vermeiden ließe. Bei einem Streit wie diesem kann sich allein die Tatsache, dass die Parteien auf das herkömmliche Rechtssystem Zugriff haben, genauso als ein Zwangsmittel erweisen, wie auch andere Konfliktelemente.

Nach unserer Ansicht können motivierte Parteien – im Rahmen einer Mediation oder unabhängig davon – dafür sorgen, dass das *Verstehen* und das *Treffen eigener Entscheidungen* eine wesentlich größere Rolle spielen, um einen Konflikt zu bewältigen, als Überredung und Zwang. Alle Teilnehmer müssen sich darum bemühen. Auftraggeber und – sofern anwesend – Anwälte müssen erkennen, dass sie sich im Regelfall ausschließlich auf Zwangsmittel verlassen haben: zum Beispiel auf die Macht, die Befugnisse oder das Recht, das sie als Anwälte oder als unabhängige Dritte haben.

Um die Manager und Anwälte überhaupt in die Lage zu versetzen, anders vorzugehen, machte der Mediator sie mit einem weiteren Schlüsselkonzept vertraut.

Zwei Gespräche als Schlüsselkonzept

Wir bezeichnen das als die *zwei Gespräche*. Ein Grund, warum sich Streitpartner in eine Konfliktfalle manövrieren, liegt darin, dass sie von einer ungeprüften Hypothese ausgehen. Dieser Hypothese zufolge müssen sie ihr Denken und Handeln *entweder* an der Rechtswirklichkeit ausrichten *oder* aber an den geschäftlichen und persönlichen Erfordernissen. Sie gehen also davon aus, dass diese Sichtweisen einander ausschließen anstatt sich zu ergänzen. Wird jedoch beiden Gesprächsdimensionen Rechnung getragen, gewinnen die Teilnehmer ein umfassenderes Verständnis des Konflikts und finden mehr Möglichkeiten, ihn beizulegen.

Argyle-Anwalt: Wir werden in diesem Fall nicht von unserer Rechtsposition absehen. Wir sind absolut zuversichtlich zu gewinnen, sollte es zu einer Gerichtsverhandlung kommen.
Radix-Anwalt: Auch wir haben die Rechtslage geprüft und sind der Ansicht, dass unsere Rechtsposition sehr stark ist. Wir scheuen uns nicht, es darauf ankommen zu lassen. Wir dachten nur, dass wir sehr viel Zeit und Geld sparen, wenn wir all das klarstellen.

Mediator: Sie sind beide für den Rechtsweg gut gerüstet. Und ich erwarte nicht, dass einer von Ihnen seine rechtliche ...
Argyle-Manager: Genau das hat uns an diesen Punkt gebracht. Wir alle sehen zu, wie die Anwälte miteinander streiten. So war es in all unseren Gesprächen und es hat uns in eine Sackgasse geführt. Ich glaube, Sie haben recht. Wir sollten hier über die wirtschaftlichen Gegebenheiten sprechen und versuchen, Diskussionen über Rechtsfragen zu vermeiden. Das bewirkt nur eine Polarisierung.
Mediator: Für Sie hat die Berücksichtigung der wirtschaftlichen Realität also Priorität.
Argyle-Manager: Aus geschäftlicher Sicht erscheint mir das sehr sinnvoll.
Mediator: Wahrscheinlich ist es das. Aber ich muss auch klarstellen, dass ich nicht vorschlage, die Rechtswirklichkeit ganz außen vor zu lassen. Konzentriert man sich nur auf die Rechtslage und vernachlässigt dabei die Bedeutung der Wirtschaftsrealität, ist das problematisch. Umgekehrt kann es genauso problematisch sein, die Rechtswirklichkeit auszuschließen. Sie wird immer irgendwo da draußen lauern. Gelingt es uns, eine andere Art von Gespräch über das Recht zu führen, werden Sie ein umfassenderes Problemverständnis insgesamt haben; vorausgesetzt dem Recht wird nicht zu viel Macht eingeräumt. Sie müssen nicht eine der beiden Gesprächsdimensionen ausschließen. Wenn Sie diesen Weg gehen, schlagen Sie sozusagen zwei Fliegen mit einer Klappe; es ist sogar unumgänglich, dass Sie das tun. Vielleicht ist das einer der Unterschiede, die meinen Ansatz auszeichnen.
Argyle-Manager: Was meinen Sie damit?
Mediator: Also schön, dann frage ich Sie etwas. Um festzustellen, ob ein Ergebnis für Ihr jeweiliges Unternehmen tragfähig ist, nehme ich an, dass Sie Ihrem Vorstand eine Rechtsanalyse vorlegen würden, die die Stärken und Schwächen Ihrer Position darstellt?
Argyle-Manager: Richtig. Dieser Fall ist so umfangreich, dass das Ergebnis des Rechtsstreits tatsächlich Auswirkungen auf unsere Aktienwerte haben könnte. Aber darüber entscheiden wir mit unserem Vorstand gemeinsam.
Mediator: Genau. Letztendlich werden Sie in Ihrem Unternehmen entscheiden, ob eine Abmachung, die wir hier treffen, tragfähig sein kann. Dazu gehört natürlich auch der Vergleich einer solchen Abmachung mit dem zu erwartenden Gerichtsurteil. Die Frage ist, ob es für Sie als Manager, die momentan diesen Konflikt austragen und auch in Zukunft mit dem Ergebnis einer Beschlussfassung zwischen Ihren Firmen leben müssten, nicht wertvoll wäre, wenn Ihnen Ihre Rechtsberater eine offenere und produktivere Erörterung präsentierten, als das in der Vergangenheit der Fall war. Das würde Sie gemeinsam über die für Ihren Fall gültige Rechtslage in Kenntnis setzen.

Argyle-Manager: Klar. Ich würde gerne mehr über die Gesamtsituation erfahren als nur die Einschätzung unseres Anwalts dazu. Aber es bringt uns nichts, wenn der Anwalt von Radix uns lediglich mitteilt, dass er auf jeden Fall gewinnen wird.
Mediator: Für Sie wäre also eine Diskussion über die rechtliche Lage interessant, in der beide Seiten offen gegenüber allen Möglichkeiten wären, die eine gerichtliche Regelung bieten würde.
Argyle-Manager: Ja, wenn das möglich wäre und uns nicht noch weiter auseinandertreiben würde. Aber Sie sprachen auch davon, dass wir miteinander über die Geschäftswirklichkeit sprechen und ich möchte nicht, dass das unter den Tisch fällt.
Mediator: Und die Polarisierung zwischen Ihnen rührt daher, dass beide Anwälte sich absolut zuversichtlich zeigen, dass die von ihnen vertretene Seite vor Gericht gewinnen wird?
Argyle-Manager: Ja.
Mediator: Im Hinblick auf die rechtliche Lage sollte es meines Erachtens unser Ziel sein, dass Sie als Führungskräfte so viel wie möglich darüber erfahren, wie die rechtlichen Konsequenzen aussehen könnten – und zwar ohne vor Gericht zu ziehen. Das schließt die Stärken und Schwächen beider Positionen ein. Wenn wir diese Diskussion in Gang gebracht haben, übernehmen die Anwälte die Führung und klären uns alle auf. Anschließend werden wir eine davon getrennte, eigene Diskussion über die Wirtschaftsrealität führen. In dieser Diskussion wird jede Seite die zugrunde liegende wirtschaftliche Realität untersuchen und dabei ihr Augenmerk insbesondere auf die Frage richten, wo sie in diesem Streit ihre Prioritäten setzt. Während dieser Diskussion übernehmen von jeder Seite diejenigen Manager die Führung, die für die Geschäftswirklichkeit zuständig sind.
Argyle-Manager: Genau deshalb bin ich hergekommen, um eine solche Diskussion zu führen. Denn es gibt einige grundlegende Interessen, die wir miteinander teilen und über die wir uns vielleicht austauschen könnten, obwohl wir momentan Konkurrenten sind und das künftig auch bleiben werden. Aber sobald wir über das Rechtliche sprechen, kippt die Stimmung. Alle werden nervös und das macht es viel schwerer, eine konstruktive Diskussion aufrechtzuerhalten.
Mediator: Richtig, da liegt das Problem. Die Diskussion von Rechtsfragen steigert die allgemeine Anspannung – insbesondere wenn sich alle im selben Raum befinden. Aber ich möchte in aller Deutlichkeit sagen, dass es auch problematisch sein kann, *nicht* über das Recht zu sprechen. Lässt man das Gesetz außen vor, verleiht man ihm noch mehr Macht – ohne dass die Teilnehmenden nachvollziehen können, wie groß sein Einfluss tatsächlich ist. Für mich lautet die Frage nicht, *ob* man über das Rechtliche sprechen soll, sondern *wie* man in einer Weise darüber sprechen kann, dass die Stimmung nicht – wie Sie es nannten – kippt.

Für die Geschäftsführer war es vermutlich das erste Mal seit Jahren, dass sie außerhalb juristischer Erörterungen, in denen die Anwälte den Ton angaben, miteinander sprachen. Das Gespräch konnte stattfinden, weil ihnen bestimmte einengende und unausgesprochene Hypothesen bewusst gemacht wurden: etwa über die Art, in der sie miteinander sprechen könnten und wer wann das Wort ergreifen sollte. Durch diese Art der Zusammenarbeit, die von anderen Annahmen ausging, zeichnete sich allmählich ein Ausweg ab.

Erfahrenen Managern sind Anwälte durchaus vertraut, die polarisieren, sich gegenseitig anstacheln und grundsätzlich versichern, dass sie den vorliegenden Fall gewinnen werden. Das Problem lag nicht nur darin, dass die Anwälte in erster Linie die rechtlichen Aspekte thematisiert hatten. Es lag auch an der Art, *wie* sie darüber sprachen und welche Auswirkungen das auf die Manager hatte.

Vermutlich verspürten die Manager durchaus ein gewisses Unbehagen bei der Zuversicht, mit der die Rechtsberater beider Seiten ihre juristischen Behauptungen aufstellten. Aber bei diesem Treffen waren sie erstmals bereit, dieses Unbehagen in Gegenwart der anderen Partei sowie der eigenen Berater zu artikulieren. Und das war der entscheidende Unterschied.

Sobald die Unstimmigkeiten eingestanden waren, bot sich eine Möglichkeit, die anstehende Herausforderung konkret zu formulieren: Wie könnte ein Austausch aussehen, bei dem die Parteien über ihre rechtliche Lage so in Kenntnis gesetzt würden, *ohne* ihre Möglichkeiten einzuschränken? Die Manager schienen daran interessiert zu sein, diesen anderen Ansatz auszuprobieren. Die Anwälte hingegen zeigten sich eher widerwillig, was nicht weiter verwunderlich war.

Argyle-Anwalt: Einen Moment mal. Ich werde keine rechtliche Diskussion zulassen, bei der wir unsere gesamte Verhandlungsstrategie offenlegen und der anderen Seite alles Mögliche erklären. Sollen wir vor Gericht letztendlich schwächer dastehen?
Mediator: Geht es Ihnen darum, dass Sie – für den Fall, dass Sie sich hier nicht einigen – vor Gericht keinen Schaden nehmen? Etwa nur, weil Sie in diesem Gespräch etwas preisgegeben haben, das Ihre Chance mindern könnte, den Fall zu gewinnen?
Argyle-Anwalt: Genau. Aus dem Grund habe ich nichts dagegen, Ihnen etwas unter vier Augen zu sagen, wenn Sie es für sich behalten.
Mediator: Und meine Aufgabe wäre es dann, der anderen Seite zu sagen, dass ich zwar etwas wüsste, ihr das aber nicht mitteilen dürfte? Sie müsste mir jedoch vertrauen, dass diese Informationen ihre Erfolgsaus-

sichten bei Gericht minderten. Damit würde ich sie unter Druck setzen, ihre Ansichten und Ziele entsprechend zu ändern.
Argyle-Anwalt: Warum nicht? Das passiert doch ständig.
Mediator: Und mit Ihnen soll ich das Gleiche machen, basierend auf dem, was die anderen mir im Vertrauen über ihre Verhandlungsstrategie erzählen? Das ist eine Möglichkeit, die Sie mit Jim Black umsetzen könnten. Ich würde diesen Weg nicht einschlagen. Ich verstehe Ihre Sorge. Sie würden meines Erachtens Ihrer Aufgabe nicht nachkommen, wenn Sie nicht sehr vorsichtig mit Risiken wären: Diese könnten damit verbunden sein, in einer Mediation Informationen offenzulegen, die Ihnen bei einer Nicht-Einigung schaden könnten. Aber ich bitte Sie auch zu überlegen, welche Risiken damit verbunden sind, wenn Sie *keinerlei* Informationen preisgeben. Denn durch solche Informationen ändert sich vielleicht die rechtliche Einschätzung der anderen Seite. Sie zu verweigern, könnte der Grund dafür sein, dass Sie sich im Mediationsverfahren nicht einigen. Ich glaube nicht, dass es Ihnen etwas nützt, wenn Sie im Einzelgespräch Informationen preisgeben, die Sie ansonsten für sich behalten. Es sei denn, Sie sind tatsächlich gewillt, mir blindlings zu vertrauen, wenn ich Ihnen später sage, die andere Seite habe mir vertraulich Dinge mitgeteilt, durch die Sie vor Gericht auf große Hindernisse stoßen werden. Hindernisse, die Sie nicht kennen, und über die ich Ihnen nichts sagen kann.
Argyle-Anwalt: Sie schlagen also vor, dass wir Ihnen einfach vertrauen und jede Partei der anderen Seite ihre Rechtsstrategie aufdeckt. Das klingt in meinen Ohren ziemlich riskant. Ich müsste mich zunächst mit meinen Mandanten entsprechend beraten.
Mediator: Das würde ich von Ihnen erwarten. Es gibt tatsächlich gewisse Risiken, wenn man die Diskussion offener führt, als Sie es vermutlich bislang getan haben. Aber Sie sollten auch einsehen, dass es ebenfalls Risiken und Nachteile gibt, wenn man eine solche Diskussion vermeidet. Es scheint mir sogar so, als hätten Sie mit solchen Nachteilen schon sehr lange gelebt. Ich erwarte von Ihnen nicht, dass Sie mir blindlings vertrauen und das, was ich sage, einfach glauben. Wie offen Sie sein möchten, ist eine der Entscheidungen, die Sie gemeinsam treffen. Das bedeutet, an ihr werden Mitarbeiter und Anwälte beider Unternehmen beteiligt sein. Natürlich gehe ich davon aus, dass die Berater beider Seiten sehr vorsichtig sind, wie offen sie in einem solchen Gespräch auftreten könnten. Es sei denn, sie können sicher sein, dass die andere Seite genauso offen sein wird, wie sie selbst. Ansonsten müssten beide Seiten zu Recht befürchten, dass sie übervorteilt werden. In diesem Fall würde ich Ihnen von dem Vorgehen abraten.
Radix-Anwalt: Das will ich meinen.
Mediator: Deshalb müssten wir zuerst entscheiden, wie wir die Diskussion führen wollen. Und dafür wiederum müssten wir einen Weg finden,

der beiden Seiten sinnvoll erscheint und dem sie zustimmen, bevor wir fortfahren. Ich würde vorschlagen, dass wir ein Verfahren entwickeln, bei dem die Anwälte sowohl die Stärken, als auch die Schwächen ihrer Bewertung der Rechtslage vorstellen, um die Manager beider Seiten ins Bild zu setzen. Und bei jedem weiteren Schritt müssten wir sicherstellen, dass auf die ehrliche Einschätzung der einen Partei eine ebenso ehrliche Einschätzung der anderen Partei folgt. Nach einer solchen Diskussion über die rechtliche Ebene der Auseinandersetzung würden wir eine eigene Diskussion über die Wirtschaftsrealität führen, um auf diese Weise herauszufinden, worauf es jeder Seite ankommt. Schließlich würden wir versuchen, einige Ideen zu entwickeln, mit denen man den wirtschaftlichen Kuchen vergrößern könnte. Dann könnten Sie ihn so aufteilen, dass dadurch eventuelle Lücken überbrückt werden, die möglicherweise am Ende unserer Rechtsanalyse entstanden sind.

Sollen die Parteien vor allem über das Recht *aufgeklärt* werden, statt ihnen damit zu drohen, müssen sich die Anwälte über den voraussichtlichen Verlauf des Verfahrens vor Gericht einigermaßen einig sein. Für die Anwälte stellt das eine Herausforderung dar: Sie sollen nicht nur die Stärken, sondern auch die Risiken und Schwachstellen ihres Falls erläutern – und das auch noch in Anwesenheit der gegnerischen Berater und Parteien! Üblicherweise tun Anwälte so etwas nicht vor der Gegenseite. Jedoch sind gute Anwälte dazu durchaus in der Lage und erkennen schnell den Nutzen des Vorgehens. Sie liefern ihre Analyse und die Manager erfahren etwas über die Rechtslage, ohne dass dies zu einer Polarisierung führt.

Damit sich Anwälte an einem solchen Vorgehen verantwortungsvoll beteiligen können, muss es klare Absprachen darüber geben, *wie* ein solches Gespräch zu führen ist. Nur dann können sie ihren Mandanten gegenüber verantwortungsbewusst handeln und ihnen helfen. Ein solch *einvernehmliches Verfahren* ist für unsere Mediationsarbeit mit den Parteien von zentraler Bedeutung. Das gleiche gilt für die *wechselseitige Verwundbarkeit:* ein schrittweises Vorgehen, bei dem fortlaufend sichergestellt wird, dass die Offenheit der einen Seite von der anderen Seite ebenso offen beantwortet wird.

Einvernehmliches Verfahren

Radix-Manager: Das klingt alles sehr interessant, aber es scheint recht kompliziert zu sein und könnte sehr lange dauern. Black sagte, mit seinem Verfahren wären wir in ein bis zwei Tagen fertig. Wie lange wird Ihr Verfahren dauern?
Mediator: Wahrscheinlich bedeutend länger. Wir würden das Vorgehen gemeinsam entwerfen und dabei auch entscheiden, in welchen zeit-

lichen Parametern Sie arbeiten können. Wir würden durch viele kleine Absprachen über unser Vorgehen zur endgültigen Vereinbarung über das Ergebnis gelangen. Momentan geht es um eine kleine Absprache, nämlich um die, ob Sie mich als Mediator einsetzen. Wenn Sie sich für mich entscheiden, wäre unser erster Tagesordnungspunkt, die folgende gemeinsame Entscheidung zu treffen: Wie wollen wir die soeben besprochenen zwei Gespräche angehen und wie viel Zeit möchten wir für jedes von ihnen aufwenden? Sobald Sie das Gefühl haben, dass Sie sowohl über die Rechtslage als auch über die Wirtschaftsrealität gut genug Bescheid wissen, wenden wir uns den Lösungen zu: Zunächst entwerfen wir eine Reihe von Optionen. Diese grenzen wir dann ein, bis wir eine Auswahl haben, die beide Seiten jeweils besser finden als die juristische Alternative. Das wird eine Weile dauern. Meines Erachtens lohnt sich dieser Zeitaufwand. Sie haben vermutlich eine bessere Vorstellung davon, wie lange es tatsächlich dauern würde.
Radix-Manager: Sie haben recht. Es würde wesentlich länger dauern als mit Black. Können Sie mir in nur ganz wenigen Worten sagen, warum wir so vorgehen sollten?
Mediator: Nun – ich weiß nicht, ob Sie das sollten. Sind beide Parteien tatsächlich zu einer Mediation bereit, dann werden Sie mit Black vermutlich sehr schnell und effizient zu einer Lösung gelangen, die vermutlich *seine* Lösung sein wird. Mit mir werden Sie länger arbeiten und es wird anstrengender werden; insbesondere für die Führungskräfte. Es kann auch sein, dass Sie nicht zu einer Lösung gelangen. Aber *wenn* sie es schaffen, dann wissen Sie, dass dies wirklich *Ihre* Lösung ist.
Argyle-Manager: Und wie sorgen Sie dafür, dass es klappt?
Mediator: Ich sorge dafür, dass Sie zu jeder Zeit und an jedem Punkt des Verfahrens genau wissen, welche Optionen Sie haben. Und ich helfe Ihnen, beziehungsweise uns allen, dass wir eine Beziehung aufbauen, bei der wir das kreative Potenzial der Anwälte und der Manager gleichermaßen einbinden – falls Sie das möchten.
Argyle-Manager: Mir gefällt hier die Idee, dass wir nicht nur das Ergebnis zu weiten Teilen bestimmen, sondern auch den Weg dorthin.
Mediator: Gemeinsam mit Radix, das ist richtig. Ich halte das für einen wesentlichen Vorteil. Ich habe vorhin auch jemanden sagen hören, dass die Beziehung der Unternehmen zueinander für beide Seiten wichtig ist.
Radix-Manager: Absolut. Wenn wir unser gegenseitiges Verhältnis wieder ins Lot bringen können, wäre das für beide Seiten überaus wertvoll.
Argyle-Manager: Vielleicht. Aber machen Sie sich ebenfalls klar, wie sehr unsere Gegnerschaft bereits zu einem Teil unserer Unternehmenskulturen geworden ist. Die Vorstellung, dass Radix unser Feind ist, spielt in unserer Firma insgesamt eine große Rolle bei der Motivierung unserer Mitarbeiter. Und das ist schon seit Jahrzehnten so.
Radix-Manager: Nichts für ungut, aber bei uns hängen Poster mit dem

> Konterfei Ihres Vorstandsvorsitzenden, auf den unsere Mitarbeiter mit Dartpfeilen zielen.
> **Mediator:** Wenn Sie beide motiviert sind, Ihre Beziehung positiv zu verändern, glaube ich, Ihnen helfen zu können. Aber Sie werden die Unterstützung und vermutlich auch die Mitarbeit Ihrer gesamten Organisation benötigen. Das heißt, dass auch Ihre beiden Vorstandsvorsitzenden einbezogen werden könnten; vorausgesetzt, hier steht Ihrer Ansicht nach so viel auf dem Spiel, dass das erforderlich ist.
> **Argyle-Manager:** Sie sollten dabei sein. Aber ich bin mir nicht sicher, ob sie dazu bereit sind.
> **Radix-Manager:** Ich glaube, unser Vorstandsvorsitzender würde kommen, wenn er wüsste, dass Ihrer auch anwesend sein wird.

Caucusing

Es besteht ein großer Unterschied zwischen dem Mediationsansatz, bei dem der Mediator zwischen den Parteien und ihren Beratern hin- und herpendelt (dem »Caucusing«) und unserem Modell, bei dem sich die Parteien, ihre Berater und der Mediator bemühen, während der gesamten Dauer des Verfahrens zusammenzuarbeiten. Die erste Herangehensweise versetzt den Mediator in eine große Machtposition. Bei unserem Ansatz hingegen sorgen wir dafür, dass die Parteien gleichermaßen dafür verantwortlich sind, wie sich die Mediation entwickelt. Einige der Annahmen und Werte, die den beiden Modellen jeweils zugrunde liegen, sind bei der hier besprochenen Mediation bereits ansatzweise deutlich geworden.

Im Lauf dieses ersten Gesprächs haben die Manager und zum Teil auch ihre Anwälte erkannt, inwiefern die Kräfte, die ihrem Konflikt zugrunde liegen, über Jahre hinweg den endlosen Streit beider Unternehmen gefördert hatten. Darüber hinaus haben sie ansatzweise erkannt wie sie in die Konfliktfalle geraten sind, und dass eine andere Herangehensweise ihnen womöglich helfen könnte, gemeinsam einen Ausweg zu finden.

Ob es ihnen gelingen wird, das Verhältnis zwischen ihren beiden Unternehmen zum Positiven zu wenden, ist an diesem Punkt noch nicht absehbar. Dies wird davon abhängen, wie groß ihre Motivation und ihre Bereitschaft tatsächlich sind. Vielversprechend ist jedoch die Tatsache, dass sie *wahrnehmen*, dass es in ihren Unternehmen Konfliktkulturen gibt, die sich gegenseitig verstärken. Beide Seiten erkennen bereits, dass es möglich ist, diese Kulturen zu verändern; sie erkennen auch, wie wertvoll es für beide Unternehmen sein könnte, wenn ihnen das gelingen würde. Das Ergebnis wird sicherlich auch Auswirkungen auf die Möglichkeiten einer künftigen Zusammenarbeit haben – und das wissen beide Parteien.

Obwohl ich wollte, dass sich die Parteien für eine Mediation mit mir entschieden, war ich froh, dass es für sie eine weniger zeit- und arbeitsintensive Alternative gab. Sollten sie sich dafür entscheiden, die Mediation mit mir durchzuführen – in dem Wissen, dass dies zukünftig eine ganz andere Art des Umgangs mit ihrem Konflikt bedeutet? Dann, so schien es mir, hätten sie bereits einen wichtigen Schritt in Richtung einer erfolgreichen Lösung gemacht. Kämen die Vorstandsvorsitzenden tatsächlich, wäre die Chance sehr viel größer, dass beide Organisationen das Verfahren insgesamt mittragen. Es wäre sehr viel wahrscheinlicher, dass sie nicht nur Ideen für eine Zusammenarbeit entwickeln könnten, die für *beide* Unternehmen finanziell attraktiv wären, sondern dass diese auch implementiert würden. Noch wichtiger wäre vielleicht der Umstand, dass die Teilnahme der Vorstandsvorsitzenden beiden Unternehmen signalisieren würde, es sei an der Zeit, die Feindschaft zu beenden.

Eine Woche später riefen mich die Anwälte von Radix und Argyle an, um mir mitzuteilen, dass beide Unternehmen sich dazu entschlossen hätten, weiterzumachen – die Vorstandsvorsitzenden hatten ihre Mitarbeit zugesagt. Fast sechs Monate brauchten wir für die Mediation. Wir trafen uns insgesamt viermal an jeweils zwei aufeinanderfolgenden Tagen. Im Unterabschnitt 4.1 werden wir darauf zurückkommen, wie sich die Arbeit im Einzelnen vollzog.

Kommentar: Die freiwillige Entscheidung, einen Konflikt gemeinsam zu lösen

Problem der reflexartigen Entscheidung

Bei einem Konflikt zwischen zwei Unternehmen mit rechtlichen Komponenten, müssen die Manager als erstes entscheiden, *wie* sie damit umgehen wollen. Problematisch dabei ist, dass die meisten Parteien diese Entscheidung reflexartig fällen. Sie überdenken in der Regel wenig die verschiedenen Optionen, die ihnen offenstehen. In den seltensten Fällen besprechen sie diese Entscheidung miteinander. Tatsächlich kommt es vor, dass sie etwas »entscheiden«, indem sie nichts entscheiden. Sie warten einfach ab, wie ihre Anwälte oder die Gegenseite reagieren oder wie sich die Umstände gestalten. Manchmal warten sie so lange, bis ein Gerichtsverfahren sie zum Handeln veranlasst. Schiebt jede Seite die Sache vor sich her, gibt das dem Konflikt weitere Nahrung oder verstärkt ihn sogar. Zum gegebenen Zeitpunkt scheint das aber ein vernünftiges Vorgehen zu sein.

Ist man in einem Konflikt gefangen, kommt es einem vielleicht merkwürdig vor, sich mit der gegnerischen Partei zusammenzusetzen und einander ernsthaft zu fragen: Wie wollen wir überhaupt mit unserem Konflikt umgehen? Aber stellt man sich dieser Frage offen – und *gemeinsam* –, bewirkt das mitunter den entscheidenden Unterschied.

Genau mit dieser Frage sahen sich die Manager von Radix und Argyle konfrontiert, als sie sich zusammen mit ihren Anwälten an einen Tisch setzten. Der Mediator stellte sie vor diese wichtige Entscheidung: nicht nur, *ob* sie die Mediation wollten, sondern auch *wie* und *warum*.

Diese Frage ist ein wesentlicher Bestandteil unserer Definition von Mediation.

Definition Mediation

Mediation ist ein freiwilliges Verfahren, bei dem die Parteien auf Grundlage des Verstehens ihrer eigenen Sichtweise, der Sichtweise des Konfliktpartners und des realen Umfelds gemeinsam Entscheidungen fällen. Der Mediator wirkt als neutrale Instanz, die keinerlei Druck ausübt und die Parteien darin unterstützt, eine Vereinbarung auszuhandeln, die für sie besser ist als ihre Alternativen.

Unserer Ansicht nach ist der Erfolg des Verfahrens abhängig vom Willen der beteiligten Parteien, ihren Streit beizulegen. Die Entscheidung über das *Wie* einer möglichen Zusammenarbeit legt diesen Willen frei. Von Anfang an ist es unser Ziel, den Parteien zu helfen, diese Wahlmöglichkeit zu verstehen. Interessieren sie sich für unseren Ansatz, unterstützen wir sie darin, ihre Entscheidung mit dem größtmöglichen Wissen über deren Chancen und Konsequenzen zu treffen. Diese Aufgabe wurde uns bei Radix und Argyle einerseits durch die Anwesenheit der Anwälte erleichtert, andererseits durch den Umstand, dass die Manager auch mit Jim Black im Gespräch waren. Dadurch konnten sie besser nachvollziehen, welche Optionen sie für den Umgang mit ihrem Streit hatten: Sie konnten sich weiterhin darauf vorbereiten, vor Gericht zu ziehen oder sie konnten sich für eine Mediation entscheiden – nach Jim Blacks oder nach unserem Modell. Das zeichnete sich im Gesprächsverlauf dieses ersten Treffens deutlich ab.

Einbindung der Rechtsanwälte

Die Anwesenheit der Rechtsanwälte machte die Herausforderung noch größer. Ihre Beteiligung war vollkommen gerechtfertigt. Wir glauben nicht, dass es klug ist, Anwälte auszuschließen oder die rechtliche Perspektive zu übergehen; beides ist zum Schutz der Parteien sehr wichtig. Werden Anwälte auf konstruktive Weise eingebunden, können sie für die korrekte außergerichtliche Beilegung eines Streits von unschätzbarem Wert sein. Problematisch wird es, wenn die von den Anwälten betriebene Form der Konfliktbearbeitung die ohnehin verfahrene Situation der Parteien noch verstärkt, ohne dass sich die Parteien oder die Anwälte dessen bewusst sind – wie es bei Radix und Argyle der Fall zu sein schien.

Um die Wahlmöglichkeiten zu verdeutlichen, die der Mediator den Managern und ihren Beratern vorstellte, greifen wir nochmals auf eine Gegenüberstellung des herkömmlichen Modells der Konfliktbearbeitung und der alternativen Modelle zurück, die wir im ersten Unterabschnitt (1.1) beschrieben haben. Diesmal beziehen wir die Anwälte mit ein.

Das herkömmliche System – mit Anwälten

Anwälte in der streitigen Gerichtsbarkeit

Bei der herkömmlichen Herangehensweise an Rechtskonflikte, die auf einer streitigen Gerichtsbarkeit basieren, spielen Anwälte eine zentrale Rolle. In der Regel kommunizieren sie mit ihren jeweiligen Mandanten, aber auch direkt mit dem Gegenanwalt, wenn sie im Auftrag ihrer Mandanten verhandeln sollen. Selten sprechen die Parteien direkt miteinander, da die Anwälte ihren Mandanten üblicherweise davon abraten. Die Mandanten wiederum sind in der Regel froh, die rechtlichen Probleme und das Austüfteln einer Rechtsstrategie ihren Anwälten zu überlassen. Kurz, Anwälte sprechen für ihre Mandanten.

Abbildung 2.1 zeigt, wie viel Verantwortung die Anwälte, der Richter und die Parteien jeweils übernehmen. Der Richter ist am größten dargestellt; die Anwälte, kleiner als der Richter, sind immer noch größer als ihre Mandanten.

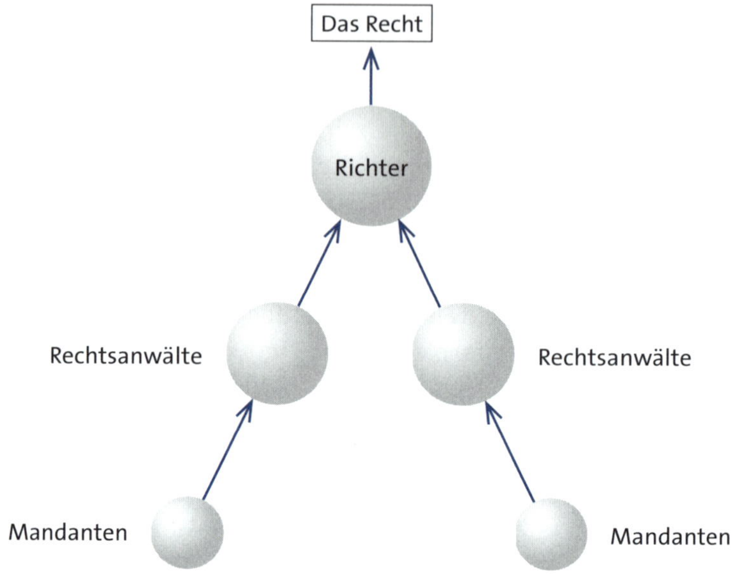

Abbildung 2.1: Wer trägt wie viel Verantwortung?

Im herkömmlichen Paradigma der Rechtsvertretung ist es allgemein verbreitet und anerkannt, dass die Anwälte die Verantwortung übernehmen, für ihre Mandanten zu sprechen. Dies erscheint als unausgesprochener Grundsatz kaum erwähnenswert. Zwar gibt es klare Ausnahmen zu dieser Regel; aber sie sind eben genau das: Ausnahmen einer vorherrschenden Praxis. Über allem steht das Recht – oder zumindest die Auffassung, die Anwälte und Parteien vom Recht haben.

Wenn Anwälte ihre Strategie entwickeln, berücksichtigen sie die Rechtsregeln und stellen auch Vermutungen zur Person des jeweiligen Richters an, der das Recht auf die Fakten anwendet. Auch das ist eine Grundregel des herkömmlichen Verfahrens. Diese Grundsätze und der Umstand, dass sie in der Regel *unausgesprochen* bleiben, können dazu führen, dass die Konfliktpartner in ihrem Konflikt feststecken, ohne dass sie sich dessen bewusst sind. Oft merken sie nicht einmal, dass sie feststecken. Bringt der Mediator diese Voraussetzungen ans Licht, ist das zuweilen der Schlüssel, der die Konfliktfalle öffnet.

Die Alternative – Mediation im Beisein der Anwälte

Bei Wirtschaftsmediationen ist die Anwesenheit von Rechtsanwälten eher die Regel, als eine Ausnahme. Wir begrüßen ihre Beteiligung ebenso, wie die dadurch entstehende Herausforderung.

Eine Mediation, bei der Anwälte zugegen sind, kann ganz anders aussehen als das herkömmliche System, wie schematisch in Abbildung 2.2 dargestellt.

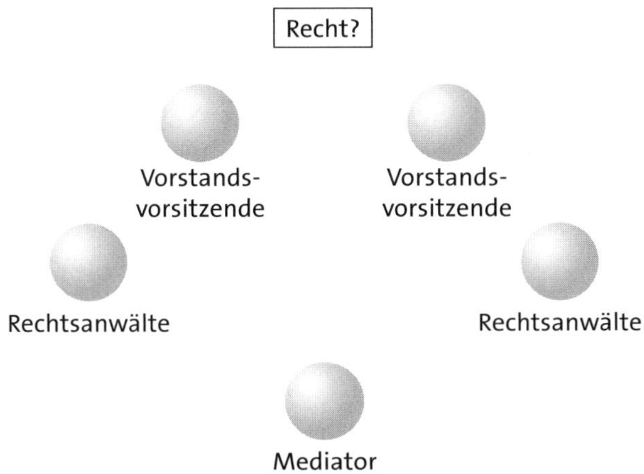

Abbildung 2.2: Mediation im Beisein der Anwälte.

Doch wie sehr sie sich tatsächlich davon unterscheidet, hängt in jedem Fall von der Frage ab: Erkennen die Anwälte, die Parteien und insbesondere der Mediator das Potenzial dieser Unterschiede und handeln sie entsprechend? Wie wir bei Radix und Argyle gesehen haben, geht es um folgende Fragen: Welche Rolle hat der Mediator? Welche Rolle haben die Parteien und ihre Anwälte? Welche Rolle spielt das Recht?

Potenzial der Unterschiede

Wir haben in unserer Abbildung die Parteien über die Anwälte und den Mediator gestellt – aber nur, um zu zeigen, dass *sie* für die Entscheidung verantwortlich sind, wie sie ihren Konflikt beilegen möchten. Dennoch verschwindet der Einfluss des herkömmlichen, gerichtlichen Verfahrens nicht automatisch, sobald sich die Teilnehmer darauf geeinigt haben, eine außergerichtliche Konfliktlösung anzustreben. Wir haben bereits darauf hingewiesen, dass man zwar die Parteien – und deren Anwälte – aus dem herkömmlichen System herausnehmen kann, dies aber nicht automatisch bedeutet, dass das herkömmliche System nicht doch noch in den Köpfen vorhanden ist. Gerade dann, wenn Rechtsanwälte eine zentrale Rolle spielen, ist es sehr wahrscheinlich, dass die Parteien an den herkömmlichen rechtlichen Rahmen gebunden oder sogar in ihm gefangen sind.

Das herkömmliche Modell der Konfliktbewältigung ist in unserer Kultur so weit verbreitet, dass es die meisten Anwälte und Konfliktpartner übernehmen, ohne weiter darüber nachzudenken. Das wurde uns in unserem ersten Gespräch mit Radix und Argyle schnell deutlich.

Uns geht es nicht darum, dass die Parteien stets den herkömmlichen Ansatz zugunsten einer Mediation verwerfen. In vielen Fällen kann das etablierte Modell sogar sehr sinnvoll sein – vor allem wenn bereits absehbar ist, dass der Streit vor Gericht endet. Vielmehr geht es um folgenden Punkt: Konfliktparteien, die eine außergerichtliche Konfliktbearbeitung anstreben, sollten nicht davon ausgehen, dass sie hier die gleichen Rahmenbedingungen vorfinden, wie in einem gerichtlichen Verfahren.

Unterschiedliche Rahmenbedingungen

Doch in den meisten Fällen geschieht das ganz automatisch. Da sowohl die Anwälte als auch die Parteien diese tradierten Normen anerkennen, ohne sie zu hinterfragen, schnappt die Konfliktfalle unbemerkt zu.

Sobald die Parteien und ihre Rechtsberater erkannt haben, wie diese Dynamik auf ihren Konflikt und damit auf sie selbst übergreifen kann, werden sie dem Konflikt mit ganz anderen Augen begegnen. Das ermöglicht ihnen einen völlig anderen Umgang miteinander – was die Führungskräfte von Radix und Argyle und sogar deren Anwälte beim ersten Treffen schnell erkannt hatten.

Gefangen im herkömmlichen System

Um zu gewährleisten, dass die Parteien genug Motivation für die Entscheidung haben, wie sie ihrenKonflikt bearbeiten wollen, müssen sie erst verstehen, wie sehr sie in dem herkömmlichen System noch gefangen sind. Sind die Parteien dafür offen, liegt die Herausforderung darin, Nutzen aus der Teilnahme der Anwälte zu ziehen: Die Parteien sollen *Kenntnisse* über das einschlägige Recht *gewinnen*. Dadurch soll sich ihr Horizont jedoch nicht wieder verengen, wie es so oft der Fall ist, wenn sich Parteien zu sehr auf ihre Anwälte verlassen. Entsprechend lautete zu Beginn der Arbeit mit Radix und Argyle das Ziel des Mediators, sicherzustellen, dass den Parteien diese Möglichkeit aber auch die darin liegende Herausforderung klar wurde.

> Nach unserem Ansatz helfen Mediatoren den Parteien *zu verstehen*, wie sie erfolgreich zusammenarbeiten können, ohne in eine der herkömmlichen Konfliktfallen zu geraten. Dabei ist es hilfreich, wenn die Parteien ein Gespür dafür entwickeln, wie weit der Einfluss der herkömmlichen Konfliktbearbeitungssysteme reicht.

In diesem Zusammenhang wollen wir einen kurzen Blick darauf werfen, welche Rolle Anwälte bei der Entwicklung alternativer Modelle zur Konfliktlösung spielen und wie die etablierten Normen des Rechtssystems das Setting einer Mediation häufig beeinflussen.

Die Entwicklung der Mediation unter dem Einfluss der Rechtsanwälte

Als sich in den späten siebziger Jahren in den Vereinigten Staaten Mediation und andere Formen alternativer Konfliktbewältigung allmählich durchsetzten, war das Bewusstsein für die unterschiedlichen Ansätze der Konfliktexperten nur schwach ausgeprägt. Im Lauf der Zeit haben sowohl die Anwälte als auch die Konfliktparteien die Unterschiede besser verstanden. Leider vermittelt ihnen das, was sie als Parteien erfahren, oft nur eine eingeschränkte Sicht auf den Einfluss, den sie bei der Lösung ihres Konflikts haben und auf die Macht, die sie gemeinsam ausüben können.

Das überrascht kaum, denn die Entwicklung der Mediation wurde in den Vereinigten Staaten stark durch die Position und Rolle der Richter bei Vergleichsgesprächen geprägt. Jeder Rechtsanwalt dort weiß, dass Richter vor oder während einer Gerichtsverhandlung in der Regel mit den Anwälten beider Parteien sprechen – manchmal auch mit deren Mandanten – um beide Seiten zu einem Vergleich zu bewegen. Von vielen Richtern dort ist bekannt, dass sie dabei die Parteien beeinflussen, sie überreden oder ihre Amtsfülle gezielt einsetzen, um die Parteien von den Vorteilen einer Absprache zu überzeugen. Dadurch, so die Richter, könnten die Parteien die Kosten, den Druck und die Risiken einer Gerichtsverhandlung umgehen, die im Falle eines Urteils entstehen.

Als die Mediation immer mehr Zuspruch fand, kamen viele Mediatoren aus den Reihen dieser Richter. Sie übertrugen die Normen und Erwartungen ihrer Erfahrungen mit Vergleichen bei Gericht auf ihre »neue« Arbeit. Die Verbreitung der Mediation erfuhr zudem Unterstützung durch Mediationsprojekte, die Gerichten angegliedert waren. Viele davon waren stark vom herkömmlichen Justizsystem in den Vereinigten Staaten geprägt. Andere Mediatoren und Mediationsansätze neigten ebenfalls dazu, dem Mediator und der Mediation eine ähnlich machtvolle, am Recht ausgerichtete Rolle zuzuschreiben.

Diese Entwicklung hatte zur Folge, dass viele Mediatoren gleich zu Beginn eines Mediationsverfahrens ihre Arbeitsweise mit einer Reihe von Regeln vorstellen, die während des Verfahrens gelten sollen. Durch die Art und Weise, wie diese Regeln aufgestellt werden, haben die Parteien oft den Eindruck, dass die Mediatoren nach wie vor am meisten Einfluss haben und die anwesenden Anwälte weiterhin für ihre Mandanten sprechen.

Viele Anwälte und Mediatoren denken auch, dass es Aufgabe des Mediators sei, eine Rechtsmeinung oder eine »neutrale Einschätzung« einzubringen, die die Parteien zu einer Vereinbarung führen.

Parteien entscheiden selbst

Wir hingegen legen nicht gleich zu Beginn Grundregeln fest, sondern erklären zunächst unseren Ansatz und die ihm zugrunde liegenden Werte. Auf diese Weise können die Parteien selbst entscheiden, wie sie vorgehen möchten. Falls sie sich für das verstehensbasierte Modell entscheiden, legen wir mit ihnen und ihren Beratern anschließend *gemeinsam* das weitere Vorgehen fest (vgl. Abschnitt 1.3 S. 84 ff.).

Der Einfluss von Rechtsnormen und Rechtsanwälten auf das Mediations-Setting

Vielen Anwälten, die ihre Mandanten in einer Mediation begleiten, käme ein am Recht ausgerichteter Mediationsansatz durchaus gelegen.

Sie können dann ihre gewohnte, beschützende Haltung einnehmen und müssten sich keinen unbequemen Fragen nach ihrer eigenen Rolle stellen, die schnell aufkommen, wenn der Mediator ein alternatives Verfahren vorstellt. Dann kann er als unparteiischer Dritter den Parteien und ihren Rechtsbeiständen dabei behilflich sein zu verstehen, auf welche Weise die herkömmlichen Einstellungen und Normen ihre Optionen womöglich eingeschränkt haben. Wir möchten einige davon nennen:

Einschränkung der Optionen

- In der Regel gehen der Mediation erfolglose Verhandlungen zwischen den Rechtsanwälten voraus. Während sie verhandeln, behalten die Anwälte das anwendbare Recht im Blick sowie das Gericht, welches den Fall entscheiden wird. In den Vereinigten Staaten wird diese Situation häufig als »Verhandeln im Schatten des Rechts« bezeichnet (der Ausdruck wurde von unserem Kollegen Bob Mnookin geprägt).
- Die Parteien kennen sich üblicherweise nicht mit den gesetzlichen Regelungen aus. Über die Vorgänge bei Gericht haben sie in der Regel solange keine Gewissheit, bis diese tatsächlich eintreten. Daher müssen sie abwarten, wie ihre Anwälte die Entscheidungen

des Richters einschätzen und sich darauf verlassen. Sobald sie das tun, unterliegen sie einem unausgesprochenen Grundsatz, der sie als Parteien im Konflikt gefangen hält: Man sollte die Verantwortung seinem Rechtsanwalt überlassen. Haben die Parteien aber erst einmal die rechtlichen Fragen an ihre Anwälte abgegeben, fällt es ihnen nicht mehr schwer, die Verantwortung auch in anderen Bereichen abzugeben. Das betrifft insbesondere die Verantwortung, die sie persönlich für die Beilegung ihres Konflikts tragen.

Verantwortung

- Sobald der Konflikt vor Gericht anhängig ist, versucht natürlich jede Partei, sowohl die andere Seite als auch das Gericht davon zu überzeugen, dass nur sie die besseren Argumente hat und sich durchsetzen wird. Die Rechtsanwälte betrachten die juristischen Alternativen in der Regel von ihrer Warte der streitigen Gerichtsbarkeit aus. Beide neigen dazu, die positiven Aspekte dessen, was im Gerichtssaal geschehen könnte, zu übertreiben oder hervorzuheben. Gleichzeitig spielen sie die negativen Aspekte herunter. Die Maxime, dem eigenen Anwalt zu vertrauen, führt daher manchmal dazu, dass beide Parteien verzerrte, weit auseinanderliegende und überzogene Erwartungen über die Vorgänge bei Gericht entwickeln.

Argumente

- Vor Gericht erfahrene Anwälte befürchten häufig, dass sich das, was im Verlauf einer Mediation geäußert wird oder zum Vorschein kommt, ungünstig auf die Geschehnisse vor Gericht auswirken könnte; insbesondere dann, wenn die Parteien keine einvernehmliche Lösung finden. Rechtsanwälte sind von Berufs wegen daran gewöhnt, sich nicht in die Karten blicken zu lassen. Daher raten sie ihren Mandanten, nicht zu viel preiszugeben. Schützt man sich allerdings gegen die Gefahren zu großer Offenheit, übersieht man häufig die Nachteile, die diese übermäßig vorsichtige und unnachgiebige Haltung mit sich bringt: denn der Austausch von Informationen ist notwendig, um die Chancen für eine solide Vereinbarung zu erhöhen. Die Herausforderung liegt darin, die richtige Balance zu finden.

Austausch von Informationen

- Die Konzentration auf die Frage, wie das Gericht wohl entscheiden wird, schränkt sowohl die Parteien, als auch die Anwälte in ihrer gedanklichen Auseinandersetzung mit dem Konflikt ein. Ist der Mediator frei von derlei Beschränkungen, ergibt sich für die Parteien und ihre Berater ein großer Vorteil: Sie haben nun die Möglichkeit, kreative Lösungen zu entwickeln. Diese wiederum dienen ihren Interessen weitaus besser als alles, was ein Richter anordnen könnte. Eine derartige Offenheit sollte bei Radix und

Argyle einen enormen Unterschied bewirken, wie wir sehen werden, wenn wir in Abschnitt 4.1 (S. 271 ff.) auf den Fall zurückkommen.

Entwicklung einer gemeinsamen Basis für die Zusammenarbeit

Als der Mediator mit den Führungskräften und Anwälten von Radix und Argyle zusammentraf, erläuterte er ihnen den verstehensbasierten Ansatz: Zum einen erklärte er die Unterschiede des Modells gegenüber einem Verfahren, das Jim Black vermutlich wählen würde. Zum anderen lenkte er den Fokus der Streitpartner darauf, inwiefern der herkömmliche Ansatz ihren Umgang mit dem Konflikt eingeschränkt hatte. Dafür setzte er ein Gespräch in Gang, an dem er sowohl die Anwälte, wie auch die Manager beteiligte. Er beschrieb nicht nur den alternativen Mediationsansatz, sondern wandte diesen auch sofort auf die unmittelbaren Fragen und Wahlmöglichkeiten der Parteien in dieser Situation an.

Auf diese Weise können die Prinzipien, auf denen unser Ansatz beruht, im Verhandlungsraum lebendig werden. Die Parteien beginnen zu erkennen, dass sie sich durch die Art ihrer Lösungsversuche in ihren Konflikten verfangen hatten. Andere Annahmen können ihnen möglicherweise daraus einen Ausweg eröffnen. Sind sie in der Lage, das zu erkennen, steht ihnen tatsächlich die Möglichkeit offen, ein anderes Vorgehen zu wählen.

Gemeinsames Verstehen

Es ist unerheblich, ob ein Konflikt klein und unkompliziert oder komplex und umfangreich ist. In jedem Fall konzentrieren wir uns in der ersten Phase der Mediation auf das *Aushandeln des Verfahrensvertrags*. Das heißt, wir verdeutlichen den Parteien und ihren Beratern unseren Ansatz und erarbeiten mit ihnen gemeinsam ein Vorgehen, das diesen Ansatz erfolgreich umsetzen kann. Insbesondere im Rahmen einer Mediation kann eine offenere Diskussion zu einer anderen Art der Zusammenarbeit führen: Die Beteiligten lernen gemeinsam zu verstehen, worum es im Kern bei ihrem Problem geht; damit stehen ihnen auch mehr Optionen zu dessen Lösung offen.

Angesichts der Bedeutung, die wir einer aktiven Beteiligung der Parteien beimessen und der Bedeutung, die ihr Streit für die Unternehmen Radix und Argyle hatte, empfahl der Mediator folgendes Vorgehen:

Sollten sich die Unternehmen für unseren Ansatz entscheiden, sollten die Vorstandsvorsitzenden am Verfahren teilnehmen. Wäre der Prozess ohne sie fortgesetzt worden, hätte der Mediator mit Ansprechpartnern ohne volle Verantwortungs- und Vertretungskompetenzen verhandeln müssen. Zwar hat es manchmal den Anschein, es sei effizient, Vertreter der beteiligten Parteien zu entsenden. De facto kann es aber dazu führen, dass die Parteien in ihrer Konfliktfalle gefangen bleiben, weil die Verantwortung nicht unmittelbar von den Menschen wahrgenommen wird, die faktisch die Befugnis dazu haben, den Konflikt zu beenden.

Beim nächsten Termin mit den Managern und Anwälten von Radix und Argyle, waren auch die Vorstandsvorsitzenden dabei. Vieles von dem, was beim ersten Treffen gesagt worden war, musste nun wiederholt werden, damit auch den Vorstandsvorsitzenden klar wurde, warum eine Mediation auf Basis des alternativen Ansatzes sinnvoll war. Der Mediator verwandte den Großteil der ersten zweitägigen Sitzung darauf, mit allen Beteiligten den Mediationsauftrag zu klären und zu vereinbaren, wie die Mediation durchgeführt werden sollte.

Die Auftragsklärung ist bei unserem Mediationsansatz die erste von *fünf Phasen*.

Fünf Phasen der Mediation

Die fünf Phasen der Mediation

1. Verfahrensvertrag aushandeln
2. Streitpunkte herausarbeiten
3. Sich durch den Konflikt arbeiten
4. Optionen entwickeln und bewerten
5. Vereinbarung abschließen

Der anfängliche Umweg über die Einstellungen und Hypothesen der Parteien und ihrer Anwälte, ihr Verhältnis zueinander und auch ihre Haltung gegenüber dem Konflikt, war für die Parteien anscheinend hilfreich.

Finden sie tatsächlich zu einem tieferen Verstehen ihres Konflikts, werden sie mehr Möglichkeiten entdecken, wie sie mit dem Konflikt und ihrer Geschäftsbeziehung umgehen können. Dann könnte ihnen dieses offene Gespräch über ihren bisherigen Umgang mit Konflikten gute Dienste leisten. Dies umso mehr, sobald sie sich mit den inhaltlichen Differenzen auseinandersetzen müssen. Wie das im Einzelnen ablief, werden wir sehen, wenn wir in Abschnitt 4.1 (S. 271 ff.) zum Fall Radix gegen Argyle zurückkehren.

1.3 Was gehört zu einer Mediation? Die Holocaust-Memoiren

Diese Mediation betraf einen Konflikt zwischen Mrs. Sara Levi und Mr. Patrick McAllister. Sie hatten versucht, gemeinsam ein Buch zu schreiben. Es war ihre Geschichte und er sollte sie schreiben.

Trotz ihres Alters war das einzige Anzeichen von Schwäche bei Mrs. Sara Levi ihr Gehstock, den sie jedoch eher als Waffe denn als Gehhilfe benutzte. Daher war ich überrascht, dass sie von ihrem Neffen Adolfo begleitet wurde, einem Mann in mittleren Jahren. Mrs. Sara Levi betonte, sie bräuchte ihn als moralische Unterstützung. Patrick wollte jedoch nicht, dass Adolfo dabei war. Er fand, dass Mrs. Sara Levi – sie bestand darauf, dass er sie so nannte – schon für sich genommen ein starkes Gegenüber war. »Ich will nicht, dass Adolfo an dieser Mediation teilnimmt«, beschwor mich Patrick McAllister. »Diese Sache geht nur Mrs. Levi und mich etwas an.«

Das einvernehmliche Vorgehen

Unsere Mediationsarbeit erfolgt einvernehmlich mit den Parteien auf der Grundlage von Vereinbarungen, *wie* wir zusammenarbeiten. Der Fall der Holocaust-Memoiren war ungewöhnlich, weil Mrs. Sara Levi darauf bestand, ihren Neffen Adolfo hinzuzuziehen. Damit stellte sie uns gleich vor die erste Entscheidung, die die Parteien treffen müssen: Wie wollen sie vorgehen? Wer soll dabei sein? Unter welchen Umständen soll die Mediation ablaufen?

Offenkundig kann der Mediator das nicht allein bestimmen. Eine gemeinsame Übereinkunft über das Verfahren der Mediation ist die Basis für die gesamte weitere Arbeit. Das einvernehmliche Vorgehen ist eines unserer Leitprinzipien. *Gemeinsame Entscheidungen*, die beide Parteien mittragen, sind essenziell, um gegenüber herkömmlichen Verfahrensweisen eine echte Alternative zu schaffen.

Arbeitsbündnis

In der Sprache der Mediation schafft das »Arbeitsbündnis« einen Rahmen. Darin wird festgelegt, wie die Parteien hinsichtlich der Streitthemen, die sie zur Mediation geführt haben, zusammenarbeiten. Wir bevorzugen es, wenn im Rahmen der Mediation umfassende und klare

Vereinbarungen zwischen den beiden Parteien entstehen, die wir auch als *Grundvereinbarungen* bezeichnen.

Die Unterscheidung ist wichtig, denn wenn die Parteien von Anfang an die Verantwortung für die Gestaltung des Mediationspozesses übernehmen, beteiligen sie sich ab dem Moment aktiv am Verfahren. Stellt dagegen der Mediator sofort Regeln auf, werden die Parteien von ihm auch eher inhaltliche Lösungen erwarten: Das wiederum unterstützt die herkömmliche Konfliktfalle. Tragen die Parteien selbst die Verantwortung, nutzen sie eine wichtige Ressource, um sich aus ihrer Falle zu befreien. Durch eine *Zusammenarbeit* können sie ihre Mediation selbst mitgestalten.

Grundvereinbarung der Zusammenarbeit

In diesem Fall ging es bei den Grundvereinbarungen vor allem um die Frage, wer an der Mediation teilnimmt.

In der Regel sind auch weitere Fragen zu thematisieren:
- Können die Schwächen und Stärken der jeweiligen Rechtspositionen offen diskutiert werden?
- Welche Art von Informationen sollen in die Mediation auf welche Weise eingebracht werden?
- Sind das kommunizierte Wissen und die Diskussionen zwischen den Parteien vertraulich zu behandeln und somit bei Gericht nicht verwendbar?
- Wollen die Parteien die Abläufe und Ereignisse während ihrer Mediation nach außen mitteilen?

Darüber hinaus würden wir vermutlich noch folgende Fragen stellen:
- Wann finden die Treffen statt und wie lange sollen sie dauern?
- Wie werden die Parteien während und außerhalb der Treffen miteinander kommunizieren?
- Welche Rolle spielen gegebenenfalls die Anwälte während und außerhalb der Treffen?
- Welche Verantwortung tragen die Parteien bezüglich des Honorars des Mediators?

Wir gehen diese Fragen nacheinander durch, bis wir Absprachen finden, die sowohl den Parteien als auch dem Mediator sinnvoll erscheinen. Eventuell müssen die Beteiligten im weiteren Verlauf der Mediation noch einmal auf diese Absprachen zurückkommen.

Viele Mediatoren betrachten den hohen Stellenwert und den großen Zeitaufwand, den wir dieser ersten Phase einräumen, mit Skepsis; sie ziehen es vor, zu Beginn der Mediation in einem Eröffnungsstatement ein paar Grundregeln aufzustellen und sich dann zügig dem »Streitinhalt« zuzuwenden.

Wir betrachten jedoch die Zeit, die wir für den *Prozess der Auftragsklärung* aufwenden, als gut investiert. In diesem Fall dauerte es fast zwei Stunden; bei komplexen Fällen kann es auch schon mal zwei Tage dauern – so etwa bei Radix und Argyle.

notwendige Verfahrensvereinbarungen

Was auch immer bei der Frage zur Debatte steht, *wie* die Mediation durchgeführt werden soll: Die zu treffenden Vereinbarungen sind keine unwichtigen »Vorarbeiten« des eigentlichen Mediationsverfahrens. Sie sind bereits ein notwendiger *Teil der Mediationsarbeit*. Werden sie sorgfältig getroffen, können sie den Mediationsprozess kraftvoll unterstützen. Werden hingegen – wie bei Gericht – nur von außen Regeln für das Verfahren aufgestellt oder die vorgegebenen Grundregeln eines Mediators lediglich hingenommen, kann der Prozess zwar voranschreiten. Es fehlen ihm jedoch die Motivation und das Engagement der Parteien als treibende Kräfte. Entscheiden die Parteien selbst – nach Kriterien, die aus ihrer Sicht sinnvoll und zielführend sind – kann die Mediation auf einer gemeinsamen Grundlage aufbauen.

Kaum hatten die Beteiligten den Mediationsraum betreten, begann Mrs. Sara Levi mit ihrem starken italienischen Akzent zu sprechen: »Ich bin sehr böse auf Sie, Patrick. Ich fühle mich so, als hätte ich bereits verloren. Sie kennen meinen Adolfo seit langem. Er hat nichts gegen Sie. Er ist nur hier, um mich zu unterstützen. Wenn er nicht bei mir ist, glaube ich nicht, dass ich hier mitmachen kann.«

Patrick antwortete und sah dabei mich an: »Und wenn er hier ist, glaube ich, dass ich im Nachteil sein werde.« Und mit einem kurzen Blick in Saras Richtung: »Sie haben jemanden, der Sie unterstützt – mich aber unterstützt keiner.«

Als ich hörte, wie ehrlich und unverblümt sie miteinander sprachen, wurde ich gelassen und wandte mich an beide. »Ich weiß Ihre Offenheit sehr zu schätzen. Es scheint, dass Sie unterschiedlicher Ansicht darüber sind, wie wir die Mediation beginnen sollen?«

Erregt warf Sara ihre Hände in die Luft: »Vielleicht ist all das hier ein Fehler. Ich hätte gleich wissen müssen, dass uns eine Einigung nicht gelingen würde. Darin liegt das Problem, Patrick. Sie verstehen es einfach nicht. Sie glauben, wir begegnen uns hier auf Augenhöhe. Das tun wir aber nicht. Mein Leben ist ruiniert.«

Ich griff ein.

Mediator: Sie streiten darüber, ob Adolfo anwesend sein sollte? Sie stecken also momentan in einer Sackgasse. Sie, Sara, möchten nur weitermachen, wenn Adolfo dabei ist, weil Sie das Gefühl haben, Sie bräuchten seine Unterstützung, um hier als gleich starker Partner auftreten zu können? Und Sie, Patrick, wollen nicht weitermachen, wenn Adolfo teilnimmt, weil Sie glauben, dass Sie dadurch im Nachteil sind? Können wir also für dieses Problem eine Lösung finden, um überhaupt anzufangen? Wenn Sie beschließen, diesen ersten Schritt zu tun, um Ihre Differenzen in einer Mediation anzugehen, schlage ich vor: Wir versuchen zu verstehen, was Ihnen jeweils wirklich wichtig ist. Vielleicht finden wir dann eine Lösung, die Ihre jeweiligen Sichtweisen berücksichtigt.
Sara: Warum entscheiden Sie nicht einfach die Sache für uns? Denn ich weiß nicht, wie wir uns einigen könnten.
Mediator: Das weiß ich auch noch nicht. Aber ich möchte nicht derjenige sein, der für Sie die Entscheidungen trifft. Es geht darum, dass Sie hier gemeinsam entscheiden. Und meine Aufgabe ist es, Ihnen dabei zu helfen – und zwar Ihnen beiden.
Patrick: Aber wenn wir noch nicht einmal in diesem Punkt einen Entschluss fassen können? Wie sollte es dann möglich sein, dass wir die großen Probleme in den Griff bekommen, über die wir uns noch mehr streiten?
Mediator: Ich vermute Folgendes: Wenn wir versuchen herauszubekommen, worum es Ihnen beiden bei der Frage über Adolfos Teilnahme eigentlich geht, dann kommen wir möglicherweise auf einige der Probleme zu sprechen, die Ihrem Hauptkonflikt zugrunde liegen. Meines Erachtens sollten wir den Weg für das weitere Vorgehen finden, der Ihnen beiden sinnvoll erscheint. Wenn uns das nicht gelingt, dann ist eine Mediation für Sie vielleicht nicht das Richtige.
Sara: Ich habe keinerlei Interesse an einem ausgedehnten Verfahren, bei dem wir viel Zeit darauf verwenden müssen, jedes kleinste Detail unter die Lupe zu nehmen. Vielleicht sollte ich einfach hinausgehen und Adolfo sagen, dass er nach Hause gehen kann. Dann würde ich eben versuchen, das hier alleine zu schaffen, so gut es geht.
Mediator: Das wäre eine Möglichkeit. Aber ich glaube, wir können die Sache vielleicht noch besser hinbekommen.
Patrick: Was wollen Sie damit sagen? Sie hat doch soeben ihr Einverständnis erklärt, Adolfo aus der Sache herauszuhalten. Mir ist das nur recht. Was soll das heißen, dass wir es noch besser hinbekommen?
Mediator: Kann es nur darum gehen, dass einer von Ihnen nachgibt und nur das macht, was der andere will? Weil es bequemer ist? Wenn wir ohne Adolfo weitermachen, fühlt sich Sara eventuell zurückgesetzt?
Patrick: Aber wenn wir mit ihm anfangen, dann fühle ich mich zurückgesetzt.

Mediator: Stimmt. Mein Ziel ist es zu sehen, ob wir anfangen können, ohne dass einer von Ihnen sich zurückgesetzt fühlt.
Sara: Aber wie sollen wir das anstellen?
Mediator: Indem Sie herausfinden, weshalb jeder von Ihnen genau die Position vertritt, die er zu Adolfos Teilnahme eingenommen hat. Dann prüfen wir, ob es uns gelingt, eine Lösung zu finden, die die Gründe von Ihnen beiden berücksichtigt. Vielleicht ist es für Sie ein wenig unangenehm, diese Unstimmigkeit noch ein wenig länger auszuhalten und zu versuchen, sich da durchzuarbeiten. Aber wenn Sie dazu bereit sind, haben wir möglicherweise im Anschluss daran eine solidere Basis, von der aus wir fortsetzen können.
Sara: In Ordnung. Machen Sie weiter. Aber ich muss Ihnen sagen, dass ich kein gutes Gefühl dabei habe, zumal Adolfo inzwischen im Wartezimmer sehen muss, wo er bleibt.
Mediator: Möchten Sie, dass ich ihm kurz Bescheid gebe?
Sara: Ja bitte! Es ist doch schrecklich, ihn so warten zu lassen.
Patrick: Ich habe nichts dagegen.

Vielleicht wäre es für den Mediator einfacher gewesen, Saras Einwilligung anzunehmen und damit diesen Punkt als geklärt zu betrachten. Aber das hätte gegen die Prinzipien verstoßen, die unserem Mediationsansatz zugrunde liegen. Außerdem hätte der Mediator auf diese Weise eine Chance verpasst, um das Fundament für die harte Arbeit zu legen, die möglicherweise noch folgte. Die Parteien hätten sich auf eine Verfahrensweise geeinigt, die einen Aspekt ignorierte, der zumindest für eine der beiden Parteien wichtig war. Dadurch hätte sich diese Partei benachteiligt gefühlt.

Verstehen – Verantwortung – Zusammenarbeit

Verstehen heißt für uns mehr als Anerkennung ohne Einsicht. *Verantwortung* ist mehr als eine billigende Inkaufnahme. *Zusammenarbeit* umfasst mehr, als sich lediglich im gleichen Raum aufzuhalten. Damit eine Mediation vorankommen kann, sollen die Parteien *gemeinsam Entscheidungen treffen*. Dafür sollten beide in der Lage sein, für sich selbst einzustehen und das Wissen zu erlangen, das sie für ihre Entscheidungen brauchen. Als Mediatoren versuchen wir sicherzustellen, dass jede Partei dazu fähig ist oder von uns die nötige Unterstützung erhält, um dazu fähig zu werden.

Hätte Sara nachgegeben, wäre das für sie nicht der Ausweg aus der Konfliktfalle gewesen – sie hätte vielmehr klein beigegeben.

Im Wartezimmer ging Adolfo unruhig auf und ab. »Vielleicht sollte ich einfach nach Hause gehen«, sagte er. »Ich wollte doch keinen Ärger machen.« Ich sagte ihm, wir würden versuchen, eine Einigung über die Frage seiner Teilnahme zu erzielen. Ob er sich noch ein wenig gedulden könne, um abzuwarten, ob die beiden dies gemeinsam entscheiden würden? Er stimmte zu.

Wie eine Mediation beginnt, ist entscheidend für ihren Erfolg. Eines der wichtigsten Ziele des Mediators ist es, den Parteien zu helfen, auf Augenhöhe miteinander zu verhandeln.

Augenhöhe der Parteien

In diesem Fall würde eine Einigung über Adolfos Anwesenheit der Mediation in doppelter Hinsicht zugutekommen: Zum einen würden Sara und Patrick gleich am Anfang das Gefühl bekommen, dass sie in der Lage waren, eine Meinungsverschiedenheit zu überwinden. Zum anderen rief Adolfos Anwesenheit – aus welchen Gründen auch immer – bei beiden starke Gefühle hervor. Gelänge es uns, das besser zu verstehen, könnte darin der Schlüssel zum eigentlichen Problem liegen, das sie lösen wollten.

Als ich in den Verhandlungsraum zurückkehrte, wusste ich nicht, ob sich die beiden über Adolfos Teilnahme einigen würden. Und wenn ja, wie eine solche Einigung aussehen könnte. Mir war nur bewusst, dass wir vermutlich einen großen Schritt weiter kämen, sollte es ihnen gelingen.

Sara: Also schön. Ich möchte Ihnen sagen, weshalb mir seine Gegenwart so wichtig ist.
Mediator (zu Patrick): Ist es für Sie in Ordnung, wenn Sara anfängt?
Patrick: Klar.
Sara (an mich gewandt): Patrick und ich haben uns schon mehrere Male zu zweit getroffen. Jedes Mal fühlte ich mich danach vollkommen orientierungslos. Es gibt etwas, das Sie verstehen müssen. Ich bin ein Kind des Holocaust. Die Erfahrungen, die ich durchgemacht habe, sind unerträglich. Ich bin jetzt weit über siebzig Jahre alt. Diese furchtbaren Zeiten haben mich seit damals immer verfolgt. Adolfo ist mein Fels, mein Lebensnerv. Er ist der einzige Mensch, der mich wirklich versteht und dafür sorgt, dass ich bei mir bleibe. Ich verliere den Kontakt zu meinen Gefühlen und wenn das geschieht, weiß ich weder aus noch ein. Ich möchte nicht, dass mir das hier passiert. Adolfo spürt, wenn ich in diesen Zustand gerate. Nur er kann mir helfen, dass ich wieder zu mir finde, wenn ich beginne, mich zu verlieren.
Mediator: Die Schwierigkeit liegt also darin, dass Sie sich immer wieder verlieren, wenn Sie über jene unerträgliche Zeit in Ihrem Leben sprechen? Und Adolfo hilft Ihnen, dass Sie klar bleiben. Spüren Sie es in dem Moment, wenn Sie sich verlieren?

Sara: Erst später. Adolfo merkt es schon vorher; er sieht es kommen.
Mediator: Sie glauben also, dass seine Gegenwart Ihnen dabei helfen könnte, bei sich zu bleiben und nicht unverhältnismäßig auf Dinge zu reagieren, die um Sie herum geschehen?
Sara: Genau.
Mediator: Und bei Ihren früheren Gesprächen war es so, dass das, was wie ein Schritt nach vorne aussah, sich im Nachhinein als ein Schritt zurück entpuppte? Und Sie möchten nicht, dass das nochmals geschieht?
Sara: Richtig. Ich möchte, dass diese Sache funktioniert, aber ich weiß einfach nicht, ob ich das hinbekomme.

Ich bemühte mich festzustellen, ob ich Sara verstehe: Ich bestätigte, dass ich sie verstanden habe, indem ich ihr das Gehörte spiegelte; zugleich bekräftigte ich, dass ich ihre Sichtweise verstehe. Wir sprachen davon, die Schleife des Verstehens zu vervollständigen, was wir später noch weiter ausführen werden (vgl. Abschnitt 1.4). Nachdem ich Saras Standpunkt etwas besser verstanden hatte, konnte ich mich nun Patrick zuwenden.

Patrick (an mich gewandt)**:** Ich wünschte, das Gleiche würde für mich gelten. Aber ich habe keinen Adolfo. Sie müssen noch ein paar Dinge über unser Arrangement wissen. Mrs. Levi hat mich beauftragt, mit ihr zusammen ein Buch über ihre Erfahrungen im Holocaust zu schreiben. Es geht um ihre Zeit als Jugendliche. Dieses Buch handelt von ihr, deshalb ist es für das Buch ganz maßgeblich, dass ich an sie herankomme. Nach jedem unserer Treffen schreibe ich auf, worüber wir gesprochen haben, um es in das Buch einzuarbeiten. Wenn ich ihr dann das Material zeige, ist sie enttäuscht. Wir verstricken uns dann in endlose Debatten darüber, was im Buch vorkommen sollte. Für mich sind diese Treffen, in denen ich ihr geradezu etwas abringen muss, frustrierend. Mir kommt es so vor, als seien wir vorangekommen, aber sie sagt mir hinterher, dass sie Dingen zugestimmt habe, denen sie nicht hätte zustimmen sollen.
Mediator: Aus Ihrer Sicht sind es also Vereinbarungen, die nicht eingehalten werden, die Ihre Tätigkeit erschweren?
Patrick: Erschweren ist noch untertrieben. Unmöglich machen träfe es besser. Daher habe ich das Projekt abgebrochen. Unter solchen Bedingungen kann ich einfach nicht arbeiten. Es ist kein leichtes Projekt und ich wollte es machen. Aber ich brauche irgendeine Art von Verlässlichkeit, um dieses Buch voranzubringen, deshalb muss ich am Ende das letzte Wort haben. Mrs. Levi ist zu nah dran. Sie sieht den Wald vor lauter Bäumen nicht. Sie weiß das. Deshalb hat sie mich ja überhaupt mit der Sache beauftragt.
Sara: Für Sie ist es leicht, das, was Sie das ›Projekt‹ nennen, einfach hin-

zuschmeißen. Aber dieses Projekt ist mein Leben. Es ist das Einzige, wofür ich lebe. Sie können sich aus dem Staub machen. Ich kann das nicht.
Mediator: Sara, ich spüre, wie sehr Sie diese Sache mitnimmt. Wir sollten darüber sprechen, damit diese Mediation funktionieren kann. Momentan versuche ich jedoch zu verstehen, was Patrick sagt. Ich würde gern darauf reagieren. So kann ich verstehen, worum es ihm bei der Frage um Adolfos Anwesenheit wirklich geht. Können Sie sich noch ein wenig gedulden?
Sara: Meinetwegen, aber ich möchte unbedingt, dass wir auf diesen Punkt zurückkommen.
Mediator: Das möchte ich auch, aber lassen Sie mich jetzt feststellen, ob ich verstehe, was Patrick gerade gesagt hat. Patrick, für das Hauptproblem haben Sie eine Lösung parat, die da lautet, dass Sie bei dem Buch das letzte Wort haben. Der Grund dafür ist, dass Sie stetig und verlässlich vorankommen möchten? Aber was Adolfos Gegenwart betrifft und Ihre Voraussetzungen für die Teilnahme an der Mediation, scheint es Ihnen um etwas anderes zu gehen.
Patrick: Ja, das stimmt. Ich habe das Gefühl, dass ich immer wieder an den Rand gedrängt werde. Ich finde es schon schwer zu ertragen, dass sie die Einzige ist, die bei diesem Projekt wirklich unersetzbar ist. Es ist ihre Geschichte. Ihr Leben. Aber ich habe immer wieder das Gefühl, als gäbe es bei dieser Sache gar keinen Platz für mich. Es ist wunderbar, dass sie Adolfo hat. Ich habe nicht den Eindruck, dass er gegen mich ist. Aber ich möchte hier nicht auf einen Gegenstand reduziert werden, so als ginge es mir nur ums Geld. Auch mir liegt das Projekt am Herzen.
Mediator: Heißt das, dass Sie Adolfos Anwesenheit nicht für problematisch halten? Sie sehen, wie wichtig er für Sara ist, damit sie ihre Geschichte erzählen kann? Befürchten Sie in Wirklichkeit, dass dadurch Sie und Ihre Mitarbeit nicht hinreichend gewürdigt werden könnten – ist das richtig?
Patrick: Stimmt. Es ist schon schwer genug, wenn man selbst kein Jude ist und das Misstrauen spürt, mit dem Mrs. Levi allen Menschen begegnet, die nicht jüdisch sind. Aber das verstehe ich. Ich kann damit leben. Ich möchte nur nicht bedeutungslos werden.
Sara: Man kann wohl kaum sagen, dass Sie bedeutungslos sind. Warum begreifen Sie nicht, dass ich in Adolfos Gegenwart weniger leicht durchdrehe, wenn wir beide uns mal wieder gegenseitig auf die Palme bringen? Ich weiß, dass das zum Ablauf dazugehört. Falls es uns gelingt, unser Problem zu lösen, weiß ich, dass Adolfos Anwesenheit mir helfen wird, bei mir zu bleiben. Wenn ich dann sage, dass etwas so stimmt, dann werde ich es mir später nicht wieder anders überlegen. Denn dann werde ich wissen, dass ich tatsächlich bei mir war, als ich die Entscheidung traf.

Mediator: Und wie schätzen Sie bislang Ihren Zustand bei dieser Unterredung ein, wie geerdet fühlen Sie sich?
Sara (mit einem Lachen)**:** Ziemlich gut. Sie haben recht. Ich bleibe bei mir. Ich kapituliere nicht vor Patrick. Ich weiß gar nicht, ob ich Adolfo dafür überhaupt brauche.
Mediator: Für mich sieht es so aus, als seien wir an den springenden Punkt dieses Verfahrens gelangt. Ob Adolfo teilnimmt oder nicht, ist nur oberflächlich betrachtet das Problem. Im Grunde genommen geht es darum, ob Sie beide das Gefühl haben, dass Sie bei sich bleiben können, ohne sich aufzugeben: Dass Sie die Bereitschaft haben, Ihren Differenzen ins Auge zu blicken und sie zu bewältigen. Mich beeindruckt bislang der Umstand, dass Sie beide bereit zu sein scheinen, Ihre Sicht der Dinge ehrlich darzulegen – trotz der Spannungen zwischen Ihnen.

Erkennen, was dem Streit zugrunde liegt

Tieferes Verstehen

Die Arbeit in einer Mediation macht es oft erforderlich, dass man auf ein tieferes Verstehen hinarbeitet. Sara und Patrick hatten sich über ihre Haltung zu Adolfos Teilnahme ausgetauscht. Nun lag die nächste Hürde darin, zu erkennen und zu berücksichtigen, was jedem von ihnen auf einer tieferen, ihrem Streit zugrunde liegenden Ebene wichtig war. Als Sara und Patrick »hinter die Kulissen« blickten, wurden ihnen ihre tiefer liegenden Anliegen und Bedürfnisse bewusst. Und sie erkannten, was Adolfos Anwesenheit für jeden von ihnen bedeutete.

Patrick: Ich muss Ihnen etwas gestehen. Jetzt habe ich zum ersten Mal wirklich begriffen, warum mir Adolfos Anwesenheit so zu schaffen macht. Ich bin neidisch, dass er bei diesem Projekt dabei ist, dass sie seine Unterstützung und seine Gesellschaft hat. Mich unterstützt niemand. Noch nicht einmal sie. Ich habe das Gefühl, dass ich bei diesem Projekt außen vor bin. Was ich eigentlich sagen will ist: »Nur zu. Lass deinen Adolfo mitmachen und ich kümmere mich um meine Eifersucht.«
Mediator: Und was hieße das für Sie, Patrick? Sie sagten vorhin bereits, dass Sie sich benachteiligt fühlten, wenn Adolfo dabei wäre.
Patrick: Als ich hörte, wie Mrs. Levi sagte, dass sie ihn eventuell gar nicht dabei haben müsste, wurde mir bewusst: Ich möchte, dass sie bei mir den Halt hat, den er ihr möglicherweise geben kann.
Mediator: Und woher bekämen Sie die Unterstützung, die Sie brauchen, damit das für Sie funktioniert?
Patrick: Das weiß ich nicht. Ich fände es schön, wenn ich es alleine schaffen würde.

Mediator: Würde es für Sie einen Unterschied machen, wenn wir die Bedingungen abklärten, unter denen Adolfo hier teilnimmt?
Patrick: Ja, ich möchte nicht, dass er für sie spricht und ich möchte nicht, dass sie zu zweit gegen mich auftreten.
Mediator: Wenn also Sara mit ihm spricht oder er mit ihr, wäre das in Ordnung, aber ansonsten wäre seine Teilnahme beschränkt?
Patrick: Genau.
Mediator: Was halten Sie davon, Sara?
Sara: Das ist mir recht. Ich will nur, dass mich Adolfo bremst, wenn er bemerkt, dass ich mich verliere und mich daran erinnert, eine Pause einzulegen. Aber in unserem jetzigen Gespräch entdecke ich, dass ich hier vielleicht auch ohne ihn arbeiten kann. Ich habe ein ziemlich gutes Gefühl bei dieser Diskussion. Ich möchte nicht, dass Patrick sich benachteiligt fühlt, wie Sie es nennen.
Patrick: Und ich möchte nicht, Mrs. Levi, dass Sie sich verlieren. Für mich ist es wichtig, dass Sie in der Lage sind, hier Zusagen zu machen, die Sie auch halten können. Und wenn Ihnen Adolfo dabei eine Hilfe ist, dann sehe ich seine Anwesenheit auch für mich als wichtig an.
Sara: Patrick, nennen Sie mich doch einfach Sara.

Wir hatten nahezu eine dreiviertel Stunde darauf verwandt, uns über das Vorgehen zu einigen. Aus meiner Sicht waren wir einen großen Schritt weitergekommen. Vor allem deshalb, weil wir nun eine solide Grundlage für unsere Zusammenarbeit geschaffen hatten. Als es um die Frage nach Adolfos Teilnahme an der Mediation ging, hatten sowohl Sara als auch Patrick ausgedrückt, was ihnen *unter der Oberfläche* ihrer ursprünglichen Position wichtig war. Um zu ihrer Vereinbarung zu gelangen, waren beide weit von ihrem Ausgangspunkt abgewichen; zwischen uns herrschte nun ein umfassenderes Verständnis.

Unter der Oberfläche

Um ihren Konflikt bewältigen zu können, müssen beide Parteien bereit und fähig dazu sein, sich zu behaupten und eigene Entscheidungen zu treffen. Das ist essenziell und wir bemühen uns aktiv darum, dass das gegeben ist. Als Sara bereit war, ihre Sichtweise darzulegen, wurde es weniger wichtig für sie, ob Adolfo anwesend war oder nicht. Durch den Dialog war für sie bereits offensichtlich geworden, dass sie für das, was ihr wichtig war, eintreten könnte, ohne sich selbst zu verlieren.

Nun waren sich Sara und Patrick über Adolfos Teilnahme einig. Seine Rolle bestand darin, Sara zu unterstützen, damit sie sich nicht verlieren würde. Der Umstand, dass sie sich nicht verlor, war wiederum entscheidend dafür, dass die beiden in der Mediation erfolgreich zusammenarbeiten konnten. Patrick war zu der Einsicht gelangt, dass es auch in seinem Interesse war, wenn sich Sara durch Adolfo unterstützt fühlte. Und Sara begann zu erkennen, wie sie in dem Prozess für sich selbst sorgen konnte, unabhängig davon, ob Adolfo anwesend war oder nicht.

Objektiv betrachtet hätte das Ergebnis vielleicht genauso ausgesehen, wenn Patrick zu Beginn einfach nachgegeben hätte oder wenn der Mediator für sie zu diesem Schluss gekommen wäre. Aber auf subjektiver Ebene hatten die Parteien nun ein viel *umfassenderes Verständnis* davon, was den anderen und sie selbst antrieb. Das motivierte und unterstützte sie in ihrem weiteren Vorgehen.

Sie hatten die erste Entscheidung offen und verständnisvoll getroffen und das wussten sie auch. Sie hatten de facto die erste Differenz untereinander erfolgreich mediativ bewältigt. Was zwischen uns dreien bei der Bewältigung dieser verfahrenstechnischen Uneinigkeit zutage getreten war, ließ erahnen, mit welchen Dingen wir zu tun haben würden, wenn wir zu den inhaltlichen Differenzen kämen.

War dies bereits eine Garantie dafür, dass sie ihren Streit erfolgreich beenden würden? Nein, aber ich war zuversichtlicher, dass durch diese Vereinbarung eine erfolgreiche Mediation wahrscheinlicher wurde. Wir alle hatten zumindest eine klarere Vorstellung von dem, was uns erwartete und fühlten, dass wir den Weg gemeinsam gehen könnten.

Schließlich baten wir Adolfo herein, erklärten ihm die Übereinkunft, die wir hinsichtlich seiner Teilnahme getroffen hatten und wandten uns schließlich den weiteren Aspekten der Auftragsklärung zu. Wir werden später zur Mediation der inhaltlichen Themen im Fall der Holocaust-Memoiren zurückkehren (vgl. Abschnitt 2.3).

Kommentar: Was gehört zu einer Mediation?

Zu Beginn einer Mediation haben wir zwei zentrale Ziele. Zunächst versuchen wir, die Parteien in eine Lage zu versetzen, in der sie feststellen können, ob sie überhaupt mit uns zusammenarbeiten und ihren Streit in einer Mediation verhandeln möchten. Sobald sich die Parteien klar dafür entschieden haben, beginnen wir damit, den Boden für das Mediationsverfahren zu bereiten.

Aushandeln des Verfahrensvertrages

Beim Aushandeln des Verfahrensvertrages wird den Parteien und ihren eventuell anwesenden Beratern jenes Verstehen vermittelt, das sie für ihre Entscheidung brauchen, ob sie ihren Konflikt in einer Mediation nach unserem Ansatz angehen möchten. Ist das der Fall, wird im Rahmen dieses Verfahrensvertrages die Grundlage dafür geschaffen.

Vier Punkte des Verfahrensvertrages

Das Aushandeln des Verfahrensvertrages umfasst vier Punkte:

1. Den Kontakt herstellen – die Parteien einbeziehen.
2. Das Vorgehen erklären.
3. Die Rollen, Verantwortlichkeiten und Absichten der Teilnehmer abklären.
4. Das Arbeitsbündnis aushandeln.

Die Phasen sind nicht unbedingt klar voneinander zu unterscheiden und – gerade zu Beginn einer Mediation – oft recht stark ineinander verwoben.

Zwar wirkten die Vorgänge zu Beginn des Holocaust-Memoiren-Falls eher wie eine Art Vorlauf zur offiziellen Mediation. Doch hatten der Mediator und die Parteien schon bald mit allen vier Punkten zu tun.

Von Anfang an bemüht sich der Mediator, zwischen den Parteien *Kontakt* herzustellen und jede der Parteien einzubeziehen. Das gelingt gut, wenn man auf aktive, authentische Weise versucht, sie zu verstehen und dieses Verstehen bekräftigt. Das Verstehen steht naturgemäß im Zentrum unseres Ansatzes. Der zweite und dritte Punkt des Verfahrensvertrages – das *Vorgehen erklären* und die *Rollen und Verantwortlichkeiten abklären* – sind ebenfalls notwendig: damit können die Parteien eine fundierte Entscheidung treffen, ob und wenn ja, wie sie eine Mediation durchführen möchten.

Diese Entscheidungen gemeinsam zu treffen, entspricht dem vierten Punkt des Verfahrensvertrages – dem *Aushandeln des Arbeitsbündnisses*. Jeder Schritt vollzieht sich in Form klarer und fundierter Vereinbarungen. Mit Hilfe des Mediators handelten Sara und Patrick eine Vereinbarung über Adolfos Teilnahme aus, der später eine Reihe anderer Vereinbarungen über ihre Zusammenarbeit folgen sollten.

Den Konflikt akzeptieren

Konstruktiver Dialog zur Erklärung des Mediationsverfahrens

Wenn wir den Parteien den Mediationsprozess erklären, versuchen wir, sie in einen Dialog einzubeziehen, anstatt ihnen einen Vortrag zu halten. Der Anfang der Unterhaltung mit Patrick und Sara mag wegen seiner spezifischen Ausrichtung ungewöhnlich gewesen sein. Der Verlauf zeigt aber gut, wie sich ein konstruktiver Dialog aus den ursprünglichen Vorbehalten der Parteien entwickeln kann.

Die Konfliktpartner stecken oft auf eine Weise in ihrem Konflikt fest, die sie selbst nicht verstehen. Einige Aspekte dieser Konfliktfalle werden offensichtlich, sobald die Parteien ausdrücken, was sie beschäftigt. Ein Hauptaugenmerk unserer Arbeit richtet sich darauf, das Verhältnis der Parteien zu ihrem Konflikt zu verändern: Das tat der Mediator auch bei Sara und Patrick, die sich über Adolfos Anwesenheit uneins waren.

Steckt man in einer Konfliktfalle fest, dann kann es tatsächlich den Anschein haben, als gäbe es nur wenige unvermeidbare Strategien, um einen Streit zu beenden: Entweder man überzeugt den anderen und setzt sich gegen ihn durch oder man gibt nach. Auch ist es durchaus verbreitet, einem Dritten die Entscheidung zu übertragen oder einen wenig zufriedenstellenden Kompromiss zu akzeptieren. Aus unserer Sicht vermeiden die Parteien bei jedem dieser Wege ihre Differenzen, anstatt sich mit ihnen auseinanderzusetzen. Hätte Sara nachgegeben, wäre sie nicht aus der Konfliktfalle herausgeführt worden, sondern hätte vor ihr kapituliert. In der Regel mögen die Parteien jedoch keine Konflikte und durch eine schnelle Lösung hoffen sie, bald von der Anspannung erlöst zu werden, die sie empfinden.

Spannungen zulassen

Das bringt uns zu unserem nächsten Leitprinzip – *Spannungen zulassen*. Um in der Mediation konstruktiv voranzukommen, werden Sara und Patrick lernen, das Unbehagen, das nun einmal zu einer Auseinandersetzung gehört, anzunehmen. Häufig weigern sich die Parteien zu akzeptieren, dass Spannungen auftreten, sobald sie sich ihre Uneinigkeit eingestehen – und das hält sie letztendlich davon ab, ihren Streit zu bewältigen. Es ist aber grundsätzlich besser, sich einem Streit zu stellen, anstatt ihn zu vermeiden oder beiseite zu schieben. Arbeitet man in einer Mediation zusammen, ist dieser Weg unerlässlich.

Kriterien für die Teilnahme der Parteien

Gemeinsame Entscheidungen

Beim verstehensbasierten Mediationsansatz treffen die Parteien gemeinsam Entscheidungen. Sie respektieren damit, was ihnen selbst und dem anderen wichtig ist. Ein solches Vorgehen kann eine wirkliche Alternative gegenüber anderen Formen der Konfliktbewältigung sein, die eher auf Zwang setzen.

Im Fall von Sara und Patrick ging es bei dem ersten Gespräch vor allem darum, die Rollen und Verantwortlichkeiten der Parteien abzuklären. Wie bereits dargelegt, orientieren sich die Erwartungen der Parteien hinsichtlich ihrer Rolle in einer Mediation gewöhnlich an der herkömmlichen Form der Konfliktbewältigung im Rechtssystem. Dort sind die Anwälte aktiv, die Parteien passiv und der Richter entscheidet. Der verstehensbasierte Ansatz sieht eine viel aktivere und verantwortungsvollere Rolle für die Parteien vor. Sind die Parteien motiviert, bereit und in der Lage, sich auf ihre inneren Stärken zu stützen, dann können sie auf diese Weise gemeinsam durch den Konflikt gehen.

Aktive und verantwortungsvolle Rolle der Parteien

Um zu prüfen, ob die Parteien mit unserem Ansatz zurechtkommen werden, vergewissern wir uns anhand der nachfolgend aufgeführten Kompetenzen, ob sie ihren Streit wirklich in einer Mediation bearbeiten möchten.

Der Mediator wird gemeinsam mit den Parteien herausarbeiten, ob sie bereit und in der Lage sind,

- motiviert an der Mediation teilzunehmen,
- die Verantwortung für die Entscheidungsfindung zu übernehmen,
- sich mit dem anderen und dem Konflikt direkt auseinanderzusetzen,
- auf einvernehmliche nachhaltige Entscheidungen hinzuarbeiten.

Motivation als treibende Kraft

Das erste Kriterium ist die *Motivation*. Sie ist die treibende Kraft für unser Verfahren. Um einen Konflikt gemeinsam zu bewältigen, ist nicht die Gestaltungskraft des Mediators entscheidend, sondern die Motivation der Parteien. Kommen die Parteien allein aus Pflichtgefühl zur Mediation – etwa weil ein Dritter das für eine gute Idee hält – reicht das nicht aus. Entsteht bei uns dieser Eindruck, fragen wir die Parteien, ob sie aus persönlichen oder geschäftlichen Gründen im Rahmen einer Mediation zusammenarbeiten möchten.

Wenn eine oder gar beide Parteien nicht motiviert sind, ihren Konflikt gemeinsam zu bearbeiten, ist es gut möglich, dass die Voraussetzungen für die Teilnahme an einer Mediation mit uns nicht gegeben sind. Andererseits kann es sein, dass den Parteien ihre eigene Absicht nicht klar ist oder sie Schwierigkeiten haben, diese auszudrücken. Das kommt oft vor und stellt kaum einen Hinderungsgrund dar. Für uns lautet die entscheidende Frage, ob eine Absicht vorhanden ist, die wir erschließen können. Wie gering oder verborgen die Motivation, Absicht und Bereitschaft der Parteien auch sein mag – wir bemühen uns darum, sie sichtbar zu machen.

Bislang hat sich der Mediator noch nicht ausdrücklich mit Saras und Patricks Motivation befasst. Aber miteinander zu arbeiten und zu kommunizieren ist für beide essenziell, wenn Saras Geschichte erzählt werden soll. Auch für die Mediation ist das enorm wichtig. Die Frage von Adolfos Anwesenheit hat gezeigt, dass jede Partei die *Verantwortung für Entscheidungen* – das zweite Kriterium – übernehmen konnte.

Das dritte und vierte Kriterium – bereit zu sein, *sich direkt miteinander auseinanderzusetzen* und bereit zu sein, *auf einvernehmliche nachhaltige Entscheidungen hinzuarbeiten* – waren bei unserem Versuch, gleich zu Beginn die Frage nach Adolfos Teilnahme zu lösen, offensichtlich erfüllt. Diese beiden Kriterien stehen in einem dynamischen Spannungsverhältnis: Die Parteien müssen in der Lage und willens sein, sich zu widersprechen *und* sich zu einigen.

Autonomie fördern

Aktive Beteiligung der Parteien bedeutet, dass beide in der Lage sind, verantwortungsbewusste Entscheidungen zu treffen. Beide müssen fähig und bereit sein zu erkennen, was ihnen wichtig ist – und das auch sagen.

Autonomie fördert die Beziehung der Konfliktparteien zueinander

Die Parteien müssen in der Lage sein, für sich selbst zu sorgen. Sara wusste, dass sie Adolfos Unterstützung brauchte – und sie bekam diese Unterstützung. Das ist für die Integrität des Prozesses unerlässlich. Daher bemüht sich der Mediator von Anfang an darum, die Autonomie beider Parteien zu fördern. Durch dieses Vorgehen trägt er dazu bei, dass die Beziehung der Konfliktpartnern zueinander ebenfalls gewürdigt wird.

Das heißt nicht, dass nur Streitpartner, die sehr selbstbewusst und durchsetzungsfähig sind, für eine Mediation geeignet sind. In dieser Konstellation kämen tatsächlich nur wenige in Frage und die Betreffenden könnten ihren Streit möglicherweise auch ohne Vermittlung eines Dritten lösen. Die Parteien müssen jedoch ihre eigenen Prioritäten erkennen, sie formulieren und zu ihnen stehen. Unser Ziel ist es, beide Parteien in die Lage zu versetzen, ihre eigenen Interessen auszudrücken. Keiner sollte sich benachteiligt fühlen. Die Lösung der Frage nach Adolfos Beteiligung hat diesen Punkt deutlich gemacht.

Fähigkeit eigene Interessen auszudrücken

Der von uns praktizierte Mediationsansatz geht davon aus, dass kein allzu großes Gefälle zwischen den Parteien hinsichtlich ihrer Fähigkeit besteht, die Situation zu verstehen und für sich selbst einzustehen. Der Mediator ist dafür verantwortlich, den Parteien zu zeigen, ob ein solches Ungleichgewicht vorhanden ist und hilft ihnen gegebenenfalls, es auszugleichen.

Aus diesem Grund achtete der Mediator darauf, ob Sara oder Patrick benachteiligt sein könnten.

Bifokale Sichtweise

Um sich in diesen Dialog mit den Parteien produktiv einzubringen, ist es für den Mediator von Nutzen, wenn er über zweierlei Fähigkeiten verfügt: Erstens sorgfältig im Auge zu haben, was *in* den Beteiligten vorgeht, zweitens die *objektive Dimension* des Problems der Parteien fest im Blick zu behalten. Dieses doppelte Augenmerk – auf das Innere und das Äußere – nennen wir die *bifokale Sichtweise* – ein weiterer Schlüsselbegriff bei uns.

Häufig zögern Parteien im Konflikt, eine Mediation durchzuführen; insbesondere wenn keine Anwälte teilnehmen. Sie befürchten, sich selbst nicht schützen zu können. Eine wiederkehrende Kritik an der Mediation lautet, dass schutzbedürftige Parteien in einer Mediation ausgenutzt werden könnten; das ist eine berechtigte Sorge.

Als sich der Mediator im Fall von Sara und Patrick nach einem möglichen Machtgefälle erkundigte, sah es so aus, als ob sich das Ungleichgewicht allein auf die emotionale Ebene konzentrierte und der Mediator lediglich auf dieser Ebene unterstützend eingriff. Das kann natürlich der Fall sein. Viele Themen, denen die Parteien in einer Mediation gegenüberstehen, haben für eine oder beide Seiten eine emotionale Komponente. Unser Ziel, für gleiche Ausgangsbedingungen zu sorgen, geht jedoch darüber hinaus und betrifft ganz unterschiedliche Thematiken: Manchmal besteht ein Missverhältnis hinsichtlich finanzieller Informationen oder in Bezug auf das Verhandlungsgeschick; es treten strukturelle Ungleichheiten auf – etwa zwischen Arbeitgeber und Arbeitnehmer – oder die Beteiligten verfügen über unterschiedliche wirtschaftliche Ressourcen. All diese Gefälle müssen herausgearbeitet und

Gleiche Ausgangsbedingungen für alle Beteiligten

benannt werden. In jedem Fall sind wir bestrebt, relativ ausgewogene Verhältnisse zu schaffen, damit die Parteien ihre Entscheidungen gemeinsam treffen können. Ein Machtgefälle kann bei einer Mediation ein Kernproblem darstellen.

Kernproblem Machtgefälle

Manche Parteien benötigen während der Mediation die Unterstützung von anderen Menschen – sei es während oder außerhalb der Sitzungen – um zu verstehen und auszudrücken, was ihnen wichtig ist. Oft können Anwälte diese Rolle übernehmen. Die Anwesenheit eines Steuerberaters mag sich für eine Partei als äußerst wichtig erweisen, während bei einer anderen ein Freund diesen Part übernimmt.

Bei Sara führte allein die Überzeugung, dass ihr eine Unterstützung von außen helfen würde, dazu, sich intensiver an der Mediation zu beteiligen und mehr Verantwortung zu übernehmen – noch bevor Adolfo im Raum war. Der Mediator hilft den Parteien, für sich abzuklären, was sie brauchen, um sich ganz einzubringen. Diesbezüglich sind wir nicht »neutral«.

Das Verhältnis zwischen dem Wie und dem Was

Um einen geeigneten Rahmen für die Mediation zu schaffen, haben wir uns darauf konzentriert, gemeinsam mit den Parteien zu vereinbaren, *wie* wir zusammenarbeiten werden. Das folgt aus unserem Bestreben, alle Beteiligten mit Respekt zu behandeln und einzubeziehen.

Bifokale Sichtweise (vgl. S. 47 und S. 99)

Der Unterschied zwischen dem *Wie* und dem *Was* ist ein heikles Terrain, auf dem der Mediator von seiner bifokalen Sichtweise profitiert. Den Parteien fällt es leichter, sich auf die *Form* – das *Wie* – ihrer Zusammenarbeit als über das *Thema* ihres Streites – das *Was* – zu einigen. Treffen sie Vereinbarungen über das *Wie*, sammeln sie Erfahrungen darin, etwas gemeinsam zu entscheiden. Das macht sie hinsichtlich ihrer eigenen Fähigkeiten zuversichtlicher.

Bei Sara und Patrick betraf das Streitthema – das *Was* – die Frage, ob und wie sie zukünftig zusammenarbeiten würden, um die Holocaust-Memoiren zu verfassen und zu veröffentlichen. Sie befassten sich zunächst mit der Frage nach Adolfos eventueller Teilnahme, dem *Wie* – mit einer für beide Seiten gewinnbringenden Lösung. Auf diese Weise lernten sie, gemeinsam etwas zu entscheiden und zwar in einem Bereich, der nicht so belastet war wie das eigentliche Thema ihres Streits. Was bei Sara und Patrick angesichts des *Wie* geschah, erschien vielversprechend für das, was hinsichtlich des *Was* folgen würde.

Sie hatten akzeptiert, dass sie miteinander im Streit lagen. Sie hatten erkannt, was ihnen an der Thematik wichtig war und brachten dies zum Ausdruck. Und sie trafen eine Abmachung, die nicht nur würdigte, was jedem von ihnen wichtig war, sondern die auch den jeweils anderen berücksichtigte. Sie lernten, mediativ zu arbeiten.

In Wirklichkeit hatten sie aber auch bereits begonnen, sich mit inhaltlichen Fragen auseinanderzusetzen, die dem Streit zugrunde lagen: etwa mit der Frage, was ihre Arbeit am Buch zum Erliegen gebracht hatte und was nötig wäre, um in Zukunft erfolgreich zusammenzuarbeiten und das Buch zu beenden.

Zwar ist die Verbindung zwischen dem *Wie* und dem *Was* nicht immer so deutlich, aber wir stoßen öfter darauf als wir vermuten.

1.4 Der Loop des Verstehens: Das Naturschutzgebiet

Das Land war seit vielen Generationen im Besitz von Kimberleys Familie. Die sauberen Flüsse und alten Felsen waren für jeden Naturschützer eine Freude. Zudem war es noch relativ unberührt, während das umliegende Land stark unter den Folgen intensiver Bebauung litt. Kimberley war in Sorge: Der enorme Wertanstieg könnte einen ihrer Erben innerhalb der nächsten ein oder zwei Generationen dazu verleiten, das Land zu verkaufen. Daher hatte sie 160 Hektar einer gemeinnützigen Umweltorganisation gestiftet. Diese gründete einen Unterausschuss, bestehend aus Freunden und verschiedenen Naturschutz-Aktivisten. Sie alle hatten den Auftrag, dafür zu sorgen, dass das Land für allezeit unbebaut bliebe. Unterdessen lauerten Investoren und Grundstücksentwickler nur darauf, dass die geschlossene Reihe der Überzeugten zu bröckeln begänne.

Der Konflikt entstand aus einem unvorhergesehenen internen Streit zwischen einigen von Kimberleys Freunden im Vorstand und aktiven Mitgliedern des Unterausschusses. Die Freunde im Vorstand fanden, das Land sollte keinesfalls angerührt werden. Die Mitglieder des Unterausschusses wollten das Land dagegen der Öffentlichkeit zugänglich machen, damit viele Menschen etwas davon hätten. Als die Beteiligten zur Mediation kamen, hatte das Verhältnis zwischen dem Vorstand und dem Unterausschuss ein Stadium erreicht, in dem mehrere Personen nicht mehr miteinander sprachen. Zwischen den Fraktionen fehlte nahezu jegliches Vertrauen. Kimberley saß zwischen den Stühlen und versuchte, beide Seiten so gut es ging zu beschwichtigen. Inzwischen war sie vollkommen verzweifelt.

Ich wurde durch den Anruf eines der Vorstandsmitglieder, das ich kaum kannte, hinzugezogen. Ich hielt unser Gespräch absichtlich kurz, da ich großen Wert darauf lege, von Anfang an mit beiden Seiten ausgewogen zu kommunizieren. Ich schlug eine Telefonkonferenz mit einigen der maßgeblichen Leute aus dem Vorstand und dem Unterausschuss vor. Dabei würden wir über meinen Mediationsansatz sprechen und sehen, ob und inwiefern er ihren Bedürfnissen entsprach.

Als ich zur vereinbarten Zeit den Hörer abnahm, stieß ich auf ungemütliches Schweigen. Ich bat um eine kurze Vorstellungsrunde. In der Leitung knisterte es geradezu vor Feindseligkeit, während acht Teilnehmer sich und ihre Funktionen in der Organisation vorstellten. Ich erläuterte ein mögliches Mediationsverfahren und bat um ergänzende Fragen. Eisiges Schweigen.

Mediator: Gut, dann möchte ich Sie etwas fragen. Haben Sie wirklich Interesse an einer Mediation?
Kimberley: Wir können kaum miteinander sprechen. Das heißt, einige von uns reden tatsächlich nicht miteinander.
Mediator: Wenn Sie nicht miteinander sprechen wollen, dann bin ich möglicherweise nicht der richtige Mediator für Sie. Denn ich möchte, dass alle, die Entscheidungen treffen, zu Gesprächen in einem Raum zusammenkommen. Dort werden wir versuchen, die unterschiedlichen Sichtweisen zu verstehen und herauszufinden, ob Sie gemeinsam bereit sind, die Entscheidungen zu treffen, die Sie treffen müssen.
Kimberley: Am Telefon ist es schon schwer genug. Und falls es Ihnen entgangen sein sollte: Noch nicht einmal daran beteiligen sich alle von uns.

Nach diesem zähen Telefonat hatte ich nicht erwartet, noch einmal etwas von Kimberleys Truppe zu hören. Umso überraschter war ich von ihrem Beschluss, erneut eine Konferenzschaltung anzusetzen, um unser weiteres Vorgehen zu besprechen.

Mediator: Wer sollte Ihrer Meinung nach an der Mediation teilnehmen?
Joe (ein Rechnungsprüfer): Wir können uns noch nicht einmal darüber einigen. Niemand ist bereit, die Entscheidungsbefugnis an jemand anderen abzutreten. Also nehme ich an, dass alle dabei sein sollten.
Mediator: Und wie viele Leute wären das?
Joe: Ungefähr dreißig. Glauben Sie, dass Sie damit zurechtkommen?

Ich zuckte innerlich zusammen, als ich daran dachte, wie schwer es sein würde, mit 30 Leuten, die einander nicht über den Weg trauten, in ein und demselben Raum zu arbeiten. Aber ich sagte: »Mit Ihrer Hilfe glaube ich, dass es funktionieren kann.«

Wir sprachen weiter über die Mediation und vereinbarten, dass ich Unterlagen über die Funktionsweise der Organisation erhalten sowie etwas über die Hintergründe ihrer Differenzen erfahren sollte. Schließlich legten wir für die folgende Woche einen Termin für ein gemeinsames Treffen fest. Es gab viele Themen, die behandelt werden mussten. Aber die wichtigsten Fragen lauteten, ob diese Gruppe in Zukunft zusammenarbeiten konnte und was geschehen würde, falls das für sie unmöglich wäre.

Am vereinbarten Tag war ich früh vor Ort. Nach wenigen Minuten trafen die Teilnehmer ein und eine halbe Stunde später saßen wir alle in einer 200 Jahre alten Blockhütte, die ein Naturschutzverein freundlicherweise zur Verfügung gestellt hatte. Wir bildeten einen großen Kreis; alle Augen waren auf mich gerichtet. Ich sprach langsam, erklärte unser geplantes Vorgehen und spürte die große Anspannung im Raum. Ich begann mit folgenden Worten.

> **Mediator:** Mein Ziel ist es herauszufinden, ob ich Ihnen helfen kann, gemeinsam Entscheidungen zu fällen. Von Ihnen wünsche ich mir, dass Sie herausfinden, ob Sie mit mir auf diese Weise zusammenarbeiten möchten. Zu Beginn würde ich gerne – vorausgesetzt, Sie sind dazu bereit – von möglichst vielen von Ihnen hören: Wie nehmen Sie Ihre gegenwärtige Position wahr und wie sind Sie an diesen Punkt gekommen. Bitte fassen Sie sich dabei kurz.

Es folgte Schweigen; nach etwa einer halben Minute ergriff eine große, imposant wirkende Frau namens Ellen das Wort.

> **Ellen:** Ich bin ein ziemlich ungeduldiger Mensch und habe von vielen hier die Nase voll. Dieser Organisation bin ich einmal in der Hoffnung beigetreten, dass ich meine Zeit nicht vergeuden würde. Aber ich musste feststellen, dass ich hier rein gar nichts erreichen kann. Der Ausschuss ist ein Verein von Schlafmützen. Und Kimberley – ich glaube nicht, dass Ihnen wirklich etwas daran liegt, dass die Öffentlichkeit das Naturschutzgebiet jemals nutzen kann.
> **Mediator:** Das klingt, als seien Sie frustriert von der Art, wie die Dinge in dieser Organisation gelaufen sind. Ihre ursprüngliche Hoffnung, sich für etwas zu engagieren, für das sich Ihr Zeitaufwand lohnt, hat sich nicht erfüllt; insbesondere nicht die Öffnung des Grundstücks für die Öffentlichkeit. Und Sie sind der Ansicht, dass Kimberley einen großen Anteil daran trägt. Ist das so richtig?
> **Ellen:** Nicht ganz. Es liegt nicht nur an Kimberley, sondern auch an all ihren Busenfreunden. Entweder unternehmen wir etwas, um den Menschen die Möglichkeit zu geben, dieses Land zu nutzen oder ich wende mich an die Medien und lasse diese ganze Sache hochgehen.
> **Mediator:** Für Sie geht also die Verantwortung dafür, dass die Öffentlichkeit keinen Zutritt hat, über die Person von Kimberley hinaus. Sie sind dermaßen frustriert, dass Sie in Erwägung ziehen, öffentlich Druck zu machen, damit es zu einer Öffnung des Gebiets kommt, etwa indem Sie die Presse informieren.

Ein kleinerer Mann namens Harold, ein Jurist Anfang fünfzig, mischte sich ein.

> **Harold:** Genau das ist der Grund, weshalb wir so viel Ärger haben. Hitzköpfe wie Sie rennen in der Gegend herum und verspritzen Gift, obwohl

Sie keine Ahnung haben, worum es bei diesem Naturschutzgebiet, seiner Geschichte und Kimberleys Vision wirklich geht. Sie wollen vor allem öffentliches Aufsehen erregen.
Mediator: Sind Sie frustriert, Harold, weil Sie das Gefühl haben, dass Angehörige des Unterausschusses nicht verstehen, was passiert?
Harold: Ich glaube, Ellen ist es vollkommen egal, ob sie gut Bescheid weiß. Es interessiert sie nicht, was die meisten Leute hier wirklich denken.
Mediator: Sie würden sich also wünschen, dass sie sich darum kümmert, was die anderen aus Ihrer Runde denken und auch, dass sie weiß, was wirklich los ist? Habe ich das richtig verstanden?
Harold: Eigentlich habe ich die Hoffnung darauf schon so ziemlich aufgegeben.
Mediator: Also ist es etwas, das Sie vielleicht einmal wollten, das aber inzwischen ziemlich unwahrscheinlich ist. Stimmt das jetzt so?
Harold: Leider ja.

Ein Mann mit grauem Bart namens John, ein Naturschützer im Ruhestand, machte sich bemerkbar.

John: Das Problem hat überhaupt nichts mit den Leuten hier im Raum zu tun. Ich lebe seit mehr als siebzig Jahren in diesem Wassereinzugsgebiet. Das Entscheidende ist, dass das Schutzgebiet das Herz eines sehr anfälligen Ökosystems ist. Wenn hier Leute einfallen, die wandern, Fahrrad fahren oder zelten, könnte es leicht zerstört werden. Es gibt viele seltene Pflanzen- und Tierarten, die verschwinden würden, wenn wir das Gebiet für alle öffnen.
Ellen: So lautet die Ausrede, um niemanden hereinlassen zu müssen! Dieser Logik zufolge wird es nie dazu kommen, dass andere Menschen das Land nutzen. Aber was bringt es, wenn sich niemand daran erfreuen oder davon lernen kann?
Mediator: Für John geht es darum, dass der Anfälligkeit des Ökosystems Rechnung getragen wird. Tiere und Pflanzen sollen weiterhin geschützt sein. Und Sie, Ellen, finden es essenziell, dass die Öffentlichkeit Zugang zum Schutzgebiet bekommt.

Nun mischte sich Kimberley ein; in ihrer Stimme schwang Frustration mit.

Kimberley: Sie verstehen wieder einmal nicht, Ellen, wie schnell das Land ruiniert sein könnte, sodass niemand mehr etwas davon hätte. Vielleicht wollen Sie es einfach nur in ein Siedlungsprojekt umwandeln, was Ihren Kumpeln aus der Baubranche zugutekäme.
Mediator: Kimberley, Sie befürchten also, dass das Gebiet letztendlich bebaut werden könnte?

Kimberley: Ja, das ist meine große Sorge. Als ich das Grundstück dieser Organisation stiftete und diesen Ausschuss gründete, hätte ich mir niemals träumen lassen, dass einmal der Feind in unseren eigenen Reihen stehen würde. Verdammt, ich werde doch nicht zusehen, wie dieses Land den Bach runtergeht! Ich habe auf mehrere Millionen Dollar verzichtet, um es zu erhalten! Und wenn hier jemals etwas gebaut werden sollte, dann nur über meine Leiche!

Phil, ein Ingenieur Ende dreißig, ging dazwischen.

Phil: Das Problem ist, Kimberley: Es sieht so aus, als ginge es Ihnen vor allem um die Steuervorteile, die Sie aufgrund Ihrer Spende erhalten haben und als wollten Sie daran nichts ändern. Aber dies ist eine öffentliche Stiftung, der wir alle verpflichtet sind. Veränderungen gehören nun einmal zum Leben dazu, und Sie sollten sich besser damit abfinden. Sie können das Land nicht kontrollieren. Es gehört Ihnen nicht mehr.

Wie bei den anderen Sprechern auch, wollte ich sichergehen, dass ich Phils Beitrag verstanden hatte.

Mediator: Sie sind der Ansicht Phil, dass sich das Schutzgebiet verändern muss, weil es nicht mehr Kimberleys Familie gehört. Sie finden, dass man die Bedürfnisse eines größeren Personenkreises in die Überlegungen einbeziehen müsste, wenn es um die Gestaltung der Zukunft geht.
Phil: Richtig. Das Gebiet muss mehr geöffnet werden.

»Klar, Jungs, her mit den Bulldozern! Wir brauchen hier mehr Wohnungen!«, höhnte Sam, der eine nahegelegene Obstplantage besaß und mit Kimberley befreundet war.

Mediator (zur Gruppe): Ich glaube, dass ich das Kernproblem nun verstehe. Lassen Sie mich versuchen, es so zu formulieren, dass Sie alle dieser Beschreibung zustimmen können.

Die Streitpunkte herausarbeiten

Framing

Ich suchte nach einer Formulierung, mit der ich ihr Problem fassen konnte und die ihnen helfen würde, den Konflikt gemeinsam durchzuarbeiten. Wir bezeichnen das als *framing* – etwas *einrahmen* oder *in einem Rahmen fassen*. Entscheidend dabei ist, dass der Rahmen umfassend genug ist, um allen vertretenen Sichtweisen Raum zu geben, ohne dass sie einander ausschließen. Jede Partei soll feststellen können, ob ihre Sicht der Dinge richtig wiedergegeben wurde.

Beschrieb ich das Problem nur einseitig oder berücksichtigte ich eine bestimmte Sicht nicht – etwa die Frage, wie die Umwelt zu schützen sei – würde ich damit viele Leute vor den Kopf stoßen und meine neutrale Position verlieren. Beschrieb ich das Problem dagegen zu allgemein – etwa dass es um den Fortbestand der Organisation gehe – wäre das nicht konkret genug, um den Kontext ihres Streits zu erfassen. Ich startete einen Versuchsballon.

Mediator: Die Frage lautet, wie der Zugang zum Naturschutzgebiet aussehen soll – wenn es überhaupt einen gibt. Und auf welche Art und Weise das Ökosystem dort geschützt werden soll. Stimmt das so?

Jane, eine Geschäftsfrau über fünfzig, antwortete leise.

Jane: Nicht ganz. Meines Erachtens ist das Grundproblem, was für eine Art von Zugang es geben sollte. Ich würde gerne von jedem einzelnen Anwesenden hören, wie er zu dieser Frage steht. Es sind viele Anschuldigungen und Anspielungen geäußert worden, aber wir haben nie eine echte Diskussion darüber geführt, bei der jeder offenlegt, wo genau er steht.
Ellen: Bravo! Ich würde das gerne ein für alle Mal klären und sehen, ob sich mein Verdacht bestätigt, dass eine ganze Reihe von Leuten hier nur den Status quo erhalten will. Jeder Plan für eine Erschließung soll blockiert werden, weil sie gar keine Pläne wollen.
Mediator: Sind andere auch der Ansicht, dass es sich lohnen würde, darüber zu diskutieren, was für eine Art von Zugang es geben sollte?

Mehrere Leute nickten zustimmend, aber Sam stieg die Farbe ins Gesicht.

Sam: Nein, wir müssen die Umwelt unbedingt schützen! Der Zugang ist zweitrangig.
Mediator: Für Sie muss bei dieser Diskussion der Landschaftsschutz also als eine Grundbedingung berücksichtigt werden. Die Frage lautet, welche Art von Zugang ermöglicht werden könnte, bei der auch die Umwelt geschützt wird.
Sam: Sie haben es erfasst.

Sam entspannte sich ein wenig. Wir waren in dieser Frage zu einer Übereinstimmung gekommen, bei der jede Partei im Raum sich wiederfinden konnte. Auch wenn es bei der Einigung nur darum ging, die Uneinigkeit zu bestimmen, war es ein wichtiger Schritt in die richtige Richtung. Das bewies nicht nur, dass die Gruppe in der Lage war, sich zumindest darauf zu einigen, worin ihr Problem bestand. Es zeigte auch, wie unser Mediationsansatz vorgeht; er kommt voran, indem die Zustimmung aller Beteiligten eingeholt wird.

Zustimmung aller einholen

Die Spannung im Raum hatte sich nicht verflüchtigt, sondern sogar noch zugenommen: Wir hatten ein heikles Problem angesprochen und es definiert. Nun würde es Teil meiner Aufgabe sein, dafür zu sorgen, dass alle Teilnehmer bei dessen Bearbeitung mitmachten. Die Herausforderung lag darin, uns über eine Lösung zu einigen, die alle zufriedenstellte. Wir mussten das gemeinsam tun, ohne dass ich die ganze Arbeit allein machte. Vermutlich wäre ich der Einzige, der für die unterschiedlichen Sichtweisen Verständnis aufbrachte.

Mediator: Dann hat jetzt jeder Gelegenheit zu erklären, wie er oder sie zur Frage von Zugang und Schutz steht. Ich bitte Sie, sich kurz zu fassen. Wenn jeder von Ihnen nur fünf Minuten spricht, würde es immer noch zweieinhalb Stunden dauern, bis jeder etwas gesagt hätte. Ich würde auch gerne eine bestimmte Vorgehensweise vorschlagen. Ist jemandem aufgefallen, was ich seit Beginn dieser Besprechung tue?
Ellen (scharf)**:** Sie scheinen jedem in allem zuzustimmen.
Phil: Nein, das tut er nicht! Ich habe Sie genau beobachtet. Sie haben zu niemandem gesagt, dass er recht hat, und Sie haben uns auch nicht gesagt, was Sie denken. Aber Sie haben die allgemeine Erregung etwas gesenkt.
Mediator: Und wie habe ich das gemacht?
Phil: Indem Sie gegenüber jedem wiederholt haben, was er zuvor gesagt hat.
Jane: Nicht ganz. Ich glaube, er hat den Leuten gezeigt, dass er *versteht*, was sie sagen, ohne jemandem recht oder unrecht zu geben.
Mediator: Genau das habe ich versucht zu tun. Ich nenne das die *Schleife des Verstehens* im Englischen *loop of understanding*. Durch das *Looping* zeige ich, dass ich verstehe, was jemand sagt, indem ich es mit eigenen Worten wiedergebe, und zwar so, dass der andere damit einverstanden ist.

Looping (siehe S. 111)

Jane: Ich halte dieses *Looping* für sehr wirkungsvoll. Mir ist aufgefallen, dass ich beim Sprechen etwas gelassener wurde, nachdem Sie so vorgegangen waren. Und ich merkte, dass Sie verstanden haben, was ich sagte. Ich hoffe, Sie werden das auch weiterhin tun, weil ich glaube, dass es den Prozess verlangsamt und die Atmosphäre etwas entspannt.
Mediator: Das werde ich tun. Ich hoffe, dass wir ein entsprechendes Umfeld schaffen können, in dem ich mich dann bemühen werde zu verstehen, was jedem von Ihnen wichtig ist und in dem auch Sie besser verstehen, was Ihnen selbst wichtig ist. Zudem besteht dabei die Chance, dass Sie dann auch bereit sind, sich gegenseitig besser zu verstehen.

Ellen: Das klingt ja alles ganz nett, nur – was bringt uns das? Anscheinend haben wir vollkommen unterschiedliche Vorstellungen von den Zielsetzungen und daran hat sich noch nichts geändert.

Widersprüche sind erlaubt

Unterschiedliche Sichtweisen zulassen

Viele Menschen sind wie Ellen der Ansicht, dass unterschiedliche Sichtweisen schnell in eine Sackgasse führen. Es gibt durchaus Gründe dafür, unterschiedliche Sichtweisen zu fürchten. Die meisten von uns hat ein Streit irgendwann einmal aus dem Gleichgewicht gebracht. Wir haben Strategien entwickelt, um Konflikte zu vermeiden. Einige Menschen versuchen ihr Gegenüber zu beherrschen. Andere geben lieber auf oder nach, statt sich zu streiten. Wieder andere suchen nach einem schnellen Ergebnis oder nach Patentlösungen. Sie kehren das Problem dabei jedoch nur unter den Teppich, was zu Unbehagen bei den Beteiligten führt und dafür sorgt, dass der Konflikt bald wieder auftaucht. All diese Strategien helfen möglicherweise, Unannehmlichkeiten und Misstöne zu vermeiden. Aber sie haben ihren Preis.

Unser Mediationsansatz betrachtet unterschiedliche Sichtweisen als einen positiven und wichtigen Schritt nach vorn. Differenzen werden oft von heftigen Gefühlen begleitet. Wenn wir die unterschiedlichen Ansichten der Parteien deutlich zum Ausdruck bringen, können wir das Problem, das es zu lösen gilt, klar bestimmen. Ist der Dissens *unausgesprochen* und bleibt verborgen, tappen wir im Dunkeln. Die klare Artikulation des Problems, insbesondere wenn starke Gefühle im Spiel sind, kann wegweisend sein, um den Kern des Problems zu verstehen und erste Samen für die Lösung zu säen.

Um die Medianden ermutigen zu können, ihre Differenzen auszudrücken, muss der Mediator für eine geschützte Atmosphäre im Raum sorgen und mit Meinungsverschiedenheiten gut umgehen können. Die dabei zwangsläufig auftretenden Misstöne bereiten keineswegs Vergnügen. Betrachtet man sie jedoch als hilfreich, wird der Mediator im Lauf der Zeit immer besser damit umgehen können. Wir ermuntern die Parteien also, sich zu widersprechen. Haben die Teilnehmer das verstanden und dem zugestimmt, können auch deutliche Meinungsverschiedenheiten das Fundament für eine gemeinsam zu erarbeitende Lösung sein.

Zum Widerspruch ermuntern

Damit das geschehen kann, muss der Mediator den unterschiedlichen Ansichten und Meinungen aller Seiten verständnisvoll begegnen.

Mediator: Ja, Sie scheinen die Dinge tatsächlich sehr unterschiedlich zu betrachten. Es hat auch den Anschein, dass es gravierende Meinungsverschiedenheiten zwischen Ihnen gibt. Meines Erachtens müssen wir als erstes verstehen, worin Sie unterschiedlicher Meinung sind. Dann wollen wir sehen, ob Sie bereit sind, auf Möglichkeiten hinzuarbeiten, sich zu einigen.
Ellen: Und Sie glauben, dass das möglich ist?
Mediator: Natürlich, denn sonst hätten Sie sich nicht alle die Mühe gemacht, herzukommen. Offensichtlich liegt Ihnen allen etwas an dem Schutzgebiet, auch wenn Sie einige Aspekte seiner Nutzung unterschiedlich beurteilen. Ich glaube, wir alle werden Ihre Chancen auf eine Einigung besser beurteilen können, wenn wir Ihre Differenzen besser verstehen.

Unterschiedliche Meinungen anerkennen

Meines Erachtens hatten wir große Fortschritte gemacht. Viele der Anwesenden brachten ihre Meinung deutlich und engagiert zum Ausdruck, nachdem ich mich sehr bemüht hatte zu zeigen, dass ich sie verstand, ohne zu versuchen, sie umzustimmen. Wichtig war, den Wortführern zu vermitteln, dass zumindest einer im Raum ihre Sichtweise verstand. Zudem sahen diejenigen, die unterschiedliche Ansichten vertraten, dass ich ihren Standpunkt ebenso verstand, wie den der anderen Anwesenden, die ihrer Meinung nach absolut falsch lagen. Auf diese Weise machten sie womöglich eine wichtige Entdeckung: Neben ihren eigenen Positionen konnte es noch andere geben, die einander nicht unbedingt ausschlossen.

Aus der Perspektive des Mediators sind unterschiedliche Ansichten sehr wertvoll. Dies für sich selbst anzuerkennen war für die Beteiligten zu diesem Zeitpunkt aber noch zu früh. Später jedoch würde ihnen das möglicherweise helfen zu verstehen, wie ihre unterschiedlichen Ansichten nebeneinander bestehen könnten. Wenn ich es als Mediator so sehen konnte, würde es ihnen mit meiner Unterstützung vielleicht auch gelingen. Könnte ich es nicht und würde stattdessen die Angelegenheit ebenso wie sie als etwas auffassen, bei der eine Meinung nicht neben einer anderen Meinung stehen kann, dann würden wir gemeinsam in der Falle sitzen: Wir würden alle miteinander auf das Niveau gegenseitiger Beleidigungen herabsinken.

Die erste Sitzung endete mit einer Diskussion über unser weiteres Vorgehen. Wir einigten uns darauf, uns in einigen Wochen wiederzusehen.

Kommentar: Der Loop des Verstehens

Im Kern unseres Mediationsansatzes geht es darum, eine Form des Verstehens zu entwickeln, die systematisch, authentisch und mitfühlend ist. Das *Looping* beschreibt eine Technik, die während der gesamten Mediation den Dialog in den Mittelpunkt stellt und das *Verstehen* verstärkt (Loop – engl. für *Schleife*).

Systematisches, authentisches und mitfühlendes Verstehen

Dieser Ansatz verwendet Verfahrenselemente aus dem vergleichbaren *aktiven Zuhören*, geht aber in einem noch umfassenderen Sinn auf die Parteien ein.

Definition Looping

Das *Looping* des Mediators umfasst vier Schritte:

1. Jede Partei verstehen.
2. Ausdrücken, dass man verstanden hat.
3. Die Bestätigung der Parteien einholen: »Fühlen Sie sich vom Mediator verstanden?«
4. Die Bestätigung tatsächlich erhalten.

Der letzte Schritt ist besonders wichtig. Die Bestätigung vollendet die *Schleife des Verstehens*.

Looping – von Anfang an

Im Fall des Naturschutzgebiets hat der Mediator von Anfang an die Technik des Looping angewandt. Dabei wurde deutlich, *dass die Art des Verstehens eine zentrale Rolle spielt,* damit die Parteien ihren Konflikt gemeinsam bewältigen können. Sinn und Zweck des Looping ist nicht, irgendjemanden zu überzeugen oder zu widerlegen, Ausnahmen zu machen oder etwas zu erklären. Sinn und Zweck des Looping ist es, *zu verstehen*.

Sinn und Zweck des Looping: Verstehen

Unsere Empfehlung, von Anfang an zu loopen, bezieht sich auf das Verhalten des Mediators gegenüber den Parteien. Es ist nicht empfehlenswert, dass die Parteien das Looping untereinander anwenden. Viele Mediatoren, die für mehr Verständnis sorgen möchten, fragen die Parteien schon relativ bald: »Was haben Sie von dem verstanden, was der andere gesagt hat?« Wir raten dazu, die Medianden zu Beginn des Verfahrens noch nicht selbst zum Loopen aufzufordern.

Die meisten Menschen sind viel eher bereit und in der Lage, einander zu verstehen, wenn sie sich selbst verstanden fühlen. Hat jemand dagegen das Gefühl, man verstehe ihn nicht, ist das eine denkbar ungünstige Ausgangslage, ihn selbst dazu zu bringen, jemand anderen zu verstehen. Parteien im Konflikt stecken in der Regel in einem Sumpf missachteter Gefühle. Wenn der Mediator gleich zu Beginn für ein wenig Verständnis sorgt, trägt er dazu bei, dass der Kreislauf des Sich-nicht-Verstehens durchbrochen werden kann.

Schritte des Loopings

Der loopende Mediator

1. vermittelt jeder Partei die Erfahrung, verstanden zu werden,
2. zeigt den Parteien, dass zumindest der Mediator die vermeintlich unverständliche Sichtweise des Gegenübers verstehen kann,
3. gibt die Sichtweise jeder Partei auf eine Weise wieder, die es den anderen leichter macht, sie zu hören,
4. demonstriert die Technik des Loopens.

Menschen, die in einer Konfliktfalle festsitzen, möchten in der Regel ihre Position verteidigen. Sie weisen dem anderen die Schuld zu und versuchen, einen neutralen Dritten davon zu überzeugen, dass sie recht haben und der andere unrecht. Verteidigen, überreden, Druck ausüben – das ist ihre Vorgehensweise (siehe Einführung S. 31 ff.).

Nimmt ein Konflikt eine solche Gestalt an, findet ein gegenseitiges Verstehen nicht mehr statt. Je mehr die Parteien das Gefühl haben, der andere weist ihnen die Schuld zu oder beleidigt sie, desto stärker fühlen sie sich missverstanden. Je mehr sie sich missverstanden fühlen, desto stärker neigen sie dazu, den anderen zu beschuldigen und zu beleidigen. Der Teufelskreis ist hinreichend bekannt, dennoch scheint er häufig unvermeidlich zu sein. Mit der Technik des Loopens kann diese Abwärtsspirale gleich zu Beginn abgeschwächt und ein möglicher Ausweg aufgezeigt werden.

Abwärtsspirale abschwächen

Das ist bereits sehr viel mehr als viele Menschen in der Regel tun. Meist bemühen sie sich aufrichtig zuzuhören, indem sie schweigend achtgeben, zustimmend nicken oder die allgemein übliche Formulierung wählen: »Ich verstehe, was Sie sagen.« Diese Reaktionen sind nicht schlecht, aber der Ausdruck von *gezieltem Verstehen* leistet mehr: Er demonstriert Verstehen – er demonstriert keine Zustimmung.

Verstehen ist nicht gleich Zustimmen

Der Unterschied zwischen *Verstehen* und *Zustimmen* ist subtil – nicht nur deshalb, weil das Verstehen in einigen Fällen dem Zustimmen ähnelt. Im Fall des Naturschutzgebiets holte der Mediator die Zustimmung von jedem Sprecher ein, ob er seine oder ihre Position richtig *verstanden* hat. Er sagt *nicht*, er stimme zu, dass das Anwesen geschützt werden müsse, vermehrter Zugang den Naturschutz gefährde oder der Landschaftsschutz einer größeren Öffnung gegenüber nachgeben solle. Er *würdigt* vielmehr *den Umstand*, dass dies voneinander abweichende Auffassungen sind.

Zunächst könnte das durchaus wie ein Einverständnis mit vielen Parteien aussehen; Ellen empfand das so. Daher kann bereits dieses erste Bemühen zu einer recht hitzigen Angelegenheit werden, wobei sich ein Teil der Hitze gegen den Mediator wendet. Glauben die Parteien, dass »verstehen« dasselbe bedeutet wie »zustimmen«, besteht die Gefahr, dass durch das Looping ihre Konfliktfalle zuschnappt. Auch der Mediator kann sich in der Falle wiederfinden. Bei seiner Erläuterung des Loops muss der Mediator also hinreichend klar und deutlich machen, dass »verstehen« nicht das Gleiche ist wie »zustimmen«.

Verstehen ist nicht gleich Zustimmen

Looping – von innen nach außen

Um wirklich zu verstehen, was Looping ist, muss man erkennen: Looping geht über eine bloße Fertigkeit hinaus. Es hat eine innere Kraft, die es zu einem so effektiven Werkzeug macht.

Mit dem Herzen verstehen

> Der Mediator muss die Beteiligten eines Streits wahrhaft verstehen *wollen*. Er muss mit dem Herzen zuhören, wenn die Medianden sprechen. Er muss sich bemühen zu verstehen, wie *jeder* von ihnen die Situation erlebt. Das gilt umso mehr, wenn es schwerfällt, sie zu verstehen oder ihre Ansichten leicht zu kritisieren sind. Dieser innere Drang zu *verstehen* ist entscheidend.

Konzentriert man sich zu sehr auf die äußeren Aspekte des Looping, beispielsweise darauf, etwas richtig zu formulieren, zu umschreiben oder umzudeuten – alles unbenommen wichtige Kompetenzen – dann verpasst man womöglich das Wichtigste: wirklich bewusst *zu verstehen*.

Während eine Partei spricht, hört der Mediator zu – und versucht zu verstehen. In seiner Antwort bringt der Mediator seinen tiefen Wunsch zum Ausdruck, das Verstandene richtig wiederzugeben. Mehr noch, er vergewissert sich, ob er wirklich alles richtig verstanden hat. Auch die Bitte um Bestätigung kommt von Herzen; die Antwort der Parteien auf die Frage »Habe ich Sie richtig verstanden?« ist entscheidend. Dadurch erfährt der Mediator, ob er zu den Parteien einen Draht findet. Damit Looping zielführend ist, muss jeder Schritt vom authentischen Wunsch geleitet werden, den anderen zu verstehen und sowohl der Mediator wie auch die Parteien müssen wissen, ob sie in ihren Bemühungen erfolgreich sind.

Bestätigung auf allen Ebenen erhalten

Fehlt der innere Wunsch dazu, dann ist das rein äußerliche, methodische Abhaken der vier Looping-Schritte: Parteien verstehen, Verständnis zum Ausdruck bringen, Bestätigung einholen, Bestätigung erhalten, möglicherweise nicht das geeignete Vorgehen. Ziel muss sein, dass sowohl die inneren als auch die äußeren Prozesse ineinandergreifen.

Looping – der Schlüssel zum wirklichen Verstehen

Looping leistet sehr viel mehr als nur genau wiederzugeben, was ein Sprecher gesagt hat. Für den Betreffenden ist dabei nicht entscheidend, dass jemand genau *wiederholt*, was er oder sie gerade gesagt hat. Entscheidend ist, dass der Betreffende *spüren* kann, dass der Mediator ihn oder sie zu verstehen versucht, und dass er sich verstanden fühlt. Bei unseren Mediations-Schulungen sagen wir zur Verblüffung der Teilnehmer oft: »Sie wissen, dass Sie erfolgreich sind, wenn eine Partei zum Mediator sagt, er oder sie habe ihn nicht verstanden.«

Auf gegenseitiges Verstehen hinarbeiten

Warum? Weil das zeigt, dass der Betreffende das Bemühen um Verständnis seitens des Mediators ernst nimmt. Wenn das geschieht, wird mitunter deutlich, dass die beiden sich ernsthaft bemühen, auf ein gegenseitiges Verstehen hinzuarbeiten. Als daher zu Beginn des Naturschutzgebiet-Falls Ellen und Harold darauf hinwiesen, dass der Mediator sie nicht oder nicht ganz verstanden habe, war das ein Erfolg. Das Bemühen um Verstehen wurde geteilt.

Die Bereitschaft mitzuteilen, dass sie *nicht* verstanden wurden, fällt vielen Menschen schwer. Es bedarf einer recht durchsetzungsfähigen Partei und eines offenen Mediators, damit beide zugeben können, dass der Mediator etwas nicht zu verstehen scheint. Fragt der Mediator nach, ob er die Äußerungen einer Partei richtig verstanden hat, erhält er als Antwort eventuell ein halbherziges Nicken oder ein »Hm-hm«. Ein ungeduldiger oder unsicherer Mediator nimmt das möglicherweise als Zeichen der Bestätigung und macht weiter.

Es gibt viele Gründe, warum Menschen so reagieren. Wir alle haben uns schon daran gewöhnt, dass man uns nicht richtig zuhört oder uns nicht versteht – insbesondere in einer konfliktbehafteten Situation. Allein der kleine Hoffnungsschimmer, gehört zu werden, lässt viele bereits erleichtert aufatmen. Vielen Parteien erschweren es die Gegebenheiten des sozialen und beruflichen Umfeldes, am Anfang etwas zu sagen, was die Erfahrung und Sorgfalt des Mediators infrage stellen könnte. Umgekehrt hat eine Partei es vielleicht besonders eilig, ihre Geschichte zu erzählen. Sie empfindet das Looping womöglich als lästige Unterbrechung. Ein aufmerksamer Mediator bemerkt das halbherzige Nicken und fragt: »Was ist mir entgangen?«

Nützliche Hinweise für das Looping

Erstens: *Definieren* Sie zunächst den *Rahmen* für die Parteien und den Mediator. Es muss deutlich werden, was Sie an jedem Punkt der Mediation gemeinsam tun.

Rahmen definieren

Das gibt dem darauf folgenden Gespräch einen Fokus. Genau das tat der Mediator zu Beginn des Naturschutzgebiet-Falls: Er machte deutlich, dass es zunächst nur darum ginge, sich hinsichtlich der unterschiedlichen Meinungen einen ersten Überblick zu verschaffen.

> **Mediator:** Mein Ziel ist es herauszufinden, ob ich Ihnen helfen kann, gemeinsam Entscheidungen zu fällen. Von Ihnen wünsche ich mir, dass Sie herausfinden, ob Sie mit mir auf diese Weise zusammenarbeiten möchten. Zu Beginn würde ich gern – vorausgesetzt, Sie sind dazu bereit – von möglichst vielen von Ihnen hören, wie Sie Ihre gegenwärtige Position wahrnehmen und wie Sie an diesen Punkt gekommen sind. Bitte fassen Sie sich dabei kurz.

Die klare Aufforderung und der Hinweis, dass eventuell dreißig Leute dazu etwas zu sagen hätten, sorgte dafür, dass die Beiträge der Eröffnungsrunde knapp ausfielen und sich auf die Frage konzentrierten, wie jeder die vor ihnen liegende Herausforderung einschätzte.

Zweitens: Man muss keinen Crashkurs in Gedächtnistraining absolvieren, um Looping erfolgreich anzuwenden.

Verstandenes in Abschnitte unterteilen

Redet eine Partei so ausschweifend, dass es schwer wird, alles im Gedächtnis zu behalten, ist es angebracht und nicht zuletzt ein Ausdruck von Respekt, zu sagen: »Erlauben Sie, dass ich Sie für einen Moment unterbreche, um zu sehen, ob ich Sie bis hierhin verstanden habe.«

Der Sinn des Looping liegt im Verstehen und nicht darin, das eigene Gedächtnis zu trainieren. Den Prozess des Looping in *mehrere Abschnitte zu unterteilen,* kann sowohl für den Mediator als auch für den Gesprächspartner hilfreich sein.

Nachfragen ist erlaubt

Drittens: Sie sollten sich immer wieder ins Gedächtnis rufen, wie wichtig das *Bemühen um Verstehen* ist. Hört der Mediator mit Herz und Verstand zu, erinnert er sich wesentlich leichter. Um Erläuterungen zu bitten, ist daher nur angemessen.

Hindernisse beim Looping

Selbst erfahrene Mediatoren stoßen zuweilen beim Looping auf Hindernisse. Nachfolgend einige typische Situationen und Erfahrungen, die fast jeder Mediator kennt, der mithilfe des Looping verstehen möchte.

Versuche, eine Seite umzustimmen

Manchmal ist es schwer, sich ganz auf das Verstehen zu konzentrieren. Oft drängt es einen dazu, ein wenig Verstehen zu bekunden, um dann mit der eigentlichen Arbeit zu beginnen. »Ich glaube, Sie wollen sagen, dass es sehr wichtig ist, das Grundstück in seiner Gesamtheit zu erhalten. Stimmt das?« Und dann geht der Mediator zur »eigentlichen Tagesordnung« über, wobei er vielleicht noch versucht, die Ansicht der Partei abzumildern oder abzuändern: »Aber selbstverständlich gibt es da noch andere Aspekte, die auch wichtig sind ...«

trickreiches Looping

Wir bezeichnen diesen Einsatz des Looping als »trickreiches Looping«. Das trickreiche Looping verfolgt einen anderen Zweck als reines Verstehen.

Versuche, das Problem zu lösen

Ein »falscher Loop« ist gegeben, wenn der Mediator versucht, das Problem für die Parteien zu lösen. »Ich glaube, Sie wollen sagen, dass es sehr wichtig ist, das Grundstück in seiner Gesamtheit zu erhalten. Stimmt das? Haben Sie folgende Handlungsmöglichkeiten schon in Erwägung gezogen?«

Der Fokus auf die Problemlösung behindert das Verstehen

Das Looping wird in diesem Fall vergessen und der Fokus darauf gelegt, das *Problem zu lösen*. Der Versuch, das Problem zu lösen, ist jedoch ein Hindernis erster Güte im Hinblick auf das Verstehen. Der Mediator wendet die Technik des Looping an, aber seine Gedanken sind bereits beim nächsten Schritt. Manchen fällt es schwer, das zu vermeiden, insbesondere Anwälten, die sich in der Rolle des Mediators versuchen. Denn liegt nicht zuletzt das Ziel darin, den Menschen dabei zu helfen, dass sie das Problem lösen?

Das leuchtet ein; trotzdem lautet für uns die Frage, *wie* das Problem zu lösen ist und *wer* es löst. Unserem Verständnis zufolge bedeutet effektives Looping nichts anderes als *zu verstehen*. Um Menschen bei der Lösung ihres Konflikts zu helfen, halten wir es für sinnvoll, beim reinen Verstehen anzusetzen. Es klingt paradox, aber strebt man eine zukünftige Lösung an, muss man zunächst einfach erst einmal anerkennen, *was gegenwärtig ist*.

Zwischen dem Ziel, die Parteien zu verstehen und das Problem zu lösen, besteht ebenso eine Spannung, wie zwischen der Anerkennung des Ist-Zustands und dem Schritt in die Zukunft. Spannungen sind jedoch in Konfliktsituationen normal. Diese Spannungen zuzulassen und durch sie hindurch zu navigieren, ist die Aufgabe des Mediators – nicht, sie zum Verschwinden zu bringen. Genau das passiert aber, wenn er oder sie nach Lösungen sucht und dabei die Gegenwart überspringt. Wendet man Looping an, um jemanden umzustimmen oder eine Lösung zu präsentieren, treten Hürden auf. Diese lassen sich relativ leicht identifizieren – allerdings nur, wenn der Mediator auf sich selbst achtet. Hört er während des Zuhörens eine innere Stimme, die sagt »Aber sieht er denn nicht, dass ...« oder »Ich sehe einen Ausweg!«, dann baut sich so eine Hürde auf. Das sind keineswegs schlechte Impulse; sie sind im Gegenteil ganz natürlich und werden vermutlich später noch sehr nützlich sein – jedoch nicht zum jetzigen Zeitpunkt.

Spannungen

Wertungen

Jeder Konflikt ist voller Verurteilungen und Bewertungen. Aber jede Form von Beurteilung und Bewertung verhindert ein erfolgreiches Looping. In unserem speziellen Fall warf Ellen Kimberley vor, ihr sei die Öffentlichkeit egal; Kimberly wiederum warf Ellen vor, sie wolle das Land mit Sozialwohnungen bebauen lassen. Phil glaubte, Kimberley nutze Steuervorteile aus und Harold nannte Ellen einen »Hitzkopf«. Anklagen und Vorwürfe, Erwiderung und Gegenerwiderung in einen Schwall von Verurteilungen – das waren nur die lauten Vorwürfe, die die Parteien formulierten.

Beurteilungen und Bewertungen verhindern

Sollen die Mediänden in einer verständnisvollen Atmosphäre miteinander sprechen – was wir anstreben – muss das gegenseitige Beurteilen und Bewerten aufhören, da sich Beurteilungen negativ auf den Prozess des Verstehens auswirken. Die erste Hürde sind dabei Beurteilungen des Mediators selbst. Mögen diese auch weniger harsch ausfallen als das spannungsgeladene Gefecht zwischen den Lagern im Fall des Naturschutzgebiets, so sind sie doch ebenso tückisch und können den Mediator daran hindern, die Parteien zu verstehen.

Es wäre für jeden Mediator einfach, sich ein Urteil über die Parteien zu bilden. Vielleicht war Kimberley unrealistisch oder Phil ein Tyrann, Ellen zu grob oder Harold zu arrogant. Solche Bewertungen sind die Norm – sie stellen eine Informationsquelle dar, wenn auch eine verzerrte. Das Problem ist, dass wir mit solchen Beurteilungen andere Menschen in eine Schublade stecken. Beurteilungen schützen uns davor, uns mit der schwierigen und komplexen Sichtweise unseres Gegenübers auseinandersetzen zu müssen. Andere in eine Schublade zu stecken führt jedoch dazu, dass wir uns letztendlich von ihnen abkapseln.

Selbst wenn man das weiß, geschieht es leicht, dass man sich mit einer Seite gegen die andere verbündet. Manchmal erfolgt eine Verurteilung als Reaktion auf eine bestimmte Person: »Ich hasse Egoisten!« oder »Sie erinnert mich an …«. Mediatoren und andere Konfliktexperten wissen nur zu gut, wie oft sie sich über die Streitparteien, Anwälte, Kollegen, Prozessgegner oder andere Personen beschwert haben, deren Verhalten sie reizt. Manchmal beeinträchtigt das Urteil die Durchführbarkeit der Mediation: »Er hat eine dermaßen festgefahrene Haltung, dass ich einfach nicht erkennen kann, wohin die Angelegenheit führen soll.« Leider haben Beurteilungen den Effekt, dass sie das Bemühen um Verstehen blockieren. Selbst verdeckte Beurteilungen kann man spüren – wie einen unsichtbaren Stachel.

Verurteilungen und Bewertungen blockieren

Was tun? Einige Mediatoren fordern hier Einzelgespräche, denn ihrer Meinung nach beruhigen sich die Parteien, sobald man sie voneinander trennt. Darüber hinaus ist es leichter, sich auf eine Partei zu konzentrieren, als Moderator bei einer verbalen Schlacht zu sein. Die Parteien halten möglicherweise ihre Urteile übereinander aufrecht; getrennt laufen sie jedoch weniger Gefahr, den anderen durch ein Urteil abzuwerten oder selbst beschimpft zu werden.

Für uns steckt in einer Mediation jedoch die große Chance, einmal ohne Bewertungen auszukommen. Dafür muss der Mediator die Führung übernehmen.

Schaffen wir es als Mediatoren, *nicht zu urteilen*, gewährleistet das zwar noch nicht, dass wir den Parteien helfen können, dasselbe zu tun. Aber wenn wir *nicht* aufrichtig versuchen, unsere eigenen Bewertungen einzudämmen, werden wir noch viel weniger in der Lage sein, den Parteien beizustehen.

Setzen wir uns mit der Frage auseinander, inwieweit Bewertungen das Verstehen blockieren, erkennen wir leichter, wann jemand bewertet oder urteilt. Ansonsten kann es sein, dass der Mediator denkt, seine Reaktion sei angemessen, ohne zu merken, dass er sich selbst in Bewertungen verstrickt. Um die Urteilshürde zu überwinden, muss es dem Mediator wichtiger sein, den anderen zu verstehen, als die »Richtigkeit« seines oder ihres Urteils zu verteidigen – ansonsten geht das Verstehen verloren.

Verstehen bringt Klarheit

Bei unserer Darstellung des Looping haben wir uns vor allem darauf konzentriert, es als eine Fähigkeit darzustellen und seine enorme Bedeutung für unseren Mediationsansatz zu erläutern. Der Mediator initiiert damit die Suche nach dem Verstehen, das bei Menschen in Konflikten allzu oft fehlt. Auf diese Weise gelingt es, den Teufelskreis aus Missverständnissen zu durchbrechen, der uns im Konflikt gefangen hält. Ein weiterer einfacher, aber wichtiger Vorteil des Looping besteht darin, dass es hilft, den Streitinhalt zu klären.

Suche nach dem Verstehen

Im Fall des Naturschutzgebiets führte das erste Gespräch zwischen den verschiedenen Parteien dazu, die strittigen Punkte zu definieren – und zwar so, dass jeder zufrieden war. Menschen im Konflikt sind sich oft im Unklaren oder uneins darüber, worin ihr eigentliches Zerwürfnis besteht. Die Diskrepanz ihrer Meinungsverschiedenheiten auf eine Weise zu benennen, die allen Parteien einleuchtet und ihre unterschiedlichen Perspektiven berücksichtigt, kann ein wichtiger Schritt sein, um die Mediation voranzubringen.

Die *Streitpunkte herausarbeiten* gehört in die zweite unserer fünf Mediationsphasen. Die Uneinigkeit klären ist ein essenzieller Teil dieser Aufgabe. Sind die Streitpunkte herausgearbeitet, verlagert sich der Schwerpunkt des Looping. Nun wendet man die Technik an, um den Parteien zu helfen, sich durch ihren Konflikt durchzuarbeiten, wobei die tatsächlichen Gegebenheiten und die Auswirkungen des Streits berücksichtigt werden. Für das Ergebnis im Fall des Naturschutzgebiets

Streitpunkte herausarbeiten

war entscheidend, dass die Beteiligten verstanden hatten, was die tatsächlichen Gegebenheiten waren und welche Konsequenzen das hatte.

Das Ergebnis im Naturschutzgebiet-Fall

Ich war gespannt auf unser nächstes Treffen, da ich darin eine Chance für die Parteien sah, sowohl ihre eigene Sichtweise über die zentralen Streitpunkte besser zu verstehen als auch die Perspektive der jeweiligen Gegenseite. Sie würden zudem mehr über die tatsächlichen Gegebenheiten ihres Streits erfahren. Dazu gehörten auch die Alternativen, die den Parteien offenstanden, sollte die Mediation nicht erfolgreich verlaufen. Im Zentrum unserer Definition von Mediation steht die Aufgabe des Mediators, den Parteien zu helfen, eine Vereinbarung auszuhandeln, die sie besser stellt, als sie es durch andere Wege der Streitbeilegung erreichen können.

Kommen Parteien zur Mediation, dann deswegen, weil es ihnen nicht gelungen ist, selbst eine Lösung für ihren Konflikt auszuhandeln und weil keine Seite die alleinige Macht hat, seinen oder ihren Willen durchzusetzen. Die Alternativen – etwa der Gang vor Gericht – sind in der Regel eine große Belastung, was den zeitlichen, finanziellen und emotionalen Aufwand betrifft. Das erhöht die Motivation, im Rahmen einer Mediation eine für beide Seiten akzeptable Lösung zu erarbeiten.

Die zweite Sitzung zum Thema Naturschutzgebiet brachte jedoch schnell eine ganz andere Wirklichkeit zum Vorschein. Nachdem wir uns gesetzt hatten, einigte sich die Gruppe – nach anfänglicher Widerwilligkeit der Mitglieder des Unterausschusses – darauf, dass es wichtig wäre abzuklären, was geschehen würde, falls es nicht zu einer Einigung käme. Auf diese Frage richtete sich in der Folge das Hauptaugenmerk der Sitzung. Relativ schnell wurde deutlich, dass gemäß der Satzung des Naturschutzgebiets der Vorstand letztendlich die Befugnis hatte, eine Empfehlung des Unterausschusses abzulehnen und nach eigenem Ermessen zu entscheiden. Das bedeutete de facto, dass die Gruppe die Entscheidungsgewalt hatte, deren Priorität der Landschaftsschutz war.

Als der Umfang der Entscheidungsbefugnis des Vorstands bekannt wurde, registrierte ich einige überraschte Blicke – insbesondere unter den Angehörigen des Vorstands: Ihnen war gar nicht bewusst, dass sie eine solche Machtfülle für eine »Problemlösung« besaßen. Ebenso war ziemlich klar, dass mit einer Entscheidung für diese Option bedeutende Nachteile einhergingen. Wahrscheinlich bedeutete es das Ende jeglicher Hoffnung auf eine Zusammenarbeit, die den Anliegen beider Seiten Rechnung trug. Die vom Unterausschuss vertretenen Interessen zugunsten einer größeren Öffnung und Nutzung des Schutzgebiets würden dann nicht verwirklicht. Es war gut möglich, dass diejenigen, die für dieses Vorhaben eingetreten waren, die Organisation unzufrieden verlassen würden.

Die Spaltung könnte auch negative Konsequenzen für den Ruf des Vorstands und des Naturschutzgebiets an sich zur Folge haben. Als das Treffen endete, war nicht ersichtlich, ob dieser Weg dem Vorstand gute Dienste leisten würde. Aber die Tatsache, dass der Vorstand die Macht hatte, allein zu entscheiden, war den Vorstandsmitgliedern – und auch dem Unterausschuss – nun deutlich bewusst.

Ich war mir nun allerdings auch nicht mehr sicher, ob der Vorstand angesichts dieses neuen Wissens mit der Mediation überhaupt fortfahren würde. Ich musste nicht lange warten, um das zu erfahren. Einige Tage später rief mich Kimberley an und teilte mir etwas zögerlich mit, dass der Vorstand in der Zwischenzeit getagt habe. Dabei sei beschlossen worden, die Empfehlungen des Unterausschusses für eine Öffnung des Grundstücks abzulehnen. Ebenso habe man entschieden, den Unterausschuss aufzulösen.

»Es tut mir wirklich leid«, sagte sie gefühlsbetont, »dass es uns nicht gelungen ist, lange genug durchzuhalten, um eine Lösung zu finden, die für alle gut gewesen wäre. Aber für die Vorstandsmitglieder stand fest, dass der Schutz des Gebiets höchste Priorität hat; daran war nicht zu rütteln. Um ehrlich zu sein, hoffte die Mehrheit des Vorstands tatsächlich, dass die Angehörigen des Unterausschusses, die im Hinblick auf die Umwelt eine andere Auffassung vertraten, ihre Mitgliedschaft letztendlich kündigen würden.«

Ich bot ihr ein weiteres Treffen an, sofern die Parteien das wünschten. Ihre Antwort, sie würde mir Bescheid geben, gab mir jedoch das Gefühl, dass die Mediation beendet war – und das war sie tatsächlich.

Ich musste mich mit meiner eigenen Reaktion auf diese Entwicklung auseinandersetzen. Ich bedauerte es, dass die Mediation nicht weiter gekommen war. Ich überlegte: Hatte ich als Mediator versagt? Ich fühle mich nie besonders gut, wenn eine Mediation nicht zu einer Einigung führt. Zugleich weiß ich auch, dass die *Hauptverantwortung* für das Ergebnis *bei den Parteien* liegt. Eine Mediation ist freiwillig – genau darin liegt ihre Stärke.

Freiwilligkeit – eine Stärke der Mediation

Für die Angehörigen des Unterausschusses, die »verloren« hatten, tat es mir leid. Sie waren aufrichtig von ihren Ansichten überzeugt. Ich stellte mir vor, dass es auf lange Sicht durchaus negative Konsequenzen für die »Gewinner« geben könnte. Sie mochten zwar geglaubt haben, dass sie das Richtige taten. Möglicherweise würden sie sich jedoch eines Tages mit der gleichen beziehungsweise einer ähnlichen Angelegenheit auseinandersetzen müssen, ohne viel über die Bewältigung von Konflikten gelernt zu haben.

Ich kam zu dem Ergebnis, dass ich meiner Selbstverpflichtung als Mediator nachgekommen war. Ich hatte – so gut ich konnte – den Parteien dabei geholfen, *zusammenzuarbeiten*. Aber wie verhielt es sich mit meiner Selbstverpflichtung, den Parteien dabei zu helfen, *zu verstehen*? Das Ergebnis war eine vertane Gelegenheit – zumindest empfand ich es so. Vertan war die Chance für alle Beteiligten, sich selbst und einander besser zu verstehen und vor allem auch zu verstehen, was sie gemeinsam zum Erhalt des Schutzgebiets hätten erreichen können. In diesem Fall hatten Umstände und Strukturen, die außerhalb des Mediationsverfahrens lagen, die Oberhand gewonnen. Es gefiel mir zwar nicht, aber ebenso wie die Mitglieder des Unterausschusses musste auch ich diese Tatsache akzeptieren.

Abschnitt 2: Das Verstehen vertiefen

2.1 Der Wille zur Zusammenarbeit: San Francisco Symphony

Findet man heraus, was die Parteien *wirklich* dazu motiviert, ihren Konflikt *gemeinsam* zu bearbeiten, ist die Antwort zuweilen für den Erfolg einer Mediation ausschlaggebend.

Vor einigen Jahren wurde ich gebeten, mich einem kleinen Expertenteam anzuschließen, das in einem Streit beim Symphonieorchester von San Francisco – der »San Francisco Symphony« – vermitteln sollte. Leiter des Teams war Robert Mnookin, Samuel-Williston-Professor-of-Law an der »Harvard Law School«. Außerdem war Joel Cutcher-Gershenfeld mit von der Partie, der am »Massachusetts Institute of Technology« unterrichtete und dem »Program on Negotiation« in Harvard angehörte – einem interdisziplinären Forschungsprogramm zum Thema Verhandlungen.

Die vorangegangenen Vertragsverhandlungen waren gescheitert und der darauf folgende Streik hatte katastrophale Konsequenzen für alle Beteiligten. Zwar wurde schließlich eine Vereinbarung getroffen, aber die Kosten für Vorstand, Management und Musiker waren hoch. Als ich einige Jahre später zu dem Fall hinzugezogen wurde, waren die Wunden noch nicht wirklich verheilt. Alle waren auf der Hut und befürchteten, dass die anstehenden Vertragsverhandlungen scheitern und ein weiterer Streik das Fortbestehen des Symphonieorchesters gefährden könnte. Vor diesem Hintergrund waren Vertreter der Musiker, des Managements und des Vorstands übereingekommen, dass sie auf Hilfe von außen angewiesen waren, um zu einem besseren Umgang miteinander zu finden. Letzteres war die Mindestvoraussetzung, damit die kommende Runde der Vertragsverhandlungen überhaupt eine Aussicht auf Erfolg hatte.

Meine Kollegen und ich trafen uns mit den Vertretern dieser drei Gruppen. Gemeinsam entwarfen wir ein Verfahren, das *allen* Beteiligten – nicht nur deren Vertretern – drei wichtige *Techniken für interessengeleitetes Verhandeln* vermitteln sollte.

Techniken für interessengeleitetes Verhandeln

1. die Fähigkeit zur Kommunikation, insbesondere das Looping,
2. die Fähigkeit, unter die Oberfläche des Problems vorzudringen, um zu sehen, was den jeweiligen Streitpositionen zugrunde lag, sowie
3. die Fähigkeit der jeweiligen Interessensgruppen, Aufträge mit klaren Vorgaben für die Vertreter zu erarbeiten, die ihnen jedoch gleichzeitig genügend Flexibilität ließen, um auf die Gegenseite eingehen zu können.

Vorstand, Musiker und Management machten deutlich, was sie *nicht* wollten: dasselbe Debakel inklusive Streik noch einmal durchzumachen, zu dem ihr Konfliktmanagement beim letzten Mal geführt hatte. Weniger klar war, was sie tatsächlich *wollten*. Bei den meisten Mediationen möchten die Parteien einfach den Streit und die damit verbundenen Kosten umgehen – der Konflikt soll sich am besten einfach in Luft auflösen. Die Vorstellung, dass der Streit einen eigenen Wert haben oder es sich möglicherweise lohnen könnte, ihn gemeinsam zu bearbeiten, liegt für die meisten Menschen nicht unbedingt auf der Hand.

Aus unserer Sicht würde der Erfolg der Mediation jedoch zu weiten Teilen davon abhängen, dass die beteiligten Parteien einen neuen Weg fänden, um ihren Konflikt gemeinsam zu bearbeiten. Dazu war es erforderlich herauszufinden, *warum* sie zusammenarbeiten und sich damit auseinandersetzen wollten.

Wir glauben, dass die Motivation, einen Konflikt gemeinsam zu bearbeiten, im Grunde etwas zutiefst Menschliches ist. Auch wenn dieser Impuls bereits angelegt ist, ist er aber häufig vergraben oder blockiert. Dies hat auch damit zu tun, dass er in unserer Gesellschaft nicht gefördert wird. Wir gehen davon aus, dass dieser Impuls in jeder Mediation nur darauf wartet, dass man ihn nutzbar macht und ihm Raum zur Entfaltung gibt.

Motivation ist Treibstoff für den Prozess

Die Motivation der Parteien ist der Treibstoff für den Prozess. Sie ist der unerlässliche, schwer fassbare *Grund*, warum Parteien den Wunsch nach Mediation verspüren. Vielen zeigt allein die Möglichkeit, dass es zu ihren gegensätzlichen Standpunkten eine Alternative geben könnte, einen Ausweg aus ihrer Konfliktfalle auf – insbesondere wenn sie spüren, dass die andere Seite den Wunsch teilt, nach dieser Möglichkeit zu suchen.

Die Motivation – das *Warum* – verbarg sich in diesem Fall unter einem Geflecht von Spannungen, die zum Großteil ein Überbleibsel der Geschehnisse der letzten Verhandlungen waren. Aber sie erhielten auch neuen Zündstoff, als die nächste Verhandlungsrunde näherrückte. Das Management beispielsweise hatte das Gefühl, dass es hart auftreten müsse, weil sonst die Musiker die Oberhand gewännen. Viele Musiker empfanden das Gleiche gegenüber dem Management. Zudem gab es nicht nur Spannungen *zwischen* den Konfliktpartnern, sondern auch *innerhalb* der Parteien.

Angesichts dieser Gemengelage erschien die Aufgabe gewaltig, die Motivationen der unterschiedlichen Parteien festzustellen und nutzbar zu machen; im Hinblick auf die über hundert Musiker wirkte sie nahezu beängstigend. Die Musiker waren lose organisiert, bildeten innerhalb des Orchesters verschiedene Gruppierungen und hatten unterschiedliche Auffassungen vom Streit.

Die meisten Parteien gehen mit einer gewissen Zwiespältigkeit an eine Mediation heran – so auch die Mitglieder des Orchesters. Einige hatten angesichts der jüngsten Vorfälle das Gefühl, nicht vorsichtig genug sein zu können; andere waren aus dem gleichen Grund davon überzeugt, dass sie besonders mutig auftreten müssten. Für den Fall, dass diese Spannungen weiterbestünden, bliebe den Musikern möglicherweise nichts anderes übrig, als nach dem kleinsten gemeinsamen Nenner zu suchen. Damit hätte das Verfahren deutlich weniger Aussicht auf Erfolg.

Die Motivation wecken

In unserem Mediationsmodell erkennen wir an, dass Ambivalenzen ein Teil der Wirklichkeit sind, in der sich die Parteien befinden. Zwiespältigkeit kann – wie in diesem Fall – zwischen Teilnehmern herrschen, die auf der gleichen Seite stehen. Eine anhaltende Ambivalenz ist durchaus natürlich, kann aber dazu führen, dass sich die Partei nur halbherzig oder unregelmäßig beteiligt, was bei der anderen Seite die Zwiespältigkeit noch verstärkt. Diese Zwiespältigkeit zu erkennen und zu verstehen ist bereits der Beginn einer Lösung. Motiviert man die Parteien dazu, den Streit gemeinsam zu bearbeiten, ist das eine Möglichkeit, ambivalente Gefühlslagen in den Griff zu bekommen.

Der Mediator, der das Problem zwiespältiger Gefühlslagen kennt, könnte versucht sein, die Parteien mithilfe seiner eigenen Motivation zum Weitermachen zu ermutigen. Dadurch würde durch *seine* Energie verhindert, dass der Prozess zum Stillstand käme. In einem solchen Fall werden die Parteien von der Energie des Mediators statt durch ihre eigene mitgezogen.

Auf die Motivation der Medianten kommt es an

Wenn es dem Mediator gelingt, die Parteien zur aktiven Teilnahme zu bewegen, betreiben sie die Mediation durch *ihre* eigene Energie. Der Mediator tritt mit den Parteien in einen Dialog, um ihnen zu helfen, die Motivation herauszuarbeiten, die ihrem Konflikt womöglich *zugrunde liegt*.

Nehmen an einer Mediation lediglich zwei Parteien teil, ist das – zumindest logistisch – ein relativ einfaches Unterfangen. In diesem Fall bestand für uns die Herausforderung darin, das mit hundert Menschen zu tun – und zwar gleichzeitig.

Zunächst traf ich mich mehrmals mit den Musikern, um herauszufinden, was sie dazu motivierte, den Konflikt zu bearbeiten. Normalerweise lehnen wir es ab, uns mit jeder Seite zu vertraulichen Einzelgesprächen zu treffen. Die große Zahl der Musiker, die Schwierigkeiten, die bei der letzten Verhandlung zwischen ihnen aufgetreten waren und die anhaltenden unterschwelligen Spannungen machten jedoch in diesem Fall ein Treffen mit dem Orchester notwendig. Außerdem waren aus ihrer Mitte heraus Vertreter für die späteren Verhandlungen mit dem Management zu benennen, die klare Vorgaben brauchten.

Es kann unter den Teilnehmern einer Seite Probleme und Themen geben, die sondiert werden müssen, bevor die Beteiligten mit denen der anderen Seite zusammentreffen. In diesen wenigen Einzelfällen sind unserer Meinung nach Einzelgespräche sinnvoll.

Damit die Musiker ihre Differenzen offen erforschen konnten, war es für viele von ihnen wichtig zu wissen, dass das Management nichts über den Inhalt der Gespräche erfahren würde. Obwohl ich kein gutes Gefühl dabei hatte, stimmte ich dem zu. Ich tröstete mich damit, dass angesichts dessen, wie viele Musiker bei den Treffen anwesend sein würden, das Management ohnehin vom Inhalt der Gespräche erfahren würde – und auch den Musikern war das bewusst. Wir machten bei diesen Treffen durchaus Fortschritte, aber es gab immer wieder Zwiespältigkeiten. Ich hatte das Gefühl, dass wir nicht wirklich zum Kern der Angelegenheit vorstießen. Irgendetwas fehlte. Etwas in oder zwischen ihnen blieb dem Dialog fern.

Mir fiel eine Übung ein, auf die wir zurückgreifen, wenn wir größere Gruppen von Anwälten oder andere Konfliktexperten in der Mediation ausbilden. Diese Übung zeigt, wie wichtig es ist, auf *Motivation* aufzubauen – sowohl auf der Motivation der Parteien als auch der Motivation des Mediators. In den Seminaren lassen wir die Teilnehmer Paare bilden und bitten sie, abwechselnd ihre Motivation, Menschen im Konflikt unterstützen zu wollen, darzulegen. Unterdessen loopt der andere die Äußerungen seines Partners. Wir glauben, dass die Motivation des Mediators bei diesem Modell ebenso wichtig ist wie die der Parteien.

Motivation der Parteien und des Mediators

Ich begriff, dass ich möglicherweise den Schlüssel zu diesem Fall in der Hand hielt: Looping würde an die Oberfläche bringen, was bei den Musikern noch vergraben war.

Looping als Schlüssel

Die Idee umzusetzen war recht einfach. Beim nächsten Treffen bat ich die Mitglieder des Orchesters, untereinander Paare zu bilden und sich nach dem folgenden Modus zu unterhalten: Sie sollten einander abwechselnd befragen und herausfinden, was sie jeweils dazu motivierte, in diesem Orchester zu spielen. Dabei sollten sie loopen – Was hörten sie vom jeweils anderen? – und sich anschließend über das unterhalten, was sie voneinander erfahren hatten.

Da viele Menschen gleichzeitig sprachen, herrschte bald ein ziemlicher Geräuschpegel im Raum. Obwohl ich keine Einzelheiten verstand, rührte mich die von den Gesprächen ausgehende »Authentizität«. Ich spürte eine tiefe Verbundenheit, die den Gesprächen der Musiker zu entströmen schien; einigen von ihnen ging es vermutlich ähnlich. Es dauerte nicht lange, bis ich bemerkte, dass meine Einschätzung zutraf.

Nach Abschluss der Übung fanden wir uns wieder zu einer großen Gruppe zusammen; ich fragte die Musiker, wie sie die Übung erlebt hätten.

Jane (eine Geigerin): Ich fand die Übung faszinierend. Ich spiele seit fünfzehn Jahren mit Phil im Orchester. Wir haben uns schon über viele Dinge unterhalten. Aber bisher hatten wir noch nie darüber gesprochen, weshalb wir das, was wir tun, lieben. Als ich hörte, was er sagte, war ich zwar nicht wirklich überrascht, denn ich kann vieles von dem, worüber er sprach, aus seinem Spiel heraushören. Aber die Bestätigung dessen, was all die Jahre zwischen uns unausgesprochen blieb, war wunderbar.
George (ein weiterer Streicher): Ich hatte bisher noch nie wirklich über diese Frage nachgedacht. Als ich es dann tat, wurde mir bewusst, wie viel ich immer für selbstverständlich hielt. Und ich stellte fest, dass ein entscheidender Teil meiner Persönlichkeit eng mit der Mitgliedschaft in diesem Orchester verbunden ist.
Mediator: Können Sie genauer sagen, was für Sie so wichtig ist?
George: Wir alle waren immer sehr leistungsorientiert. Um auf diesem Niveau spielen zu können, waren wir fast unser ganzes Leben erfolgreich im Wettbewerb mit anderen und standen dabei unter enormem

Druck. Allein die Möglichkeiten zu besitzen, mit anderen zu musizieren, die auf einem ähnlich hohen Niveau spielen, ist schon eine große Leistung. Vielleicht überrascht Sie das, aber wenn ich Geige spiele, bin ich einer von vielen, die alle gleichzeitig spielen. Mich selbst höre ich dabei nicht spielen. Ich weiß nicht, ob Sie nachvollziehen können, wie sich das anfühlt.

Mediator: Nun – da Sie in Ihrem Spiel so herausragend wurden und immer zu den Besten gehörten, ist es vielleicht eine Art Schock, wenn Sie sich selbst nicht spielen hören?

George: Genau.

Mediator: Was bedeutet das im Zusammenhang damit, Teil dieser Gruppe zu sein?

George: Schwer zu sagen. Einerseits ist es herrlich zu wissen, dass wir zusammen mit die schönste Musik erschaffen, die es gibt. Das bereitet mir ungeheure Freude. Aber es zeigt mir auch, wie sehr ich von jedem Einzelnen hier abhänge, damit uns das gemeinsam gelingt.

So ging es noch eine Weile weiter; die Angehörigen des Orchesters erzählten nacheinander, was sie an die Musik und ihre gemeinsame Arbeit band. Die Spannung verschwand nicht ganz, legte sich aber, als die Musiker darüber sprachen, warum ihnen dieses Orchester so viel bedeutete. In gewisser Hinsicht war das Ergebnis eine recht einfache Angelegenheit: Menschen, die aus gemeinsamem Interesse jahrelang zusammengearbeitet hatten, tauschten sich darüber aus, was sie gemeinsam hatten und was ihnen an ihrer Arbeit gefiel.

Andererseits schien es jedoch um etwas Grundlegenderes zu gehen. Da waren Künstler, die tief in sich hineinhorchten: Sie wollten erkunden, was ihnen am meisten bedeutete und sie dazu bewog, gemeinsam künstlerisch und musikalisch etwas Erhabenes auszudrücken. Ob einfach oder grundlegend – ich wusste, dass sich diese Aspekte auf unsere Arbeit erheblich auswirken könnten.

Als ob im Raum eine Saite zum Klingen gebracht worden war, erkannten wir alle, dass die gemeinsame Arbeit vielen Musikern persönlich sehr viel bedeutete. Ihnen war bewusst, dass das Schicksal des Symphonieorchesters zumindest teilweise in ihren Händen lag. Die persönliche Verbundenheit der Musiker untereinander wurde spätestens dann wichtig, wenn es darum ging, ihre zwiespältigen Ansichten zu meistern; und die würden sicherlich entstehen, sobald wir in unserer Verhandlung zu den unvermeidbaren Krisensituationen kämen.

Mir lag besonders am Herzen, dass uns allen eines bewusst wurde: Nicht ich hatte die Musiker motiviert; unsere Übung hatte lediglich einen Raum geschaffen, in dem sie einander ihre grundlegenden Motivationen mitteilen und sich in ihren Erfahrungen bestätigen konnten. Damit hatten sie sich selbst wertvolle gemeinsame Bezugspunkte geschaffen, auf die wir uns in schwierigen Momenten beziehen konnten.

Wir waren bisher weder die Probleme unter den Musikern noch die zwischen Orchester und Management angegangen. Aber allein der den meisten Orchestermitgliedern bewusst gewordene, gemeinsame Bezugspunkt konnte sie zusammenschweißen und ihnen helfen, mit den eigenen Kollegen zusammenzuarbeiten; machten doch viele der Musiker immer noch ihre Kollegen für das vorangegangene Scheitern verantwortlich.

Unter den Musikern herrschte keine vollkommene Einigkeit. Sie waren eine Gruppe starker engagierter Persönlichkeiten, die unterschiedliche Ansichten vertraten und sich nicht scheuten, diese auch auszusprechen. Einige waren nicht zum Treffen erschienen. Andere waren zwar anwesend, aber alles andere als begeistert. Ein paar von ihnen widersprachen der Gruppe grundsätzlich. Aber trotz dieser durchaus handfesten Meinungsverschiedenheiten hatte die Übung etwas zutage gefördert: Auf einer bestimmten Ebene konnten sich alle wiederfinden. Das war die Basis, von der aus wir weitermachen konnten; allerdings würden wir hart arbeiten müssen.

Finden einer gemeinsamen Ebene

Bei der damals gescheiterten Verhandlungsrunde hatten die Verhandlungsführer ihre Aufgabe darin gesehen, es allen Musikern recht zu machen. Für ein erfolgreiches Verfahren war das natürlich problematisch: In dieser Konstellation konnte eine kleine Minderheit den Willen der gesamten Gruppe kippen. Für uns war daher wichtig, den Vertretern der Musiker zu helfen, die Schwingungen des Orchesters als Ganzes aufzunehmen und eine für die meisten Orchestermitglieder stimmige Marschrichtung zu finden – die Verhandlungsführer sollten sich nicht durch die Einwände einer kleinen Gruppe ausbremsen lassen.

Wenn auch ein Konsens ideal gewesen wäre – die verlässliche Unterstützung der Vertreter durch die Mehrzahl der Musiker reichte aus, um die Richtung zu bestimmen. Um den Musikern zu helfen und herauszufinden, welche Themen für die Mehrheit am wichtigsten waren, arbeiteten wir mit den Vertretern einen Fragebogen aus. Beim anschließenden Treffen mit den Orchestermitgliedern teilten die Vertreter ihnen das Ergebnis der Befragung mit und diskutierten gemeinsam darüber. So erfuhren die Verhandlungsführer, was den Musikern am wichtigsten war. Zu früheren Verhandlungsrunden hatten die Musikervertreter hingegen lediglich eine Liste mit mehreren Dutzend Themen mitgebracht, die keinerlei Prioritäten aufwiesen.

Im neuen System tauschten sich die Vertreter sowohl schriftlich als auch im persönlichen Gespräch mit den Musikern aus. So erkannten sie deren Bedürfnisse und hatten gleichzeitig genügend Spielraum, ohne durch nicht verhandelbare Forderungen blockiert zu werden. Sie konnten verstehen, was den Musikern als Gesamtgefüge am Herzen lag.

Die Motivation nutzen

Die Looping-Übung, bei der es um die Frage nach der Motivation der Musiker ging, Teil des Orchesters zu sein, sollte sich auch im weiteren Verlauf als essenziell für unsere Arbeit erweisen. Der Austausch, der vermutlich nicht länger als eine halbe Stunde gedauert hatte, machte Unausgesprochenes deutlich: Allen war bewusst geworden, wie viele von ihnen der gemeinsamen Arbeit auf ähnlich intensive Weise verbunden waren wie sie selbst. Sie alle waren Teil derselben Gemeinschaft, wenngleich es auch manchmal zu scharfen inhaltlichen Auseinandersetzungen kam. Sie alle teilten die Bereitschaft, einander zu unterstützen – und das bezog sich auch auf die »San Francisco Symphony« als Ganzes.

Wie bei den Musikern arbeiteten wir auch bei den Mitgliedern des Managements heraus, was genau sie dazu motivierte, den Streit beizulegen. Die Gruppe war wesentlich kleiner und der Dialog weniger strukturiert. Aber die Zielfrage blieb identisch: Was waren die unter der Oberfläche des Konflikts liegenden, tieferen Beweggründe für ihren Entschluss, mit der »San Francisco Symphony« zu arbeiten?

Tiefere Beweggründe

Auch hier hatte ich erwartet, auf Zwiespältigkeit zu stoßen, insbesondere deswegen, weil das Management nach wie vor unter den Auswirkungen des Streiks litt und eine Wiederholung jener schwierigen Zeiten befürchtete. Obwohl die Konstellation einem herkömmlichen Arbeitskampf ähnelte – Management und Belegschaft im Streit miteinander – war doch in unserem Fall das Management sehr daran interessiert, mit den Musikern partnerschaftlich zusammenzuarbeiten.

Daraus ergab sich nun folgendes Dilemma: Das Management wusste einerseits, wie notwendig es war, mit den Musikern erfolgreich zusammenzuarbeiten; andererseits wurde die Sorge geäußert, die Musiker könnten es zu ihrem Vorteil nutzen, wenn sich das Management zu kooperativ zeigte. Darüber hinaus hatten die Angehörigen des Managements den Eindruck, dass es die eingeschränkte finanzielle Lage sowie die Frage, was andere Orchester von ihnen halten würden, erforderlich machten, den Musikern nur wenig über ihre Situation mitzuteilen.

Bald wurde deutlich, dass jede Option riskant war. Gab das Management Informationen preis, zu denen die Musiker bisher keinen Zugang hatten, würden diese das möglicherweise zu ihrem Vorteil nutzen. Verfolgte das Management hingegen eine restriktive Informationspolitik, würden die Musiker annehmen, das Management hätte mehr finanzielle Mittel als tatsächlich der Fall war und würden noch misstrauischer werden – damit würden alle Beteiligten letztendlich wieder in der bekannten Konfliktfalle landen. Klar war: änderte sich die Beziehung zwischen Management und Musikern nicht, wäre das gesamte Unternehmen gefährdet.

Als Mediatoren waren wir bestrebt, sowohl das Management als auch die Musiker darin zu unterstützen, ihren Konflikt gemeinsam zu bearbeiteten. Seit dem verheerenden Ausgang des letzten Konflikts hatten so gut wie alle das gleiche Bestreben, den Konflikt gemeinsam zu bewältigen. Dieses Bestreben war sowohl beim Management als auch bei den Vorstandsmitgliedern deutlich herauszuhören und beide Seiten waren bereit, es auch offen zu äußern. Das schuf eine Basis, auf der wir vorankommen konnten.

Wir wollten den Beteiligten das Wesen eines Konflikts näherbringen und ihnen begreiflich machen, dass die verschiedenen Lager innerhalb des Orchesters zum Teil sehr unterschiedliche, aber aus ihrer jeweiligen Sicht durchaus nachvollziehbare Meinungen über ihre gemeinsamen Probleme hatten. Dazu führten wir mit ihnen einige Wochenendseminare durch. Dabei vermittelten wir den Musikern – den Verhandlungsvertretern, weiteren Orchestermitgliedern inklusive einigen der Skeptiker – sowie dem Management und dem Vorstand grundlegende Verhandlungs- und Mediationstechniken.

Kommunikation durch Verstehen

Vor allem lernten sie, miteinander zu kommunizieren, indem sie versuchten, den anderen zu *verstehen*, ohne ihn von etwas *überzeugen* zu wollen. Außerdem lernten sie zu erkennen, was für ein Interesse der jeweiligen Position *zugrunde lag*, um auf diese Weise gemeinsame Interessen zu finden, die allen wichtig waren. Sollte es uns gelingen, beider Seiten tiefer liegende Interessen zu erkennen, konnten wir auf dieser Basis gemeinsam nach Lösungen suchen, die für alle Beteiligten zielführend waren.

Um den Teilnehmern diese Kompetenzen zu vermitteln, machten

wir Rollenspiele mit Themen außerhalb des Orchesterbereichs. Dazu gaben wir den Teilnehmern jeweils Rollen außerhalb ihres gewohnten Bezugsrahmens: Musiker schlüpften beispielsweise in die Rolle eines Managers; Manager agierten als Musiker oder Vorstandsmitglied; die Vorstände bekamen Manager- oder Musikerrollen.

Rollenspiele fördern das gegenseitige Interesse

Ein nicht unerheblicher Nebeneffekt dieser Rollenspiele war das aufrichtige Interesse, das Musiker, Vorstände und Management füreinander entwickelten. Die Musiker freuten sich, für die Vorstandsmitglieder immerhin so wichtig zu sein, dass diese ihre Wochenenden für die Workshops opferten. Die Mitglieder des Vorstands freuten sich, etwas über die Musiker zu erfahren, was über deren musikalische Fähigkeiten hinausging. Das Management trat sowohl mit dem Vorstand als auch mit den Musikern in Kontakt, ohne zwischen den Stühlen zu landen. Aus diesen Erfahrungen entwickelte sich ein zunehmendes Gemeinschaftsgefühl.

Bei einer Übungseinheit kam es zu einem Durchbruch: ein Mann aus dem Management zog mich beiseite.

Manager: Ich tue alles, was ich kann, um meinen Verhandlungsstil zu ändern, weil ich weiß, dass ich andere Menschen damit verschrecke. Ich möchte aber nicht, dass das hier geschieht. Können Sie mir einen Rat geben?
Mediator: Ich sehe durchaus, dass Sie versuchen, anders vorzugehen als zuvor. Aber es kommt darauf an, dass die anderen die Veränderung für echt halten. Ich würde Ihnen raten, so offen zu agieren wie es Ihnen möglich ist. Können Sie zum Beispiel den Musikern sagen, was Sie mir gerade gesagt haben?
Manager: Ich glaube, das würde mir sehr schwer fallen.
Mediator: Vielleicht ist es einfacher für Sie – obwohl es immer noch eine Herausforderung darstellt – wenn Sie den Vertretern der Musiker sagen, dass Sie sich von ihnen ein Feedback wünschen.
Manager: Gute Idee. Das bekomme ich hin.

Als wir in der Mediation zu den inhaltlichen Streitfragen gelangten, wurde deutlich, wie wertvoll das *Zusammenarbeiten* war. Management und Musikervertreter waren voll und ganz dazu bereit, gemeinsam einen Ausweg aus ihrem Konflikt zu finden.

Kurzentschlossen setzte das Management seine neu gewonnenen Einsichten in die Tat um: Es berief ein Treffen mit den Vertretern der Musiker ein und präsentierte ihnen Finanzwissen in einem noch nie dagewesenen Umfang. Die Auswirkungen aufseiten der Musiker waren gewaltig: Erstens vermittelte es ihnen das vertrauensvolle Gefühl, dass das Management diesmal nicht wie sonst üblich vorgehen würde. Zweitens betrachteten die Musiker die Verhandlungen von nun an als eine gemeinsame Aufgabe.

Wir beschlossen, Ausschüsse aus Musikern und Angehörigen des Managements zu bilden, um weitere Informationen zu erheben. Insbesondere ging es dabei um die Frage, wie vergleichbare Orchester aufgestellt waren. Die Zusammenarbeit brachte die Beteiligten einander abermals näher. Das Problem ging mittlerweile alle etwas an – damit wurde auch die Motivation von allen geteilt, es gemeinsam zu bewältigen.

Die Musiker erkannten, dass sie sich dem Management gegenüber fair und verantwortungsbewusst verhalten mussten, wenn sie Vertragsforderungen stellten. Letzten Endes wählten sie sechs unterschiedliche Themen aus, die für das Orchester insgesamt Priorität haben sollten. Zu ihnen zählten klassische Fragen wie Rentenzahlungen, Gesundheitsversorgung und Tourneebedingungen. Aber sie setzten auch einen Punkt auf ihre Liste, der mehreren Musikern schon seit geraumer Zeit am Herzen lag, der jedoch bisher noch nie genügend Unterstützung gefunden und deswegen auch noch nie in die Verhandlungen eingebracht worden war: Es ging darum, wie sich die Zusammensetzung des Orchesters und die Auswahl der am häufigsten aufgeführten Stücke insbesondere auf die Streicher auswirkten. Obwohl eine kleine Minderheit im Orchester, hatten sie doch hinsichtlich ihrer Einsätze und Spielanteile eine zentrale Rolle, sodass sie unter besonders hohem Druck standen. Das hatte bei einer Reihe von Streichern bereits wiederholt zu Überlastungsverletzungen geführt.

Bisher war dieser Punkt lediglich für jene Musiker bedeutend gewesen, die sich bereits verletzt hatten oder sich einem solchen Risiko ausgesetzt sahen. Nun aber hatten sie bei diesem Thema das gesamte Orchester hinter sich. Die Tatsache, dass alle Musiker bereit waren, diesen Punkt in den Verhandlungen mitzutragen, resultierte zu weiten Teilen aus ihrer gemeinsamen Hingabe für die Musik, die ihnen bei der Looping-Übung bewusst geworden war.

Die gegenseitige Anerkennung und Unterstützung führte im gesamten Orchester zu einer besonderen Harmonie, die ihre Geschlossenheit auf kraftvolle Weise bestärkte. In den Verhandlungen erkannte das Management, wie wichtig dieser Aspekt war und respektierte dessen Priorität.

Ein zweiter wichtiger Punkt ergab sich erst am Ende der Mediation. Nach außen hin wurde das Orchester rechtlich allein durch das Management vertreten. Oberflächlich betrachtet schien das nur eine juristisch-technische Frage zu sein. Dennoch war dieser Umstand vom Orchester stets als trennend empfunden worden und sorgte für Spannungen, die bei den vorangegangenen Verhandlungen unterschwellig sehr wohl eine Rolle gespielt hatten. In rechtlicher Hinsicht gab es ein »wir« und ein »sie« und jede Seite konnte mit dem Finger auf die andere zeigen und den Graben weiter vertiefen, sobald Meinungsverschiedenheiten auftraten – was unvermeidlich war. Dieser Aspekt wurde meist übergangen, war aber unterschwellig immer präsent.

In der letzten Phase der Mediation wurde – nach nur drei Tagen! – ein Sechsjahresvertrag abgeschlossen; ein beispielloser Vorgang, hatte zuvor doch ein Vertrag für maximal drei Jahre gegolten. Alle konnten sich auf einen wesentlichen Bestandteil der Vereinbarung einigen, was deutlich machte, wie groß der vollzogene Wandel tatsächlich war. Orchester und Management war eins klar geworden: Wollten sie gemeinsam auf dem von ihnen erreichten hohen Niveau musizieren, mussten sie ihre gemeinsame Hingabe gegenseitig als solche anerkennen und wertschätzen. Von nun an wurde die »San Francisco Symphony« nicht als Unternehmen unter der Führung eines Managements wahrgenommen, sondern als ein gemeinschaftliches Unternehmen, das von Musikern und ihrer Geschäftsführung repräsentiert wurde.

Das Ergebnis dieses Prozesses war die Präambel der neuen, kollektiv ausgehandelten Vereinbarung:

> »Die ›San Francisco Symphony‹ besteht aus den Musikern der ›San Francisco Symphony‹, dem Verwaltungspersonal und dem Direktorium. Dies wird offiziell anerkannt und bestätigt. Ebenso wird anerkannt, dass zur ›San Francisco Symphony‹ ein Jugendorchester, ein Symphonischer Chor und ein ehrenamtlicher Beirat gehören und dass weitere Ehrenamtliche und Fachleute für die Organisation der ›San Francisco Symphony‹ tätig sind und sich für sie engagieren.«

Kommentar: Von der Motivation, einen Konflikt gemeinsam zu lösen

Die Mediation des San-Francisco-Symphonieorchesters war deshalb so ergreifend, weil das Orchester geschlossen danach strebte, dem Erhabenen des menschlichen Geistes durch ihre Musik zu huldigen. Die Mediation förderte dieses gemeinsame Streben zutage, während sich die Beteiligten mit den Themen auseinandersetzten, die sie vormals so tief gespalten hatten. Nach unserer Erfahrung haben viele Menschen in Konfliktsituationen ein starkes Bedürfnis, ihren Konflikt so zu bewältigen, dass sie sich selbst treu bleiben *und* – wenn irgend möglich – gleichzeitig den anderen wertschätzen können.

Verlust der gegenseitigen Achtung

Einer der heikelsten Aspekte eines Konflikts – einmal abgesehen von Verlusten und Verletzungen, die sich die Parteien zufügen – ist die Tatsache, dass wir durch den Konflikt zuweilen die grundlegende Achtung füreinander verlieren.

Ziel jeder Konfliktlösung ist eine zufriedenstellende Einigung: Jeder soll genug von dem erhalten, worum es ihm geht, ohne dass einer vom anderen ausgenutzt wird. Darüber hinaus versuchen wir aber auch zu erreichen, dass sich die Parteien nicht nur gegenseitig respektieren, sondern eine tiefer gehende Verbindung zwischen ihnen angesprochen und gewürdigt wird.

Die unter der Oberfläche verborgenen Beweggründe des Orchesters sichtbar zu machen, war letztendlich nur durch die feste Überzeugung des Mediators gelungen, *dass* es möglich ist. *Ohne* eine solche Überzeugung beschränken sich die Möglichkeiten einer Mediation eher auf Tauschgeschäfte und Kompromisse. *Mit* dieser Überzeugung sind ihr letztendlich keine Grenzen gesetzt. Zwar kann eine abschließende Vereinbarung durchaus noch Kompromisse enthalten. Aber sobald man die tiefer liegenden Motivationen der Parteien und ihre Verbindung zueinander erschließt, kann sich das grundlegend sowohl auf den Inhalt der Vereinbarung als auch auf deren Bedeutung für die Parteien auswirken.

Auswirkungen der tiefer liegenden Motivation

Natürlich kommt es vor, dass sich Konfliktparteien gegen diesen Weg entscheiden. Aber die Möglichkeit dafür ist immer gegeben – in der Hoffnung, gemeinsam einen Weg zu finden, bei dem die Parteien sich selbst treu bleiben und zugleich den anderen respektieren können.

Autonomie und Verbindung

Beim verstehensbasierten Ansatz hat das Prinzip der *Zusammenarbeit* mit den Parteien einen zweifachen Fokus: ihre Autonomie zu unterstützen und zugleich ihre Verbindung untereinander zu würdigen. Normalerweise sind wir auf unsere Individualität und unsere Besonderheit stolz. Wir schätzen Autonomie. Bei Konflikten verwandeln Spannungen unser natürliches und lebenswichtiges Gespür für Individualität und Autonomie in Entfremdung, Angst und Aggression. Wir verhalten uns anderen Menschen gegenüber abwehrend, befürchten, dass man uns ausnutzt und sind zu Kampf und Verteidigung bereit.

Bei herkömmlichen Konfliktlösungsverfahren, bei denen ein Richter für die Entscheidung – das Urteil – verantwortlich ist, bewirkt das *Sich-Entscheiden-Müssen* für eine der widerstreitenden Ansichten, dass die Parteien in ihrem Kampf gefangen bleiben. Sie stehen einander abwehrend gegenüber und versuchen jeweils, den neutralen Dritten auf ihre Seite zu ziehen. Ebenso ergeht es dem Mediator, der sich selbst intensiv bei der Entwicklung von Lösungen einbringt und es dabei unterlässt zu erforschen, worum es den Parteien in Wahrheit geht.

Eine Mediation ist gleichsam Chance und Herausforderung, die Autonomie jeder Partei zu respektieren, ohne auf das destruktive Muster von Angriff-Verteidigung-Gegenangriff zurückzugreifen.

Eine Möglichkeit, die Individualität der Parteien zu unterstützen und zu respektieren, ist es, sie für die Lösung ihres Konflikts selbst verantwortlich zu machen. Eine weitere Möglichkeit entsteht, wenn der Mediator danach strebt, die unterschiedlichen Ansichten aller betroffenen Parteien zu verstehen. Gelingt es dem Mediator, durch das Looping die ganz spezifische Sichtweise jeder Partei auf den Konflikt in Worte zu fassen, haben die Parteien die Chance, für sich selbst zu klären, welche wesentlichen Aspekte ihrem Konflikt zugrundeliegen.

Nachdem der Mediator die unterschiedlichen Sichtweisen der Parteien verstanden hat, kann er die Parteien darin unterstützen, sich *gegenseitig* zu verstehen – vorausgesetzt, sie sind dazu bereit und verlieren unterdessen nicht ihre eigene Sichtweise. Die *Zusammenarbeit* mit den Parteien sollte nicht dort aufhören, wo wir ihre Autonomie anerkennen, sondern die Würdigung ihrer Verbindung untereinander mitumfassen.

Sind wir in einen Streit verwickelt, kommt es uns manchmal so vor, als gäbe es überhaupt keine Verbindung zum andern. Allein der Gedanke daran kann uns bedrohlich erscheinen, denn wir schrecken davor zurück, uns in irgendeiner Form mit jemandem zu identifizieren, den wir als Bedrohung empfinden. Aber sobald wir fähig sind, uns mit jemandem zu verbinden, dessen Ansichten uns zunächst vollkommen gegensätzlich und bedrohlich vorkamen, kann das lohnend und wertvoll sein – so unrealistisch und unmöglich es uns vorher schien.

Unsere Konfliktarbeit wird stark durch das Bewusstsein motiviert, dass es eine zugrunde liegende zwischenmenschliche Verbundenheit gibt – ob innerhalb der Familie oder zwischen Nachbarn, ob innerhalb einer Firma oder zwischen zwei Unternehmen, ob zwischen Gruppen oder Völkern. Es besteht daher auch immer die Chance und die Herausforderung – auch im Konflikt – diese Verbundenheit zu erkennen und zu würdigen. Wir glauben, dass es diese tiefe Verbundenheit zu anderen Menschen gibt und dass jeder Mensch grundsätzlich auch das Bedürfnis hat, diese Verbundenheit auszuleben. Dieses Bedürfnis sichtbar zu machen, sorgt für den entscheidenden Unterschied in einer Mediation.

Vielleicht klingt es paradox und auch die Erfahrung scheint häufig das Gegenteil zu beweisen:

Autonomie und Verbundenheit ermöglichen die Zusammenarbeit

> Bei unserem verstehensbasierten Ansatz entfaltet sich Autonomie erst vor dem Hintergrund der Verbundenheit – gleichzeitig kann Verbundenheit erst dann wertgeschätzt werden, wenn sie Autonomie zulässt und unterstützt. Das Mediationsprinzip der *Zusammenarbeit* ermöglicht beides.

Das Mediationsverfahren der »San Francisco Symphony« machte dieses Paradoxon erlebbar.

2.2 Über Recht und Unrecht: Die Blockade auf der Finca

(Fortsetzung von Abschnitt 1.1 S. 45 ff.)

Den Unterschied zwischen einer Mediation und einer richterlichen Entscheidung habe ich selten so deutlich erkannt wie an jenem Morgen, als ich erlebte, wie Graziella und ihr Bruder Ricardo vor den Toren der Finca dem überraschten Amtsrichter ihre Standpunkte darlegten.

Die Geschwister Ricardo und Graziella waren starke Persönlichkeiten. Es war klar, dass es vorteilhafter sein würde, diese Stärke dafür einzusetzen, ihren Konflikt gemeinsam zu lösen, anstatt dies jemand anderem zu übertragen. Aber wie sollten sie überhaupt in die Lage kommen, zusammenzuarbeiten? Zunächst mussten sie aus ihrer »Ich-habe-recht-Du-hast-unrecht«-Konfliktfalle herausfinden, in der sie festsaßen.

Fühlen sich Menschen von ihrem Gegenüber so falsch behandelt wie es bei Graziella und Ricardo der Fall war, versuchen sie oft eines: den Mediator davon zu überzeugen, dass sie selbst im Recht sind und der andere im Unrecht. Oft stelle ich fest, dass ich tatsächlich zur einen oder anderen Seite tendiere, obwohl meine Funktion als Mediator natürlich allparteilich sein muss. Um den Parteien aus ihrer Falle herauszuhelfen, muss ich sicherstellen, dass ich nicht selbst hineingerate.

Ricardo hatte sich auf die Mediation vorbereitet und den Verlauf ihres Streits und die Probleme, über die er sprechen wollte, schriftlich festgehalten. Er legte diverse Papiere vor, die als Beleg einiger dieser Punkte dienen sollten. Graziella wollte das nicht lesen. Auch ich sollte nicht vorlesen, was sie als seine »endlosen Beschwerden« bezeichnete, die jedes Problem nur verzerrt wiedergäben. Sie wünschte sich eine Unterhaltung, anstatt »all die Briefe und E-Mails hervorzukramen, die letztendlich nur zu großer Verwirrung führen.«

Ein hochsensibles Thema schien mir die Wurzel vieler ihrer Auseinandersetzungen zu sein: Als die Geschwister die zwei Parzellen der Finca erbten, war ihnen bewusst gewesen, dass die beiden Landstücke einen unterschiedlichen Wert besaßen, obwohl sie flächenmäßig etwa gleich groß waren. Wie es dem guten Verhältnis zwischen den Geschwistern entsprach, hatte sich Graziella bereit erklärt, Ricardo als Ausgleich eine Summe von etwa 200 000 Dollar zu bezahlen. Da Graziella damals unter finanziellem Druck stand, einigten sie sich darauf, dass Graziella das Geld in regelmäßigen Abständen zinslos an Ricardo zahlen sollte. Als ich die beiden kennenlernte, waren nahezu zehn Jahre vergangen und Graziella hatte das »Darlehen«, wie sie es nannten, bis auf 25 000 Dollar zurückgezahlt.

Wir einigten uns darauf, dass die beiden mir zunächst erklärten, wie jeder von ihnen zu der Sache stand. Ricardo legte eine detaillierte Aufstellung vor. Darin wurden die Beträge, die er von Graziella erhalten hatte, jenen Beträgen gegenübergestellt, die er erhalten hätte, wenn er fünf oder zehn Prozent Zinsen genommen hätte. Diese Zinssätze entsprachen denen, die Graziella der Bank für weitere in dieser Zeit aufgenommene Darlehen tatsächlich gezahlt hatte. Als Graziella Ricardos Aufstellung sah, war sie empört.

Graziella: Jetzt geht das also wieder mit deinen Tabellen los, von denen Du behauptest, sie tragen zur Klärung der Sache bei. In Wirklichkeit versuchst Du doch bloß, unsere einmal getroffene Vereinbarung abzuändern.
Ricardo: Ich versuche nicht, unsere Vereinbarung abzuändern. Lass uns einfach einmal die Aufstellung durchgehen.
Graziella: Ich will die Aufstellung nicht durchgehen. Das ist bescheuert.
Ricardo: Gary, helfen Sie uns. Sie kann gut mit Zahlen umgehen. Ich hingegen muss mir die Dinge aufschreiben, damit ich sie verstehe. Ich habe ausgerechnet, dass sich bei einem niedrigen Zinssatz die ursprünglichen 200 000 Dollar nahezu verdoppelt hätten.

Blitzschnell flogen die Argumente zwischen ihnen hin und her; beide wurden immer wütender. Ich versuchte ihnen so gut es ging zu folgen und bemühte mich, durch Looping jedem von ihnen zu bekunden, dass ich sie verstand. Allmählich wurde mir klar, dass beide jeweils etwas von dem überhörten, was der andere sagte. Würden sie das verstehen, könnte das möglicherweise sehr viel bewirken.

Unterschiedliche Sichtweisen verursachen Konflikte

Menschen im Konflikt können es kaum erwarten, einem anderen *ihre* Sicht der Dinge zu schildern. Jeder findet, er versuche lediglich, sich selbst, seine Familie, sein Geschäft, sein Vermögen oder was auch immer für ihn von Wert ist, zu schützen. Angesichts des bereits Erlittenen nehmen sie an, der andere habe die Absicht, ihnen Schaden zuzufügen. Aus Sicht des Konfliktpartners ist dieses Bild genau andersherum. Es kann sich als enorm hilfreich erweisen, wenn der Mediator diese Dynamik berücksichtigt, die so vielen Konflikten zugrunde liegt.

Mediator: Wenn ich Ihnen so zuhöre, habe ich den Eindruck, dass Ihnen

etwas Wichtiges entgeht. Sie empfinden beide, Sie hätten recht und der andere unrecht. Mehr noch: es scheint Ihnen, als habe der andere Ihnen Unrecht getan.
Ricardo: Ich weiß nur, was geschehen ist.
Mediator: Was Sie meines Erachtens übersehen, ist das Grundlegende in den Worten des jeweils anderen. Infolgedessen fühlen Sie sich schlecht behandelt und missverstanden. Je stärker Sie sich missverstanden fühlen, desto frustrierter sind Sie und desto wütender werden Sie auf den anderen. Je wütender Sie werden, desto weniger verstehen Sie. Und so geht das immer weiter. Ich würde gerne ein wenig das Tempo drosseln und sehen, ob ich richtig verstehe, was jeder von Ihnen sagt. Wenn ich dazu in der Lage bin, jeden von Ihnen zu verstehen, vielleicht verstehen Sie sich dann selbst und auch untereinander besser. Einverstanden?
Ricardo: Meines Erachtens drücke ich mich sehr klar aus.
Mediator: Heißt das ›Ja‹?
Ricardo: Aber ja doch.
Graziella: Ja. Bitte fahren Sie fort.
Mediator: Graziella, wenn ich recht verstehe, befürchten Sie, dass Ricardo die Bedingungen des Darlehens neu verhandeln möchte, weil er mit der Aufteilung nicht zufrieden ist. Auf diese Weise, glauben Sie, versucht er indirekt zu bekommen, was er auf direktem Weg nicht bekommen kann. Stimmt das so?
Graziella: Mehr oder weniger. Ich werde die von uns geschlossene Vereinbarung nicht noch einmal verhandeln. Ich habe zugestimmt, das Ergebnis der Aufteilung zwischen uns nach Treu und Glauben auszugleichen. Und ich habe alle erdenklichen Anstrengungen unternommen, um Ricardo das Geld so schnell wie möglich zu geben. Wann immer mir Geld zur Verfügung stand, habe ich es ihm gegeben. Er weiß das.
Mediator: Sie haben sich dafür eingesetzt, das Darlehen fristgerecht zu begleichen. Das Darlehen selbst kam durch das vertrauensvolle Bemühen zustande, Nachteile Ihrer beider Erbschaft auszugleichen.
Graziella: Ja.
Mediator: Bei Ihnen, Ricardo, habe ich bisher verstanden, dass Sie *weder* die ursprüngliche Vereinbarung, *noch* die Konditionen der Darlehens-Rückzahlung ändern möchten. Mit Ihrer Aufstellung möchten Sie Graziella lediglich darauf hinweisen, wie großzügig die Konditionen für die Rückzahlung des Darlehens waren. Dieser Umstand hat ihr im Lauf der Zeit viel Geld gespart, sogar im Vergleich zu den Abmachungen, die sie mit Freunden getroffen hat.
Ricardo: Genau. Und sie will sich die Aufstellung noch nicht einmal ansehen. Ich hätte viele Gelegenheiten gehabt, dieses Geld anzulegen, was für mich sehr profitabel gewesen wäre.
Mediator: Bei Ihren Tabellen ebenso wie bei diesem Gespräch geht es Ihnen also nicht darum, irgendetwas zu verändern. Vielmehr möchten

Sie, dass Graziella anerkennt, wie sehr Sie sich bemühen, ihr gegenüber großzügig zu handeln.
Ricardo: Das tut man doch für seine Familie.
Mediator: Sie haben also ein gutes Gefühl angesichts Ihres finanziellen Opfers, weil es um eine Familienangelegenheit geht?
Ricardo: Ich betrachte es nicht als ein Opfer.
Graziella: Auch ich habe mich Ricardo gegenüber großzügig verhalten. Nach der Aufteilung kümmerte er sich zunächst überhaupt nicht um seinen Anteil. Ich musste mich ganz allein mit den Bauunternehmern auseinandersetzen, die damit drohten, uns das Land wegzunehmen. Als Ricardo später den tatsächlichen Wert des Landes erkannte, musste er nur zugreifen.
Mediator: Sie haben also ebenfalls das Gefühl, dass Sie für Ricardo etwas getan haben, für das Sie sich seine Anerkennung wünschen.
Gabriella: Natürlich. Ginge das nicht jedem so?
Mediator: Also geht es Ihnen beiden darum, dass der andere anerkennt, was getan wurde, um ihm zu helfen.
Graziella (ungläubig zu Ricardo)**:** Du willst also nicht die Aufteilung ändern?
Ricardo: Nein. Weder jetzt noch jemals zuvor.
Graziella: Und Du verlangst auch keine Zinsen?
Ricardo: Das habe ich nie getan und werde es auch nie tun.

Sie hielten inne; wir saßen schweigend da. Es war ein emotionsgeladener Moment. Die Tatsache, dass sie bereits so lange verstritten waren, hatte die Geschwister blind dafür gemacht, dass die ursprüngliche Großzügigkeit bei beiden immer noch vorhanden war. Sie waren sprachlos. Dieser Moment sollte uns später von großem Nutzen sein, als wir uns mit einem anderen Aspekt ihres Konflikts auseinandersetzten.

Das Dilemma zwischen Absicht und Wirkung

In gewisser Hinsicht waren die Auseinandersetzungen zwischen Graziella und Ricardo recht einfache Angelegenheiten. Zugleich stellten sie eine Herausforderung dar, die beide Geschwister jahrelang nicht angemessen erfassen, geschweige denn angehen konnten. Ohne ihre eigenen Absichten und Ziele fallenzulassen, begriffen sie nun mit einem Mal, wie der andere die Sache sah. Und sie erkannten, dass sich ihre unterschiedlichen Sichtweisen nicht notwendigerweise ausschlossen.

Unterschiedliche Sichtweisen schließen sich nicht aus

Schauen wir uns diese Dynamik genauer an, erkennen wir ihren Ursprung in unserem Dasein als Einzelwesen. In Kürze heißt das:

- Wir neigen dazu, uns selbst nach unseren *Absichten* zu beurteilen.
- Wir beurteilen andere danach, wie sich ihre *Handlungen* auf uns *auswirken*.

Unsere eigenen Absichten halten wir in der Regel für berechtigt und gut gemeint. Erweisen sich die Handlungen des anderen aber als schmerzhaft, dann müssen *dessen* Absichten böswillig sein.

Schreiben beide Parteien ihren eigenen Motiven das Beste zu, während sie gleichzeitig beim anderen das Schlimmste annehmen, dann ist ein Konflikt vorprogrammiert. So lockt uns ein Konflikt in die Falle.

Um Menschen aus dem Griff des Konflikts zu befreien, ist es notwendig, dieser Dynamik zu entkommen. Ansonsten verhindern die gegenseitigen, negativen Urteile jedes aufrichtige Verständnis der Parteien füreinander. Ein möglicher Ausweg liegt darin, den Parteien deutlich zu machen, dass sie sowohl die Angelegenheit selbst, als auch einander aus unterschiedlichen Perspektiven betrachten. Trennt man die Reaktionen der Parteien voneinander und verdeutlicht ihnen, dass sie den Konflikt aus unterschiedlichen Perspektiven erleben, erkennt man oft schon einen Ausweg aus ihrer Konfliktfalle. Was bei Graziella und Ricardo zutage getreten war, sollte sich später als zentral erweisen, als wir uns mit den Kernfragen ihrer Auseinandersetzung befassten.

Als Graziella und Ricardo die wahren Absichten hinter den Worten und Taten des anderen wahrnahmen, hatte das eine unmittelbare und transformierende Wirkung. In der Folgezeit drängten sie darauf, auch die anderen Aspekte ihres Konflikts von ihrer neuen Sichtweise aus zu betrachten. Und das taten wir in den folgenden drei Tagen, in aller Ruhe und Genauigkeit.

Im Grunde genommen leiteten die beiden ein Familienunternehmen – besser gesagt zwei Unternehmen: das Resort und die Landwirtschaft. Jedes Unternehmen stand auf eigenen Füßen. Obstplantage, Gemüsebeete und Blumengärten wie auch das Vogelschutzgebiet boten den Gästen ein reichhaltiges und ansprechendes Ambiente, das zum Spazierengehen einlud. Die Gäste des Resorts wurden zu Kunden der Farm.

Graziella und Ricardo hatten die gleichen monatlichen Einkommen, vertraten jedoch oft himmelweit auseinanderliegende Auffassungen darüber, welche Aspekte wichtig waren und besonderer Zuwendung bedurften. Ihre jeweiligen Streitereien drehten sich zwar um spezifische Fragen, doch im Kern waren alle von einer ähnlichen Spannung geprägt. Ricardo widmete sich voll und ganz der Entwicklung eines Vogelschutzgebiets und war der Meinung, Graziella würde das nicht wirklich anerkennen; gleiches galt im Hinblick auf die natürliche Umgebung und den Aufwand, der für ihren Erhalt erforderlich war. Graziella wiederum fand, dass Ricardo die finanziellen und rechtlichen Anforderungen und Bedingungen, die bei der Führung beider Unternehmen berücksichtigt werden mussten, nicht hinreichend würdigte.

Einer ihrer heikelsten Konfliktpunkte resultierte aus einem Vorfall, der sich zwei Jahre zuvor ereignet hatte. Als sie darauf zu sprechen kamen, begriff ich sofort, weshalb die Bus-Vogelnest-Szene, deren Zeuge ich am Vortag geworden war (vgl. Abschnitt 1.1 S. 48 ff.), derart eskaliert war.

Auslöser für den Vorfall war eine Gesetzesänderung, die Zu- und Abfahrtswege für Feuerwehr- und Notarztwagen von Hotelbetrieben betraf. Das Resort musste deshalb detaillierte Pläne vorweisen, auf denen die jeweiligen Zufahrtswege, ihre Maße, ihr Gefälle und die Art des Straßenbelags verzeichnet waren. Ricardo war überzeugt, dass zwei zum Grundstück gehörende Schotterwege diesen Bestimmungen entsprachen, machte sich aber Sorgen, dass eine Karte die tatsächlich befahrbare Breite der Straße nicht angemessen wiedergeben würde. In diesem Fall würde die Ortsverwaltung eine Verbreiterung der Straßen fordern und damit die Vegetation entlang des Straßenrands zerstören.

Graziella beauftragte einen Sachverständigen, der das Grundstück und die betroffenen Straßen vermessen sollte und benachrichtigte Ricardo davon. Der Landvermesser schickte am Vortag des vereinbarten Termins seinen Assistenten unangemeldet zum Grundstück der Geschwister, um einige Vorarbeiten zu leisten. Weder Ricardo noch Graziella waren zu dem Zeitpunkt auf dem Grundstück; sie erfuhren erst später durch ihre Angestellten davon.

Der Vermessungsassistent hatte sich an der auf der Karte eingezeichneten imaginären Grenzlinie zwischen den Parzellen der Geschwister orientiert, um anhand derer den Verlauf der Straßen zu bestimmen. Dabei hatte er jedoch die Grenzlinie mit einem besonders unberührten Spazierweg verwechselt, der in etwa parallel zu dieser Linie verlief, aber vollkommen unabhängig von den Zufahrtsstraßen war, um die es ging.

Entlang des Spazierwegs gab es viele seltene und bedrohte Jungpflanzen, die ideale Nestbedingungen für eine spezielle Vogelart boten: für Ricardo waren sie von unschätzbarem ökologischen Wert. Er und sein Vorarbeiter Carlos hatten zwei Jahre lang wiederholt versucht, dort eine bestimmte Pflanzenart anzusiedeln, bevor es ihnen schließlich gelungen war. Es handelte sich um eine heimische Blütenpflanze, die einer speziellen Vogelart als Nistgebiet gedient hatte, als Graziella und Ricardo noch Kinder waren. Im Lauf der Zeit war diese Pflanze allerdings durch die allgemeine Bebauung und die damit einhergehende Bodenerosion nahezu ausgestorben. Für Ricardo war die Wiedereinbringung der ursprünglichen Vegetation so etwas wie das ästhetische Highlight des Vogelschutzgebiets und der Landschaft, die er den Besuchern des Resorts bieten wollte.

Während er entlang des Spazierweges arbeitete, zerstörte der Assistent des Sachverständigen versehentlich einen Großteil der Jungpflanzen und damit auch jegliche potenziellen Nistplätze, die sie geboten hätten. Als Ricardo die Zerstörung sah, war er vollkommen niedergeschmettert. Er rief sofort Graziella an und ereiferte sich im Gespräch mit ihr so sehr, dass sie einfach auflegte und sich weigerte, auf seine weiteren Kontaktbemühungen zu reagieren.

Obwohl die Geschwister die Sache mit dem »Darlehen« geklärt hatten und einander wesentlich freundlicher gesonnen waren, zitterte Ricardos Stimme, als er auf diesen zwei Jahre zurückliegenden Vorfall zu sprechen kam.

Ricardo: Sie reagierte auf keine meiner E-Mails oder Telefonanrufe. Ich nahm an, dass sie den Landvermesser angewiesen hatte, das Grundstück zu beschädigen, weil sie wegen einer anderen Angelegenheit wütend auf mich war.
Mediator: Sie sahen sich durch Graziellas Schweigen also in Ihrer Annahme bestätigt, dass sie Ihnen schaden wollte?
Ricardo: Natürlich. Sonst hätten wir doch darüber sprechen können.
Graziella: Darüber sprechen? Sprechen heißt bei Ricardo, dass er mich angreift und beschimpft. Ich nehme das nicht länger hin.
Ricardo: Was sollte ich denn tun? Dir gratulieren, dass Du meine Arbeit und alle meine Bemühungen, ein echtes Vogelschutzgebiet zu errichten, zunichte gemacht hast?
Mediator: Ich glaube, wir haben es hier gerade mit einem Kommunikationsproblem zu tun, ähnlich wie bei der Ausgleichszahlung für das Grundstück.
Ricardo: Was soll das heißen?
Mediator: Ich kann mir vorstellen, dass Graziella der Fehler des Landvermessers leidtat.
Graziella: Natürlich. Ich hatte doch keine Ahnung, dass er so unachtsam vorgehen würde. Ich hatte ihm ganz klare Anweisungen zu diesem Gebiet und den Grenzlinien gegeben. Er aber schickte am Tag vor dem ver-

einbarten Termin einfach jemand anderen, der die eigentliche Arbeit machte.
Mediator: Sie hatten also nie die Absicht, die Neuanpflanzung zu beschädigen oder in das Nistgebiet einzudringen?
Graziella: Natürlich nicht. Warum sollte ich das tun?
Mediator: Und es klingt so, als habe Ricardos Anruf Sie verstört.
Graziella: Er hat mich angeschrien. Er sagte sogar, dass er mich hasst.
Mediator: Sie zogen sich also vor ihm zurück, um sich zu schützen.
Graziella: Ich musste eine Grenze ziehen.
Mediator: Es klingt, als hätten Sie Angst gehabt.
Graziella: Ich fühlte mich, als stürzte etwas in mir zusammen.
Mediator: Ricardo, für Sie muss es furchtbar gewesen sein, als Sie von der Zerstörung erfuhren.
Ricardo: Ich hatte diese Pflanzen monatelang gehegt und gepflegt und schon Jahre zuvor davon geträumt, dass sie auf der Finca wieder Wurzeln schlagen und die Vögel hier erneut nisten würden. Ich wusste, ihr war klar, wie viel mir das bedeutete.
Mediator: Und bei dem Telefonat waren Sie extrem aufgebracht.
Ricardo: Ja, das war ich.
Mediator: Was wollten Sie von Graziella?
Ricardo: Ich wollte sie wissen lassen, wie schlecht es mir ging.
Mediator: Auf mich wirken beide Reaktionen in dieser Situation sehr verständlich. Sie, Ricardo, waren am Boden zerstört und haben das Graziella gegenüber wütend zum Ausdruck gebracht. Sie, Graziella, hatten das Gefühl, sich vor Ihrem Bruder schützen zu müssen und zogen sich zurück. Das nahmen wiederum Sie, Ricardo, als Zeichen dafür, dass Ihr Engagement für das Vogelreservat Ihrer Schwester völlig egal war.
Ricardo: Ich verstehe, was Sie sagen und finde das sehr hilfreich.
Mediator: Wie das?
Ricardo: Wenn Sie mit uns abklären, was tatsächlich hinter Graziellas Handlungen steckt, kann ich mich ihr gegenüber weiter öffnen.
Graziella: Mir geht es genauso mit Ricardo. Auch mir sind Deine Versuche, die unterschiedlichen Vogelarten zu schützen, wichtig. Vielleicht nicht ganz so wichtig wie Dir, aber schon wichtig.
Mediator: Aus meiner Perspektive sieht es so aus, als verhielten Sie sich beide recht ähnlich. Das geschieht oft bei Konflikten, insbesondere wenn das Vertrauen schwindet. Sie sind schnell mit einem Urteil über den anderen bei der Hand. Sich selbst beurteilen Sie nach Ihren eigenen guten Absichten. Aber den anderen beurteilen Sie nach den Auswirkungen, die seine Handlungen auf Sie haben.

Abermals herrschte einen Moment lang Stille; dann brachen Graziella und Ricardo in Lachen aus.

Mediator: Was passiert jetzt gerade?

Graziella: Sie haben recht. Ich musste gerade an die Situation mit dem Bus und dessen Auswirkung auf das Vogelschutzgebiet denken.
Mediator: Und was passierte da?
Graziella: Ich war auf Ricardo wütend, weil ich ›wusste‹, dass er mich vor versammelter Mannschaft zum Buhmann machen wollte.
Ricardo: Und ich war auf Graziella wütend, weil ich ›wusste‹, dass sie den Busfahrer angewiesen hatte, die Vogelschutzzone zu ignorieren.
Mediator: Und beide wussten Sie ebenfalls, dass Ihre *eigenen* Absichten wesentlich freundlicher waren.
Graziella: Ich suchte nach einer Möglichkeit, wonach der Bus irgendwo parken konnte, ohne den Verkehr zu behindern. Mir war nicht im Geringsten bewusst, dass daraus ein Schaden entstehen könnte. Wenn ich etwas geahnt hätte, wäre das nie geschehen.
Ricardo: Und ich wollte nur das Vogelschutzgebiet bewahren.
Mediator: Wie fühlt es sich nun an, da Sie diesen Punkt geklärt haben?
Graziella: Es tut mir leid, dass ein Großteil davon, wie ich Ricardo gesehen habe, eine Erfindung meinerseits war. Oder dass ich die Dinge zumindest übertrieben habe. Nun erkenne ich, dass genau diese Konstruktionen mein Misstrauen verstärkt haben.
Ricardo: Mir geht es ähnlich. Es war bitter für mich zu glauben, dass meine Schwester versuchen wollte, mir eins auszuwischen. Jetzt sehe ich in ihr wieder mehr den Menschen, den ich von früher kenne.

Den Anderen in seiner Authentizität wahrnehmen

Das war ein weiterer Schlüsselmoment in der Mediation. Graziella und Ricardo war es nun möglich, einander auf eine Weise wahrzunehmen, die authentischer war und für sie mehr Sinn ergab.

Unterschiedliche Sichtweisen

Unterschiedliche Perspektiven – keine absoluten Wahrheiten

Unterschiedliche Sichtweisen können nebeneinander bestehen, ohne dass eine die andere ausschließen muss. Unterschiedliche Wahrheiten, die als absolut gültig erachtet werden, können das nicht. Deshalb ist es zuweilen wichtig, den Parteien klarzumachen, dass es bei einem Konflikt um *unterschiedliche Perspektiven* geht und nicht um *absolute Wahrheiten*. Das kann sich als entscheidender Schritt auf dem Weg aus der Konfliktfalle erweisen. Diese Veränderung setzte nun bei Graziella und Ricardo ein.

Als sie es einen Moment lang schafften, die Flammen ihres Konflikts in Schach zu halten, konnten sie erkennen, dass sie im Großen und Ganzen die gleichen Ziele verfolgten. Sie entdeckten erneut ihren gemeinsamen Wunsch, sich ihrer tiefen Verbundenheit zu versichern. Gewiss passiert das nicht bei allen Parteien, die miteinander streiten. Aber dividiert man die Reaktionen der Parteien auseinander und klärt ihre unterschiedlichen Sichtweisen ab, eröffnet sich möglicherweise ein Ausweg aus der Konfliktfalle.

Ab diesem Zeitpunkt richteten beide Geschwister ihre Aufmerksamkeit auf eine Reihe wichtiger Entscheidungen, mit denen sie jahrelang nicht vorangekommen waren. Dazu zählten unter anderem die Neuverhandlung eines Bankkredits, die Ausweisung eines zusätzlichen Parkplatzes, die Zusage für ein Pauschalreiseangebot eines Reiseveranstalter aus der zweitgrößten Stadt des Landes, die Erneuerung der Möblierung im Resort und die Anschaffung neuer Gerätschaften für den landwirtschaftlichen Betrieb.

Kommentar: Über Recht und Unrecht

Bei Ricardo und Graziella handelte es sich um eine klassische Blockadesituation, wie in Abbildung 6.1 dargestellt.

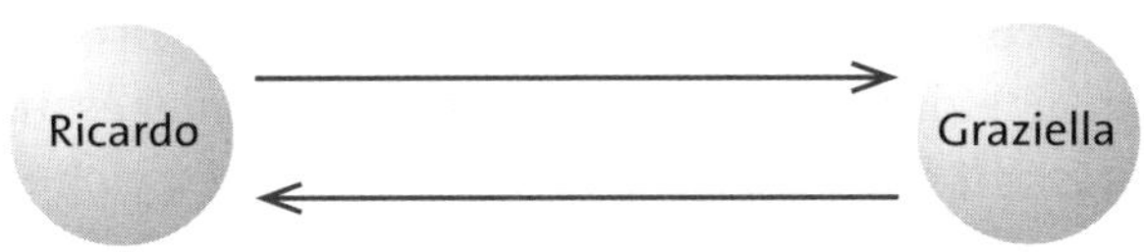

Abbildung 6.1: Die Blockadesituation.

Jede Seite legt es darauf an, einen Richter oder wer auch immer ihnen zuhört, von der unabdingbaren Rechtmäßigkeit ihrer Position zu überzeugen. Angesichts des Schadens, den sie bereits erlitten haben oder der ihnen noch bevorsteht, können sie gar nicht anders als »den anderen« und seine Handlungen zu verurteilen. Jede Partei möchte durchaus von der anderen Partei verstanden werden, hat aber ihrerseits keinerlei Interesse daran, selbst Verständnis aufzubringen. Vielmehr ist es ein Spiel von Überreden – Verteidigen – Angreifen. »Ich habe recht! Du hast unrecht!« Keiner wird verstanden, keiner fühlt sich verstanden.

Versuchen die Parteien, aus einer Blockadesituation unmittelbar zu einer Lösung zu kommen, führt das dazu, dass einer dem anderen gegenüber nachgibt, beide Parteien einen frustrierenden Kompromiss eingehen oder sich auf eine von außen aufgezwungene »Lösung« einigen.

Beim verstehensbasierten Ansatz suchen wir nach einer Möglichkeit, die es den Parteien erlaubt, gemeinsam Entscheidungen zu treffen – allerdings nicht durch Druck oder Überredung, sondern durch Verstehen und Übereinstimmung.

Im Idealfall können wir eine Verständnisbasis schaffen, von der aus die Parteien einvernehmliche Lösungen entwickeln (Abb. 6.2).

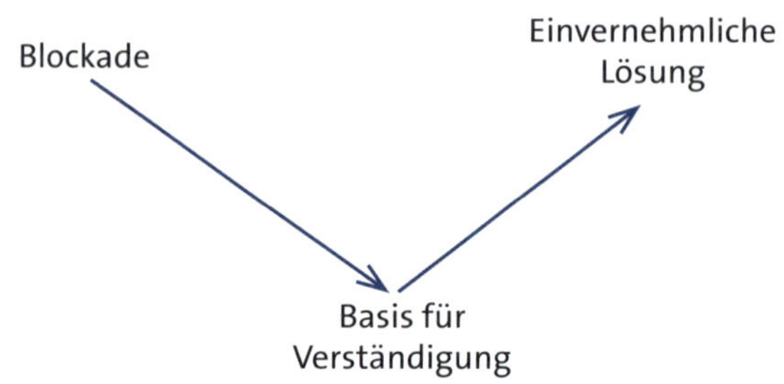

Abbildung 6.2: Der verstehensbasierte Ansatz.

Ist das Ziel eine verstehensbasierte Entscheidung, kann die Haltung des Mediators entscheidend sein. Eine Konfliktfalle, in der es um Recht und Unrecht geht, stellt eine Herausforderung dar: Auf welche Weise kann man den Parteien aus der Falle heraushelfen und dem Konflikt auf andere Weise begegnen?

Die Recht-Unrecht-Falle

Es ist ein allgegenwärtiger, uns seit jeher innewohnender Instinkt: Im Fall eines Konflikts sehen wir uns im Recht und den anderen im Unrecht – und das verteidigen wir.

Die Dynamik des Konflikts

Beide Seiten betonen die Rechtmäßigkeit ihrer Position, suchen die Argumente ihres Gegenübers nach Schwächen ab und suchen Verstärkung und Trost bei Dritten, die die Angelegenheit mit den gleichen Augen sehen wie sie selbst. Da sie dieses Muster immerfort wiederholen, verrennen sie sich hoffnungslos. Die Dynamik verselbstständigt sich: Gefühle von Missachtung und Wut, Rachegelüste und die Hoffnung darauf, Recht zu bekommen, schüren die Feindseligkeiten immer weiter.

Eine solche nach Recht und Unrecht ausgerichtete Form der Rechtfertigung ist sehr weit verbreitet und scheint oft unvermeidbar. Sie nimmt die Gefühle in Beschlag und erzeugt zugleich Frustrationen. Gerichtsdramen erheben dieses Muster zu einer Art Gesellschaftskunst, bei der Richter, Geschworene und Publikum als Schiedsrichter auftreten. Die beschriebene Form der Rechtfertigung ist ständig in Nachrichten, Talkshows und Fernsehkrimis präsent und verdeutlicht die zentrale Bedeutung dieses Paradigmas sowohl auf den Einzelnen als auch für ganze Gesellschaften.

Der Streit über die Frage, wer recht und wer unrecht hat, führt in der Regel nicht zu einer Lösung. Wer nur auf Schuldzuweisungen fokussiert, dem verstellt sich der Blick auf die Lösungsmöglichkeiten. Das Denken in den Termini von Recht und Unrecht ist schlichtweg zu oberflächlich und einengend. Um in der Lage zu sein, auf eine für alle Parteien zufriedenstellende Lösung hinzuarbeiten, müssen die Parteien ihre Sicht auf das Problem weiter fassen und sich von der Überzeugung trennen, dass der andere zu hundert Prozent die Schuld am Konflikt trägt.

Trotz der enormen Präsenz und Macht dieser Dynamik verhält es sich nur bei sehr wenigen Konflikten so, dass eine Partei vollkommen im Recht ist und die andere Seite vollkommen im Unrecht. In Wirklichkeit hat jede Seite ihre eigene Sicht auf das gemeinsame Problem – wie bei Graziella und Ricardo der Fall – und jede Seite neigt dazu, ihre Handlungen und Ziele zu rechtfertigen. Das Problem ist: Sitzt man bereits in der Falle, fällt es einem schwer, das zu erkennen.

Kein Recht-Unrecht-Denken

Sobald sie begreifen, dass ihr Konflikt sie gefangen hält, kann man viele Parteien darin unterstützen, ihr Recht-Unrecht-Denken hinter sich zu lassen und zu erkennen, dass die Sicht der einen Seite die der anderen nicht notwendigerweise ausschließt.

Den Ausweg aufzeigen

Ein zentraler Bestandteil unserer Arbeit liegt darin, die Parteien darin zu unterstützen, ihren Konflikt gemeinsam zu bewältigen. Dazu hilft der Mediator den Parteien zunächst zu verstehen, inwieweit ihr enggefasstes Recht-Unrecht-Denken sie in die Falle gelockt hat. Genau das tat der Mediator bei Graziella und Ricardo: Er versuchte, ihre beiden Sichtweisen zu verstehen; er zeigte ihnen, inwiefern ihre jeweiligen Reaktionen dazu geführt hatten, dass ihnen die eigentliche Bedeutung dessen, was der andere gesagt hatte, entgangen war. Der Mediator kann zeigen, dass unsere eigene Ansicht – und mögen wir noch so sehr davon überzeugt sein – die Auffassung des anderen nicht zwingendermaßen ausschließt. Der Schlüssel liegt im Looping. Fast immer ist es hilfreich zu wissen, dass ein anderer *versteht*, wie sehr man »recht« hat und

Nur wer sich verstanden fühlt, kann den anderen verstehen

worauf die eigenen Überzeugungen gründen. Sobald man sich wirklich verstanden fühlt, kann man sich davon freimachen, für den eigenen Standpunkt kämpfen zu müssen. Bleibt man dagegen unverstanden, muss man sich noch stärker an seinen Standpunkt klammern und fühlt sich alleingelassen. Als Mediatoren können wir dafür sorgen, dass sich jede Partei verstanden fühlt.

Wir bemühen uns nicht nur, die unterschiedlichen Positionen der Parteien zu verstehen, sondern auch das, was ihrem Konflikt zugrunde liegt. Denn auf diesen tieferen Ebenen sind Gefühle von Angst, Wut und Verwirrung, von Verrat, Diskriminierung, Rache und dergleichen mehr angesiedelt. Sie befeuern das Denken in den Parametern von Recht und Unrecht, das mit Konflikten einhergeht und jegliches Bemühen um eine andere Art der Beziehung zueinander behindert. Um der Konfliktfalle zu entkommen, ist es am besten, diese starken, meist verborgenen Kräfte zu erkennen, auszudrücken und zu verstehen.

Herausforderung des Mediators beide Seiten zu verstehen

Um den Boden zu bereiten, auf dem ein Streit beigelegt werden kann, muss der Mediator klarstellen, dass es ihm darum geht, *beide* Seiten zu verstehen. Das ist nicht immer leicht, denn auch Mediatoren sind nicht immun dagegen, Partei zu ergreifen und selbst in die Konfliktfalle zu geraten. Für den Mediator stellt die Erkenntnis, dass beide Parteien »recht haben« können, zuweilen eine innere Herausforderung dar – nämlich dann, wenn sie merken, dass sie selbst zur einen oder anderen Seite tendieren. Wer als Mediator in eine Konfliktfalle gerät, muss zuerst sich selbst befreien, bevor er oder sie in der Lage ist, anderen zu helfen.

Verständnisräume

»Verständnisräume« füllen

Um zu bestätigen, dass wir für beide Parteien und ihre unterschiedlichen Überzeugungen gleichermaßen da sind, versuchen wir, den Parteien und deren Ansichten in uns Raum zu geben. Zu diesem Zweck greifen wir auf die Vorstellung zurück, dass wir so genannte »Verständnisräume« füllen. Wir stellen uns vor, dass wir als Mediatoren zwei leere Räume in uns haben, die wir metaphorisch als »Bubbles« bezeichnen und die jeweils für eine Partei stehen (Abb. 6.3).

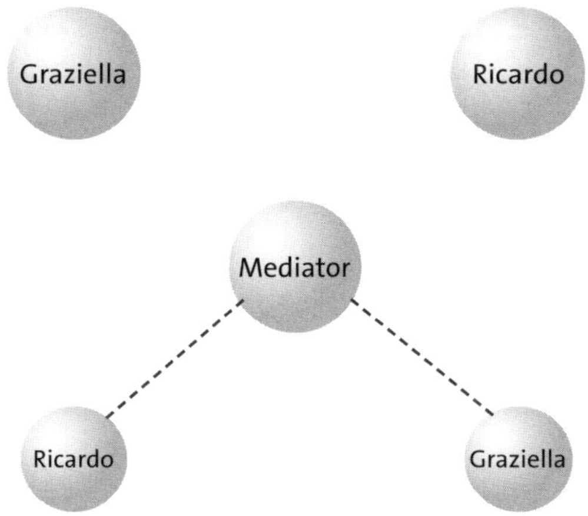

Abbildung 6.3: Verständnisräume des Mediators.

Aufgabe des Mediators ist es, sein Leben und die Urteile, die er sich eventuell über die Parteien und ihren Konflikt gebildet hat, für den Moment beiseite zu schieben. Aus einem ausgewogenen offenen Raum heraus versucht er eine Verbindung zu jeder Partei herzustellen – unabhängig von deren abweichenden Standpunkten.

Als Mediator die Parteien verstehen

Während eine Partei in Gegenwart der anderen spricht, versucht der Mediator, sie zu verstehen – so füllen sich die »Bubbles« der jeweiligen Person mit Informationen und Eindrücken. Während der Mediator sich bemüht, eine Partei gründlich zu verstehen, bleibt er sich gleichzeitig der Gegenwart der anderen Partei und deren Verständnisraum – »Bubble« – bewusst.

Natürlich haben die Parteien bereits ein Bild von sich und vom anderen, wenn sie zur Mediation kommen. Ja, auch in ihnen gibt es »Bubbles« – für sich und für den anderen. Ihre Bilder haben sich jedoch durch die abwehrende Haltung, die sie im Konflikt angenommen haben, möglicherweise verzerrt. Als der Mediator Ricardo loopt und ihm vermittelt, dass er ihn versteht, fällt bei Ricardo der Druck ab, auf Graziella reagieren oder sich gegen sie verteidigen zu müssen. Auf diese Weise kann er seine »Bubbles« (Verständnisräume) mit neuen eigenen Ansichten füllen (Abb. 6.4).

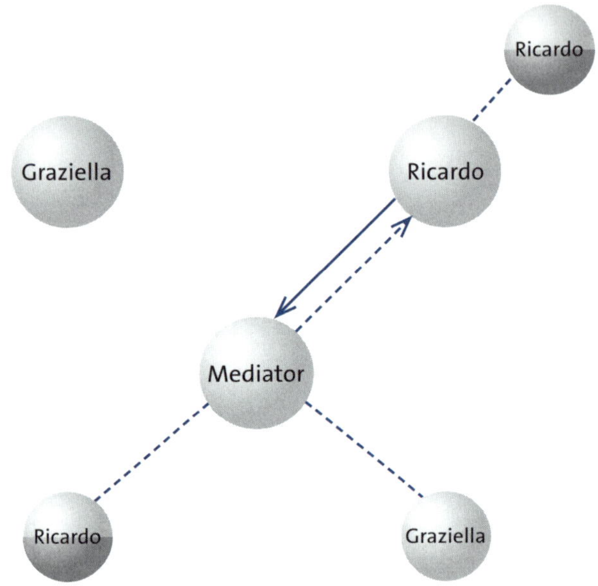

Abbildung 6.4: Verständnisräume der Parteien.

Auf gleiche Weise wendet sich der Mediator Graziella zu: Es geht ihm darum, dass sie sich durch das Verständnis, das er ihr entgegenbringt, verstanden fühlt, und sie darauf aufbauend ihre eigenen Ansichten besser verstehen lernt.

Während sich die Verständnisräume für die zweite Partei langsam füllen, kann das beim Mediator großes Unbehagen auslösen – insbesondere dann, wenn die Ansichten der Parteien sehr weit auseinander liegen. Wenn jede Partei davon spricht, dass sie selbst im Recht und die andere im Unrecht ist, kommt es dem Mediator ebenso wie den Parteien zuweilen so vor, als *müsse* eine Sicht der Dinge die andere zwingendermaßen ausschließen. Liegt das Ziel darin, beide zu verstehen, muss der Mediator die Verständnisräume beider Parteien in sich bestehen lassen, ohne zu entscheiden, wer »recht« und wer »unrecht« hat. Mittlerweile begrüßen wir ein solches Unbehagen, ist es doch ein untrügliches Zeichen dafür, dass wir uns als Mediatoren genau dort befinden, wo wir hingehören: in der Mitte, ohne einer der Sichtweisen den Vorzug zu geben (Abb. 6.5).

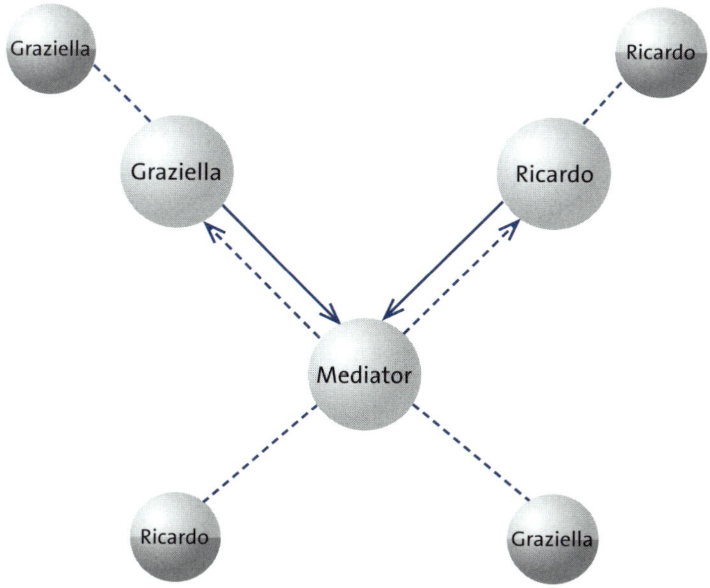

Abbildung 6.5: Die Spannung aushalten.

Selbst wenn diese ganze Arbeit nur dazu führen würde, dass die Parteien ein besseres Verständnis ihrer selbst entwickeln und sich vom Mediator verstanden fühlen, wäre das bereits den Aufwand wert. Denn dadurch wird es den Parteien möglich, verantwortungsbewusste Entscheidungen zu treffen, denen die wertschätzende eigene Sicht zugrunde liegt. Fehlt ein solches Verständnis, ist das Ziel der Mediation gefährdet, demzufolge die Parteien selbst fundierte Entscheidungen treffen sollen. Jedoch eröffnet sich hier eine andere Möglichkeit, eine andere Chance.

Die Parteien unterstützen, einander zu verstehen

Wir sprechen mit jeder Partei einzeln, aber in Gegenwart der anderen. Und wir geben jeder Partei die Möglichkeit, ihre Sicht der Dinge darzulegen ohne sich zu rechtfertigen. Dadurch entlasten wir sie davon, einander zu verstehen, bevor sie die Gelegenheit hatten, sich selbst auszusprechen. Man verlangt viel von Konfliktparteien, wenn sie für die Gegenseite Verständnis aufbringen sollen, bevor sie selbst Gehör gefunden haben und verstanden worden sind. Haben die Parteien erst einmal begriffen, dass der Mediator nicht nur ihre Perspektive, sondern auch die der anderen Seite zu verstehen scheint, öffnen sie sich vielleicht gegenüber der Vorstellung, dass ihre unterschiedlichen Auffassungen einander nicht zwingendermaßen ausschließen. Anders ausgedrückt: Wir sind eher gewillt und in der Lage, andere Menschen zu verstehen, wenn wir uns selbst verstanden fühlen.

Verständnis des Mediators für alle Parteien

Dabei ist die Einstellung des Mediators sehr wichtig. Er muss gegenüber *allen* Parteien aufgeschlossen sein und so für jenes Verständnis sorgen, nach dem sich jede Seite so sehr sehnt, das dem anderen entgegenzubringen sie aber zuvor unwillig oder unfähig war. Indem zunächst der Mediator den Parteien Verständnis entgegenbringt, entlastet er die Parteien davon, die Gegenseite verstehen zu müssen.

Selbstverständlich haben die Parteien nicht nur Verständnisräume von sich selbst, sondern auch von ihrem Konfliktpartner (Abb. 6.6).

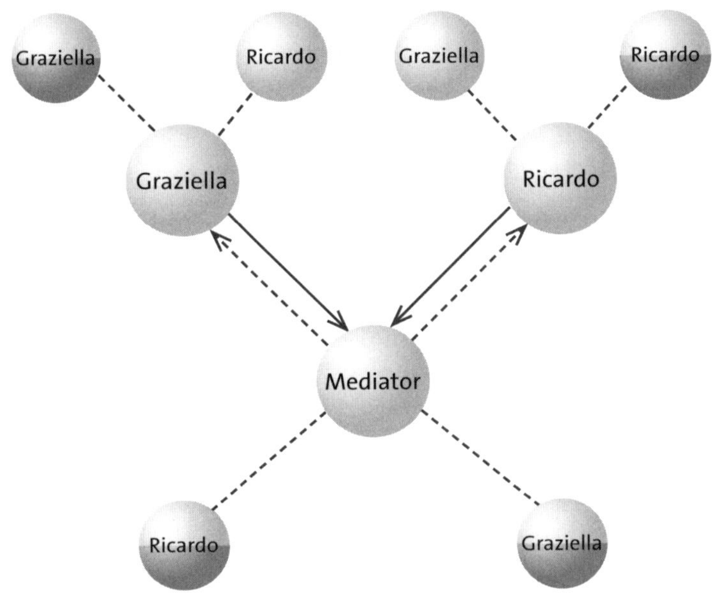

Abbildung 6.6: Verständnisräume der anderen Partei.

Zu Beginn unserer gemeinsamen Arbeit hatten Graziella und Ricardo verzerrte und fehlerhafte Ansichten voneinander. Während sie sich gegen das Bild, das der andere von ihnen hatte, verteidigten und die Anschuldigungen zwischen ihnen hin- und herflogen, wurde die Kluft ihrer gegenseitigen Wahrnehmung immer größer. Als sich beide vom Mediator verstanden fühlten, veränderte sich etwas. Während sie das Gespräch des Mediators mit dem jeweils anderen verfolgten – frei vom

Druck, sich selbst rechtfertigen zu müssen – entwickelten sie eine klarere Vorstellung vom Standpunkt ihres Gegenübers.

Mindestens genauso unbehaglich wie der Mediator, der versucht, die unterschiedlichen Sichtweisen beider Parteien gelten zu lassen, fühlen sich auch die Parteien. Bis dahin hatten sie gedacht, dass *ihre* Wahrheit die des anderen vom Tisch fegen würde, denn natürlich konnte nur eine Sichtweise stimmen. Aber sobald der Mediator beide Seiten versteht, stellt sich jeder von ihnen die grundlegende Frage: Wie ist es möglich, dass der Mediator mich versteht und den anderen auch – wo doch nur einer von uns recht haben kann?! In dieser Frage steckt das Paradox eines Konflikts, der der begrenzten Struktur von Recht und Unrecht folgt. Das ist in vielen Mediationen, die nach dem verstehensbasierten Ansatz mit allen Beteiligten ablaufen, ein entscheidender Moment.

Bemüht sich der Mediator darum, jede Partei in Gegenwart der anderen zu verstehen, besteht die Chance, dass auch die Parteien versuchen, einander zu verstehen, ohne sich für eine Sichtweise zu entscheiden.

Gegenseitiges Verstehen

Erst im richtigen Moment fragen wir die Parteien, ob sie bereit sind, sich diese Mühe zu machen. Wichtig ist es, gegenseitiges Verstehen als eine *Möglichkeit* darzustellen, für die sich die Parteien freiwillig entscheiden können. Für den Erfolg einer Mediation ist es nicht unbedingt erforderlich, dass die Parteien sich auf emotionaler und intellektueller Ebene verstehen. Tun sie es dennoch, herrscht bei der Mediation eine völlig andere Atmosphäre.

Zu den Aufgaben des Mediators gehört es unter anderem, darauf zu achten, dass keine Partei den Eindruck gewinnt, ihr Bemühen um Verstehen der Gegenseite untergrabe ihr eigenes Selbstverständnis. Ist das der Fall, muss der Mediator deutlich machen machen, dass das ein Rückschritt und kein Fortschritt ist. Die eigene Sichtweise aufzugeben, um den anderen zu verstehen, ist ein zu hoher Preis. Keine Partei sollte aufgeben, was für sie wichtig ist. Mithilfe des Mediators sollte es aber möglich werden, für beide Perspektiven Platz zu schaffen.

Daher unterscheiden wir zwischen *verstehen* und *zustimmen* (vgl. Abschnitt 4).

Sind die Parteien bereit und fähig dazu, können sie selbst untereinander eine »Schleife des Verstehens« knüpfen (siehe Abschnitt 4). Der Mediator wird dann zum Coach, der ihr gegenseitiges Loopen begleitet und sie in ihrem Bemühen unterstützt, ihre unterschiedlichen Sichtweisen zu verstehen. Im Idealfall arbeiten wir alle daran, ein umfassendes Verständnis für die unterschiedlichen Sichtweisen im Raum zu entwickeln – in einem solchen Fall sprechen wir von »mediativem Bewusstsein«. Das kann ein Tor zur gemeinsamen Lösung von Problemen sein – im Unterschied zu Lösungswegen, die sich eröffnen, wenn der Mediator der einzige ist, der das Gesamtsystem versteht.

Mediatives Bewusstsein

Die Blockade auflösen

Eine Blockade entspannt sich und löst sich schließlich auf, wenn die Parteien ihre eigenen Ansichten ausdrücken können *und* gleichzeitig offen dafür sind, die Ansichten des anderen zu verstehen (Abb. 6.7).

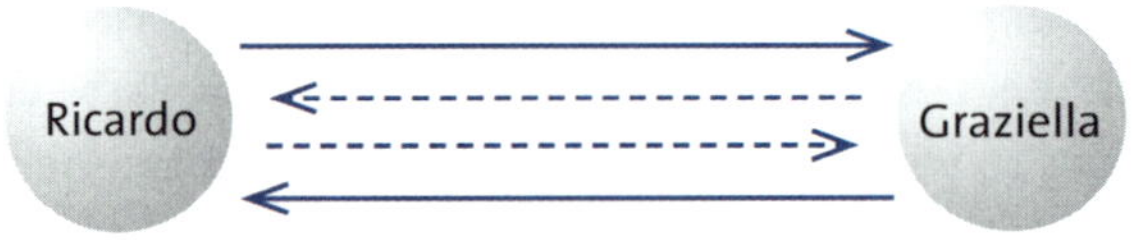

Abbildung 6.7: Die eigene Sichtweise ausdrücken und den anderen verstehen.

Dann sind sie auch in der Lage, mithilfe des Mediators ihre Meinungsverschiedenheiten zu verstehen und zu beenden. Haben sie es umfassend verstanden und möchten sich der Herausforderung stellen, gelingt es ihnen vielleicht sogar, vergleichbare Konflikte in Zukunft selbst zu lösen.

Das war der Fall bei meinem letzten Treffen mit Graziella und Ricardo. Nachdem beide verstanden hatten, was hinter dem Verhalten des anderen wirklich stand, waren sie zunehmend in der Lage, den Großteil der Arbeit selbst zu erledigen. Ich unterstützte sie dabei, indem ich sicherstellte, dass sie sich selbst und gegenseitig verstanden. Gelegentlich – sobald sie Gefahr liefen, in ihre vertraute *Konfliktfalle* zurückzufallen – half ich ihnen dabei, »Kurs zu halten«, indem ich die emotionale Dynamik zwischen ihnen benannte. Gegen Ende unseres mehrtägigen Treffens wandte sich Ricardo an mich.

Ricardo: Das hat uns wirklich sehr geholfen. Aber was machen wir, wenn Sie abreisen?
Mediator: Gute Frage. Eins meiner Hauptziele als Mediator ist es, mich selbst arbeitslos zu machen.
Graziella: In Ordnung. Sie sind entlassen.

Mediator: Danke. Es liegt nun an Ihnen, künftige Probleme auf eine andere Weise anzugehen.
Ricardo: Sie glauben ernsthaft, dass uns das so einfach gelingt?
Mediator: Nein. Das wird Sie viel Arbeit kosten.
Ricardo: Ich weiß, dass wir Sie nicht immer einfach einfliegen lassen können, sobald wir ein Problem haben. Aber ernsthaft, wie bekommen wir das hin?
Mediator: Indem Sie lernen, eine Mediation ohne Mediator zu gestalten. Indem Sie sich zunächst bewusst machen, wie ich an Ihre Gespräche herangegangen bin, was ich in sie eingebracht habe. Dann erkennen Sie, wie Sie es machen können.
Graziella: Am wichtigsten war, dass Sie einen sicheren Rahmen geschaffen haben; nun können wir wieder richtig miteinander sprechen. Und Sie haben uns beiden Respekt entgegengebracht.
Ricardo: Ich glaube, wir haben jetzt ein besseres Gespür dafür, was unsere jeweiligen Interessen waren.
Mediator: Das sollten Sie sich in irgendeiner Form merken, sodass Sie es auch alleine schaffen können.
Ricardo: Wir werden einen dritten Stuhl ins Zimmer stellen, der wird uns daran erinnern.

Bei unserem Abschied hoffte ich, dass sie ohne meine Hilfe zurechtkommen würden, war mir aber nicht sicher, ob ihnen das tatsächlich gelänge. Ein halbes Jahr später wurden meine Befürchtungen durch den Bericht jenes Freundes zerstreut, der mir den Fall zugetragen hatte. In seinem Brief schrieb er: »Ich besuchte Graziella und Ricardo und sie bezeichnen die Mediation als ›das Wunder‹. Mehr noch, beide fühlen sich dem Wandel gegenüber zutiefst verpflichtet.«

2.3 Hilfe für das tiefere Verstehen: Die Holocaust-Memoiren

(Fortsetzung von Abschnitt 1.3 – S. 84 ff.)
Sara Levi und Patrick McAllister suchten mich für eine Mediation auf. Sie waren bei ihrer gemeinsamen Arbeit an einem Buch über Saras Erlebnisse während des Holocaust steckengeblieben.

Gleich zu Beginn der Mediation gerieten sie in eine Sackgasse: Dabei ging es um die Frage, ob Saras Neffe Adolfo bei der Mediation anwesend sein dürfe. Sara glaubte, Adolfo könne sie davor bewahren, »sich zu verlieren«, wenn sie mit Patrick offen über jene grausamen Jahre spräche, die ihr so zu schaffen machten. In dem Moment, in dem Patrick ihre Angst verstanden hatte, begriff er, dass Adolfos Teilnahme nicht nur für Sara, sondern auch für ihn selbst wichtig war. Die Tatsache, dass sie bei dieser weitgehend verfahrensbedingten Frage zu einer Einigung fanden, verhieß Gutes für ihre Fähigkeit, sich auch mit den zugrunde liegenden Problemen auseinanderzusetzen.

Nachdem Saras Neffe Adolfo zu uns gestoßen war, schlossen wir den Prozess der Auftragsklärung ab und einigten uns anschließend auf die wesentlichen Themenbereiche ihres Konflikts.

Es gab drei Punkte, über die sie vor allem stritten: Erstens über Patricks Honorar; zweitens über die Anzahl von Stunden, die Patrick bereits auf das Projekt verwandt hatte, die er künftig noch darauf verwenden würde und ob er noch andere Jobs annehmen würde; drittens, als wichtigsten Punkt, ihre unterschiedlichen Auffassungen über den Inhalt des Buches.

Als Sara und Patrick damals mit ihrer Arbeit begonnen hatten, gingen sie davon aus, dass das Projekt nach ungefähr einem Jahr abgeschlossen sein würde. Sie waren übereingekommen, sich in regelmäßigen Abständen zu treffen, damit Sara Patrick ihre Geschichte sukzessive erzählen konnte. Im Anschluss an diese Treffen sollte Patrick auf der Basis ihres Gesprächs ein Kapitel schreiben und per E-Mail an Sara schicken; sie würde es überarbeiten und ihre Meinung dazu abgeben. Patrick erklärte sich bereit, diesem Projekt oberste Priorität einzuräumen. In regelmäßigen Abständen würde er das vereinbarte Honorar erhalten.

Sara war der Ansicht, dass die Dinge ins Stocken geraten waren, als Patrick der Arbeit nicht mehr die vereinbarte Priorität einräumte. Sie fand, dass er zu langsam auf ihre Kommentare und Korrekturen reagiere. Sie glaubte, er hätte weitere Aufträge angenommen, die ihrem

Projekt ins Gehege kamen, obwohl er sich dazu verpflichtet hatte, ihrer Geschichte absoluten Vorrang einzuräumen. Hinzu kam, dass Patrick mehr Geld oder eine Beteiligung an den Autorenhonoraren verlangt hatte.

Patrick zufolge rührten die Probleme daher, dass Sara ihm ihre Geschichte immer nur häppchenweise erzählte. Patrick musste daher mehrmals auf eine Episode zurückkommen, was den Fortgang noch weiter hinauszögerte. Er fand, sie reagiere nur langsam auf seine Kommentare und Überarbeitungen und lasse ihn hängen. Wie vereinbart hatte er nur ein paar kleinere Aufträge angenommen. Diese schienen jedoch immer genau dann seine Aufmerksamkeit zu beanspruchen, wenn Sara wieder bereit war, ihre gemeinsame Arbeit fortzusetzen. Doch wenn er eine andere Arbeit aufschieben sollte, wollte Patrick auch mehr Geld für die Zeit, die er währenddessen für dieses Projekt aufwandte.

Wir verbrachten viel Zeit miteinander, in der ich versuchte, sie zu verstehen und durch Loopen herauszufinden, was jedem von ihnen wichtig war. Währenddessen gelangte ich zu einem umfassenderen Verständnis ihrer unterschiedlichen Sichtweisen, und auch sie bekundeten ansatzweise Verständnis für die Position des anderen. Anschließend wandte ich mich jedem von ihnen einzeln zu, um herauszuarbeiten und in Stichworten festzuhalten, was für jeden von ihnen – hinter oder unter den tatsächlichen Streitpunkten liegend – grundsätzlich wichtig war. Das bezeichnete ich als »ihre Interessen«.

Interessen und Bedürfnisse

In Abschnitt 2.2 (S. 138 ff.) haben wir uns vor allem damit befasst, *wie* – das heißt auf welche Weise – der Mediator die Parteien zu verstehen versucht und ihnen dabei hilft, sich selbst und einander besser zu verstehen. Nun richten wir unser Augenmerk auf den Inhalt dieses Verstehens – also auf die Frage, *was* für die Parteien unterhalb ihres Konflikts wichtig ist, was sozusagen »dahinter steckt«.

Frage nach dem *Warum*

> Bemühen wir uns, die Parteien zu verstehen, gehen wir von der Ebene ihrer *greifbaren Positionen* zu einer zweiten Ebene über, die darunter liegt – der Ebene von *Bedürfnissen und Interessen*. Diese tiefer liegende Ebene verkörpert die Gründe, aus denen die Parteien ihre jeweiligen Ziele anstreben: das *Warum*.

Mit anderen Worten: Es geht um die Frage, was sie zu ihren unterschiedlichen Positionen geführt hat. Auf dieser eher subjektiven Ebene können die Parteien in der Regel mehrere Gründe, Interessen oder Bedürfnisse benennen. Uns eröffnet sich damit die Möglichkeit, den »Lösungskuchen« über ein bloßes Entweder/Oder beziehungsweise einen Kompromiss hinaus zu vergrößern.

Durch die Frage nach dem *Warum* können wir Verständnis für die wichtigsten Bedürfnisse und Interessen der Parteien entwickeln. Wir greifen auf diese Ebene zurück, wenn wir an unserem eigenen Verständnis der Parteien arbeiten.

An einem gewissen Punkt der Mediation erarbeiten wir mit den Parteien konkret ihre jeweiligen Interessen und stellen diese einander auf Flipcharts gegenüber.

Betrachten die Parteien das Problem durch die Brille ihrer Interessen, versetzt sie das in die Lage, etwas weniger starr auf ihren eigenen Positionen zu beharren; sie können sich vorstellen, dass es möglicherweise mehr als nur eine Lösung gibt. Und sehen die Parteien nicht nur ihre eigenen Interessen, sondern daneben auch die der Gegenseite, erlangen sie ein tieferes und umfassenderes Verständnis vom Konflikt. Kommen wir zu einem späteren Zeitpunkt auf die konkrete Ebene der Konfliktlösung zurück, entstehen daraus Optionen, die möglicherweise für beide Seiten brauchbar sind.

Saras und Patricks Interessen und Bedürfnisse konnten wir klar benennen. Es gab zwischen ihnen bedeutende Überschneidungen. Ich nahm das als ein gutes Zeichen dafür, eine allseits tragfähige Lösung zu erarbeiten.

Die Interessen von Sara und Patrick:

Sara	Patrick
Die Geschichte veröffentlichen	Die Geschichte veröffentlichen
Mit dem anderen zusammenarbeiten	Mit dem anderen zusammenarbeiten
Dem Buch Priorität einräumen	Mit dem Buch zügig vorankommen
Mit den Folgen schmerzhafter Erinnerungen umgehen	Geld verdienen

Doch selbst nachdem wir ihre Interessen und Bedürfnisse ausführlich erkundet hatten, blieb das Gefühl, dass wir noch nicht zum Kern des Problems vorgestoßen waren. Beide gaben an, dass sie hinsichtlich des

Inhalts des Buches immer wieder in eine Sackgasse gerieten: Was beide als »die eigentliche Geschichte« bezeichneten, bekamen sie nicht wirklich zu fassen. Wenn sie das nicht klären konnten, konnte das Projekt ihres Erachtens nicht vorankommen; die anderen Fragen wären dann irrelevant.

Mitten im Gespräch über den Buchinhalt begriffen sie etwas ganz Entscheidendes über ihren Konflikt.

Die Sinnfrage auf der ersten und zweiten Ebene

Vielen Konflikten liegt eine tiefere Bedeutung zugrunde. In den meisten Fällen wird sie jedoch weder berührt noch ernsthaft untersucht. Mag diese Bedeutung auch für die Lösung des Problems nicht unbedingt notwendig sein, so bietet sie – erhellt und erörtert – doch eine Gelegenheit, die Beziehung der Parteien zueinander zu verändern. Dies kann eine ganze Reihe möglicher Ergebnisse eröffnen.

Innenschau des Konflikts

Ironischerweise lädt der Konflikt selbst zu einer solchen Innenschau ein. Das kann sich für die Parteien und ihre Fähigkeit, zu einer Übereinkunft zu gelangen, als unerlässlich erweisen. Konflikte neigen dazu, aus Menschen das Beste und das Schlechteste herauszuholen. Beides kann dazu führen, dass wir uns grundlegende Fragen über uns selbst und unsere Beziehung zu anderen stellen. Deshalb kann es für die Beteiligten sehr aufschlussreich sein, wenn diese Sinnfrage in das Gespräch über den Streit selbst mit einbezogen wird. Egal ob über die Sinnfrage explizit gesprochen wird oder nicht: Allein das Wissen, *dass* sie in den Betroffenen selbst eine Rolle spielt, kann dem Mediator zu einem tieferen Verständnis des Problems verhelfen.

Wir möchten weder eine Diskussion über den Sinn des Lebens anregen, noch die Menschen dazu bringen, über ihre eigenen Grenzen hinauszugehen. Wir hoffen, dass es uns gelingt, den Parteien die Gelegenheit zu geben, ihren Konflikt auf dem höchstmöglichen Niveau anzugehen und dieses Niveau selbst zu bestimmen.

Wie bei allen anderen Aspekten unseres Mediationsansatzes gehen wir auch hier einvernehmlich vor, das heißt, die Parteien entscheiden, ob die Sinnfrage explizit angesprochen wird oder nicht.

Sara und Patrick waren sich einig, dass es eine tiefere Ebene gab, die sie erkunden wollten.

Mediator: Sie sagten beide, es gäbe etwas Entscheidendes, über das wir noch nicht gesprochen hätten. Wäre jetzt der richtige Zeitpunkt dafür?

Sara: Ja. Eine Sache hat bislang gefehlt, über die ich sprechen muss. Über einen wichtigen Aspekt des Holocaust wurde bislang noch nie geredet. Es hat etwas damit zu tun, was ich und andere als Jugendliche in Italien während der Besatzungszeit der Nazis erlebten. Etwas brach damals mein Herz und es wurde nie mehr geheilt. Bis ich nicht diese Geschichte erzählt habe und andere Menschen wissen, was wirklich geschah, wird eine Lücke in meinem Leben bleiben. Als ich Patrick kennenlernte, hatte ich das Gefühl, endlich jemanden getroffen zu haben, der mir helfen könnte, diese Geschichte so zu erzählen, wie sie erzählt werden muss und der dem Grauen Rechnung tragen würde. Bitte entschuldigen Sie, dass ich so emotional werde, wenn es um diese Zeit geht. Obwohl das alles schon mehr als fünfzig Jahre zurückliegt, sehe ich die Dinge immer noch so lebendig vor mir, als wären sie erst gestern geschehen.
Mediator: Das macht nichts.

Patrick schwieg und hörte aufmerksam zu.

Sara: Ich finde es so grauenvoll, diese Erinnerungen hervorzuholen und ertrage es kaum, daran zu denken. Aber ich spüre auch, dass ich erst in Frieden sterben kann, wenn ich weiß: die Welt hat von dieser Geschichte erfahren. Natürlich ist seither viel in meinem Leben geschehen. Ich wuchs heran und heiratete. Nie im Traum dachte ich daran, Kinder zu bekommen; stattdessen wurde ich zu einer erfolgreichen Rechnungsprüferin. Ich vergrub mich in meiner Arbeit. Aber was damals geschah, bildet nach wie vor den Kern meines Lebens: Das schiere Grauen und mein Überleben in jener Zeit, die so voller Gräueltaten war. Für mich repräsentierte Patrick – und er tut es immer noch – jemanden von außen, einen Nicht-Juden, der die Geschichte für andere Menschen aufbereiten kann.

An dieser Stelle begann Sara am ganzen Körper zu zittern und brach in Schluchzen aus.

Sara: Ich weiß nicht, wie lange ich noch leben werde. In gewisser Hinsicht habe ich seit damals nie mehr richtig gelebt. Aber wenn ich weiß, dass andere Menschen verstehen, was damals geschah, dann kann ich in Frieden sterben.
Patrick: Das weiß ich. Ihre Geschichte ist wichtig. Ich habe versucht, ihr gerecht zu werden. Aber ich weiß nicht, wo das Problem liegt.
Sara: Es gibt etwas, das ich Ihnen noch nie vermitteln konnte. Ich bin mir nicht einmal sicher, ob ich es selbst verstehe. Aber wenn ich lese, was Sie geschrieben haben, weiß ich, dass etwas fehlt.
Patrick: Ich möchte unbedingt wissen, was das ist. Ich habe mich so sehr bemüht, den Kern dessen zu erfassen, was Ihnen widerfahren ist.
Sara: Das ist Ihnen aber nicht gelungen. Es fehlt immer noch.

Patrick: Aber wenn Sie mir nicht vermitteln können, was das ist, wie können Sie dann von mir erwarten, dass ich es hinschreibe?
Sara: Sie haben recht. Und genau das frustriert mich so. Dann denke ich, dass ich es einfach lassen sollte. Ich weiß nicht ...
Mediator: Sind wir gerade an einem Punkt, an dem es für Sie gefährlich werden könnte, in Anbetracht dessen, was Sie über Ihre Angst gesagt haben? Besteht in diesem Moment die Gefahr, dass Sie ›sich verlieren‹?

Saras Neffe Adolfo nickte heftig.

Sara: Ja, danke. Das könnte sein. Es ist bereits vorgekommen. Wir erreichen einen bestimmten Punkt und ich weiß, dass da noch mehr ist. Ich kann nicht sagen, was es ist. Und dann fühle ich mich verloren.
Mediator: Können Sie diesen Moment aushalten – auch wenn Sie nicht wissen, was es da zu sehen gibt – wenn wir Ihnen dabei helfen, weiterzukommen? Ist es für Sie in Ordnung, wenn wir weitermachen?
Patrick: Genau das brauche ich von Ihnen, Sara.

Gehen die Nachforschungen in die Tiefe, hilft der Mediator den Parteien zu erkennen und auch auszusprechen, was ihren unterschiedlichen Sichtweisen *zugrunde liegt*: Was brauchen sie möglicherweise vom anderen, damit sie mehr und besser verstehen können?

Um die Parteien darin zu unterstützen, tiefer in sich hineinzuhorchen, ist die Haltung des Mediators ganz entscheidend: Er soll unterstützen, ohne Druck auszuüben. Er soll die Parteien ermutigen, ohne sie anzuweisen. Es ist wichtig, die Mediantwn in ihrem Bemühen um bessere Kommunikation untereinander zu bestätigen, ohne dass sie sich dazu gedrängt fühlen, ihre Grenzen zu überschreiten.

Sara: Ich merke, dass ich sehr wütend werde. Ich weiß aber nicht, ob ich mich mehr über Patrick oder über mich selbst ärgere.
Mediator: Es muss für Sie sehr frustrierend sein zu merken, dass da etwas in Ihnen ist, an das Sie nicht herankommen.
Sara: Ja, das ist es. Adolfo, was meinst Du, bin ich verrückt?
Adolfo: Du hast noch nicht gesagt, was genau Dich an Patrick so frustriert.
Sara (zu Patrick)**:** Stimmt. Es gibt ein paar Dinge, über die ich mich nicht zu sprechen traue, weil ich nicht möchte, dass Sie dieses Projekt abbrechen, Patrick. In gewisser Hinsicht betrachte ich Sie als meinen Rettungsanker. Ich brauche Sie, damit Sie für mich die Worte finden.
Adolfo: Aber zunächst musst Du ihm noch mehr darüber sagen, was Dich belastet.
Sara (zu Patrick)**:** Ich will aber nicht, dass Sie aufgeben, Patrick.

Patrick: Ich will nicht aufgeben. Erzählen Sie mir doch das, wozu Sie in der Lage sind.
Mediator (zu Sara)**:** Dies scheint der Punkt zu sein, an dem Sie schon einmal ins Stocken geraten sind. Sara, haben Sie Angst, etwas zu sagen, von dem Sie glauben, es könnte Patrick verärgern?
Sara: Ja.
Mediator: Indem Sie Patrick sagen, sie hätten Sorgen, ihn zu verprellen, könnte das das Projekt gefährden. Indem Sie ihm nichts sagen, halten Sie etwas zurück, das für das Projekt unerlässlich sein könnte und von dem Sie glauben, dass es bislang fehlt. Wenn das zutrifft, dann riskieren Sie in beiden Fällen, das Projekt zu verlieren.
Sara: Danke, dass Sie das so aussprechen. Es trifft die Sache genau.

Läuft eine solche Untersuchung gut, sprechen die Parteien möglicherweise direkt miteinander. Der Mediator springt dann lediglich ein, um ihre Ermittlungen zu unterstützen. Sind die Parteien – wie dies bei Saras und Patricks Mediation der Fall war – darum bemüht, ihre persönlichen Beziehungen oder ihr Arbeitsverhältnis aufrechtzuerhalten, kommt es manchmal vor, dass sie ganz natürlich von dem, was sie während der Mediation voneinander brauchen, übergehen zu der Frage, was sie künftig voneinander brauchen, damit es ihnen gelingt, den Konflikt zu lösen.

Mediator: Sara, was erscheint Ihnen als nächstes sinnvoll?
Sara: Ich würde Ihnen gerne sagen, was mich so enttäuscht, Patrick.
Mediator: Gibt es irgendetwas, das Patrick tun könnte, um Ihnen die Sache zu erleichtern?
Sara: Patrick, nehmen Sie es bitte nicht persönlich.
Patrick: Ich glaube auch, dass das der einzige Weg ist, um voranzukommen. Ansonsten kommen wir nicht weiter, weil Sie mir nicht vertrauen. Also sagen Sie es mir bitte.
Sara: Ich weiß nicht, wie ich es am besten formuliere. Ich habe den Eindruck, dass es für Sie in dieser Geschichte lediglich um mein Leben geht. Es stimmt zwar, dass wir uns mit meinen Jugendjahren beschäftigen. Aber mein Leben ist nicht wichtig. Indem Sie sich ganz auf mich konzentrieren, machen Sie das kleiner, was all den anderen angetan wurde, die auch darunter gelitten haben. Ich sorge mich darum, dass man mein Leiden als ›bloß mein Leiden‹ wahrnehmen könnte. Ich habe Angst, dass man über uns herziehen wird, weil Sie das nicht begreifen. Aber wie könnten Sie auch? Sie haben es nicht durchlitten. Für Sie ist es einer von vielen Schreibaufträgen. Und nicht nur das, Sie sind kein Jude; also wie könnten Sie es auch nur ansatzweise verstehen? Ich mag Sie sehr, Patrick, und ich bin sehr enttäuscht, dass es uns anscheinend nicht gelingt, über diesen Punkt hinauszukommen. Sie wollen immerfort noch tiefer

in *meine* Erfahrung eintauchen, als ob das das Einzige wäre, worum es geht.

Mediator: Sie fürchten, dass die *Wahrheit*, die Ihrer Erfahrung zugrunde liegt – nicht nur Ihre Erfahrung selbst – nicht im Zentrum dieses Buches stehen wird. Sie glauben, dass Patrick das nicht verstehen kann, da er das Grauen nicht selbst erlebt hat und – da er kein Jude ist – keine wirkliche Beziehung dazu entwickeln kann.

Sara: Genau.

Mediator: Gibt es noch mehr Dinge, die Sie Patrick gerne verständlich machen würden?

Sara: Ja, aber alles läuft immer auf diesen einen Punkt hinaus.

Mediator: Wie sehen Sie die Sache, Patrick?

Patrick: Ich habe das Gefühl, dass man mir nicht vertraut. Ich fühle mich so, als würde ich entlassen, nur weil ich kein Jude bin.

Mediator: Was würden Sie Sara gerne vermitteln, das Sie Ihres Erachtens nicht versteht?

Patrick: Dass ich durchaus weiß, dass es in dieser Geschichte nicht nur um sie geht. Es geht um viel mehr. Aber Einzelheiten aus ihrer Geschichte können dem Leser helfen, sich für das große Ganze zu öffnen. Mich berührt diese Geschichte nicht deshalb, weil sie ausschließlich von Sara handelt.

Mediator: Was berührt Sie daran?

Patrick: Es stimmt, dass ich kein Jude bin und noch nie in meinem Leben habe ich so leiden müssen, wie Sie es mussten, Sara. Aber dieses Projekt hat mir einen Eindruck von der Verwüstung und Hoffnungslosigkeit der Zeit vermittelt, die Ihr Leben geprägt hat. Es hat mich in meinem tiefsten Innern erschüttert und ich glaube, dass es mich für immer verändert hat.

Sara (beginnt zu weinen)**:** Ich habe Sie das noch nie sagen hören, Patrick.

Patrick: Ich fand, dass mir das nicht zustand. Aber warum sonst sollte ich mich dieser Tortur unterziehen? Das Projekt wurde dutzendmal unterbrochen und wieder aufgenommen. Ich kenne die Tage, an denen Sie sich nicht mit dem Geschehenen auseinandersetzen können, weil das Erlittene Sie überwältigt. Ich habe mein eigenes Leben dafür auf Eis gelegt, weil ich weiß, wie bedeutsam diese Geschichte ist. Sie haben recht, es geht nicht nur um Ihre Geschichte. Ich kann es nicht erklären, aber auf merkwürdige Art und Weise ist sie zu einem Teil von mir geworden. Die Herausforderung liegt darin, durch die Einzigartigkeit Ihrer Erfahrung auf die universelle, für alle Menschen gültige Wahrheit zu stoßen.

Mediator: Was empfinden Sie, wenn Sie das hören, Sara?

Sara war zu bewegt, um zu sprechen; sie machte eine Pause und verließ zusammen mit Adolfo für ein paar Minuten den Raum. Als sie zurückkam, war ihr Gesicht noch immer gerötet, aber sie war bereit, fortzufahren.

Sara: Ich habe das Wissen um die Bedeutung dieses Projekts die ganze Zeit allein auf meinen Schultern getragen. Mir war nicht bewusst, dass es auch Ihnen wichtig ist, Patrick. Das erleichtert mich sehr. Adolfo hat mir gesagt, dass ihm das von Anfang an klar war, aber ich konnte es bisher nicht wahrnehmen.
Patrick: Ich bin froh, dass Sie es nun tun.

Beide schwiegen eine ganze Weile. Dann wandte ich mich an Sara.

Mediator: Sara, was bedeutet dieses Wissen jetzt für Sie – dass das Projekt auch für Patrick so wichtig ist?
Sara: Ich glaube, ich bin jetzt zuversichtlicher, dass das Buch mehr Menschen erreichen und berühren wird als ich gedacht hatte. Ich wollte nicht, dass es in dem Buch nur um mich oder nur um Überlebende des Holocaust oder nur um Juden geht. Zwar glaube ich, dass wir immer noch nicht ganz einer Meinung darüber sind, zu welchen Teilen sich das Buch um mich drehen sollte, aber nun haben wir eine ganz andere Basis für unsere Zusammenarbeit. Ich fühle mich sehr erleichtert und ermutigt.
Mediator: Und wie geht es Ihnen, Patrick?
Patrick: Natürlich bin ich erleichtert zu hören, dass mir mehr Vertrauen entgegengebracht wird. Aber ich brauche etwas von Ihnen, Sara. Ich möchte mich ganz diesem Projekt widmen, um es so schnell wie möglich fertigzustellen. Dafür ist Ihre Mitarbeit offensichtlich unerlässlich. Ich möchte mich darauf verlassen können, dass Sie für mich erreichbar sind.
Mediator: Das Gefühl eines neuerlichen Vertrauens vonseiten Saras ist also sehr wichtig und es hat den Anschein, dass Sie bereit sind, weiterzumachen und das Buch abzuschließen, mehr noch: sich ihm zu ›widmen‹. Aber Sie brauchen von Sara die Bestätigung, dass Sie sich auf sie verlassen können.
Patrick: Genau.
Sara: Sie wissen, dass ich – so sehr ich auch daran weiterarbeiten möchte – es an manchen Tagen schlichtweg nicht ertrage, zurückzublicken; da habe ich einfach nicht die Kraft dazu. Mich an jene Zeit zu erinnern und mich mit dem zu befassen, was mir, meiner Familie und meinen Freunden widerfahren ist, verlangt mir jedesmal sehr viel ab. Es stimmt, dass Sie mich manchmal angerufen haben und ich genervt und nicht in der Lage war, mit Ihnen zu sprechen. Allein zu wissen, dass Sie anrufen oder wir uns treffen würden, löste zuweilen Furcht in mir aus. Dennoch weiß

ich, dass ich mich selbst befreien oder zumindest die Last, die ich trage, ein wenig verringern möchte, indem ich die Geschichte mit jemandem teile.
Patrick: Ich weiß das und respektiere die Schwierigkeiten, die Sie damit haben. Aber ohne Sie steht das Projekt still. Ohne Ihre kontinuierliche Mitarbeit muss ich andere Aufträge annehmen; nicht weil ich das will, sondern weil mir keine andere Wahl bleibt. Außerdem kommt natürlich jegliche Schwungkraft, die wir in der Zwischenzeit entwickelt haben, zum Erliegen; wenn wir dann weitermachen, ist es so, als fingen wir ganz von vorne an.
Sara: Und ich weiß, dass ich niemand anders finde, der dieses Projekt mit mir auf eine Weise macht, die für mich stimmen würde.
Mediator: Sie wissen also beide, dass Sie einander brauchen. Wie fühlt es sich an, das zu wissen?
Sara: Mich ermutigt es zu wissen, wie sehr diese Angelegenheit Patrick berührt. Ich fühle mich dadurch unterstützt.
Patrick: Ich freue mich zu hören, dass Sara mich genauso braucht wie ich sie. Ich dachte, sie wollte mich loswerden.
Sara: Mit dem Gedanken habe ich tatsächlich gespielt, als Sie auf einmal an anderen Projekten arbeiteten und ich dachte, Sie würden versuchen, die Geschichte zu sehr auf meine Person zu beschränken. Aber heute wird mir stärker denn je bewusst, dass Sie für mich der richtige Partner bei diesem Projekt sind, und ich weiß auch weshalb.
Patrick: Das hilft mir sehr. Wir werden eben einen Weg finden müssen, wie wir mit jenen Tagen umgehen, an denen Sie sich nicht in der Lage fühlen, mit mir zu arbeiten.
Mediator: Sara, leuchtet es Ihnen ein, weshalb Patrick ohne Sie nicht weiterarbeiten kann? Und verstehen Sie, welche Folgen das für ihn hat?
Sara: Ja. Ich wünschte, ich hätte mein Befinden unter Kontrolle, das ist leider nicht der Fall. Es ist jedoch gut zu wissen, dass Patrick dafür Verständnis hat.

Wir waren an einem Punkt angelangt, an dem sich die Spannungen zwischen Sara und Patrick erheblich verringert hatten. Das lag größtenteils daran, dass sie sich die Mühe gemacht hatten, tief in sich selbst hineinzuhorchen und ehrlich zu sagen, was ihnen wirklich wichtig war. Außerdem hatten sie versucht, sich gegenseitig zu verstehen.

Interessen und Bedürfnisse der anderen Partei verstehen

Gegenseitiges Verstehen kann ein entscheidender Teil der Mediation sein, weil es beiden Parteien ermöglicht, ihr Konfliktverständnis zu erweitern.

Im Fall von Sara und Patrick war es essenziell für beide, einander auf einer tieferen Ebene zu verstehen, um ihre Zusammenarbeit an dem Projekt fortsetzen zu können. Beide hatten sich in die Lage des anderen hineinversetzen und sowohl gefühls- als auch verstandesmäßig nachvollziehen können, was im Fühlen und Denken des anderen vor sich ging.

Nicht alle, die eine Mediation aufsuchen, haben diese Fähigkeit oder das gleiche Interesse wie Sara und Patrick, sich so aufrichtig darum zu bemühen. Auch wenn es eines der Ziele von Mediatoren ist, die Parteien dazu zu bringen, einander zu verstehen, sollten sie die Beteiligten auf keinen Fall zwingen. Tun sie es doch, erreichen sie das Gegenteil: etwa wenn eine Partei – in dem Bemühen, die andere Seite zu verstehen – das Gespür dafür verliert, was ihr selbst wichtig ist. Die Gefahr hatte bei Sara durchaus bestanden; das war einer der Gründe, weshalb Adolfos Anwesenheit so hilfreich war (vgl. Abschnitt 1.3 S. 84 ff.). In jedem Fall müssen die Parteien zunächst grundsätzlich klären, welche Interessen und Bedürfnisse *für sie selbst* unterhalb der Ebene des konkreten Konflikts am wichtigsten sind; erst dann können sie daran gehen, *einander* zu verstehen. Ansonsten besteht die Gefahr, dass wir ein Ergebnis erzielen, das zwar den Interessen der einen Seite entspricht, aber auf Kosten der anderen Seite geht.

Beginn mit den eigenen Interessen und Bedürfnissen

Erweitertes Verständnis

In einigen Fällen bewirken die Bemühungen der Beteiligten zwar kein *vollstes* gegenseitiges Verstehen, aber sie sind dennoch hilfreich und führen manchmal zu einem *erweiterten* Verständnis. Dazu kann folgendes zählen:

1. Nachdem alle Parteien ihre Sicht auf die Ereignisse geschildert haben, kommt es vor, dass sie Fragen an die Gegenseite haben. Der Mediator kann ihnen die Gelegenheit geben, sich gegenseitig Fragen zu stellen; dabei muss es sich um *echte Fragen* handeln, nicht um verkappte Anschuldigungen.
2. Bei einem anderen Zwischenschritt werden beide Parteien gebeten anzugeben, bei welchem Punkt sie sich das Verständnis der Gegenseite am meisten wünschen. Das gibt jedem von ihnen die Möglichkeit, nicht nur darüber nachzudenken, *was* der andere verstehen sollte, sondern auch *warum*.

Bei Sara und Patrick war es ihre echte Hingabe an das Projekt, die sie dazu motivierte, verstehen zu wollen, was jeweils dem anderen an dem Buch so wichtig war. Der Umstand, dass sich beide aktiv so sehr darum bemühten, zu verstehen, war für ihre gemeinsame Arbeit von grundlegender Bedeutung.

Als nächstes besprachen Sara und Patrick einen realistischen Zeitplan für die Fertigstellung des Projekts. Patrick meinte, wenn es ihnen gelänge, diesen Plan einigermaßen einzuhalten, könne er sich dem Projekt so intensiv wie ursprünglich geplant widmen; in diesem Fall wären dann auch keine Ausgleichszahlungen nötig. Das beruhigte Sara.

Schließlich fragte ich Adolfo, ob es etwas gäbe, was er gerne mitteilen würde. Adolfo fragte Patrick, ob seine Teilnehme in Ordnung gewesen sei; Patrick antwortete, sie sei »mehr als in Ordnung« gewesen. Anschließend fragte Adolfo Sara, ob sie wolle, dass er ihr ein Zeichen gäbe, wenn er den Eindruck hätte, sie halte bei der Geschichte etwas zurück; Sara bejahte.

Indem sie ihren Konflikt *gemeinsam bearbeiteten*, schufen Sara und Patrick eine neue Basis, auf der sie ihr Vertrauen zueinander pflegen und ausbauen konnten; sie hatten das erreicht, ohne dass Sara sich verloren hatte. Adolfos Teilnahme an der Mediation war bedeutend gewesen – jedoch nicht aufgrund dessen, was er gesagt hatte, sondern einzig und allein deshalb, weil seine Gegenwart Sara Halt gegeben hatte – so wie es von vornherein gedacht gewesen war. Erstaunlich war jedoch, wie sehr seine Anwesenheit auch Patrick unterstützt hatte.

Kommentar: Die Ebenen eines Konflikts verstehen

»Man kann Probleme nicht mit dem gleichen Denkansatz lösen, der sie geschaffen hat.« Dieses Zitat von Albert Einstein prägt unsere Arbeit.

Tiefere Dimension des Konflikts

Wir möchten den Parteien nicht nur dazu verhelfen, besser miteinander zu kommunizieren, sondern auch, die *tiefer liegenden Dimensionen ihres Konflikts zu verstehen*. Denn dort verbergen sich möglicherweise Aspekte, die für jeden von ihnen bedeutend sind.

Das Innenleben eines Konflikts

Jeder Konflikt hat ein Innenleben, auch wenn die Art und Weise, wie die Parteien ihn wahrnehmen, ihren Blick in der Regel auf Äußerlichkeiten lenkt: Wer hat wem was angetan? Wer soll wem wie viel zahlen? Wir stellen diese einseitige Fokussierung auf Äußerlichkeiten infrage und arbeiten mit den Parteien darauf hin, dass sie die Aspekte mit einbeziehen, die auf einer tiefer liegenden Ebene für sie wichtig sind –

denn häufig tritt dadurch zutage, was für die Lösung ihres Konflikts entscheidend ist.

Was *darunter liegt*, tritt bereits in Gestalt von Gefühlen und Einstellungen auf, die mit dem Konflikt einhergehen und die dafür sorgen, dass die Parteien feststecken: Gefühle von Wut und Verbitterung, Frustration und Hoffnungslosigkeit; das Beharren auf Recht und Unrecht; die Übertragung der Verantwortung auf Rechtsanwälte oder das Gesetz. Wenn wir diese inneren Muster identifizieren, anerkennen und uns mit ihnen befassen, können wir die Macht des Konflikts aufbrechen und die Beteiligten für andere Gefühle, Bedürfnisse und Impulse öffnen, die ebenfalls unter der Oberfläche liegen. Dazu zählen etwa das Gefühl der Hoffnung, das Bedürfnis nach Verbundenheit oder der Wunsch nach gegenseitigem Verstehen und einer gemeinsamen Lösung.

Die Ebenen des Konflikts

Die Konfliktebenen

Unserer Ansicht nach lohnt es sich, zwischen drei Ebenen des Konflikts zu unterscheiden:

- Sachebene
- Ebene der Interessen und Bedürfnisse
- Die Sinnfrage

Die meisten Konfliktpartner neigen dazu, sich auf die konkrete, greifbare Ebene – *die Sachebene* – zu konzentrieren, bei der es um Güter wie Geld oder Besitztümer oder auch um bestimmte Handlungen geht. Die Verhandlungen beginnen üblicherweise damit, dass die Parteien klare Forderungen stellen und konkrete – in der Regel einander ausschließende – Positionen einnehmen. Zunächst sollte man meinen, der kürzeste Weg von den Positionen hin zu einer Lösung wäre eine gerade Linie (Abb. 7.1).

Positionen ⟶ Lösungen

Abbildung 7.1: Der direkte Weg vom eigenen Standpunkt zur Lösung.

Gelingt es keiner Partei, die andere davon zu überzeugen, nachzugeben oder ihren Standpunkt aufzugeben, werden sich die Parteien wahrscheinlich auf eine Art Kompromiss zubewegen, der zwischen beiden Positionen liegt und dem beide Seiten bestenfalls widerwillig zustimmen. Rechtsanwälte kennen das geflügelte Wort, demzufolge man eine gute Übereinkunft daran erkennt, dass beide Seiten gleichermaßen unzufrieden sind. Wir glauben, dass wir mehr erreichen können, indem wir die Positionen hinterfragen.

Das Erarbeiten von Interessen und Bedürfnissen

Kein direkter Übergang von Positionen zu Lösungen

Hier liegt eines der Kernprinzipien unserer Arbeit: Anstatt von den Positionen direkt zu einer Lösung zu gelangen, fordern wir die Parteien dazu auf, sich mit dem auseinanderzusetzen, was ihrem Problem *zugrunde liegt*, um so die Ebene der Interessen und Bedürfnisse zu erforschen.

> Sobald der Mediator und die Parteien die jeweiligen Interessen und Bedürfnisse geklärt und für alle gut sichtbar aufgelistet haben, können die Parteien zur konkreten Lösungsebene zurückkehren. Dann haben sie eine tiefer liegende, gemeinsame Basis gegenseitigen Verstehens und wissen, was ihnen jeweils wirklich wichtig ist.

Es besteht also eine dynamische Interaktion zwischen den beiden Ebenen (Abb. 7.2). Wir bezeichnen diese Diagrammstruktur als ein »V«.

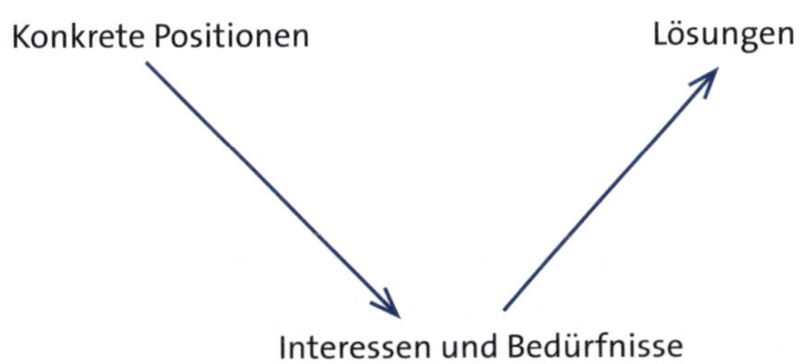

Abbildung 7.2: Der »Umweg« über Interessen und Bedürfnisse.

Die Unterstützung der Parteien, ihre Interessen und Bedürfnisse zu erkennen

Wie sieht das konkret aus? Wir fragen die Parteien abwechselnd, warum sie ihren jeweiligen Standpunkt vertreten. Dabei geht es nicht darum, die Position einer Partei infrage zu stellen, sondern lediglich darum, die Beweggründe zu erforschen, die ihrer Position zugrunde liegen. Wir konzentrieren uns auf das *Warum*, nicht auf das Was. Deshalb sprechen wir auch davon, dem »Weg des Warum« zu folgen. Gelangen die Parteien später zu der Auffassung, eine andere Position entspricht ihren zugrunde liegenden Interessen genauso gut oder sogar besser, ändern sie ihren Standpunkt von selbst.

Auch in dieser Phase bemühen wir uns als Mediatoren darum, jede Partei zu verstehen. Dabei versuchen wir den Streit so zu erleben, wie sie es tun; wir versetzen uns zunächst in die Lage der einen Seite, dann in die der anderen. (Metaphorisch gesprochen füllen wir die Verständnisräume, die wir – auch hier, vgl. S. 150 f. – von ihnen haben.) Wir fragen, was einem Standpunkt zugrunde liegt, wir loopen, was die Parteien antworten – sowohl die inhaltlichen als auch die emotionalen Anteile – und wir forschen weiter.

Gerät eine Partei ins Stocken, können wir uns empathisch mit ihr verbinden und eine Anregung liefern, wie er oder sie den Konflikt möglicherweise erlebt. Wir können beispielsweise sagen: »Ich könnte mir vorstellen, dass für mich an Ihrer Stelle dies oder jenes wichtig wäre …« und dann die zugrunde liegenden Gründe andeuten, weshalb wir jenen Standpunkt einnehmen würden. Letzteres geschieht ganz zwanglos, da wir die Partei ja nicht von unserer Formulierung überzeugen, sondern ihr lediglich einen Impuls geben möchten, auf der tiefer liegenden Ebene ihrer Interessen und Bedürfnisse weiter zu forschen. Schließlich geht es darum, die Bedürfnisse der Parteien zu entdecken und nicht unsere eigenen zu formulieren.

Interessen und Bedürfnisse in Worte fassen

Das Formulieren von Interessen hat bei einer Mediation eine Schlüsselfunktion. Es dient vor allem zwei Zwecken: Erstens soll es als Basis für die Gestaltung von Lösungsoptionen dienen; zweitens soll man die Optionen dadurch testen können, um herauszufinden, welche davon den zugrunde liegenden Belangen beider Konfliktpartner am besten entsprechen.

Framing

Hierfür bietet sich die Arbeit mit Schaubildern an, auf denen die Schlüsselwörter schriftlich festgehalten werden, die die Hauptinteressen beider Parteien benennen; werden die Interessen und Bedürfnisse präzise formuliert (man nennt das auch »framing« – in einen Rahmen stellen), kann das die Mediation zügig voranbringen. Dafür müssen die Interessen verstanden und möglichst so artikuliert werden, dass sich bereits eine Option andeutet, wie sich der Konflikt ganz oder zumindest teilweise lösen ließe. Der Mediator und die jeweilige Partei, deren Interessen aufgelistet werden, müssen sich für jedes Interesse auf eine konkrete Formulierung einigen. Ein Interesse wird nur dann ins Schaubild aufgenommen, wenn sowohl der Mediator als auch die Partei, deren Interessen benannt wird, zustimmen.

Präzise Formulierungen

Interessen in Worte zu fassen ist mehr Kunst als Wissenschaft – es ist in der Tat eine Art Verhandlung zwischen dem Mediator und der Partei, deren Interessen formuliert werden. Ziel ist es, zusammen mit jeder Partei die richtigen Worte und Formulierungen für all ihre Interessen zu finden, die dem Streit zugrunde liegen; Formulierungen, die sich dann als nützlich erweisen werden, wenn wir beginnen, Lösungsoptionen zu entwickeln und zu bewerten.

Unseres Erachtens gibt es vier Kriterien, anhand derer die Interessen formuliert werden sollen:

Die Interessen sollen
1. der Partei etwas bedeuten – das heißt, sie sollen sie emotional berühren,
2. mehrere Lösungsoptionen nahelegen – das heißt, sie sollen nicht zu spezifisch sein,
3. eindeutig/umsetzbar sein – das heißt, sie sollen realisierbar und umsetzbar sein,
4. einen gegenwärtigen oder zukünftigen Nutzen beschreiben – anstatt der Gegenseite zu schaden.

Formulierungen mit den Parteien abstimmen

Zu 1. Zunächst muss die verwendete Formulierung bei der Partei Widerhall finden, deren Interessenslage bestimmt wird. Kommen die Worte von den Parteien selbst, trifft das meist zu. Um ein Interesse zu beschreiben, ist jedoch häufig die aktive Teilnahme des Mediators erforderlich. So hält dieser es möglicherweise für notwendig oder nützlich, bestimmte Worte oder Sätze vorzugeben. Selbst wenn der Mediator diese Worte für passend hält, gelangen sie erst dann auf die Liste, wenn die Partei zustimmt, dass diese Formulierung ihrem Interesse tatsächlich gerecht wird.

Zu 2. Außerdem ist es wichtig, ein Interesse hinreichend allgemein zu formulieren, sodass es weder eine Position noch eine Lösung beschreibt. Die Gegenprobe besteht darin zu prüfen, ob es bei einer Vereinbarung mehr als nur eine Lösung für das Interesse gibt. Ist das nicht der Fall, ist man auf eine als Interesse verkleidete Position gestoßen und muss noch allgemeiner formulieren.

Interessen konkret formulieren

Zu 3. Darüber hinaus sollte ein Interesse so konkret formuliert sein, dass es bereits in eine bestimmte Richtung weist, in der über Lösungen nachgedacht und diese ausgetestet werden können; das Interesse sollte also nicht zu allgemein gefasst werden. Eine Formulierung mag zwar richtig sein, ist aber nicht nützlich, wenn es darum geht, konkrete Lösungen zu formulieren. Bringt eine Partei etwa sein oder ihr Interesse durch die Worte »Erfolg haben« zum Ausdruck, dann ist dieses Konzept so allgemein formuliert, dass es das Verfahren kaum voranbringen wird.

Zu 4. Nicht zuletzt ist es wichtig, ein Interesse so in Worte zu fassen, dass es sich für beide Parteien positiv auswirkt. An dieser Stelle hat der Mediator die Aufgabe, ein negativ formuliertes Interesse in ein positives, zukunftsgerichtetes umzuformulieren.

Interessen positiv formulieren

Richten wir unseren Blick darauf, wie wichtig es ist, die Interessen *positiv* zu formulieren, stellen wir damit abermals die üblichen Bedingungen des Konflikts infrage. Täten wir das nicht, könnten die Parteien ihre Interessen so formulieren, dass sie die Gegenseite beschuldigten oder darauf bestünden, die Partei möge sich anders verhalten; das Bemühen um die Abklärung von Interessen könnte so leicht in eine weitere Runde von Angriffen und Gegenangriffen ausarten. Sara gab zum Beispiel als eines ihrer Interessen an, »mit Druck umgehen zu können, der von schmerzhaften Erinnerungen herrührt«, während Patrick einen »zügigen Ablauf« als Interesse angab. Man kann sich leicht die Unstimmigkeiten vorstellen, die entstanden wären, hätten sie ihr Interesse so formuliert, dass der andere dadurch irgendwie abgewertet worden wäre. Bittet man eine Partei, ein negativ formuliertes Interesse der anderen Partei zu verstehen, führt das möglicherweise nur dazu, dass beide noch tiefer in ihre Konfliktfalle hineingeraten.

Empathische Verbindung aufbauen

Um als Mediator den Parteien helfen zu können, ihre Interessen auf konstruktive Weise zu formulieren, muss er nicht nur wortgewandt sein; er muss vor allem eine empathische Verbindung zu jeder Partei aufbauen. Nur so kann er die Parteien darin unterstützen, ihre Wünsche, Hoffnungen und Bedürfnisse zu artikulieren, die dem Konflikt zugrunde liegen.

Wir formulieren die Bedürfnisse und Interessen der Parteien anhand der genannten Kriterien, indem wir ein Blatt Papier in der Mitte längs unterteilen: In die linke Spalte können die Interessen *beider Parteien* und in die rechte Spalte mögliche Lösungsoptionen geschrieben werden. So sind alle Anwesenden dazu herausgefordert, Lösungen zu entwickeln und auszuprobieren.

Unser verstehensbasierter Ansatz ist keineswegs der einzige, der versucht, die Interessen und Bedürfnisse der Parteien zu verstehen, um auf diese Weise den Konflikt zu lösen. Tatsächlich handelt es sich dabei um ein Grundprinzip der sogenannten »interessensbasierten Verhandlung« und spielt in Roger Fishers, William Urys und Bruce Pattons bahnbrechendem Buch »Das Harvard-Konzept« (Fisher, Roger; Ury, William L.; Patton, Bruce, *Das Harvard-Konzept, Frankfurt 1975)* eine zentrale Rolle. Wir unterscheiden uns vermutlich von manch anderen Mediatoren dadurch, dass wir gemeinsam mit den Parteien viel Mühe darauf verwenden, dass sie selbst herausfinden und formulieren können, was ihnen wichtig ist und nicht der Mediator diesen Part für sie übernimmt. Wir legen außerdem großen Wert darauf, die emotionale Ebene mit zu berücksichtigen.

Gemeinsame Formulierung mit den Parteien

Die Sinnfrage auf der dritten Ebene

Darüber hinaus würdigt unser Ansatz noch eine dritte Ebene: die Sinnfrage oder auch die Ebene der Lebensausrichtung. Abermals stellen wir die Frage nach dem *Warum*, um die Parteien zu Verständnis auch auf dieser tieferen Ebene zu ermuntern. Indem wir diese Ebene mit einbeziehen, kann das die Parteien zu mehr Klarheit und zu einem größeren persönlichen Bewusstsein führen, wenn wir anschließend auf die Ebene der Interessen und letztendlich zu den Lösungsmöglichkeiten zurückkehren.

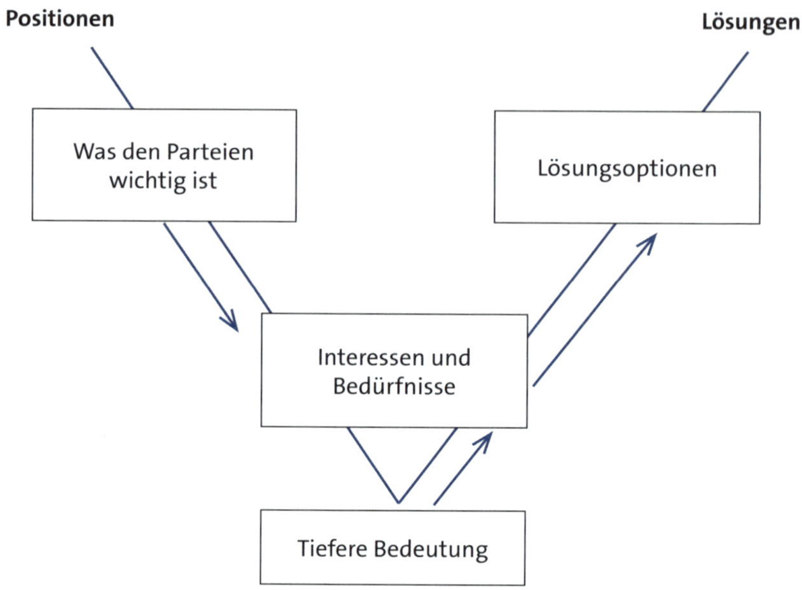

Abbildung 7.3: Über mehrere Ebenen zur Lösung.

Konflikte können wie kaum etwas anderes an uns »nagen«. Vielen Menschen, die eine Mediation aufsuchen, hat der Konflikt bereits stark zugesetzt. Er hat sich auf viele Bereiche ihres Lebens ausgewirkt und manchmal zu einer persönlichen Krise geführt. Einige Menschen bringt ein Konflikt derart aus der Fassung, dass sie plötzlich ihr ganzes Leben infrage stellen. Öffnen sie sich der Sinnfrage gemeinsam, kann das die Parteien und ihr Verhältnis zueinander entscheidend beeinflussen.

Sich der Sinnfrage gemeinsam öffnen

Auf Sara und Patrick traf das in jedem Fall zu. Gemeinsam gelangten sie auf eine tiefere Verständnisebene. Das ermöglichte ihnen, in einer Form zusammenzuarbeiten, die jeden von ihnen und ihre Beziehung zueinander würdigte. Gleiches kann auch für Institutionen gelten und die Menschen, die für sie arbeiten: etwa für die Musiker der »San Francisco Symphony« (vgl. Abschnitt 2.1 S. 123 ff.), die sich über die Bedeutung ihrer gemeinsamen Arbeit austauschten, oder für die Unternehmen Radix und Argyle, auf die wir später noch einmal zurückkommen werden (vgl. Abschnitt 4.1 S. 271 ff.).

Rahmenbedingungen einer Sinnfrage

Ob die Sinnfrage erforscht werden kann, hängt von den Antworten auf drei Fragen ab:

1. Ist der Mediator offen, sich den intensiven Gefühlen wie Schmerz, Angst, Enttäuschung, Hoffnung oder Sehnsucht als Mensch zu stel-

len, die auftreten können, wenn man nach dem tiefer liegenden Sinn sucht?
2. Sind die Parteien in der Lage und bereit, sich auf diese Art von Gesprächen einzulassen und die möglicherweise hochkommenden Gefühle zuzulassen?
3. Herrscht im Raum eine hinreichend sichere Atmosphäre, in der sich die Parteien auf die gegebenenfalls sehr emotionalen Fragen einlassen können?

Oft sind es gerade die lange Dauer und das Ausmaß des Konflikts, welche die Parteien drängen, sich der Sinnfrage zu stellen. Ist jedoch der Mediator nicht offen, oder sind die Parteien nicht bereit oder bietet die Atmosphäre nicht genügend Sicherheit, hat es keinen Sinn auf dieser Ebene zu arbeiten.

Wir können nicht mit Sicherheit sagen, ob es für die Lösung, zu der Sara und Patrick gelangten, notwendig war, die Sinnfrage zu stellen, während beide anwesend waren. Auf jeden Fall wirkte es sich bereits während der Mediation auf die Qualität ihrer Zusammenarbeit aus. Ebenso darauf, wie sie gefühlsmäßig zu der von ihnen erreichten Lösung standen – und möglicherweise auch auf die Art und Weise, wie sie ihre Vereinbarungen zur Fertigstellung des Buches trafen.

Raum schaffen für Lösungsoptionen

Welche Ebenen auch immer wir während unserer Arbeit mit den Parteien erreichen, letztendlich müssen wir zur Lösungsebene zurückkehren, um zu ermöglichen, dass die zu treffenden Vereinbarungen klar und konkret sind (siehe Abb. 7.3). Betrachten die Parteien das Problem aus dem Blickwinkel ihrer wahren Interessen, die wir auf der tieferen Ebene erarbeitet haben, gelingt es ihnen möglicherweise, sich etwas weniger starr an ihre Positionen zu klammern und mehr als bloß eine Lösungsmöglichkeit in Betracht zu ziehen. Werden zudem ihre Interessen einander gegenübergestellt, können sie auch erkennen, was dem jeweils anderen wichtig ist. Mit diesem Wissen können sie den Konflikt besser verstehen und sich für mehr als eine Lösungsoption öffnen, die für beide Parteien funktionieren könnten.

Abschnitt 3: Herausforderungen bei der Zusammenarbeit

3.1 Die Einbindung des Rechts: Der Verlagsfall

Sind Rechtsanwälte anwesend, achten wir bei unserer Arbeit darauf, dass die Anwälte und ihre Mandanten nicht dem Hin und Her einer Recht-Unrecht-Dynamik verfallen. Ein derartiges Setting ahmt lediglich eine Gerichtsverhandlung nach, bei der die Anwälte einen neutralen Dritten oder die Gegenpartei davon überzeugen möchten, dass sie im Recht sind. Das *Rechtsgespräch* klärt die Parteien nicht nur darüber auf, welche Bedeutung das Recht in ihrem Fall hat; es hilft ihnen auch zu entscheiden, wie wichtig die Rechtswirklichkeit im Verhältnis zu ihren persönlichen und geschäftlichen Interessen ist.

Diese Mediation begann mit einem Anruf von Rob, dem Anwalt von Rick. Rick war Inhaber und Geschäftsführer eines kleinen Verlags namens »BookPro«. Rob sagte mir, sein Klient befinde sich im Streit mit Charlene, einer Autorin, die bei ihm unter Vertrag stehe und ihrerseits von einem Rechtsberater namens Carl vertreten werde. Ich sagte Rob, dass ich lieber mit beiden Anwälten zugleich sprechen würde, vorausgesetzt die beiden Mandanten erlaubten das. Mit Carls Zustimmung und der Erlaubnis der beiden Mandanten beraumten wir noch am selben Tag eine Konferenzschaltung an. Carl, der verhalten und skeptisch wirkte, stellte sich als Vertreter Charlenes vor, »die bei ›BookPro‹ Bücher veröffentlicht und dort unter Vertrag gestanden hat, was aber nicht mehr der Fall ist.« Rob hielt dem unmittelbar entgegen, der Vertrag wäre noch voll in Kraft. Es war offensichtlich, dass der Status der Vertragsbeziehungen zwischen »BookPro« und Charlene im Zentrum ihres Konflikts stand.

Die Anwälte erklärten, sie und ihre Mandanten hätten bereits mehrere Versuche unternommen, einen lange schwelenden Konflikt zu lösen, der jedoch im vergangenen Monat eskaliert sei und damit Kurs auf einen Zivilprozess genommen habe. Sie glaubten, ein letzter Versuch lohne sich, um den Prozess möglicherweise doch noch abzuwenden. Ich erklärte ihnen kurz meinen Mediationsansatz – unter anderem, dass wir mit allen Parteien zusammen in einem Raum arbeiten würden. Außerdem bat ich die beiden Anwälte, kurze Stellungnahmen vorzubereiten, in denen sie ihre Sicht auf den Konflikt schilderten; diese sollten sie bitte an mich sowie an die Gegenseite schicken und deren Inhalt mit ihren Mandanten besprechen.

Die Stellungnahmen lieferten einige Hintergrundinformationen. »BookPro« hatte drei Bücher von Charlene im Rahmen einer Reihe veröffentlicht, die sie selbst konzipiert hatte. Das Verhältnis zwischen Verlag und Autorin war zunächst für beide Seiten zufriedenstellend; als jedoch der Absatz beim dritten Buch nachließ, wollte sich Charlene an einen größeren Verlag wenden, um die Reihe dort fortzusetzen; sie glaubte, dies sei ihr freigestellt. Rick war jedoch der Ansicht, »BookPro« habe laut Vertrag mit Charlene ein Vorkaufsrecht auf alle künftigen Bücher der Reihe. Die Anwälte vertraten in diesem entscheidenden Punkt diametral entgegengesetzte Positionen. Ich nahm an, dass beide ihren Mandanten gesagt hatten, dass sie sich vor Gericht durchsetzen würden.

Das von Nervosität gekennzeichnete Gespräch zwischen den vier Anwesenden verstummte abrupt, als ich sagte: »Fangen wir an.« Nachdem die Anwälte ihre bisherigen Bemühungen zur Konfliktlösung rekapituliert hatten, fragte ich sie, weshalb diese ihres Erachtens gescheitert waren. Ich erhielt kurze Antworten; jede Seite bezichtigte die andere der Uneinsichtigkeit. Mir war nicht klar, an welcher Stelle genau sie ins Stocken geraten waren; jedenfalls schoben sie einander eifrig die Schuld in die Schuhe.

Wir sprachen allgemein über den Mediationsprozess. Keiner zeigte sich besonders hoffnungsfroh, aber alle wollten sehen, ob sich nicht doch eine Einigung erzielen ließe. Wir vereinbarten diverse Grundregeln und verwandten viel Zeit auf das Thema der Verschwiegenheitspflicht, da bereits eine mündliche Verhandlung angesetzt war. Im Anschluss daran schlug ich vor, die Methode der zwei Gespräche anzuwenden.

Die zwei Gespräche

Im herkömmlichen System ist die Rolle des Rechts klar: Es ist die maßgebliche Richtschnur, an der die Richter ihre Urteile und deren Begründung ausrichten.

Bei einer Mediation ist der Stellenwert des Rechts jedoch durchaus umstritten. Egal ob das Recht explizit angesprochen wird oder nicht – es beeinflusst den Gang der Dinge und manchmal steuert es ihn sogar.

Über die Frage der Einbeziehung des Rechts

Wurden, wie in diesem Fall, rechtliche Schritte bereits erwogen oder angedroht, vergleichen die Parteien und ihre Anwälte höchstwahrscheinlich das, was im Rahmen einer Mediation geschehen könnte, mit dem, was voraussichtlich vor Gericht geschehen wird. Es geht nicht darum, *ob* das Recht mit einbezogen wird, sondern um die Frage, *wie* man mit der Einbeziehung des Rechts *umgeht*.

In den Vereinigten Staaten raten einige Mediatoren den Parteien dringend, das Recht – und auch ihre Anwälte – vor den Pforten der Mediation zurückzulassen. Denn unvermeidlich würden die Macht und die Autorität des Rechts in den Vordergrund treten, sodass es für die Parteien unmöglich wäre, sich auf ihr Geschäft und ihre persönlichen Interessen zu konzentrieren. Solche Mediatoren schweigen sich über ihre eigene Beurteilung der Rechtslage aus, die sie sicherlich vornehmen.

Daneben gibt es viele Mediatoren, die früher in den Vereinigten Staaten als Richter tätig waren; sie geben ihre Meinung über das Resultat eines gerichtlichen Verfahrens ab und drängen die Parteien zu einer Vereinbarung, die jener Meinung entspricht. Schließlich ist das bei Gericht oftmals ein geeignetes Verfahren, um einen Streit zu beheben – warum sollte es also nicht auch bei einer Mediation funktionieren? Oder aber sie treffen sich im vertraulichen Einzelgespräch einzeln mit den Parteien und ihren Anwälten und weisen auf die Schwächen der jeweiligen Rechtsstrategien hin, um auf diese Weise beide Seiten einander anzunähern.

Eine verstehensbasierte Mediation versucht sowohl die Rechtswirklichkeit als auch die wirtschaftlichen und persönlichen Gegebenheiten mit einzubeziehen.

Indem wir anerkennen, dass diese beiden Realitäten mitunter in einem Spannungsverhältnis stehen, wollen wir jeder von ihnen gerecht werden. Das Recht gehört zum Gesamtbild dazu. Die Parteien müssen – beraten durch ihre Anwälte – bestimmen, inwieweit sich das Recht auf die Entscheidungen auswirkt, die sie im Rahmen der Mediation fällen.

Realitäten des Rechts

Um das Recht auf angemessene Weise in die Mediation mit einzubeziehen, müssen die Beteiligten begreifen, dass es zwei Realitäten gibt: zum einen die *Rechtswirklichkeit* und zum anderen die *geschäftlichen und persönlichen Gegebenheiten*. Es mag Verbindungen zwischen ihnen geben, aber sie sind nicht identisch. Um den Parteien zu helfen, dieses Konzept zu verstehen, schlagen wir *zwei Gesprächsebenen* vor und bemühen uns, die Mediation so zu gestalten, dass sie beide enthält.

Mediator: Meines Erachtens könnte es hilfreich sein, wenn es uns gelingt, die Rechtswirklichkeit abzuklären, bevor wir versuchen, die Geschäftswirklichkeit zu verstehen. Wenn Ihnen das sinnvoll erscheint, würde ich beide Anwälte bitten, sich darüber zu äußern, was geschehen würde, wenn dieser Fall gerichtlich entschieden wird; dabei würde ich Sie bitten, sowohl die Stärken Ihres Falls zu benennen als auch seine Schwächen.
Rick: Warum wollen Sie das tun? Genau dort sind wir bereits vorher stecken geblieben.
In Ricks Stimme schwang Ungeduld mit; er erntete allseits schweigende Zustimmung.
Mediator: Das ist eine berechtigte Frage. Wir müssen das nicht tun, aber ich würde Ihnen gerne sagen, weshalb ich glaube, dass sich dieses Vorgehen als wertvoll erweisen könnte.
Carl (Anwalt von Charlene): Ich stimme nur wenig von dem zu, was Rick bisher gesagt hat, aber in diesem Punkt muss ich ihm eindeutig recht geben. Wir haben uns bereits in der Vergangenheit einer Mediation unterzogen und ungeheuer viel Zeit darauf verwandt, über das Recht zu sprechen. Das hat uns bloß weiter polarisiert. Wir möchten, dass dieser Versuch sich auszahlt, und ich glaube nicht, dass das der Fall ist, wenn wir uns wieder auf unsere Rechtspositionen zurückziehen und erneut anfangen, uns gegenseitig anzugehen.

Bevor ich überhaupt richtig mit der Mediation begonnen und zu den Anwesenden eine Beziehung aufgebaut hatte, waren sich die beiden Parteien bereits einig, dass mein erster Vorschlag unsinnig sei! Ich spürte meine Anspannung wachsen und hatte das starke Bedürfnis, die meines Erachtens gute Idee zu verteidigen.

Eine ähnliche Dynamik war uns aus früheren Mediationen bekannt. Immer wieder kommt es vor, dass Parteien in Begleitung ihrer Anwälte eine Mediation beginnen und das Recht außen vor lassen möchten, um mit der anderen Seite eine Vereinbarung zu treffen, die möglicherweise in wirtschaftlicher Hinsicht sinnvoll ist. Das ist ein Ansatz, den wir durchaus unterstützen; gleichzeitig wissen wir, dass die Parteien – insbesondere wenn sie durch Anwälte vertreten werden – das Recht nicht einfach beiseiteschieben können.

Die Einschätzungen der Anwälte über das mögliche Ergebnis einer

Gerichtsverhandlung stellten für Rick und Charlene vermutlich unterschiedliche Maßstäbe dar. Daran würden sie messen, ob das Ergebnis der Mediation, das auf ihren geschäftlichen Gegebenheiten beruhen würde, für sie akzeptabel wäre. Tatsache ist: Spricht man nicht über das Recht, bedeutet das nicht automatisch, dass es verschwindet. Gerade durch seine unausgesprochene Präsenz kann es die Teilnehmer der Mediation unbewusst davon abhalten, kreative Lösungen für ihr Problem zu finden. Es klingt paradox, aber gewährt man dem Recht in der Mediation Raum, kann gerade das verhindern, dass es einen unverhältnismäßig großen Einfluss gewinnt.

Übergehen des Rechts kann zu Lösungsblockaden führen

Zudem unterscheiden wir in der Mediation zwischen der Rolle der Parteien und der Rolle ihrer Anwälte, da ansonsten leicht die Anwälte dominieren. Bei unserem Ansatz übernehmen die Anwälte die Führung im *ersten Gespräch* – dem Rechtsgespräch. Die Parteien übernehmen demgegenüber als Experten ihrer persönlichen sowie der Geschäftsrealität die Leitung im *zweiten Gespräch*. Würden wir das Recht ganz ausklammern, könnten sich die Anwälte gezwungen sehen, sich in der Mediation auf eine Weise einzubringen, die zulasten der aktiven Beteiligung ihrer Mandanten ginge; Rechts- und Geschäftswirklichkeit würden durcheinandergeraten. Deshalb schlagen wir vor, als erstes über das Recht zu sprechen, um einschätzen zu können, welchen Raum es einnimmt.

Der Mediator kann jedoch nicht allein darüber entscheiden, ob und wie über das Recht gesprochen wird; ich musste anerkennen, dass es Rick gewesen war – nicht sein Anwalt – der das Recht übergehen wollte; und obwohl es Charlenes Anwalt gewesen war, der darauf geantwortet hatte, schien die Anwesenheit von Ricks Anwalt sie keineswegs einzuschüchtern. Ich beschloss, den Anwesenden auseinanderzusetzen, warum ich glaubte, dass eine Diskussion über das Recht für die Mediation nützlich sein könnte. Carl hatte mir dafür einen Anhaltspunkt gegeben, als er sagte, dass jeder bisherige Versuch sie weiter polarisiert habe.

Mediator: Angesichts der Erfahrungen, die Sie bei früheren Rechtsgesprächen gemacht haben, kann ich gut nachvollziehen, dass Sie zögern, abermals über die Rechtslage zu sprechen. Doch vielleicht rührten Ihre Probleme von der Art und Weise her, *wie* Sie damals an die Diskussion herangegangen sind.
Rick: Was soll das heißen? Rob hat hinreichend klar gemacht, dass Charlene ihren Zusagen im Vertrag mit uns nicht gerecht geworden ist. Dann hat Carl mich angegriffen und damit ging die Sache so richtig los. Es war nicht nur unproduktiv, sondern hat die ganze Atmosphäre vergiftet.

Mediator: Ihr Anwalt hat also die Ansicht vorgetragen, dass Charlene den Vertrag nicht erfüllt habe, Carl hat darauf reagiert und Sie fühlten sich dadurch von ihm angegriffen. Fazit: Es hat nichts gebracht, über das Recht zu sprechen, sondern dadurch wurde es für Sie, Charlene und die Anwälte noch schwieriger, auf konstruktive Weise miteinander umzugehen.
Rick: Genauso.
Mediator: Wenn Sie sich hier dazu entschließen, über das Recht zu sprechen, müssten wir abklären, was wir damit erreichen wollen. Ich hege die Hoffnung, dass – wenn Ihre beiden Anwälte nicht nur die Stärken Ihrer Rechtsposition vor Gericht, sondern auch deren mögliche Schwächen darlegen – Sie dadurch womöglich zu einem umfassenderen Verständnis und vielleicht zu mehr Übereinstimmung hinsichtlich der möglichen Verhandlungsergebnisse gelangen als jetzt. Gelingt uns das, werden Sie in der Lage sein, Lösungen zu finden, die besser für Ihr Geschäft sind, als wenn Sie einen Zivilprozess anstrengen.
Rob (Anwalt von Rick): Für mich liegt es auf der Hand, dass uns eine Diskussion über das Recht keinen Schritt weiter bringt. Wir haben herzlich wenig Zeit, um eine Lösung zu finden und ich möchte sie nicht darauf verschwenden, dass wir uns im Kreis drehen. Außerdem sind wir die rechtlichen Aspekte schon einmal durchgegangen.
Carl (Anwalt von Charlene): Wir haben dabei aber nicht über die Schwachstellen gesprochen, Rob. Allerdings glaube auch ich nicht, dass wir unsere Zeit optimal nutzen, wenn wir hier über das Recht sprechen. Wollen wir uns außergerichtlich einigen, liegt eine Menge Arbeit vor uns; ich würde jetzt gerne damit anfangen.
Mediator: Beide Anwälte denken also, es sei keine gute Idee, noch weiter über das Recht zu sprechen. Was denken Sie, Rick und Charlene? Würden Sie es für nützlich halten?
Charlene: Von mir aus können wir es erst einmal aufschieben. Aber später könnte es durchaus sinnvoll sein, insbesondere wenn die Anwälte über die Risiken sprechen.
Rick: Ich habe meine Meinung bereits geäußert.

Ich sah ein, dass es nichts bringen würde, wenn ich an dieser Stelle weiter insistierte. Begännen wir jetzt mit dem Rechtsgespräch, würden beide Seiten wahrscheinlich auf ihren entgegengesetzten Positionen beharren. Deshalb einigten wir uns darauf, zu einem späteren Zeitpunkt darauf zurückzukommen.

Im Verlauf der Mediation kristallisierte sich folgende Geschichte heraus: Charlene hatte ein Jahr lang versucht, die Idee für ein Buch mit dem Titel »Abenteuer Erziehung« zu vermarkten. Dreißig Verleger hatten ihren Vorschlag bereits abgelehnt, als sie an den Verlag »BookPro«

herantrat, der von Rick erst kurze Zeit vorher gegründet worden war. Rick bot Charlene einen kleinen Vorschuss an, den sie begeistert annahm.

Das Buch verkaufte sich sehr gut und führte zu einem zweiten Buch, in dem es vor allem um die ersten Jahre eines Kindes ging: »Abenteuer Erziehung – vom ersten bis zum dritten Lebensjahr«. Als das zweite Buch in Druck ging, konzipierten Rick und Charlene eine ganze Reihe zum Thema Erziehung. Das Format der Bücher sollte sich an dem der ersten beiden Bände orientieren; die Kindheit sollte auf diese Weise in Zeitabschnitten von zwei bis drei Jahren abgedeckt werden. Zum Zeitpunkt der Mediation waren bereits drei Bücher erschienen; alle Bände waren zunächst sehr erfolgreich und weitere Titel in Vorbereitung.

Der Absatz des dritten Buches war dann jedoch eingebrochen. Charlene lastete das Rick und »BookPro« an, weil nicht genügend Mittel ins Marketing geflossen seien. Rick hingegen sah die Ursachen in der schlechten Konjunktur sowie bedeutenden Veränderungen innerhalb der Verlagsbranche. Unterdessen hatte ein größerer Verlag Charlene angeboten, die restlichen Bücher der Reihe zu veröffentlichen; er bot Charlene einen hohen Vorschuss und versprach, große Summen für Werbung und Marketing aufzuwenden.

Wir kamen gut voran, aber ein Problem blieb unlösbar. Rick hatte mit Charlene einen Vertrag geschlossen, der ihm seines Erachtens ein Vorkaufsrecht auf alle weiteren Bände der Reihe einräumte. Charlene wollte sicherstellen, dass es für sie die Möglichkeit gab, aus dem Vertrag auszusteigen, wenn sie den Eindruck hatte, dass Rick nicht genug unternahm, um ihre Bücher optimal zu vermarkten – insbesondere da inzwischen ein anderer Verlag Interesse an ihrer Reihe bekundet hatte.

Wir waren gerade dabei, die Frage nach den geschäftlichen und persönlichen Interessen von Charlene und Rick auszuloten, als Carl, der Anwalt von Charlene, sich an Rick wandte.

Carl (Anwalt von Charlene): Rick, Sie müssen einsehen, dass Sie Charlene nicht zu einem Exklusivvertrag für all ihre zukünftigen Bücher zwingen können, selbst wenn es sich um die Fortsetzung einer Reihe handelt, die bisher bei Ihnen veröffentlicht wurde. Ein Knebelvertrag ist verfassungswidrig.
Rob (Anwalt von Rick): Das stimmt nicht, Carl, und das wissen Sie selbst. Es gibt eine klare schriftliche Vereinbarung im Vertrag, dass ›BookPro‹ das erste Buch sowie jedes weitere Buch der Reihe veröffentlichen wird.
Mediator: Das klingt für mich nach dem Anfang einer Diskussion über das Recht. Wollen Sie jetzt darüber sprechen?

Carl (Anwalt von Charlene): Ich halte es für nötig, dass die anderen diesen Punkt realistisch einschätzen, wenn wir irgendeine tragfähige Vereinbarung treffen wollen, aber ich muss an dieser Stelle nicht unbedingt mehr darüber sagen.
Mediator: Und was denken Sie, Rob?
Rob (Anwalt von Rick): Ich auch nicht, für mich ist nur wichtig, dass alle einsehen, dass Carl unrecht hat.
Mediator: Ich finde, dass Sie beide sich sehr klar ausdrücken, aber Sie haben gegensätzliche Auffassungen vom Recht. Ich möchte nochmals betonen, dass ich glaube, es wäre für uns wertvoll, über das Recht zu sprechen, insbesondere wenn dabei beide Anwälte sowohl die Stärken als auch die Schwächen ihrer jeweiligen Rechtspositionen kenntlich machten.
Charlene: Ich vermute, wenn wir das nicht tun, dann reden wir lediglich um den heißen Brei herum.
Rick: Aber wir müssen einen besseren Weg dafür finden, als beim letzten Mal.

Wir waren also wieder am selben Punkt angelangt – aber mit einem großen Unterschied: Jetzt waren die Parteien motiviert, über das Recht zu sprechen. Zu Beginn waren sie noch nicht dazu bereit gewesen – aus Angst, das Gespräch würde erneut entgleisen, wie bereits früher geschehen. Nun behinderte jedoch das fehlende Rechtsgespräch den Fortgang ihrer Bemühungen beim Gespräch über ihre geschäftlichen und persönlichen Interessen.

Die Bedeutung der bifokalen Sicht – dem *Wie* und dem *Was*

An dieser Stelle kommen wir auf einen zentralen Punkt zurück: wie wichtig es ist, dass der Mediator die *bifokale Sicht* beibehält – den Blick sowohl für den Inhalt – das *Was* – als auch für die Dynamik – das *Wie* – des Konflikts (vgl. S. 47 und 99). Dadurch konnte ich einerseits hören, was Carl inhaltlich über die zur Debatte stehende Rechtsfrage sagte. Gleichzeitig konnte ich sehen, dass genau diese ungeklärte rechtliche Lage das Gespräch über Ricks und Charlenes geschäftliche und persönliche Interessen behinderte. Beide Parteien waren sich einig, dass das Gespräch über das Recht anders verlaufen müsse als in der Vergangenheit, da sie ansonsten höchstwahrscheinlich bei ihren gegensätzlichen Auffassungen stehen bleiben würden.

Mediator: Damit wir alle ein umfassenderes Verständnis erlangen, müssen beide Anwälte bereit sein, nicht nur die Stärken ihrer Rechtsposition zu benennen, sondern auch deren Schwächen und Risiken.
Carl (Anwalt von Charlene): Ich bin durchaus gewillt, über Schwächen zu sprechen, aber meines Erachtens sollten Sie wissen, dass der Gang vor Gericht für uns nur sehr geringe Risiken birgt.

Rob (Anwalt von Rick): Für uns sind die Nachteile ebenfalls marginal.
Mediator: Ihre Anwälte arbeiten jeweils hart und schützen Sie gut. Aber keiner von ihnen sagt, es gebe für Sie gar keine Risiken, wenn Sie vor Gericht ziehen. Ich halte es für sinnvoll, dass wir Sie beide bitten, die Stärken Ihrer Rechtsposition zu erläutern; danach sprechen wir über die Schwächen.

Die Stärken von Rechtspositionen

Den meisten Anwälten ist sofort klar, worum es an dieser Stelle geht, insbesondere wenn sie die Mediation von außen betrachten. Da wir uns darum bemühen, den Parteien ein so umfassendes Verständnis wie möglich zu geben, müssen die Parteien sowohl die Stärken als auch die Schwächen *beider* Rechtspositionen verstehen.

Verstehen der Stärken und Schwächen beider Rechtspositionen

Den Anwälten wird es leichter fallen, die Schwächen der von ihnen vertretenen Seite zu benennen, wenn sie vorher deren Stärken erläutern konnten. Wenden wir uns wieder dem Gespräch zu, besteht meine Aufgabe nun vor allem darin, darauf zu achten, dass die Parteien ein größeres Verständnis der rechtlichen Aspekte erlangen und erkennen, wie sich diese auf ihre Zusammenarbeit auswirken.

Nachdem von allen Anwesenden die Zustimmung eingeholt worden war, begann das Rechtsgespräch mit der Aufforderung Carls, dem Anwalt von Charlene, an Rob, den Anwalt von Rick, er möge beginnen.

Rob (Anwalt von Rick): Wir vertreten eine klare Position. Der Vertrag für das erste Buch enthielt die übliche Klausel, der zufolge Rick ein Vorkaufsrecht auf die nächste Buchveröffentlichung von Charlene hat. Der nächste Vertrag, also der für das zweite Buch, enthält einen Zusatz, der Rick das Recht überträgt, alle weiteren Bücher, die Charlene im Rahmen der Reihe verfasst, zu veröffentlichen und er benennt im Einzelnen die Vergütung, das heißt das Autorenhonorar und so weiter. Der Zusatz lautet: ›Alle künftigen Titel, die die Autorin im Rahmen der Reihe ›Erziehung‹ veröffentlicht, werden vom Verleger verlegt. Die Bestimmungen des Vertrags (des vormaligen Vertrags) gelten für alle Titel der Reihe.‹ Wir sind der Ansicht, dass Charlene nach dem zweiten Vertrag daran gebunden ist, dass ›BookPro‹ die gesamte Reihe veröffentlicht. Wenn Charlene über ein anderes Thema schreiben möchte, dann kann sie sich einen anderen Verleger suchen. Das ist nur fair, denn Rick hat enorm in die Vermarktung der Reihe investiert. Deshalb hat er ein Recht darauf, sich auf die ausgehandelte Verpflichtung verlassen zu können.
Mediator: Sie beziehen sich also auf zwei unterschiedliche Argumente, die Sie bei Gericht vorbringen würden. Das erste stützt sich auf die Bedingungen des Vertrags, das zweite auf Fairness. Das Argument, das auf

den Vertrag für das zweite Buch zurückgeht, besagt, dass Charlene zugestimmt hat, alle Bücher, die mit der Reihe über Erziehung in Verbindung stehen, bei ›BookPro‹ zu veröffentlichen. Zweitens vertreten Sie, wenn ich Sie richtig verstehe, die Position, dass sich Rick auf jene Vereinbarung verlassen hat und in Marketingmaßnahmen in einer Weise investiert hat, wie er es sonst nicht getan hätte. Stimmt das so?
Rob (Anwalt von Rick): Ja. Aber es würde schon genügen zu beweisen, dass der Wortlaut des Vertrags eindeutig Ricks Recht benennt, künftige Bücher unter den gleichen Bedingungen wie denen des zweiten Vertrags zu veröffentlichen.
Mediator: Sie sind also überzeugt, dass Sie nur beweisen müssten, dass die Sprache des Vertrags hinreichend klar ist und jedes weitere Buch der Reihe mit einschließt, damit das Gericht zu Ihren Gunsten entscheidet. Die Tatsache, dass Rick stark in das Marketing investiert hat, würde quasi nur Beihilfe dazu leisten, dass das Gericht Charlene auf den Vertrag verpflichtet.
Rob (Anwalt von Rick): Nicht ganz.
Mediator: Was habe ich übersehen?
Rob (Anwalt von Rick): Der Umstand, dass Rick sehr viel ins Marketing investiert hat, ist ein Beweis dafür, dass der Vertrag eindeutig war.
Mediator: Seine Marketinginvestitionen untermauern also nicht nur das Argument, dass es unfair wäre, Charlene aus dem Vertrag zu entlassen, sondern sie belegen auch, dass es nur eine mögliche Interpretation des Vertrags gibt – und die besagt, dass Charlene daran gebunden ist, dass die ganze Reihe von Rick veröffentlicht wird.
Rob (Anwalt von Rick): Genau.
Carl (Anwalt von Charlene): Liest man den zweiten Vertrag, dann ist überhaupt nicht klar, wie die Bedingungen für die künftigen Bücher der Reihe aussehen; das ist zumindest eine Unklarheit, die zulasten desjenigen geht, der den Vertrag aufgesetzt hat, namentlich Rick. Der ursprüngliche Vertrag setzte fest, dass ›BookPro‹ das Erstverhandlungsrecht an Charlenes nächstem ›Manuskript in Buchlänge‹ hat. Dieses Recht, das ursprünglich ›BookPro‹ eingeräumt wurde, war auf die Erstverhandlung bei *einem weiteren Buch* beschränkt. Falls Rick entscheiden sollte, das nächste Buch nicht zu veröffentlichen oder falls die Parteien sich innerhalb einer kurzen Zeitspanne nicht über die Bedingungen einigen könnten, war es Charlene dem ursprünglichen Vertrag zufolge freigestellt, ihre nachfolgenden Werke einem anderen Verleger anzubieten. Zur gleichen Zeit, als die Parteien ihren zweiten Vertrag schlossen, unterzeichneten sie ebenfalls einen Vertragszusatz, der festsetzte: ›Die Bestimmungen des früheren Vertrags hinsichtlich des Werks gelten für alle Titel der Reihe.‹ Dieser Zusatz betraf nicht alle Bestimmungen des zweiten Vertrags. Das liegt daran, dass es weiter unten im selben Vertrag eine Klausel gibt, die ›BookPro‹ mit dem Erstverhandlungsrecht beziehungs-

weise Vorkaufsrecht versieht – *nicht* mit einer Daueroption auf alles, was Charlene möglicherweise noch schreiben würde. Hätten sie gewollt, dass Charlene auf alle Bestimmungen des anderen Vertrags verpflichtet ist, hätten sie die Klausel nicht hinzugefügt.

Mediator: Sie vertreten die Auffassung, dass der Vertragszusatz lediglich die Absicht benennt, die folgenden Bände der Reihe zu veröffentlichen. Aber weil er auch das Recht auf Erstverhandlung und Vorkaufsrecht enthielt, entstand eine Unklarheit dadurch, dass beide Klauseln Teil des Zusatzes waren. Und Ihrer Ansicht nach bedeutet diese Zweideutigkeit, dass Charlene nicht daran gebunden ist, die übrigen Bände der Reihe bei ›BookPro‹ zu veröffentlichen.

Carl (Anwalt von Charlene): Richtig, vor allem weil es Rick war, der den Vertrag aufgesetzt hat.

Mediator: Sie beziehen sich auf ein Gesetz, demzufolge das Gericht jegliche Unklarheiten dem Verfasser eines Vertrags anlastet. Die Tatsache, dass es Rick war, der den Vertrag aufgesetzt hat, bedeutet, dass ein Richter zu seinen Ungunsten entscheiden würde.

Carl (Anwalt von Charlene): Ja. Außerdem: Selbst wenn ein Gericht tatsächlich befinden sollte, dass es sich um einen gültigen Vertrag handelt, ist er dennoch verfassungswidrig. Sklaverei wurde vor mehr als 125 Jahren abgeschafft.

Mediator: Der Kern Ihrer Argumentation lautet also, dass ein Gericht den Vertrag nicht für gültig erklären würde, entweder weil er für eine bindende Verpflichtung nicht hinreichend eindeutig ist oder weil es den rechtlichen Grundprinzipien widerspricht, Menschen an Vereinbarungen zu binden, die ihre Freiheit zu stark einschränken.

Carl (Anwalt von Charlene): Zudem würden wir argumentieren, dass die Aufwendungen von ›BookPro‹ für das Marketing erbärmlich waren, insbesondere wenn man sie mit dem Angebot des anderen Verlegers vergleicht.

Mediator: Durch den Vergleich von Ricks Marketinginvestitionen mit dem Angebot des anderen Verlegers würden Sie zeigen, dass Rick bei seinem Engagement für die Reihe keine überhöhten Ausgaben getätigt und sich deshalb nicht wirklich dafür eingesetzt hat.

Carl (Anwalt von Charlene): Nicht ganz. Wir würden jegliche Sympathie zunichtemachen, die ein Gericht möglicherweise Rick entgegengebracht hätte, weil seine Marketinginvestitionen nicht der Rede wert waren.

Mediator: Sobald ein Richter verstanden hätte, dass die Aufwendungen für das Marketing verhältnismäßig gering waren, wäre er nicht mehr geneigt, Rick zu favorisieren.

Carl (Anwalt von Charlene): Insbesondere wenn es um das grundsätzliche Recht auf freie Veröffentlichung geht.

Mediator: Ich glaube, dass es der Klärung der Angelegenheit zuträglich wäre, wenn jeder von Ihnen den Kern der rechtlichen Begründung der Gegenseite noch einmal wiederholt.

Das Looping der Anwälte

Looping bestätigt das Verstehen des Mediators – und der Parteien

Bis zu diesem Punkt hatte ich die Anwälte gebeten, die eigene Rechtsposition zu erläutern. Durch mein Looping ihrer eigenen Argumente, bestätigte ich ihnen, das von ihnen Gesagte verstanden zu haben. Dadurch konnte ich nicht nur mein Verstehen der Sachlage vertiefen. Gleichzeitig gab es den Anwälten die Sicherheit, dass zumindest ein Mensch im Raum ihre Position verstanden hatte: der Mediator.

Mein Looping gegenüber den Anwälten war noch in anderer Hinsicht nützlich gewesen: Es hatte das Tempo aus dem rechtlichen Schlagabtausch genommen und den Anwälten die Gelegenheit gegeben, mehr über die Argumente der Gegenseite zu erfahren; gleichzeitig konnten die Parteien ein umfassenderes Verstehen der beiden Positionen erlangen.

Fordert man die Anwälte auf nun selbst zu zeigen, dass sie verstanden haben, was der andere gesagt hat – wenn sie sich also *gegenseitig* loopen – geht man damit noch einen Schritt weiter. Während Anwälte zuhören, wie ihr Gegner die Argumente ihrer Mandanten vorträgt, sind sie in der Regel im Geiste schon damit beschäftigt, ihre Gegenargumente vorzubereiten – ihr Verstehen der anderen Seite reicht also gerade so weit, dass sie gegen sie vorgehen können. Das wirkt sich auf die Mandanten aus, vermittelt es ihnen doch mehr oder weniger unterschwellig: »Sie müssen dem Anwalt der Gegenseite nicht wirklich zuhören, denn wir haben recht und wenn der Fall vor Gericht geht, werden wir uns letzten Endes durchsetzen.«

Nun jedoch werden die Anwälte gebeten, etwas zu tun, das ihnen in vielerlei Hinsicht nicht eingängig sein dürfte, obwohl sie den Sinn dahinter vermutlich erkennen: Sie sollen ein Gesamtbild entwerfen, das für ihre Mandanten verständlich ist. Den Mandanten wiederum kann es die Augen öffnen, wenn sie hören, auf welche Weise *ihr* Anwalt die Argumente *der Gegenseite* formuliert. Vielleicht fangen sie sogar an, ihren Glauben an die Stichhaltigkeit der eigenen Rechtsposition – wie sie von ihrem Anwalt skizziert wurde – zu hinterfragen. Zumindest leistet dieser Vorgang einen ganz entscheidenden Beitrag, um für alle Anwesenden eine gemeinsame Verstehensbasis zu etablieren. Eine Basis, bei der nicht mehr nur die eigene Sichtweise verstanden wird, sondern

Gemeinsame Verstehensbasis

auch die der Gegenseite. Nachdem wir diese Aufgabe und ihren Zweck diskutiert hatten, erklärten sich die Anwälte dazu bereit.

Rob (Anwalt von Rick): Carl denkt, er könne beweisen, dass der Vertrag Unklarheiten enthält und es Charlene aus diesem Grund freigestellt sei, die restlichen Bücher der Reihe dort zu veröffentlichen, wo sie will.
Mediator: Hat er das richtig wiedergegeben, Carl?
Carl (Anwalt von Charlene): Ja.
Rob: Das gilt nicht für Verträge zwischen Erwachsenen, die wussten, worauf sie sich einließen.
Mediator: Ich weiß, dass Sie Carls Argument nicht *zustimmen*, aber momentan könnte es glaube ich hilfreich sein, wenn Sie nur zeigen, dass Sie es *verstehen*.
Rob (Anwalt von Rick): Ich verstehe es schon. Aber es trifft auf diesen Fall einfach nicht zu.
Mediator: Und wie würden Sie argumentieren, Rob, wenn Sie Charlenes Anwalt wären?
Rob (Anwalt von Rick): Ich würde sagen, dass man einen Menschen nicht dazu zwingen kann, für einen anderen Menschen zu arbeiten. Dass angesichts der Tatsache, dass diese Reihe den Großteil von Charlenes Arbeit ausmacht, die Situation quasi einer Anstellung entspricht, in der der Arbeitnehmer nicht kündigen darf.
Mediator: Hat er es verstanden, Carl?
Carl (Anwalt von Charlene): Ja.
Mediator (zu Carl): Was ist der Kern von Robs Argument?
Carl (Anwalt von Charlene): Dass der zweite Vertrag Charlene darauf verpflichtet, den Rest der Reihe von Rick veröffentlichen zu lassen und man sich im Falle von zweideutigen Details am ersten Vertrag orientieren solle.
Mediator: Stimmt das?
Rob (Anwalt von Rick): Soweit ja. Was jedoch den Ausschlag zu unseren Gunsten geben sollte, falls ein Richter überhaupt Zweifel hat, ist der Umstand, dass Rick seine Marketinginvestitionen getätigt hat, weil er sich auf diese Zusage verlassen hat.
Carl (Anwalt von Charlene): Ja, aber das war nur ein kleiner Betrag im Vergleich zu dem, was ein anderer Verleger bereits angeboten hatte.
Mediator: Das ist *Ihre* Auffassung. Wie lautet *seine*?
Carl: Dass im Verhältnis zur Größe seiner Firma Ricks Marketingausgaben höher waren als sie es gewesen wären, wenn er nicht geglaubt hätte, dass auch die übrigen Bände der Reihe bei ihm erscheinen würden.

Jeder gute Anwalt kennt die Argumente des gegnerischen Anwalts. Den Parteien war vermutlich nicht entgangen, mit welcher Leichtigkeit beide Anwälte augenscheinlich plötzlich die Gegenseite vertraten; die Argumente beider Anwälte gingen zumindest in Teilen darauf zurück, von welcher Seite sie mit ihrer Vertretung beauftragt worden waren. Nun waren wir soweit, die Risiken zu untersuchen, die der Gang vor Gericht für jede Seite barg.

Die Risiken von Rechtspositionen

Schwachstellen in Anwesenheit der Gegenseite formulieren

Erfolgreiche Anwälte möchten in der Regel, dass ihre Mandanten die Schwachstellen ihres Falls ebenso kennen wie seine Stärken. Es ist jedoch nicht üblich, dass man sie auffordert, diese Schwächen *in Anwesenheit der Gegenseite* zu formulieren. Ein Mediator kann ihnen den Wert einer solchen Vorgehensweise darlegen.

Abwechselnd Schwächen diskutieren fördert realistisches Bild

Carl (Anwalt von Charlene): Ich kann kaum irgendwelche Schwachpunkte erkennen.
Mediator: Vielleicht nicht. Ich habe die Erfahrung gemacht, dass es fast immer irgendwelche Schwachpunkte gibt, so geringfügig sie auch sein mögen, und die Anwälte das wissen, obwohl es vielleicht nicht dem Regelfall entspricht, sie ihrem Gegenüber zu offenbaren. Wenn Sie beide als Anwälte sich weiterhin Ihre besten Argumente entgegenschleudern, werden Sie dort stehen bleiben, wo Sie bisher sind. Ihre Mandanten haben keinen Überblick, die Stimmung ist schlecht. Der Sinn dieser Übung liegt darin, dass wir den gegnerisch geführten Dialog hinter uns lassen und Ihren Mandanten ein realistischeres Bild von den Ergebnissen zeichnen, zu denen vermutlich ein Prozess führen würde.
Lassen Sie mich einen Vorschlag machen, der Ihnen diese Übung möglicherweise etwas erleichtert, wenn Sie bereit sind, sie durchzuführen. Ich möchte, dass Sie – Carl und Rob – sich vorstellen, dass Sie vor Gericht gezogen sind, Ihren Fall präsentiert haben – und dann ist die Katastrophe eingetreten: das Gericht hat der Gegenseite recht gegeben. Nun müssen Sie Ihren Mandanten erklären, wie das passieren konnte. Wenn Sie beide dazu bereit sind, schlage ich vor, dass Sie sich abwechseln und nacheinander eine mögliche Schwäche preisgeben.

Ich hatte die Aufgabe auf eine für beide Anwälte nachvollziehbare Weise beschrieben: Keiner von ihnen kann so tun, als könne dieses Szenario niemals eintreten. Die Mandanten wiederum, die diesen Vorschlag hören, sind sich vermutlich bewusst, dass zumindest für einen von ihnen der fingierte Dialog wahr werden könnte.

Ich hatte vorgeschlagen, dass sich die Anwälte bei der Benennung ihrer möglichen Risiken abwechseln. Das erscheint uns an dieser Stelle wichtig, an der es für die Anwälte nicht darum geht, die Stärken ihres Falls darzulegen. Unser Ziel ist es zu zeigen, dass *beide Seiten verwundbar* sind. Würde etwa Rob anfangen, alle Risiken seines Mandanten offenzulegen und Carl würde sich anschließend weigern, mit der gleichen Ernsthaftigkeit Dinge preiszugeben, dann würden Rob und sein Klient ziemlich im Regen stehen. Legt jede Seite abwechselnd ihre Schwachstellen offen, nach dem Motto: »Erst ich ein Stück, dann Du ...«, wird eine solche Situation verhindert. Das gibt dem Verfahren die Chance, transparent zu werden.

Rob (Anwalt von Rick): Da die Wahrscheinlichkeit sehr gering ist, dass ich in eine solche Situation gerate, macht es mir nichts aus, bei diesem Szenario mitzumachen.
Carl (Anwalt von Charlene): Ich bin auch dazu bereit, aber Sie müssen verstehen, dass es für uns nur aufwärts gehen kann. Wenn wir vor Gericht ziehen und der Richter uns unser Argument nicht abnimmt, was durchaus möglich ist, dann stehen wir nicht schlechter da als jetzt. Wir stecken in einer Vereinbarung fest, die wir nicht gutheißen.
Mediator: Damit sprechen Sie die praktischen Folgen eines solchen Ergebnisses an, die ich ebenfalls gerne gemeinsam mit Ihnen untersuchen würde. Aber zunächst möchte ich, dass wir über die rechtlichen Risiken sprechen.
Carl (Anwalt von Charlene): Schön. Vor dem Hintergrund dessen, dass wir – selbst wenn wir verlieren – nicht Gefahr laufen, in eine schlechtere Position zu geraten als unsere jetzige, bin ich gewillt zu sagen, dass natürlich die Gefahr besteht, dass wir verlieren.
Mediator: Und wie wäre das möglich?
Carl (Anwalt von Charlene): Wir könnten auf einen konservativen Richter stoßen, der Geschäftsinteressen schützen möchte und sich keinen Deut darum schert, dass die Verfassung die Rechte des Einzelnen respektiert.
Mediator: Wie könnte der Richter ein solches Verhalten rechtfertigen?
Carl (Anwalt von Charlene): Wenn ein Richter der Ansicht wäre, dass der Vertrag klar ist und die Verfassung nicht verletzt, dann könnte es sein, dass Charlene die übrigen Bücher der Reihe bei ›BookPro‹ veröffentlichen oder die Reihe aufgeben muss. Ich glaube zwar nicht, dass das passieren wird, aber es könnte sein.
Mediator: Wie könnte es passieren?
Carl (Anwalt von Charlene): Der Richter könnte die Zweideutigkeit des Vertrags auflösen, indem er sich auf die Bedingungen des zweiten Vertrags stützt, selbst wenn das Charlene gegenüber ungerecht wäre.
Mediator: Wäre der Richter ›BookPro‹ wohlgesonnen, weil es ein kleiner Verlag ist, könnte für Sie diese Gefahr bestehen?
Carl (Anwalt von Charlene): Ja, aber sie ist gering.
Mediator: Könnte dieser Fall eintreten, wenn ein Richter die Höhe der

Marketinginvestitionen, die ›BookPro‹ für Charlene getätigt hat, mit dem Aufwand von anderen Büchern vergleicht, die Rick veröffentlicht hat und dies in ein Verhältnis zu dem setzt, was ein größerer Verlag bieten würde?
Carl (Anwalt von Charlene): Das ist möglich.
Mediator (zu Rob): Und was ist mit Ihnen, Rob? Welche Risiken bestehen für Rick?
Rob (Anwalt von Rick): Wäre der Richter davon überzeugt, dass die Bücher bei einem größeren Verlag besser aufgehoben sind, könnte das die Waage zu Charlenes Gunsten neigen.
Mediator: Und der Betrag, den ›BookPro‹ ins Marketing investiert hat, könnte als unzureichend erachtet werden?
Rob (Anwalt von Rick): Ich glaube nicht, dass das passieren würde, aber wenn Sie fragen, ob es möglich wäre – ja, es wäre möglich.
Mediator (zu Carl): Gut. Carl, was könnte den Richter noch dazu bewegen, zugunsten Ricks zu entscheiden?
Carl (Anwalt von Charlene): Der Richter könnte der Auffassung sein, dass es Charlene freisteht, über andere Themen als über Erziehung zu schreiben und ihre Möglichkeiten als Autorin daher nicht hinreichend eingeschränkt sind.
Mediator: Charlene kann also immer noch auf anderen Gebieten veröffentlichen. Rob, was könnte noch geschehen, damit der Richter Charlene von den Verpflichtungen entbinden würde?
Rob (Anwalt von Rick): Ich nehme an, dass ein Richter, der liberalere Ansichten vertritt, Charlene freigeben könnte.
Mediator: Ein Richter, der eher für freie Marktwirtschaft eintritt, könnte finden, dass der Vertrag genügend Unklarheiten enthält, um Charlene davon freizusprechen.
Rob (Anwalt von Rick): Das könnte sein.

Etwas höchst Interessantes war vor sich gegangen. Die Anwälte hatten nicht etwa ihre größten Geheimnisse oder Ängste preisgegeben; sie hatten lediglich Gegebenheiten anerkannt, die eintreten *könnten*. Vielleicht hatten sie sich ihren Mandanten gegenüber zuvor nicht exakt in diesen Worten ausgedrückt, aber wahrscheinlich hatten sie durchaus zugegeben, dass kein Fall absolut wasserdicht ist. Als Rick und Charlene hörten, wie ihre Anwälte über die möglichen Risiken sprachen, fanden sie das vermutlich lästig, doch keineswegs schockierend.

Was die Parteien aber sicherlich überraschte – und vielleicht auch erleichterte – war zu hören, wie der Anwalt der Gegenseite nun über den Fall sprach. Bisher hatte er sich immer absolut überzeugt gezeigt, dass er den Fall gewinnen werde; nun gab er zu, dass auch seine Rüstung Löcher hatte – und nicht gerade kleine. Während sie sprachen, konnte man sich vorstellen, dass das von ihnen beschriebene Szenario tatsächlich eintrat. Man spürte förmlich, wie sich die Atmosphäre im Raum entspannte.

Die Parteien aufklären

Parteien sollten die Rechtswirklichkeit verstehen

Grundlegendes Ziel der Diskussion ist es, die Rechtslage für die Parteien verständlich darzulegen. Bisher habe ich als Mediator gezeigt, dass ich die von den Anwälten vorgebrachten Punkte verstanden habe. Die Anwälte haben gezeigt, dass sie die Argumente der Gegenseite verstanden haben. Unklar ist jedoch noch, wie viel die Mandanten verstanden und welche Fragen sie möglicherweise haben. Letztendlich geht es aber genau darum: dass die *Parteien* die Rechtswirklichkeit tatsächlich verstehen.

Mediator: Charlene und Rick, hat einer von Ihnen eine Frage hinsichtlich der Risiken, über die wir gerade gesprochen haben? Der Zweck dieses Rechtsgesprächs ist es, Sie über die rechtlichen Gegebenheiten Ihres Falls aufzuklären. Wenn Ihnen also irgendetwas unklar ist, dann fragen Sie bitte.
Charlene: Warum hat Rick in der Vergangenheit nicht stärker ins Marketing investiert, oder warum tut er es jetzt nicht? Es hätte ihn aus rechtlicher Sicht in eine wesentlich bessere Lage versetzt. Vor allem hätten wir dann unser derzeitiges Problem gar nicht.
Rick: Kann ich Ihnen zeigen, wie viel wir dafür ausgegeben haben? Ich habe eine Übersicht der Beträge erstellt, die wir in die Vermarktung der Erziehungsreihe investiert haben und sie den Aufwendungen für andere Bücher gegenüberstellt.
Mediator: Es scheint, dass es Ihnen beiden sehr wichtig ist, über diesen Punkt zu sprechen und es kann gut sein, dass er den Kern Ihres Konflikts bildet. Es könnte tatsächlich ein wesentlicher Faktor sein, den das Gericht untersucht, wenn die Angelegenheit dort entschieden wird. Aber bevor wir ein zweites Gespräch führen, das sich mit Ihren geschäftlichen und persönlichen Gegebenheiten befasst, möchte ich sichergehen, dass Sie beide das Gefühl haben, dass Sie die rechtlichen Gegebenheiten verstehen. Ist Ihnen beiden klar, wie Ihre Anwälte vor Gericht argumentieren würden und wissen Sie, welche Risiken Sie damit eingingen?
Rick: Mir nicht. Ich verstehe nicht, inwiefern die Sache mit der Verfassung auf diese Situation zutreffen sollte.
Carl (Anwalt von Charlene): Wenn Sie gestatten, Rick, und mit der Zustimmung Ihres Anwalts – Tatsache ist, dass wenn es nach Ihnen ginge, Charlene Bücher über Erziehung nur bei Ihnen veröffentlichen könnte

und zwar unter Bedingungen, die Sie festgelegt haben, bevor die Bücher so beliebt wurden, wie sie es jetzt sind. Sie hingegen könnten morgen beschließen, dass Sie von Charlene keine Bücher mehr veröffentlichen möchten und damit müsste sie sich abfinden. Das ist in keinster Weise ebenbürtig. Die amerikanische Verfassung schützt das Recht, dass jeder arbeiten kann, wo er möchte und dass er dafür frei verhandeln kann.
Rick: Aber den zweiten Vertrag haben wir freiwillig geschlossen. Muss man nicht zu seinen Verpflichtungen stehen?
Rob (Anwalt von Rick): Genau darum geht es.
Mediator (zu Rick): Sie haben ausgesprochen, weshalb Sie glauben, dass die Rechtsauffassung, die das Verfassungsrecht auslegt, nicht haltbar sein dürfte. Sie müssen mit dem Argument nicht einverstanden sein, aber verstehen Sie es?
Rick: Ehrlich gesagt ärgere ich mich darüber, aber ich verstehe es.
Mediator: Was ist mit Ihnen, Charlene? Verstehen Sie die Argumente?
Charlene: Ja, ich glaube, dass ich sie verstehe. Aber Sie halten uns davon ab, über die Marketinginvestitionen zu sprechen, während ich glaube, dass das der Knackpunkt der Angelegenheit ist.
Mediator: Das kann gut sein und ich glaube, dass es wichtig ist, dass wir darüber sprechen. Gleichzeitig möchte ich die Diskussion darüber nicht mit der Rechtsdiskussion vermischen. Sobald uns die Rechtswirklichkeit so klar wie möglich geworden ist, ist es meines Erachtens leichter, sie beiseite zu legen, um uns dem Thema zuzuwenden, das Ihnen so wichtig ist. Ist das in Ordnung?
Charlene: In Ordnung, aber könnten wir uns damit beeilen?
Mediator: Wir müssen nicht so vorgehen.
Charlene: Es ist nur so, dass mir dieses Gerede über das Recht Angst macht.
Mediator: Das kann es tatsächlich und genau aus dem Grund bitte ich Sie, sich noch etwas mehr damit zu befassen. Es wird weniger furchteinflößend, wenn wir es ein bisschen zurechtstutzen. Ich habe den Eindruck, dass es zwei miteinander konkurrierende Prinzipien gibt, die unserer gesamten Diskussion zugrunde liegen.

Prinzipien, die dem Recht zugrunde liegen

Rechtswirklichkeit

Ziel des Rechtsgesprächs ist es, den Parteien die Rechtswirklichkeit verständlich zu machen. Indem wir es den Anwälten ermöglichen, strukturiert über Stärken und Risiken des Falls zu sprechen, verstehen die Parteien besser, was passieren würde, wenn sie vor Gericht zögen. Zudem geht es darum, zwischen den Anwälten eine größere Übereinstimmung darüber herzustellen, wie das Verfahren wahrscheinlich ausgehen wird.

Es gibt noch einen anderen Weg, um den Parteien das Recht verständlich und dadurch – bildlich gesprochen – aus dem Elefanten wieder eine Mücke zu machen: mit Parteien und Anwälten gemeinsam die Prinzipien herauszuarbeiten, die den rechtlichen Statuten und Paragraphen zugrunde liegen. Es kann für die Parteien erhellend sein, wenn man diese Prinzipien geradeheraus benennt; möglicherweise macht das die Verbindung zwischen beiden Gesprächen offensichtlicher – dem Rechtsgespräch und dem Gespräch über geschäftliche und persönliche Aspekte.

Prinzipien der anwendbaren Rechtsregeln erhellen

Mediator: Beim ersten Prinzip geht es darum, dass die Menschen frei sind, sich ihre Arbeit, die Personen, mit denen sie zusammenarbeiten und die Bedingungen ihrer Arbeit auszusuchen. Beim zweiten Prinzip geht es darum, dass man eingegangene Vereinbarungen respektiert und dass man Menschen nicht einfach von solchen Verpflichtungen entbindet, nur weil sich ihnen ein besseres Angebot auftut. Rob und Carl, habe ich diese Prinzipien korrekt beschrieben?
Rob (Anwalt von Rick): Ja, aber sie liegen nicht auf der gleichen Ebene. Die Gerichte werden nicht zulassen, dass Menschen vor ihren Vereinbarungen davonlaufen, nur weil es das Freiheitsprinzip gibt. Das Geschäftsleben käme zum Erliegen, wenn Pflichten nicht respektiert würden.
Carl (Anwalt von Charlene): Man kann aber Menschen nicht zur Erfüllung ihrer Verpflichtungen zwingen, wenn nicht alle Konsequenzen daraus so eindeutig benannt werden, dass sie für jeden verständlich sind. Man kann Menschen nicht zur Zusammenarbeit zwingen.
Mediator: Sie mögen sich darüber streiten, welches Prinzip das Gericht in diesem Fall für wichtiger erachten wird, aber stimmen Sie zu, dass das die Prinzipien sind, die das Gericht gegeneinander abwiegen würde?
Rob (Anwalt von Rick): Ich stimme zu.
Carl (Anwalt von Charlene): Ich auch, aber die Fakten würden einen Unterschied machen.
Mediator: Und einer der entscheidenden Fakten, über die Charlene und Rick bereits sprechen wollten, ist der Umfang der finanziellen Mittel, die ›BookPro‹ für die Vermarktung der Reihe aufgewendet hat, bezogen auf die Umstände ihrer Vereinbarung.
Carl (Anwalt von Charlene): Das ist eine zentrale Frage.
Charlene: Das Gericht würde sich also eben den Aspekten zuwenden, über die wir sprechen möchten.
Mediator: Genau. Aber das Gericht hätte viel weniger Spielraum dabei. Ein Gericht würde vermutlich in vielerlei Hinsicht mit den gleichen Aspekten ringen, mit denen Rick und Sie sich abmühen; aber der Richter ist für sein Urteil viel stärker an Gesetze gebunden als Rick und Sie es sind. Auch wäre das Gericht natürlich viel weniger vertraut mit den Dingen, die für Sie beide essenziell sind. Wenn jedoch *Sie beide* über diesen

Fall entscheiden, dann ist es umgekehrt – Sie sind mit Ihrer vergangenen und gegenwärtigen Situation bestens vertraut. Und Sie haben mehr Einfluss auf die Gestaltung der Lösung – basierend auf dem, was Sie beide für wichtig halten.
Charlene: Das ist hilfreich. Ich glaube, wir haben schon einen Preis gezahlt – und ehrlich gesagt, Rick, die Tatsache, dass Sie versuchen, mich durch rechtliche Schritte an den Verlag zu binden, hat mein Vertrauen nicht gerade gesteigert. Ich weiß, dass ich Ihnen gegenüber vorsichtiger geworden bin und Sorge hatte, einige meiner Ideen mit Ihnen zu besprechen, weil ich dachte, dass Sie meine Vorschläge möglicherweise ausnutzen würden.
Rick: Und Sie können sich sicher denken, dass ich angesichts des Risikos, dass Sie weitere Bücher unserer Reihe eventuell bei einem anderen Verlag veröffentlichen, gezögert habe, noch mehr ins Marketing zu investieren. Ich brauche mehr Vertrauen und Stabilität. Ich muss wissen, ob ich noch damit rechnen kann, in den nächsten Jahren die gesamte Reihe zu veröffentlichen; nur so kann ich ein umfassendes Konzept aufstellen, um die Absätze optimal zu steigern. Das kann ich nicht, wenn ich weiß, dass Ihr Ausstieg droht.
Charlene: Nun, und ich muss wissen, dass ich nicht lebenslang an Sie als Verleger gekettet bin, wenn ich den Eindruck habe, dass Sie sich nicht genügend für die Bücher einsetzen.
Mediator: Ihre jeweiligen Sorgen sind sehr wichtig. Bevor Sie nun anfangen, über die persönlichen und geschäftlichen Gegebenheiten zu sprechen, die auch der Rechtswirklichkeit unterliegen, möchte ich sicher gehen, dass Sie beide den Eindruck haben, genug von den rechtlichen Gegebenheiten verstanden zu haben.
Charlene: Ich glaube, das tue ich.
Rick: Momentan habe ich keine weiteren Fragen.
Mediator: Einen weiteren Aspekt der Rechtswirklichkeit sollten Sie meines Erachtens verstehen, bevor wir uns dem zweiten Gespräch zuwenden. Er betrifft die Frage, was es in praktischer Hinsicht bedeuten würde, wenn Sie vor Gericht zögen. Die praktischen Folgen eines Zivilprozesses abzuklären, wird uns enorm helfen, wenn wir uns mit möglichen Lösungen befassen.

Der Gang vor Gericht und seine praktischen Folgen

Nachdem wir über die rechtlichen Stärken und Schwächen beider Seiten gesprochen haben, wenden wir uns nun der Frage zu, was der Gang vor Gericht konkret bedeutet. Anwälte und ihre Mandanten konzentrieren sich oft so sehr darauf, dass ihre Rechtsposition die richtige ist und wie sie vor Gericht gewinnen können, dass sie sich nicht damit befassen, was auf dem Spiel steht, wenn sie verlieren. Möglicherweise denken sie auch nicht über die praktischen Folgen eines Gerichtsprozesses nach – und zwar weder für den Fall, dass sie verlieren noch für den Fall, dass sie gewinnen.

Abermals geht es darum, den Parteien das Recht verständlich zu machen – und zwar im Hinblick auf die Frage, inwiefern sich die Vorgänge vor Gericht auf sie auswirken. In der Regel werden die Ergebnisse daran gemessen, wie viel Zeit aufgewandt oder eingespart wurde, wie hoch der finanzielle Gewinn oder die Kosten waren, inwieweit Ziele erreicht oder verfehlt wurden, ob Chancen genutzt oder verspielt wurden, ob der Ruf der Parteien aufgewertet oder zerstört wurde und ob Beziehungen aufrechterhalten oder abgebrochen wurden.

Aufklärung über die Rechtswirklichkeit

Mögen Anwälte und Mandanten diese Aspekte in ihren Gesprächen auch berührt haben – oft überrascht es, wie wenig sie sich tatsächlich mit den *praktischen Folgen* ihrer Schlacht befassen. Wir versuchen nicht, die Parteien davon zu überzeugen, dass ein Zivilprozess grundsätzlich schlecht ist. Unser Ziel ist es, den Parteien die rechtlichen Gegebenheiten aufzuzeigen und verständlich zu machen, sodass sie in der Lage sind, selbst die beste Entscheidung zu treffen.

Mediator: Carl und Rob, wenn Sie einverstanden sind – wie würde es praktisch vor sich gehen, wenn Ihre Mandanten vor Gericht zögen?
Carl (Anwalt von Charlene): Also, zunächst würden wir uns um ein Feststellungsurteil eines Gerichts bemühen, das Charlene die Freiheit gäbe, einen Vertrag mit einem anderen Verlag abzuschließen. Ansonsten rührt kein Verlag das Buch an.
Mediator: Wie lange würde das dauern?
Carl (Anwalt von Charlene): Da dieser Fall meines Erachtens im Schnellverfahren verhandelt würde, könnten wir eine Entscheidung vom Gericht innerhalb von sechs Monaten bekommen.
Mediator: Und wenn sie verlören und Berufung einlegten?
Carl (Anwalt von Charlene): Dann würde es zwei Jahre dauern.
Mediator: Wenn Sie gewännen, was wäre dann?
Carl (Anwalt von Charlene): Wir würden einen Richter dazu bringen, uns zu erlauben, das Buch bei einem Verlag zu veröffentlichen, der mehr Geld bezahlen würde. Möglicherweise würden wir die Anwaltskosten erstattet bekommen, insbesondere wenn die Gegenseite Berufung einlegt und verliert.
Mediator: Und die Kosten?
Carl (Anwalt von Charlene): Für die Verhandlung mehr als 25 000 Dollar, bei einer Berufung bis zu 50 000 Dollar.

Mediator: Welche weiteren praktischen Konsequenzen gäbe es noch? Welche Folgen hätte das Ganze für das Buch und die Reihe?
Carl (Anwalt von Charlene): Am wichtigsten ist, dass Charlene einen hohen Vorschuss vom neuen Verlag bekäme und die Möglichkeit, sehr viel mehr Geld zu verdienen, weil sie auch ein höheres Autorenhonorar erhalten würde.
Mediator: Was ist mit der zeitlichen Verzögerung? Was für eine Auswirkung hätte die?
Carl (Anwalt von Charlene): Das könnte ein Problem sein. Charlenes Reihe hat im letzten Jahr hohe Absätze erreicht; seitdem sind sie gesunken, was unseres Erachtens daran liegt, dass die Reihe nicht genügend beworben wurde. Wir könnten den Markt verlieren, wenn wir zu lange warten. Aber das würde die Gegenseite noch stärker treffen als uns.
Mediator: Wie das?
Carl (Anwalt von Charlene): Wenn Charlene nicht ziemlich bald ein neues Buch herausbringt, wird das den Absatz der gesamten Reihe treffen.
Mediator: Rob, welche Folge hätte der Zivilprozess für Rick, wenn Sie gewinnen würden?
Rob (Anwalt von Rick): In Bezug auf Kosten und Zeit hat Carl weitgehend recht.
Mediator: Dass der Prozess sich entsprechend negativ auf Rick und ›BookPro‹ auswirken würde.
Rob (Anwalt von Rick): Richtig. Aber ich glaube, wenn Charlene davon abgehalten würde, zu einem anderen Verlag zu gehen, wäre das eine Art Weckruf für sie, der sie dazu veranlassen könnte, wieder mit Rick zusammenzuarbeiten. Sollten wir verlieren, würden wir auf jeden Fall in Berufung gehen; ich glaube, das würde das Ende der Reihe bedeuten. Rick wird keine Mittel in die Reihe stecken, bis der Fall vor Gericht entschieden ist; bei der Schnelllebigkeit des Marktes könnte es mit der Reihe rasch vorbei sein.
Mediator: Die Verzögerung könnte also das Ende der Reihe herbeiführen. Und das wäre sowohl für ›BookPro‹ als auch für Charlene schlecht.
Rob (Anwalt von Rick): Richtig. Aber wenn Charlene mit einem anderen Verlag weitermachte, würde das auch das Ende der Reihe bei ›BookPro‹ bedeuten; zudem würde es negativ auf Rick und seine Firma zurückfallen.
Mediator: Diesbezüglich würde ich Sie beide gerne etwas fragen: Welche Auswirkungen hätte das Bekanntwerden des Prozesses?
Carl (Anwalt von Charlene): Die Verlagsbranche ist ziemlich sensibel. Rick würde durch den Prozess nicht nur Zeit und Geld verlieren; die Öffentlichkeit könnte sich zudem auf Charlenes Seite stellen. Ich weiß, dass das Charlene auch nicht hilft, weil sie Rick nicht dazu zwingen kann, die Reihe zu bewerben. Aber es könnte auch sein, dass die öffentli-

che Aufmerksamkeit die Serie im Gespräch halten und die Absätze steigern würde.

Rob (Anwalt von Rick): Aber sobald die Verleger erführen, dass Charlene einen Prozess führt, würde sie als jemand gelten, der Ärger macht. Ich glaube, dann würde keiner mehr etwas mit ihr zu tun haben wollen. Es gibt einige bedeutende Vorteile, wenn wir gewännen – unter anderem die Sicherheit zu wissen, dass der Rest der Reihe von Rick veröffentlicht wird.

Mediator: Gäbe es irgendwelche Nachteile, wenn Sie gewännen?

Rob (Anwalt von Rick): Bei Zivilprozessen gibt es immer Nachteile, die sich nicht vermeiden lassen. Das ist nicht schön und könnte ihrer Beziehung schaden. Deshalb sind wir hier.

Mediator: Ich könnte mir denken, dass das für Ihren Mandanten einen Pyrrhussieg bedeutete. Er hätte zwar das Recht, Charlenes Bücher zu veröffentlichen, aber Charlene könnte beschließen, sie nicht zu schreiben. Zumindest könnte eine belastete Beziehung das Produkt beeinträchtigen und jegliche positiven persönlichen Aspekte Ihres Umgangs zunichtemachen.

Rob (Anwalt von Rick): Natürlich.

Wir waren an einen weiteren interessanten Punkt des Verfahrens gelangt. Beide Anwälte hatten eingeräumt, dass ihre Mandanten ein Risiko eingingen, wenn sie vor Gericht zögen; was noch wichtiger war: dies galt auch für den Fall, dass sie vor Gericht gewinnen sollten. Das ist nicht ungewöhnlich. Oft steigern sich die Anwälte und ihre Mandanten so sehr in den Rechtsstreit hinein, dass sie das große Ganze aus den Augen verlieren. Tatsächlich haben viele Prozessanwälte den Eindruck, dass allein der Gedanke an ein außergerichtlich erzieltes Ergebnis sie als Rechtsbeistand weniger effektiv erscheinen lässt.

Immer mehr Geschäftsleute entscheiden sich jedoch für eine Mediation, weil sie wissen, dass – egal ob sie gewinnen oder verlieren – Rechtsstreitigkeiten immer von den Geschäftsinteressen ablenken. In unserem Fall unterstützten zwar die Anwälte die Mediation; offenbar hatte jedoch keiner von ihnen mit seinem Mandanten die Folgen eines Gerichtsverfahrens so ausführlich analysiert.

Für beide Seiten stellte ein Prozess immer noch eine Option dar, sollte es uns nicht gelingen, eine bessere Lösung zu finden. Obwohl die Anwälte die Risiken eines Zivilprozesses sehr unterschiedlich einschätzten, waren sie sich doch in weiten Teilen einig, dass es für beide Seiten negative Folgen haben würde, selbst wenn sie gewinnen sollten. Diese Tatsache sollte uns die Arbeit sehr erleichtern, als wir die geschäftlichen Umstände diskutierten, um Lösungen zu finden, die sowohl für Rick als auch für Charlene günstiger wären als ein Zivilprozess.

Das Gespräch über geschäftliche und persönliche Aspekte

Endlich kamen wir dazu, über die geschäftlichen und persönlichen Aspekte zu sprechen. Das Recht trat in den Hintergrund und Charlene und Rick konnten erklären, was jedem von ihnen wichtig war. Für Rick ging es um die innere Ruhe, die er hätte, wüsste er, dass er die Veröffentlichung und Vermarktung der noch ausstehenden Titel der Reihe realistisch planen könnte, im Vertrauen darauf, dass Charlene mit ihm zusammen darauf hinarbeiten würde. Für Charlene war wichtig zu wissen, dass Rick die notwendigen Mittel aufwenden würde, um die Reihe so gut wie möglich erfolgreich zu vermarkten; außerdem war ihr wichtig zu wissen, dass sie den Verlag verlassen könnte, wenn sie den Eindruck hätte, dass Rick sie nicht genügend unterstützte.

Die Diskussion führte dazu, dass Charlene und Rick eine Vereinbarung aushandelten, in der Charlene zustimmte, dass Rick für die nächsten vier Jahre ihr Verleger bleiben würde; dann würde festgestellt, ob die von ihnen festgelegten Mindestabsatzzahlen erreicht worden waren. Sollten die Zahlen nicht erreicht werden, stünde es Charlene frei, sich einen anderen Verlag zu suchen. Damit hatte Charlene die von ihr gewünschte Ausstiegsmöglichkeit, ohne das Gefühl zu haben, die Serie sei zum Scheitern verurteilt, wenn Rick sie nicht effektiv genug vermarktete. Rick wiederum hätte eine verlässliche Chance, die kommenden vier Jahre so produktiv wie möglich zu gestalten.

Die wichtige Rolle der Rechtswirklichkeit für die Lösung

Die Anwälte waren maßgeblich daran beteiligt, Rick und Charlene zu einer tragfähigen und rechtlich bindenden Methode zu verhelfen, mit der sie ihren Erfolg messen könnten. Zwar war die Rechtswirklichkeit nie wieder so präsent wie zu Beginn der Mediation, aber sie spielte eine wichtige Rolle dabei, als Rick und Charlene gemeinsam eine Lösung fanden: eine Lösung, die besser war als ein Prozessszenario, bei dem sie beide verloren hätten.

Kommentar: Über die Einbindung des Rechts

Das Recht in die Mediation einzubinden, stellt sowohl für den Mediator als auch für die Parteien und deren Anwälte in zweifacher Hinsicht eine Herausforderung dar, und zwar hinsichtlich der Fragen,

- *ob* in der Mediation über das Recht gesprochen werden soll und, wenn ja,
- *wie* darüber gesprochen wird.

Wir sind bestrebt, die Parteien dahin zu bringen, dass sie fundierte Entschlüsse in ihren Entscheidungsprozess einfließen lassen. Daher möchten wir, dass sie ein so umfassendes Verständnis wie möglich vom Einfluss des Rechts auf diese Entscheidung haben. Es gibt mehrere, einander entgegengesetzte Strömungen, die das verkomplizieren, aber wir haben Wege gefunden, mit diesen Herausforderungen umzugehen.

Rechtsinhalt und Rechtsfolgen

Wir räumen dem Recht in unserer Kultur und unserem Denken eine immense Autorität ein. Beziehen wir das Recht auch nur ansatzweise in einen Konflikt ein, so kann das die Parteien bereits in ihrer Fähigkeit bremsen, *gemeinsam Entscheidungen zu treffen* – Entscheidungen, die spiegeln, was ihnen unabhängig von den rechtlichen Aspekten wichtig ist. Schätzen die Anwälte der beiden Mandanten den Ausgang einer möglichen Gerichtsverhandlung unterschiedlich ein, kann es sein, dass sich die Parteien in einer durch das Recht bedingten Konfliktfalle wiederfinden. Beide glauben dann, dass sie sich vor Gericht durchsetzen werden und dass die andere Seite nicht wirklich aufrichtig agiert. Vielleicht entscheiden sie dann, dass sie »die Angelegenheit besser den Anwälten überlassen.« Auf diese Weise wird das Recht vereinnahmend und überwältigend.

Unterscheidung zwischen Rechtslage und Rechtsfolgen

Um das Recht ins richtige Verhältnis zu setzen, muss der Mediator den Parteien helfen, zwischen der aktuellen inhaltlichen Rechtslage des Streits und den rechtlichen Folgen zu unterscheiden. Der Rechtsinhalt setzt sich aus den Regeln oder Statuten zusammen, die unsere Rechtsbeziehungen untereinander bestimmen. Da die Parteien in der Regel keine Anwälte sind, kann es ihnen helfen, wenn sie darüber aufgeklärt werden, wie ihr Streit nach der Gesetzeslage rechtlich einzuordnen ist.

Die *Rechtsfolgen* beziehen sich darauf, wie die Parteien ihren Streit *erleben*; das hängt meist davon ab, wie sie und ihre Anwälte mit dem Recht umgehen. Die Rechtsfolgen im Fall von Charlene und Rick bestanden darin, dass beide kaum gewillt waren, noch einmal ein solches

Gespräch zu führen; dabei hatten ihre Anwälte sicherlich beabsichtigt, sie verantwortungsvoll zu vertreten.

Als beide Parteien über die Rechtsfolgen aufgeklärt waren – obwohl sie ursprünglich nicht darüber sprechen wollten – waren sie bereit, nach konstruktiveren Wegen zu suchen, um ihre inhaltlich-rechtlichen Differenzen zu klären.

Es ist wichtig, die hier getroffene Unterscheidung zwischen Inhalt und Folgen im Hinterkopf zu behalten, weil Anwälte, Parteien und Mediatoren – insbesondere Anwälte, die sich als Mediatoren betätigen – oft die Frage des Rechts nur unter der Perspektive des Rechts*inhalts* thematisieren und somit die zerstörerische Kraft der *Folgen* ausblenden. Die Komplexität und die Feinheiten des Rechtsinhalts, die in den Ausführungen zur Klagebegründung und zur Klageabweisung recht verwirrend sein können, verbergen oft die Folgen für die Parteien.

Anhaltspunkte für die Entscheidung

Die *zwei Gesprächsebenen* – die rechtliche und die persönlich-geschäftliche – vermitteln klar und deutlich, dass die Parteien ihre Entscheidungen aufgrund unterschiedlicher Aspekte treffen. Zu verstehen, dass das Recht nur einer dieser Aspekte ist, kann dabei helfen, mit den möglichen Folgen umzugehen.

Unterschiedliche Standpunkte

Es ist ganz natürlich, dass die Konfliktpartner ihren Streit von unterschiedlichen Standpunkten aus betrachten: Für eine Partei mögen die praktischen und ökonomischen Gegebenheiten am wichtigsten sein, während es für eine andere die persönliche Beziehung ist; für die einen sind Bedürfnisse und Interessen maßgeblich, während andere dem Recht am meisten Gewicht geben. Alles hängt von ihren unterschiedlichen Sichtweisen, Werten und Prioritäten ab. Der Mediator, der das versteht, kann die Parteien darin unterstützen, sich aus dem einengenden Griff der Rechtswirklichkeit zu befreien.

Orientierungspunkte für Entscheidungen

An folgenden Anhaltspunkten kann man sich orientieren, um zu einer Entscheidung zu kommen:

- Gerechtigkeitssinn
- Interessen und Bedürfnisse der Parteien und anderer Personen
- Beziehungen
- Das Recht und ihm zugrunde liegende Prinzipien
- Praktische und wirtschaftliche Gegebenheiten
- Frühere Vereinbarungen

Was bedeutet die Einbindung des Rechts?

Je deutlicher die Parteien und ihre Rechtsberater erkennen, dass das Recht ihnen dabei hilft, sich zu orientieren, anstatt ihre Entscheidungen zu kontrollieren, desto selbstständiger können sie dem Recht gegenüber auftreten. Dieses Wissen macht aus dem überwältigenden RECHT lediglich »das Recht«. Der Mediator kann dies den Parteien auf unterschiedliche Weise bewusst machen.

Das Ergebnis einer Mediation mit dem Ausgang eines Gerichtsverfahrens vergleichen

Ein entscheidender Vorteil der Mediation liegt darin, dass die Parteien sich für eine Lösung entscheiden, die für sie besser ist als sämtliche Alternativen. Unabhängig davon, ob sie den Gang vor Gericht ernsthaft in Erwägung ziehen: zu reflektieren, wie ein Gericht voraussichtlich entscheiden würde, stellt gedanklich bei den Parteien und ihren Anwälten prinzipiell eine Alternative dar. Beim verstehensbasierten Ansatz sollen die Parteien genügend Informationen über rechtliche Alternativen erhalten, um in der Lage zu sein, diese mit den in der Mediation besprochenen Optionen zu vergleichen.

Ausreichende Informationen zum Vergleich von rechtlichen Alternativen

Das Problem bei den meisten Wirtschaftsmediationen liegt darin, dass die Parteien häufig durch die gegensätzlichen Sichtweisen der Anwälte derart verzerrte Informationen erhalten, dass sie folglich auch sehr unterschiedliche Vorstellungen vom möglichen Ausgang entwickeln – und genau das lässt sie in der Konfliktfalle feststecken. Da jede Seite der Auffassung ist, sie werde sich vor Gericht durchsetzen und die Gegenseite werde das letztendlich auch anerkennen – warum sollten sie sich einigen?

Führt man das Rechtsgespräch in Anwesenheit beider Parteien und ihrer Anwälte, kann man die Kluft zwischen ihren unterschiedlichen Sichtweisen verringern. Allein das gemeinsame Bemühen darum ist bereits ein Ausweg aus der Konfliktfalle. Sobald die Parteien begreifen, dass es sehr unwahrscheinlich ist, dass die Ansichten beider Anwälte richtig sind, wenden sie sich möglicherweise einander zu, um gemeinsam eine Lösung zu finden.

Die eigenen Rechte verstehen

In unserer Kultur bemessen Parteien im Konflikt das, was sie haben oder was ihnen zusteht, häufig daran, welche Rechte ihnen das Gesetz zuspricht. Das Wissen um die eigenen Rechte kann jemanden enorm stärken; nicht nur deshalb, weil das Recht Kontrollmechanismen bietet, die verhindern, dass eine Konfliktpartei die andere übervorteilt. Selbst wenn die Parteien von einem fähigen Anwalt vertreten werden und der Mediator davon ausgehen kann, dass sie über ihre Rechte aufgeklärt wurden, kann es immer noch entscheidend sein, ein Rechtsgespräch zu führen, bei dem alle Beteiligten die gleichen Dinge zur gleichen Zeit hören. Führt man das Gespräch *gemeinsam*, wird jede Partei über ihre eigenen Rechtsansprüche ebenso informiert wie über die des anderen. Beiden Parteien ihre Rechte offen einzuräumen, verhilft ihnen ironischerweise häufig dazu, nicht mehr nur ausschließlich auf dieses Recht zu pochen und sich stattdessen auf die Lösung ihres Konflikts zu konzentrieren. Auch werden die rechtlichen Tatsachen für die Parteien dadurch greifbarer, dass sie ihnen verständlich gemacht wurden; auf diese Weise wird der furchteinflößende Nimbus des Rechts gemindert.

Alle Beteiligten hören die gleichen Dinge zur gleichen Zeit

Die dem Recht zugrunde liegenden menschlichen Werte anerkennen

Prinzipien und Werte der Gesetze verstehen

Manchmal ist es enorm hilfreich, wenn die Parteien die Prinzipien oder Werte verstehen, die den Gesetzen zugrunde liegen. Diese Werte entsprechen häufig dem, worum es den Parteien auf einer tieferen Ebene ihres Konflikts geht. Macht man sie deutlich, können die Parteien besser verstehen, was für sie auf dem Spiel steht. Beim Rechtsgespräch im Verlagsfall konnten Charlene und Rick das Recht besser verstehen, als sie sahen, dass die Gerichte sich wahrscheinlich auf zwei Werte beziehen würden: die Freiheit des Individuums und die Einhaltung von Verpflichtungen in Geschäftsbeziehungen. So kann das Recht nützlich sein, um zu ermessen, wie sich die Gesellschaft bei Rechtsstreitigkeiten mit Fragen der Fairness, Gerechtigkeit und Rechtsbeziehungen auseinandersetzt; das können die Parteien dann mit dem vergleichen, was sie selbst für richtig halten.

Die in der Mediation getroffenen Vereinbarungen bekräftigen

Schließlich kann ein offenes Rechtsgespräch die Vereinbarungen, die die Parteien im Rahmen einer Mediation treffen, auf zwei Arten schützen und bestärken. Zum einen gibt es in den USA (im Gegensatz zu Deutschland) eine herrschende Rechtsprechung, die bestimmt, dass ein Vergleich sogar dann gerichtlich angefochten werden kann, wenn eine Partei vorher nicht über ihre rechtlichen Möglichkeiten aufgeklärt wurde.

Zum anderen kann der Umstand, dass beide Parteien entscheiden, einen Vergleich zu schließen, der von dem Urteil abweicht, das ihrer Einschätzung nach ein Gericht gefällt hätte – dass sie sich also in Kenntnis des Rechts bewusst anders entschieden haben – ihre Bindung an den Vergleich noch verstärken.

Die drei Stufen des Rechtsgesprächs

Das Rechtsgespräch dient dazu, die Parteien darüber aufzuklären, was aller Wahrscheinlichkeit nach passieren wird, wenn sie vor Gericht gehen. Heikel daran ist die Aufgabe, sie möglichst ohne die üblichen Verzerrungen einer auf streitiger Gerichtsbarkeit beruhenden Sichtweise aufzuklären. Wie wir entlang des Rechtsgesprächs im Verlagsfall ausgeführt haben, geht es um die Aufklärung über drei unterschiedliche Aspekte:

Drei Aspekte des Rechtsgesprächs
1. Die Stärken beider Rechtspositionen
2. Die Risiken beider Rechtspositionen
3. Die praktischen Folgen einer Gerichtsverhandlung

Zu 1. Beginnt man mit den *Stärken*, ist das für die Anwälte und ihre Mandanten am angenehmsten, weil sie auf diese Weise ihre eigene Position bekräftigen können. Indem man dieses Gespräch *gemeinsam* führt und der Mediator sich genügend Zeit nimmt, die Stärken der juristischen Argumente beider Seiten zu verstehen, erhalten auch beide Seiten gebührende Aufmerksamkeit. Oft bitten wir die Anwälte um ein langsameres Tempo oder darum, die von ihnen verwendeten Fachausdrücke durch einfache Begriffe zu ersetzen. Manchmal versuchen wir selbst zu »übersetzen«, indem wir mit einfachen Worten loopen, was die Anwälte sehr fachlich oder juristisch formuliert haben. Stärken

Bittet man die Anwälte, ihre Rechtspositionen gegenseitig zu loopen, kann das ebenfalls förderlich für das Verständnis unterschiedlicher Sichtweisen sein. Loopen kann auch dazu beitragen, Verwirrungen zu beheben, die manchmal aufseiten der Anwälte, manchmal aufseiten der Mandanten und nicht zuletzt aufseiten der Mediatoren bestehen. Haben die Parteien die Gelegenheit, Fragen an ihre Anwälte zu richten, trägt das noch mehr zu ihrem Verstehen bei. Gegenseitiges Loopen fördert das Verstehen

Zu 2. Während wir im nächsten Schritt beide Seiten dazu auffordern, ihre *Schwachstellen* offenzulegen, sind wir uns durchaus der Tatsache Schwachstellen bewusst, dass wir damit viel verlangen. Menschen sind sehr vorsichtig, wenn es darum geht, sich angreifbar zu machen – insbesondere vor denjenigen, die sich das zunutze machen könnten. Das gilt umso mehr für Anwälte, die von Berufs wegen grundsätzlich risikoscheu sind. Sich selbst und ihre Mandanten als verwundbar darzustellen, indem sie vor der Gegenseite die möglichen Schwachstellen ihres Falls offenlegen, ist für sie verständlicherweise zunächst undenkbar. Von mehr als einem Anwalt haben wir zu hören bekommen: »Ich werde doch der anderen Seite nicht ihre Arbeit abnehmen!« Aber je weniger Risiken die Anwälte preisgeben, desto länger behalten die Parteien ihre unrealistischen und stark voneinander abweichenden Vorstellungen von den möglichen Entwicklungen bei Gericht bei – und desto größer ist die Wahrscheinlichkeit, dass sie sich *nicht* auf eine für beide Seiten akzeptable Lösung einigen. Denn jeder Weg birgt Risiken.

Das Wissen um die Risiken des Gerichtsverfahrens erhöht die Wahrscheinlichkeit tragfähiger Lösungen

Die Aufgabe des Mediators besteht darin, den Anwälten aufzuzeigen, dass es für ihre Mandanten hilfreich sein kann, wenn man ihnen die Risiken eines Gerichtsverfahrens darlegt. Denn dadurch wird es wahrscheinlicher, dass sich die Parteien auf eine Lösung einigen, die beiden Seiten sinnvoll erscheint – was genau dem Sinn und Zweck einer Mediation entspricht. Wenn – wie bei Rick und Charlene der Fall – die Anwälte abwechselnd etwas von ihren Schwachstellen offenlegen, kann dadurch Vertrauen ins Verfahren aufgebaut werden; die Anwälte fangen mit kleinen Risiken an und warten ab, ob die Gegenseite nachzieht, bevor sie zu schwerwiegenderen Aspekten übergehen.

Analyse

Zu 3. Die Analyse der *praktischen Folgen* des gerichtlichen Verfahrens ist ganz entscheidend und wirkt häufig entwaffnend. Überraschenderweise stellen wir immer wieder fest, dass Anwälte nicht ausführlich mit ihren Mandanten darüber gesprochen haben, was wirklich passieren würde, wenn sie vor Gericht gingen – selbst im Falle eines juristischen Siegs. Wo würde ich nach einem »Erfolg« stehen? Die Antworten auf diese Frage können beiden Seiten die Augen öffnen, wenn sie in Gegenwart der anderen Partei einmal über ganz konkrete, alltägliche Auswirkungen nachdenken, die sie zuvor möglicherweise nicht bedacht haben.

Eine gemeinsame Auffassung der Rechtswirklichkeit entwickeln

Auf diese Weise führen wir systematisch durch das Rechtsgespräch hindurch und arbeiten zusammen mit den Anwälten darauf hin, anstatt einer gegensätzlichen eine *gemeinsame Auffassung von der Rechtswirklichkeit* zu entwickeln.

Wann ist der richtige Zeitpunkt?

Sind Anwälte bei der Mediation anwesend, ziehen wir es vor, das Recht als erstes anzusprechen. Entsprechendes schlagen wir vor, sobald die ersten Vereinbarungen über die Art und Weise unserer Zusammenarbeit getroffen werden. Wir haben die Erfahrung gemacht, dass es vielen Anwälten leichter fällt, sich zurückzunehmen und den Parteien Raum für die Diskussion ihrer wirtschaftlichen und persönlichen Umstände zu geben, nachdem sie selbst eine Zeit lang angehört worden sind. Zudem können die Parteien zu Beginn einer Mediation in der Regel die Rechtsrealität und die persönlichen und wirtschaftlichen Gegebenheiten nicht auseinanderhalten. Häufig ist ein Gespräch über die persönlichen und wirtschaftlichen Gegebenheiten mit den Parteien erst dann möglich, wenn der rechtliche Rahmen definiert ist.

Ist die Rechtswirklichkeit geklärt, spornt das die Parteien an, anschließend auch ihre persönlich-wirtschaftlichen Interessen zu diskutieren. Erst wenn die beiden Gespräche klar voneinander getrennt sind, werden auch die Anforderungen an jedes Gespräch klarer. Sobald die Parteien mehr Einsicht in die Rechtswirklichkeit haben – dazu zählen auch Kosten und Risiken des Rechtswegs – sind sie gut gerüstet, um festzustellen, ob es nicht besser für sie wäre, ihren Konflikt aus einem anderen Blickwinkel zu betrachten.

Zu guter Letzt ist die Rechtswirklichkeit beherrscht von Vorstellungen über Recht und Unrecht, Gewinnen und Verlieren. Da unser Mediationsansatz auf dem Grundsatz basiert, Konflikte durch *gegenseitiges Verstehen* und *gemeinsames Vereinbaren* zu lösen anstatt durch Gewinnen oder Verlieren, erweisen sich Vorstellungen von Recht und Unrecht möglicherweise plötzlich als nebensächlich. Tatsächlich richtet sich ein Großteil unserer Arbeit während einer Mediation darauf, die Parteien über die einengende Macht dieser Vorstellungen aufzuklären; wir stellen diese Macht infrage und helfen den Parteien, sich von ihr zu befreien. Das Rechtsgespräch kann dazu dienen, anstatt einer gegensätzlichen eine von beiden Parteien geteilte Auffassung des rechtlichen Rahmens zu entwickeln.

Wer entscheidet?

Was passiert, wenn eine oder beide Parteien es schlichtweg ablehnen, das Recht in die Mediation einzubeziehen? Wenn sie ihre Entscheidung unabhängig vom Recht treffen oder zumindest ohne die ausdrückliche Thematisierung des Rechts treffen möchten? Einerseits ist es unser Ziel, dass die Parteien umfassend informiert sind. Andererseits möchten wir den Parteien Vorrang bei der Entscheidungsfindung geben – und dazu gehört auch die Art, *wie* sie zusammenarbeiten, um ihren Streit zu lösen. Wir respektieren ihre Autonomie. Die Parteien haben die Möglichkeit, über das Recht informiert zu werden – aber ob das tatsächlich geschieht, hängt von ihnen selbst ab. Lehnen sie es ab, wie Rick und Charlene es ursprünglich taten, halten wir sie zu einem späteren Zeitpunkt noch einmal dazu an – und zwar dann, wenn sich abzeichnet, dass die Unkenntnis des Rechts sie möglicherweise in ihrem Konflikt gefangen hält.

Aber was tun, wenn sich die Parteien weigern, das Recht einzubeziehen und der Mediator es weiterhin für wichtig hält? Wir gehen von dem Grundprinzip aus, dass die Einigung darüber, *wie* wir zusammenarbeiten werden, die Parteien und den Mediator einschließt. Das Gespräch kann nicht stattfinden, ohne dass die Parteien zustimmen, aber es kann auch nicht stattfinden, ohne dass der Mediator zustimmt.

Empfehlung eines Rechtsgesprächs

Die Fälle, in denen der Mediator und die Parteien über die Rechtseinbindung uneins sind, liegen auf einer Skala, an deren einem Ende wir uns bemühen, *das Verstehen der Parteien weiterzuentwickeln* und an deren anderem Ende wir uns bemühen, *ihre Eigenverantwortung zu fördern*. Am einen Ende der Skala stehen den Parteien Rechtsvertreter zur Seite, die sie umfassend über das Recht informieren; am anderen Ende haben die Parteien weder einen Anwalt noch rechtliche Kenntnisse.

Das Mindeste, was wir tun ist, die Parteien dazu anzuhalten, einen beratenden Anwalt hinzuzuziehen. Zu Beginn der Mediation können die Parteien davon profitieren, sich anzuhören, wie die Anwälte die mögliche Beurteilung des Streits durch einen Richter einschätzen. Später können die Parteien ihren Rechtsbeistand heranziehen, um ihre Vereinbarung mit den rechtlich Maßstäben zu vergleichen und mit ihnen zusammen einen rechtskräftigen Vertrag aufzusetzen.

Sind beide Parteien von einem kompetenten Rechtsbeistand vertreten und versichern uns glaubhaft, dass sie über die Rechtslage umfassend aufgeklärt wurden, wären wir wahrscheinlich dazu bereit, ohne ein Rechtsgespräch zu arbeiten – wenn die Parteien unbedingt so vorgehen möchten. Gleichwohl würden wir darauf achten, ob nicht möglicherweise irrtümliche Ansichten über das Recht sie daran hindern, voranzukommen. In diesem Fall würden wir die Parteien vermutlich dazu anhalten, noch einmal zu überdenken, ob sie das Rechtsgespräch nicht doch gemeinsam führen möchten – wie bei Rick und Charlene geschehen.

Haben die Parteien keinerlei Rechtsvertreter, möchten sie keine Anwälte sehen und besitzen sie keine Rechtskenntnisse, kann der Mediator das Recht thematisieren, indem er darlegt, wie ein Gericht seines Erachtens vorgehen würde. Alternativ kann der Mediator den Parteien empfehlen, gemeinsam einen unabhängigen Anwalt mit einschlägiger Erfahrung zur Mediation hinzuzuziehen. Vermutlich würden wir uns nicht dazu bereit erklären, mit der Mediation fortzufahren, wenn wir uns nicht mit den Parteien darüber einigen könnten, *in welcher Form* das Recht einbezogen werden soll.

Was ist das Wesentliche?

Der wesentliche Punkt am Rechtsgespräch ist es, den Parteien dabei zu helfen *zu verstehen*, inwiefern das Recht sich auf ihren Streit auswirkt, sodass sie ihm anschließend so viel oder so wenig Gewicht geben können wie sie möchten. Wir sind uns stets bewusst, dass die juristische Brille das Potenzial hat, Dinge zu verzerren.

Wir arbeiten intensiv daran, den Parteien ein klares Verständnis des Rechts zu vermitteln und ihnen eine angemessene Perspektive darauf zu ermöglichen, welche Rolle das Recht im Hinblick auf ihre Entscheidung in der Mediation spielt.

Parteien und ihren Anwälten machen wir stets deutlich, dass unsere Form des Rechtsgesprächs vor allem auf drei Dinge abzielt: dass es erstens das Verständnis der Parteien hinsichtlich der voraussichtlichen Entscheidungen vor Gericht fördert; dass zweitens die Parteien dadurch über die Werte und Prinzipien in Kenntnis gesetzt werden, die das Recht verkörpert; dass drittens das Gespräch sie in ihrer Freiheit und Fähigkeit unterstützt, der rechtlichen Sichtweise die Bedeutung beizumessen, die sie selbst für richtig halten.

3.2 Einzelgespräche – Pro und Contra: Liebe, Tod und Geld

»Jetzt bedaure ich, dass wir nicht zu dem anderen Mediator gegangen sind, der früher Richter war«, brach es aus **Serena** heraus, der Anwältin von Stephen. »Er würde ohne Weiteres einem Caucus zustimmen.«
Mediator: Dann sprechen wir doch darüber, warum Sie einen Caucus wünschen.
»Was bedeutet denn *Caucus* überhaupt?«, fragte **Jamie**, die neben ihrem Anwalt Jordan saß.
Mediator: Caucusing bedeutet, dass sich der Mediator mit beiden Seiten zu Einzelgesprächen trifft. Ich ziehe es jedoch vor, sich während der gesamten Mediation gemeinsam zu treffen. Natürlich ist es Ihnen freigestellt, sich – wann immer Sie möchten – separat mit Ihren Anwälten zu treffen. Ich würde mir wünschen, dass Sie Bescheid geben, wenn Sie sich zu einem solchen Gespräch zurückziehen möchten. Ich jedoch werde mich mit keiner Seite separat treffen.
Jamie: Ich möchte auch nicht, dass die anderen sich allein mit Ihnen treffen.
Mediator: Sagen Sie uns, warum?
Jamie: Ich bin misstrauisch, was sie Ihnen wohl erzählen und ich würde wissen wollen, was Sie von denen zu hören bekommen. Es gibt nichts, was ich nur Ihnen und nicht auch den anderen sagen wollte. Ich habe nichts zu verbergen; ja, ich möchte sogar, dass sie alles hören.
Serena (Anwältin von Stephen): Ich fühle mich hier gerade in die Defensive gedrängt. Meines Erachtens könnte es uns sehr helfen, wenn wir uns einzeln mit Ihnen träfen. Erstens könnten Sie uns sagen, was Ihrer Meinung nach vor Gericht geschehen würde, falls wir diesen Schritt machten. Dadurch könnten beide Seiten ihre Situation mit der Wirklichkeit abgleichen. Zweitens befürchte ich, dass Jamie die Mediation einfach abbricht, sobald wir ein Angbot machen, das ihr nicht gefällt. Die Stimmung ist gerade ziemlich schlecht.
Mediator: Sie glauben also, dass es durch die Spannungen zwischen Jamie und Stephen schwer werden könnte, dass sie diese Angelegenheit gemeinsam regeln? Und für den Fall, dass meine Einschätzung des Rechts eine Seite bevorzugen sollte, wäre es besser, die schlechte Nachricht nicht im Beisein der anderen Seite zu erhalten. Zum zweiten vermuten Sie dass, sobald wir uns mit finanziellen Vorschlägen befassen, die den Streit möglicherweise beenden, beide Seiten weniger aggressiv miteinander umgehen und der Verhandlungsprozess erleichtert würde, wenn ich wie eine Art Shuttle-Diplomat zwischen Ihnen vermitteln würde.
Serena (Anwältin von Stephen): Ich habe die Erfahrung gemacht, dass das in Mediationen sehr hilfreich sein kann. Jamie würde aufstehen und einfach rausgehen, wenn wir nicht genau das anbieten, was sie will.

Mediator: Lassen Sie uns über beide Vorbehalte sprechen. Ich würde gerne mit dem zweiten beginnen – dem Fall also, dass Sie und Stephen ein Angebot als Reaktion auf ein Angebot der Gegenseite machen und Jamie die Mediation möglicherweise abbricht, falls sie den Vorschlag zu niedrig findet.
Serena (Anwältin von Stephen): Genau.
Jamie: Aber sehen Sie doch, es ist mein Bruder, der gestorben ist, und das Geld – Geld das wir erhielten, als unser Vater starb – war nie dazu gedacht, an Stephen überzugehen. So einfach ist das. Und ich werde diese Angelegenheit nicht verhandeln wie auf einem Basar. Wenn Serena sagt, dass wir möglicherweise einfach hinschmeißen und gehen, wenn mir ihr ›Angebot‹ nicht gefällt, dann liegt sie damit völlig richtig.
Serena (Anwältin von Stephen): Sehen Sie?
Mediator: Wir alle sind uns einig, dass Sie wegen komplizierter, hochsensibler Fragen hier sind. Die Herausforderung liegt für uns unter anderem darin, dass es uns gelingt, auf konstruktive Weise eine finanzielle Regelung für das Vermögen zu finden, um das es geht. Aber so weit sind wir noch nicht; und es könnte sein, dass wir an den Punkt gelangen und darüber nicht sprechen können, weil die eine oder andere Seite damit droht, die Mediation abzubrechen. Dann hätten wir tatsächlich ein Problem.
Serena (Anwältin von Stephen): Deshalb schlage ich vor, dass wir Einzelgespräche anwenden und einige Maßstäbe setzen für das, worüber wir hier sprechen, ohne dass wir erst an jenen Punkt kommen müssen. Ich habe bei Mediationen die Erfahrung gemacht, dass das sehr nützlich sein kann.
Mediator: Ich habe weder ein Problem damit, dass Sie diese Frage anschneiden, noch warum Sie das tun. Das ist ganz wichtig für eine bestmögliche Zusammenarbeit. Bis wir uns nicht über diesen Punkt geeinigt haben, haben wir keinerlei Grundlage, um weitermachen zu können. Ich bin zwar zutiefst davon überzeugt, dass es wertvoll ist, wenn wir uns auch künftig gemeinsam treffen, aber ich werde diesen Punkt nicht im Alleingang entscheiden. Auch wenn es sich für den einen oder anderen von Ihnen vielleicht ein wenig so anfühlt, als übte ich Druck aus, so befinden wir uns bereits mitten im Mediationsverfahren. Wenn ich Sie richtig verstehe, dann glauben Sie, Serena, dass ich – wenn ich mich mit beiden Parteien einzeln treffe – beiden eine realistische Bandbreite an Einigungsmöglichkeiten nahebringen könnte, die möglicherweise für beide Seiten gut wären, ohne dass das Risiko besteht, dass eine der Parteien der anderen vorhält, sie bemühe sich nicht ernsthaft um eine Einigung.
Serena (Anwältin von Stephen): Das wäre meines Erachtens sicherlich hilfreich.

Caucus

In der Welt der Mediation gilt das Führen von Einzelgesprächen (Caucusing) als umstritten.

Viele, die zu einer Mediation kommen – insbesondere Anwälte – erwarten, dass sich der Mediator mit beiden Seiten einzeln trifft und immer wieder von einer Partei zur anderen »pendelt« (von engl. »to shuttle«), um auf diese Weise zwischen ihnen zu vermitteln. Tatsächlich bitten manche Mediatoren die Parteien nur beim Erstgespräch zu einem gemeinsamen Treffen und führen dann die gesamte Mediation mittels Einzelgesprächen durch. Erst für das abschließende Händeschütteln führen sie die Parteien wieder zusammen.

In den Vereinigten Staaten führen fast alle Anwälte schon einmal vor oder während der Gerichtsverhandlung mit einem Richter ein »Vergleichsgespräch«. Das bedeutet, der Anwalt jeder Seite führt – manchmal zusammen mit seinem Mandanten, manchmal ohne ihn – mit dem Richter Gespräche, um zu versuchen, den Fall gütlich beizulegen.

Bei einer solchen klassischen Situation eines gerichtlichen Verfahrens versuchen die Richter für gewöhnlich, jeder Seite bei der Einschätzung ihrer Rechtsposition behilflich zu sein. Aber zuweilen versuchen sie auch, beide Seiten unter »Druck« zu setzen, damit sie sich einigen. Dabei weisen die Richter in der Regel auf die Risiken hin, denen jede Seite ausgesetzt wäre, wenn der Fall vor Gericht entschieden würde. Haben beide Seiten bei einer gerichtlichen Alternative hinreichend viele Risiken zu erwarten, sind sie vielleicht bereit, auf Grundlage der richterlichen Vorhersage einen Vergleich zu schließen. Auf diese Weise tragen die Richter dazu bei, die vor Gericht verhandelten Fälle zu reduzieren. Die Parteien wiederum geben sich damit zufrieden, dass – bildlich gesprochen – die Hälfte des Kuchens eventuell besser ist als das Risiko, überhaupt nichts vom Kuchen abzubekommen und dafür noch die Gerichtskosten tragen zu müssen.

Anwälte bevorzugen dieses Vorgehen aus verschiedenen Gründen. Es ist eine gängige Meinung, dass es besser ist, die Parteien voneinander zu trennen und das Recht einzuschalten, sobald ein Streit erst einmal richtig ausbricht. Denn überlässt man die Konfliktpartner sich selbst, führt das letztendlich dazu, dass sie einander beschimpfen.

Wir sind jedoch der Ansicht, dass der Mediator bei der Einzelgespräch-Mediation (Caucusing) zu viel Macht zugesprochen bekommt. Er ist in diesem Fall die einzige Person, die ein Gesamtbild von der Situation hat. Die Parteien haben nur von den Dingen Kenntnis, die in den gemeinsamen Treffen besprochen werden und die Informationen, die ihnen der Mediator über die Treffen mit der Gegenseite erzählen darf oder über die zu berichten er sich entscheidet.

Bei unserem Ansatz sind diejenigen, die ihren Streit lösen, *die Parteien selbst*. Beim Caucusing besteht die Gefahr, dass der Mediator zu einer Art Richter oder Vermittler wird, der seine oder ihre Position dazu nutzt, die Parteien in Richtung einer Abmachung zu beeinflussen; darauf kommen wir später noch zurück. Einige Mediatoren sehen das als ihre Aufgabe. Bei einer Einzelgespräch-Mediation ist es verständlich, dass die Parteien den Mediator als Richter betrachten und entsprechendes von ihm erwarten – hat doch der Mediator mehr Informationen über den gesamten Fall als die Konfliktparteien. Die damit verbundenen Gefahren liegen für die Parteien und deren Anwälte möglicherweise nicht auf der Hand, daher versuchen wir, sie ihnen zu verdeutlichen.

Gefahr, zum Richter oder Vermittler zu werden

Mediator: Lassen Sie mich erklären, weshalb ich der Ansicht bin, dass eine Zusammenarbeit sinnvoll ist – trotz der Probleme, die sie möglicherweise birgt. Ich will hier nicht der Richter sein. Ich will nicht versuchen, auf irgendeine Weise Macht auszuüben, um Sie einander näher zu bringen oder Sie zu beeinflussen, indem ich etwa eine verzerrte Analyse des Rechts liefere. Als Anwälte wissen Sie nur zu gut, was einige Mediatoren bei solchen Einzeltreffen tun oder die Richter bei den sogenannten Vergleichstreffen. Sie machen beiden Seiten die Hölle heiß, indem sie ihnen erzählen, weshalb es durchaus sein kann, dass sie verlieren. Das erscheint mir manipulativ; ich empfinde es als Zwangsmittel. Mein Ziel ist es, für Abkühlung zu sorgen, damit es zu einer Übereinkunft kommt, anstatt den Beteiligten noch mehr einzuheizen.
Serena (Anwältin von Stephen): Das finde ich frustrierend, weil ich denke, dass Sie uns helfen könnten, uns einander anzunähern, indem Sie uns eine unabhängige Einschätzung der Rechtslage liefern.
Mediator: Ich habe durchaus vor, mich im Hinblick auf die rechtliche Alternative aktiv einzubringen, jedoch wird das auf andere Weise geschehen, als Sie vorschlagen. Ich glaube nicht, dass meine Meinung über das Recht besonders wertvoll ist, weil ich nicht so viel über den Fall weiß wie Sie als Anwälte. Für mich sind Sie beide die Experten. Dessen ungeachtet glaube ich, dass es für Sie nützlich sein könnte, wenn wir ausführlicher über das Recht sprechen. Dann könnten Ihre Mandanten präziser verstehen, in welchen Punkten Sie unterschiedliche Auffassungen vertreten und wo Sie einer Meinung darüber sind, wie ein Richter handeln würde. Das gleiche gilt für die Frage, welche praktischen Folgen sich für beide Parteien ergeben würden, wenn sie vor Gericht zögen. Zwar überlasse ich die Einschätzungen den Anwälten, aber ich werde mich auf jeden Fall bemühen, die Situation mit Ihnen zu klären; ich werde Fragen oder Bedenken aufwerfen und jegliche Erkenntnisse mit Ihnen teilen.

Das gelingt mir – glaube ich – am besten, wenn wir alle beisammen sind. Zudem glaube ich, dass wir zu einer ziemlich übereinstimmenden Auffassung der gerichtlichen Alternative kommen können, wenn wir dieses Gespräch gemeinsam führen.

Serena (Anwältin von Stephen): Aber wenn Sie uns allen Ihre Erkenntnisse mitteilen und diese für die andere Seite vorteilhafter sind – oder für uns – dann könnte uns das noch weiter entzweien.

Mediator: Das ist eine berechtigte Sorge und einer der Gründe, weshalb ich die tatsächliche Einschätzung Ihnen beiden überlasse. Aber es stimmt, wir könnten gemeinsam entdecken, dass das Recht eine Seite stärker unterstützt als die andere und meine Fragen oder Erkenntnisse könnten zu dieser Einsicht noch beitragen. Aber das könnten Sie auch in Einzeltreffen mit mir herausfinden, es sei denn, mein Ziel wäre es, die Wahrheit zu kaschieren und das Verfahren zu beeinflussen.

Serena (Anwältin von Stephen): Allein ließen sich Ihre Erkenntnisse möglicherweise leichter verdauen.

Mediator: Es ist Ihnen freigestellt, sich mit Ihren Mandanten zu treffen, wann immer Sie möchten. Ihre Mandanten sollten sich von Ihnen geschützt und unterstützt fühlen und wissen, dass Sie ihnen dabei helfen, die Situation zu durchdenken und zu klären.

Serena (Anwältin von Stephen): Ich merke schon, dass ich mich in dieser Frage nicht durchsetzen kann.

Mediator: Es hört sich vielleicht etwas abgedroschen an, aber ich arbeite darauf hin, dass jeder von Ihnen gewinnt. Wenn Sie alle auf umfassende Weise an die gleichen Informationen herankommen, dann gehen wir alle von der gleichen Basis aus. Ich glaube, dass das die Chancen maximal steigert, zur bestmöglichen Lösung zu finden.

Serena (Anwältin von Stephen): In Ordnung, ich bin bereit, es zu versuchen, wenn Stephen einverstanden ist.

Die Ereignisse, die Stephen und Jamie an diesen Punkt geführt hatten, waren für alle Beteiligten tragisch gewesen. Stephen (59) hatte eine langjährige, intime Beziehung mit Jamies älterem Bruder Eddie geführt, der nach siebenjähriger Krankheit im vorangegangenen Jahr 64-jährig gestorben war. Obwohl sich die Geschwister nahestanden, hatte Eddie Jamie nie erzählt, welcher Art seine Beziehung zu Stephen wirklich gewesen war.

In den letzten drei Jahren seines Lebens brauchte Eddie immer mehr medizinische Versorgung. Ein Jahr vor seinem Tod wurde ihm ein Bein amputiert; von da an musste er rund um die Uhr gepflegt werden. Stephen war weder emotional noch finanziell in der Lage, die Last einer Vollzeitpflege für Eddie zu schultern. Seine berufliche Tätigkeit erforderte seine Anwesenheit mindestens neun Stunden pro Tag; wenn er dann nach Hause kam, war Eddie verständlicherweise deprimiert und zunehmend ängstlich.

Jamie hatte früher als Krankenschwester gearbeitet und hielt regelmäßigen Telefonkontakt zu ihrem Bruder. Als es mit Eddies Gesundheit bergab ging, wurde sie zunehmend beunruhigter, wenn er seine Situation beschrieb. Eines Tages kam sie unangekündigt zu Besuch und war entsetzt, wie dürftig die Pflege war, die Eddie zuteilwurde. Wenige Tage später war sie bei Stephen und Eddie eingezogen, um ihren Bruder zu pflegen.

Die Spannungen zwischen Jamie und Stephen nahmen zu und wurden unerträglich. Nach ein paar Wochen verlegte Jamie ihren Bruder in das Haus eines Freundes, wo sie die Pflege ihres Bruders überwachte, bis er zwei Monate später verstarb. Während dieser Zeit sorgte Jamie dafür, dass Stephen seinen Partner wenn überhaupt nur kurz besuchen durfte. Als Eddie starb, waren Jamie und Stephen dermaßen verfeindet, dass sie ihn von der Beerdigung ausschloss.

Etwa ein Jahr vor seinem Tod hatte Eddie verschiedene seiner Bankkonten, die sich insgesamt auf ungefähr 100 000 Dollar beliefen, in Gemeinschaftskonten mit Stephen umgewandelt, der laut Testament seit langem sein Erbe war; das gleiche machte er mit einem Einlagenzertifikat im Wert von 80 000 Dollar. Nachdem Jamie ihren Bruder aus dem Haus verlegt hatte, das er sich mit Stephen teilte, redete sie ihrem Bruder zu, sein Testament zu ändern, sodass Stephen von seinem Vermögen ausgeschlossen würde. Sie stellte ihm einen Anwalt vor, der die entsprechenden Papiere aufsetzen sollte. Eddie erstellte ein neues Testament, in dem er alles Jamie und jenem Freund vermachte, in dessen Haus er vor seinem Tod gezogen war.

Kurz nach Eddies Tod entdeckte Jamie, dass das neue Testament keine Gültigkeit hatte im Hinblick auf die Vermögenswerte der Gemeinschaftskonten, zu denen die 100 000 Dollar von den Bankkonten und das Einlagenzertifikat über 80 000 Dollar zählte; das Geld bildete nun den Hauptteil von Stephens Vermögen. Jamie explodierte. Sie strengte einen Prozess gegen Stephen an, in dem sie ihn beschuldigte, Eddie im Spätstadium seiner Krankheit vernachlässigt und ausgenutzt zu haben. Aufgrund von Eddies Alter beschuldigte sie Stephen darüber hinaus der Ausnutzung eines älteren Menschen, was sie zur Forderung von Strafgeldern und Entschädigungszahlungen berechtigen würde.

Die Mediation war das erste Treffen zwischen Stephen und Jamie seit Eddies Tod. Es war ihnen nicht möglich, einander in die Augen zu sehen. Offenkundig war das Zusammentreffen alles andere als leicht für sie; ich war daher keineswegs überrascht, dass Serena sich so sehr für Einzelgespräche eingesetzt hatte.

Sobald wir uns alle geeinigt hatten, dass wir – zumindest versuchsweise – gemeinsam weitermachen würden, erklärte ich die Logik der *zwei Gespräche:* Im ersten würde es um das Recht gehen – ein Part, den ihre Anwälte übernehmen würden. Im zweiten würden wir uns mit den persönlichen Interessen der Parteien befassen.

Mediator: Ohne in die Tiefe gegangen zu sein, wurde bereits deutlich, dass Ihre Positionen stark von einer persönlichen Komponente geprägt sind. Eddie war ganz offensichtlich für Sie beide ein ganz wichtiger Mensch; die Intensität dieser persönlichen Bindung zu ihm ist meines Erachtens entscheidend dafür, wie jeder von Ihnen das empfindet, was hier geschieht. Nachdem wir das Gespräch über das Recht beendet haben, hoffe ich, dass wir ein Gespräch darüber führen können, was jedem von Ihnen persönlich wichtig ist. Meine Hoffnung ist, dass sich bei diesem Gespräch unser gemeinsames Verweilen in diesem Raum wirklich auszahlt und wir alle im Ansatz verstehen, was Ihren jeweiligen Positionen zugrunde liegt.
Serena (Anwältin von Stephen): Das mag stimmen. Wir müssen es abwarten.
Mediator: Lassen Sie uns einen Schritt nach dem anderen machen.
Jamie: Es geht in diesem Fall nicht nur um persönliche Beziehungen, sondern auch um persönliche Handlungen und persönliche Haftung.
Mediator: Auch das. Was immer jedem von Ihnen wichtig ist.

Serena, Anwältin von Stephen, und Jordan, der Anwalt von Jamie, stellten die Rechtspositionen ihrer Mandanten vor. Jordan machte deutlich, dass er davon überzeugt sei, Jamies Rechtsposition sei ziemlich stark und würde von mehreren Zeugen unterstützt, zu denen Krankenschwestern, Freunde von Eddie und ein Nachbar zählten. Sie alle würden bezeugen, dass Stephen nicht in der Lage gewesen war, angemessen für Eddie zu sorgen: Er hatte ihm falsches Essen gegeben, hatte vergessen, Eddie die nötige Medizin bereitzustellen und ihn ohne Pflege allein gelassen, während Stephen bei der Arbeit war; all das habe enorm zu Eddies Leiden beigetragen und seinen Tod beschleunigt. Jordan sagte, er sei zuversichtlich, dass ein Gericht Jamie bis zu einer Million Dollar an Entschädigungs- und Strafzahlungen zusprechen würde.

Serenas Präsentation war ebenfalls überzeugend. Sie verwies darauf, dass Stephen so viel für Eddie getan hatte, wie er nur konnte; dass Eddie an den Entscheidungen, die seine Pflege betrafen, beteiligt gewesen war; dass sie ein liebevolles Verhältnis zueinander hatten, was Freunde bezeugen könnten; dass alles, was Stephen getan hatte, aus Liebe und Hingabe zu Eddie erfolgt sei. Tatsächlich sei es auch diese Liebe gewesen, die Stephen zustimmen ließ, dass zunächst Jamie bei ihnen einzog und Eddie später ihr gemeinsames Haus verließ.

Andererseits, meinte Serena, könne man Jamies Motive durchaus mit einer gewissen Skepsis betrachten; insbesondere den Umstand, dass sie Eddie dazu gebracht habe, sein Testament zu ändern. Stephen war eindeutig der Erbe, den Eddie sich gewünscht hatte. Dies ließ sich an mehreren gut belegten Handlungen ablesen, etwa dass er Stephen als Bevollmächtigten zu seinem Konto oder seinen Wertpapieren hinzufügen ließ. Würden Jamie und Jordan vor Gericht die Position vertreten, Eddie sei nicht zurechnungsfähig gewesen, als er Stephen Vollmachten auf seine diversen Konten und das Einlagenzertifikat erteilte, so folgte daraus, dass das von Eddie später verfasste Testament ebenfalls ungültig wäre. Aller Besitz, den Eddie laut neuem Testament Jamie überlassen hatte, fiele automatisch an Stephen, weil Stephen der Erbe des ursprünglichen Testaments war. Sie verwies zudem darauf, dass es vor Gericht wohl kaum gut ankäme, dass Jamie ihren Bruder aufgefordert hatte, sein Testament zu ändern, wenn sie geglaubt hätte, er sei nicht zurechnungsfähig.

Die Tatsache, dass Jamie Stephen von der Beerdigung seines Lebenspartners ausgeschlossen hatte, wäre ein gemeiner Akt, den ein Gericht ihr ebenfalls vorhalten könne. Sowohl Serena als auch Jordan räumten die potenziellen Stärken der Argumente ihres Gegenübers ein und waren sich einig, dass ein gerichtliches Urteil wahrscheinlich davon abhängen würde, wie das Gericht die Beziehung zwischen Eddie und Stephen einschätzte. Diese Frage barg erhebliche Risiken für beide Seiten.

Anschließend sprachen wir über die praktischen Folgen eines Gangs vor Gericht, über die anfallenden Prozessgebühren, Anwaltskosten und darüber, dass Nachbarn und Freunde als Zeugen aufgerufen würden.

Ich beteiligte mich aktiv am Rechtsgespräch, stellte Fragen, wenn mir die Analysen der Anwälte unvollständig vorkamen oder wenn ich den Eindruck hatte, dass die Mandanten ihnen nicht folgen konnten.

Dann wandten wir uns dem *zweiten Gespräch* zu. Ich bat Stephen und Jamie jeweils um ihre Version vom Streithergang. Wir kamen überein, dass sie sich im Gespräch eher an mich als aneinander wenden sollten, zumindest zu Beginn.

Schnell wurde deutlich, dass Jamie nicht in der Lage war, sich mit giftigen Äußerungen und Urteilen über Stephen zurückzuhalten; dieser hielt den Blick gesenkt, während sie sprach. Ich wusste, dass beide Anwälte dachten, dies sei exakt eine jener Situationen, in denen wir uns des Einzelgesprächs bedienen sollten, während ich unsere Chance gerade im gemeinsamen Verweilen in ein und demselben Zimmer sah. Mit ungeheurer Energie und Direktheit beschrieb Jamie, wie Stephen ihren Bruder sich selbst überlassen hatte, wobei sie sich auf Telefonate mit Eddie und auf eigene Beobachtungen während der letzten Monate seines Lebens bezog. Meine Aufgabe war es, das Gesagte zu wiederholen und dadurch viele von Jamies anklagenden Bemerkungen über Stephen in Sätze zu verwandeln, die deutlich machten, dass dies lediglich *ihre persönliche Auffassung* war. Allmählich gewann Jamies Position an Tiefe.

Ihr Schmerz und ihre Trauer über das Leben ihres Bruders während der letzten Jahre traten zutage, ebenso wie die von ihr empfundene Ohnmacht, als sie versuchte, ihn am Leben zu halten. Jene Zeit war für Jamie eindeutig eine Tortur gewesen. Weil sie sich von mir und ihrem Anwalt unterstützt fühlte, war sie – mit Zustimmung ihres Anwalts – sogar dazu bereit, über einen Prozess zu sprechen, den sie gegen ein Pflegeheim angestrengt hatte, weil Eddies und ihr Vater dort am Ende seines Lebens nicht auf angemessene Weise versorgt worden war. Der Prozess hatte nach dem Tod ihres Vaters zu einem Vergleich mit der Versicherungsfirma geführt.

Jamie hatte sich damals geschworen, dass sie nie wieder einen ihr nahestehenden Menschen durchmachen lassen würde, was ihr Vater hatte erleiden müssen. Diese Vorgeschichte hatte ihren Schmerz über den Verlust ihres Bruders extrem gesteigert. Wohlwissend, dass auch er nicht gut gepflegt worden war und sie selbst nicht schnell genug gehandelt hatte, um das zu verhindern. Besonders wütend machte sie der Umstand, dass das Geld aus dem Versicherungsvergleich – das Ergebnis des Streits um das Leiden ihres Vaters – in dem Einlagenzertifikat steckte, das nach Eddies Tod nun rechtmäßig in Stephens Besitz übergegangen war.

Nun war Stephen an der Reihe. Niedergeschlagen und traurig erzählte er, wie erdrückend Eddies letzte Jahre für sie beide gewesen waren. Während Jamie darauf brannte, unzählige Einzelheiten der Situation zu schildern, musste sich Stephen förmlich zum Sprechen zwingen. Er sprach in kurzen abgehackten Sätzen. Allmählich wurde deutlich, dass er sowohl erleichtert als auch frustriert gewesen war, als Jamie aufgetaucht war. Erleichtert deshalb, weil ihr Fachwissen eine große Hilfe war; frustriert, da ihre Wut auf ihn sehr schmerzhaft für Stephen war. Er fühlte sich von Jamie zunehmend und systematisch an den Rand von Eddies Leben und Sterben gedrängt. Das Ganze gipfelte darin, dass Jamie ihn von Eddies Beerdigung ausschloss.

Während Stephen sprach, versuchte Jamie immer wieder, ihn zu unterbrechen, um seine Bemerkungen zu widerlegen; es fiel ihr offensichtlich sehr schwer, sich an unsere Vereinbarung zu halten und Stephen aussprechen zu lassen. Als ich sie darauf hinwies, gelang es ihr nur mit Mühe, sich zu beherrschen – bis zu Stephens nächster Äußerung. Ich konnte sehen, wie schwer es für sie war, weil sie die Dinge so vollkommen anders sah und spiegelte ihr das, wobei ich mehrfach betonte, dass es gerade darum ginge, dass sie *beide* in diesem Raum ihre Sichtweise zum Ausdruck brächten.

Ich konnte förmlich spüren, wie tief der Abgrund zwischen ihnen war und fragte mich, ob überhaupt und wenn ja, welche Spuren sie beim anderen hinterlassen hatten. Ich war mir sicher, dass es für Stephen schwer gewesen war, als Jamie sprach. Aber ich hatte die Hoffnung, dass es dadurch, dass sich der Schwerpunkt unseres Gesprächs von einem direkten Angriff auf Stephen hin zu Äußerungen über Jamies Erfahrungen verlagerte – insbesondere zu ihrem tiefen Schmerz – für ihn etwas leichter gewesen sein mochte. Was Jamie betraf, bemerkte ich, dass es ihr sehr schwer fiel, Stephen zuzuhören, und dass sie – wenn überhaupt – nur wenige Einzelheiten von dem, was er sagte, aufgenommen hatte. Ich hoffte nur, dass sie sehen konnte, was für uns andere offensichtlich war: wie viel diese ganze Geschichte Stephen abverlangt hatte.

Natürlich wäre es möglich gewesen, ein Einzelgespräch zunächst mit Jamie und dann mit Stephen zu führen und zu versuchen, ihre Auffassungen wechselseitig zwischen ihnen zu vermitteln. Ich hätte auch zuerst die Einzelgespräche führen und die Parteien anschließend zusammenbringen können, damit sie versuchen, ihre Ansichten noch einmal vorzutragen und dem anderen zuzuhören. Aber die Gespräche im Beisein aller zeigten durchaus eine spürbare Wirkung. Jamie ging langsam dazu über, sich weniger auf das Angreifen und mehr auf ihre eigene Erfahrung zu konzentrieren. Stephen fiel es ungemein schwer, überhaupt etwas zu sagen. Beiden war anzumerken, dass ihre Bemühungen absolut authentisch waren – und genau dieser Eindruck wäre vielleicht verloren gegangen, wenn sie sich zunächst in Einzelgesprächen und erst später vor den anderen geäußert hätten – gewissermaßen nach »Proben« im kleinen Kreis.

Jamies und Stephens Aufrichtigkeit war so auffällig, dass ich hoffte, sie könnte für uns eine Basis schaffen. Ich fragte beide Parteien, ob wir noch einen Schritt weiter gehen und versuchen wollten, Verständnis füreinander aufzubringen, obwohl sie die Dinge so unterschiedlich betrachteten. Stephen fand, dass das nützlich sein könnte. Jamie sah nur schwer ein, warum sich dadurch etwas ändern sollte.

Mediator: Vielleicht ändert sich dadurch nichts. Wenn es uns etwas nützt, dann deshalb, weil Sie beide wissen, dass Sie das große Ganze verstehen. Sie haben unterschiedliche Sichtweisen. Der Sinn der Übung läge nicht darin, dass Sie in allem einer Meinung sind.
Jamie: Mit diesem Mann werde ich nie und nimmer einer Meinung sein. Ich kann einfach nicht verstehen, wie er so mit meinem Bruder umgehen konnte.
Mediator: Würden Sie das denn gerne verstehen?
Jamie: Ja schon. (Zu Stephen:) Sagen Sie mir, weshalb Sie meinen Bruder derart miserabel gepflegt haben.
Mediator: So hatte ich mir das nicht vorgestellt.
Jamie: Dann sagen Sie mir, wie ich es richtig mache.
Mediator: Vielleicht ist es auch gar nicht sinnvoll. Der einzige Grund, es zu tun, wäre der, dass es für Sie wertvoll wäre.
Jamie: Okay. Alles klar. Warum, Stephen, schätzen Sie das, was ich getan habe, so gering? Warum sind Sie mir für das, was ich getan habe, so wenig dankbar?
Mediator: Ist das eine echte Frage?
Jamie: Ja, das ist es.

Ich hatte mir diesen Teil des Verfahrens eigentlich etwas anders vorgestellt, nämlich dass beide Parteien sagen würden, was sie von dem verstanden hatten, was der andere gesagt hatte. Ich hatte gedacht, dass sie sich dadurch zumindest ein wenig näher kommen würden. Aber es war offensichtlich, dass Jamie wirklich wissen wollte, wie Stephen auf die von ihr gestellte Frage antworten würde. Und ich wollte das unterstützen, sofern es Stephen sinnvoll erschien.

Mediator: Stephen, ich könnte mir vorstellen, dass es für Sie schwierig ist, Jamies Frage zu beantworten.
Stephen: Ich kann darauf antworten. Ich *habe* es zu schätzen gewusst. Sie waren für uns ein enorme Hilfe, als ich nicht wusste, wie es weitergehen könnte.
Jamie: Warum haben Sie mir das denn nie gesagt?
Stephen: Sie haben alles kritisiert, was ich getan habe. Egal was ich ge-

macht habe, Sie haben immer nur gesagt, es ist falsch. Also habe ich den Mund gehalten.

Mediator: Weil Sie von Jamie also immer kritisiert wurden, sind Sie nie auf die Idee gekommen, Ihre Dankbarkeit zu äußern und haben einfach nur den Mund gehalten.

Stephen: Ja.

Mediator: Wissen Sie, warum?

Stephen: Ich weiß es nicht. Vielleicht hatte ich Angst vor ihr.

Jamie (in die Luft gehend)**:** Angst? Warum sollten Sie Angst vor mir haben? Ich war da, um zu helfen.

Mediator: Jamie, ich glaube, vielleicht ist es immer noch der Fall.

Jamie: Was ist immer noch der Fall?

Mediator: Es könnte sein, dass Stephen auch jetzt Angst vor Ihnen hat.

Jamie: Stimmt das?

Stephen: Ja. Sie können einen ziemlich einschüchtern.

Jamie: Das wurde mir schon mal gesagt. Seit wann haben Sie vor mir Angst?

Stephen: Seit unserer ersten Begegnung.

Jamie: Sie wollen damit sagen, dass Sie Angst vor mir hatten, als Sie bei mir daheim zu Gast waren?

Stephen: Ja.

Jamie: Als ich Sie in meinem Leben willkommen hieß, obwohl mein Bruder mir nie gesagt hatte, dass Sie beide ein Paar waren, hatten Sie Angst vor mir?

Stephen: Ich glaube, auch Eddie hatte ein wenig Angst vor Ihnen.

Jamie: Was soll das heißen?

Stephen: Ich wollte von Anfang an, dass Sie über unsere Beziehung Bescheid wissen, aber Eddie glaubte, Sie könnten damit nicht umgehen.

Jamie: Ich wusste immer, was los war. Mein Bruder musste mir nicht erst von Ihnen beiden erzählen; ich wusste auch so Bescheid.

Stephen: Schon. Aber er hatte trotzdem Angst, das Thema Ihnen gegenüber anzusprechen.

Jamie: Und Sie haben nicht darauf bestanden.

Stephen: Das wollte ich nicht. Er hatte einfach Angst, etwas zu sagen.

Wir waren an einen interessanten Punkt gekommen. Jamie war wirklich schockiert, als sie hörte, dass sie nicht nur Stephen, sondern auch ihren eigenen Bruder eingeschüchtert hatte. Das führte dazu, dass sie weniger konfrontativ miteinander umgingen und die Atmosphäre entspannte sich allmählich. Keiner von beiden sprach es unmittelbar aus, aber es war offensichtlich, dass Eddie beiden sehr viel bedeutet hatte. Außerdem wurde deutlich, dass es zu weiten Teilen an ihrer Zuneigung zu Eddie lag, weshalb es sie so sehr aufregen und verletzen konnte, was der andere getan oder versäumt hatte zu tun.

Während dieses Dialogs hatten die Anwälte geschwiegen, bis auf einmal, als Jordan mit Jamie abklärte, ob sie weiter über den Tod ihres Vaters sprechen sollte. Meines Erachtens trugen jedoch die stille Anwesenheit der Anwälte und ihre Unterstützung wesentlich dazu bei, dass wir uns so intensiv ausgetauscht hatten.

Im nächsten Schritt stellten wir fest, welche Bedürfnisse und Interessen für beide Parteien am wichtigsten waren und listeten eine Reihe unterschiedlicher Möglichkeiten zur Beilegung des Streits auf. Schließlich stimmten Stephen und Jamie zu, jeweils zusammen mit ihrem Anwalt einen schriftlichen Vorschlag vorzubereiten, in dem jede Seite ihre Prioritäten darlegte und der der Gegenseite beim nächsten Treffen unterbreitet werden sollte.

Als wir uns erneut trafen, schlug Jamie vor, dass Stephen ihr das Konto mit den 80 000 Dollar übertrug, dass er schriftlich zugab, Eddie schlecht behandelt zu haben und dass einige persönliche Gegenstände an Jamie übergingen, die sich noch in dem Haus befanden, in dem Eddie mit Stephen gelebt hatte. Stephen schlug vor, dass er Jamie 40 000 Dollar übertrug, dass er sich nicht entschuldigte und dass er Eddies persönliche Gegenstände an Jamie übergeben würde.

Jamie: Für uns stellt sich die Sache einfach dar. Ich habe das Gefühl, dass Stephen aus mir einen Buhmann gemacht hat, weil er nicht zu der Beerdigung eingeladen war. Ich denke, dass das, was wir gemacht haben, gerechtfertigt war; mein Einsatz für die Pflege von Eddie wurde nie wirklich anerkannt. Ich brauche eine schriftliche Bestätigung, dass er sich nicht hinreichend um Eddie gekümmert hat. Was das Geld des Einlagenzertifikats betrifft, steht es für die Folgen dessen, was mit meinem Vater geschah und ich finde es nicht richtig, dass Stephen es erhalten soll.
Mediator: Wenn Sie also von Stephen die Bestätigung erhalten, dass er sich nicht angemessen um Eddie gekümmert habe, gibt Ihnen das die Anerkennung, die Sie Ihres Erachtens nie von Stephen erhalten haben?
Jamie: Um seine Anerkennung zum Ausdruck zu bringen, ist es viel zu spät. Es ist aber nicht zu spät zuzugeben, dass er nicht gut zu Eddie war. Das ist der Grund, weshalb Eddie sein Testament geändert hat.
Mediator: Wenn Sie das Eingeständnis von ihm hätten, was brächte Ihnen das?
Jamie: Es wäre die Wahrheit.
Mediator: Und Ihnen ist es sehr wichtig, dass Ihre Wahrheit bekannt wird.

Jamie: Es ist nicht ›meine‹ Wahrheit. Es ist einfach das, was geschehen ist.
Mediator: Wenn Stephen bereit wäre anzuerkennen, dass es tatsächlich so geschah, was genau würde das für Sie bedeuten?
Jamie: Zusammen mit dem Geld, das von meiner Mutter kam, würde es mir ermöglichen, mit all dem abzuschließen; dazu gehören auch die schrecklichen Erfahrungen mit dem Pflegeheim meines Vaters.
Mediator: Für Sie war der Alptraum dieser Geschehnisse also eine Wiederholung der Erfahrungen, die Sie machen mussten, als Ihr Vater starb; Sie sahen, dass das Gleiche Ihrem Bruder widerfuhr.
Jamie (weinend)**:** Ja, so ist es. Das Geld ist Blutgeld unseres Vaters. Und Sie haben recht, ich hätte alles getan, um sicherzugehen, dass mein Bruder in Würde sterben kann.
Mediator: Für mich klingt es so, als sei das der Fall gewesen.
Jamie: Ich glaube auch, trotz Stephen.
Mediator: Stephen, ich kann mir denken, dass es Ihnen schwerfällt, nicht auf das zu antworten, was Jamie gerade gesagt hat. Aber ich glaube, es wäre hilfreich, wenn wir uns jetzt Ihren Vorschlag ansehen könnten und Sie mir Ihre Gedanken näherbrächten.
Stephen: Das fällt mir sehr schwer. Ich bin keineswegs froh über das, was geschehen ist. Es stimmt, dass ich hin und wieder vergessen habe, Eddie seine Medikamente zu geben. Und ich konnte ihn nicht davon abhalten, Schokolade zu essen. Es war das einzige, was ihm noch Vergnügen bereitete – ich konnte es ihm einfach nicht verwehren! Auch habe ich ihn viele Stunden lang allein gelassen, weil meine Arbeit das erforderte und ich nicht einfach kündigen konnte.
Mediator: Sie hatten also das Gefühl, dass Sie Ihr Bestes getan haben, um für ihn zu sorgen.
Stephen: So ist es. Sie müssen verstehen, dass ich mich wirklich viele Jahre um ihn gekümmert habe, dass ich stets in dem Wissen lebte, dass er sterben würde und wir nichts dagegen tun konnten. Nachdem ihm sein Bein amputiert worden war, wurde er richtig depressiv und ich wusste oft nicht, was ich tun sollte.
Mediator: Als Jamie erschien, empfanden Sie vermutlich eine Mischung aus Erleichterung und Frustration.
Stephen: Das stimmt. Weil sie früher Krankenschwester war und so viel für Eddie empfand, wusste ich, dass er bei ihr gut aufgehoben war. Aber ich wurde beiseite gedrängt und fühlte mich im Prinzip in meinem eigenen Haus nicht mehr willkommen. Und als sie ihn verlegten und ich zu Besuch kam, wurde mir bloß noch die kalte Schulter gezeigt.
Mediator: Für Sie ist das ein ganz wichtiger Aspekt.
Stephen: Ja.
Mediator: Und die persönlichen Sachen und das Geld?
Stephen: Wenn Jamie diese Sachen haben möchte, dann ist das für mich

in Ordnung. Ich weiß, dass sie ein großes Opfer erbracht hat, als sie ihre Familie zurückließ, um sich um Eddie zu kümmern und ich weiß, dass Eddie viel für sie empfand. Daher habe ich kein Problem damit, wenn sie einen Teil des Geldes bekommt. Aber Sie müssen auch wissen, dass Eddie die 80 000 Dollar auf uns beide eingetragen hat, weil er wollte, dass ich das Geld nach seinem Tod bekomme.
Jamie: Das stimmt einfach nicht. Als er sein neues Testament erstellte, dachte er, das Konto liefe nur auf seinen Namen.
Stephen: Ich wäre nicht überrascht, wenn er Ihnen das tatsächlich erzählt hat – ausgerechnet zu dem Zeitpunkt.
Jamie: Was wollen Sie damit sagen?
Stephen: Ich glaube, es gibt etwas an Eddie, das Jamie nicht versteht.
Mediator: Was denn?
Stephen: Eddie hatte Angst, Jamie zu sagen, dass wir eine gleichgeschlechtliche Beziehung führten und auch, was das in Wirklichkeit bedeutete – dass wir Lebenspartner waren, wie ein Ehepaar. Das hat er immer verheimlicht.
Jamie: Ich wusste das doch. Es stimmt, er hat es mir nie erzählt, aber ich wusste Bescheid. Ich hatte eben das Gefühl, dass es seine eigene Angelegenheit sei. Aber warum haben *Sie* es mir nicht gesagt?
Stephen: Das ließ Eddie nicht zu. Mir tat es wirklich ziemlich weh, dass wir so tun mussten, als seien wir nur gut befreundet.
Jamie: Warum ließ er Sie nichts sagen?
Stephen: Das habe ich bereits versucht, Ihnen zu erklären. Er hatte Angst. Er hatte Angst, dass Sie ihn verurteilen würden.
Jamie: Wie war das bloß möglich? Er wusste, dass ich mein Leben für ihn gegeben hätte. Man muss doch nur sehen, was ich alles für ihn geopfert habe.
Stephen: Aber Sie haben ihn trotzdem eingeschüchtert. Er konnte es Ihnen einfach nicht sagen.
Jamie: Mein eigener Bruder? Was hat ihn denn so eingeschüchtert?
Stephen: Sie haben immer recht und Sie wissen bei allen anderen immer, was mit ihnen nicht stimmt.
Jamie: Dann sage ich einfach gar nichts mehr.
Mediator: Das hoffe ich nicht.
Jamie: Warum denn nicht? Es scheint ja alle anderen nur zu verletzen.
Mediator: Weil Sie beide um einen Menschen trauern, der Ihnen sehr viel bedeutet hat. Seinetwegen spielen Sie nun im Leben des jeweils anderen eine Rolle und Sie vermissen ihn beide.
Stephen: Ich möchte Ihnen gerne noch etwas sagen.
Jamie: Was denn?
Stephen: Es geht um Ihre Kinder. Sie waren Eddie immer wichtig. Er hat sehr an ihnen gehangen. Obwohl ich sie nur selten getroffen habe, hatte

ich durch Eddies Erzählungen immer das Gefühl, als würde ich sie kennen. Ich bin mir sicher, er hätte gewollt, dass Sie das wissen.
Jamie (kurz vor den Tränen): Das wusste ich nicht.

Wir waren in der Mediation an einen wichtigen Punkt gelangt. Etwas hatte sich zwischen Stephen und Jamie verändert. Jamie war zwar noch immer wütend auf Stephen und Stephen hatte noch immer Angst vor Jamies Urteil. Aber sie gingen spürbar freundlicher miteinander um. Stephen fühlte sich stark genug, um zugeben zu können, dass er vor Jamie Angst hatte und zu sagen, was er über sich und Eddie sagen musste. Jamie hatte ein etwas besseres Gespür dafür entwickelt, wie sie auf Stephen wirkte – und möglicherweise auch auf Eddie gewirkt hatte; als Stephen davon sprach, wie wichtig Jamies Kinder für Eddie gewesen waren, rührte sie das. Zudem schien es, als sei es Stephen wichtig gewesen, ihr das mitzuteilen.

Da sie sich die ganze Zeit im selben Raum befanden, hatten sie sich nach und nach – wenn auch teilweise widerwillig – darüber verständigt, was zwischen ihnen und in ihrer Beziehung zu Eddie vorgefallen war. Aus ihrem direkten Kontakt hatte sich ein neues Verständnis entwickelt. Feindseligkeit und Angst hatten dadurch abgenommen und möglicherweise hatten beide etwas Mitgefühl für den anderen entwickelt. In diesem Fall schien es auch bedeutend zu sein, dass sie – wenn auch nicht ausdrücklich – eine gewisse Verbindung untereinander einräumten, weil sie den gleichen Menschen geliebt hatten.

In gewisser Hinsicht konnte man meinen, die Mediation habe überhaupt keine Fortschritte gemacht. Jamie und Stephen hatten sich weder über die Geldfrage noch über Stephens Eingeständnis eines »Fehlverhaltens« geeinigt. Aber beide *verstanden* nun sehr viel besser, wie der andere die Situation wahrnahm. Eine Versöhnung zwischen ihnen war nicht abzusehen; jedoch waren sie nicht mehr ganz so polarisiert. Obwohl die Anwälte während dieses Gesprächs weitgehend geschwiegen hatten, war ihre Anwesenheit für die Parteien eine Stütze. Zudem waren die Anwälte dadurch bei späteren Treffen mit ihren Mandanten umfassender informiert, wenn es darum ginge, Lösungsmöglichkeiten für den Streit um das Geld zu entwickeln.

Vieles zwischen Stephen und Jamie war unausgesprochen – und das würde auch so bleiben. Trotzdem war ihr Verständnis zueinander gewachsen. Sie hatten direkt ausgesprochen, wie Eddie und Stephen wirklich zueinander standen; das konnten sie nur gemeinsam tun. Bei Einzelsitzungen mit jeder Seite hätte ich vielleicht noch mehr darüber erfahren, was sie dachten. Vielleicht hätten sie in Abwesenheit des anderen die Situation weiter erhellt und verständlich gemacht, was ihnen wichtig war. Die Anwälte wiederum hätten sich vielleicht offener über die Risiken geäußert, die ein gerichtliches Verfahren barg. Selbst wenn das geschehen wäre, hätte ich ihnen nicht auch nur einen Bruchteil dessen an Verstehen vermitteln können, der sie genauso stark wie durch ihre unmittelbare und schmerzhafte Begegnung berühren konnte. Die Bedeutung dessen, auf direkte Weise Verständnis zu entwickeln, ist für unseren Mediationsansatz zentral.

Nicht alle Parteien erreichen eine solche Verständnisebene wie Jamie und Stephen, aber wir möchten ihnen zumindest die Möglichkeit dazu geben. Eine Mediation kann mehr leisten als nur eine Abmachung herbeizuführen, die den Konflikt – oberflächlich – beendet. Mit der Annahme, es sei für die Parteien am besten, eine direkte Auseinandersetzung zu vermeiden, werden wir ihnen unserer Ansicht nach nicht immer gerecht.

Der Eigenwert des Verstehens und seine nachhaltige Wirkung

Der *Wert des Verstehens* – das von den Parteien geleistete Verstehen und das Sich-gegenseitig-Verstehen – verhilft ihnen nicht nur zu einer Vereinbarung. Verstehen hat einen Eigenwert, insbesondere für traumatisierte Menschen wie Stephen und Jamie. Was sie aus der Mediation mitgenommen haben, wirkt unseres Erachtens nachhaltig auf sie – selbst wenn sie einander nie wieder sehen sollten.

Nun war es an der Zeit festzustellen, ob ihr größeres Verständnis uns bei der Lösung des Falls zugutekommen würde; ich hoffte immer noch, dass sie in der Lage wären, eine Lösung zu finden. Aber selbst wenn sie das nicht täten, hätte ich die Mediation trotzdem als erfolgreich betrachtet. Messen Mediatoren ihren Erfolg nur daran, ob die Parteien zu einer Einigung gelangen, bürdet ihnen das eine übermäßige Verantwortung für das Ergebnis des Verfahrens auf.

Ich habe immer das Gefühl gehabt, dass ich als Mediator viel effektiver arbeite, wenn ich mir nicht die Last auferlege, dass die Parteien zu einer Einigung kommen *müssen* – auch wenn ich sie natürlich darin unterstütze. Eine Einzelgespräch-Mediation verstärkt lediglich den Eindruck, es sei die Aufgabe des Mediators, dafür zu sorgen, dass die Parteien sich letzten Endes einigen. Dadurch, dass wir während der gesamten Mediation alle im gleichen Raum gewesen waren, spürten nun *alle gemeinsam* den Wunsch, diesen Fall abzuschließen.

Gemeinsame Mediationen stärken den gemeinsamen Lösungswunsch

Serena und Stephen fragten mich, ob sie sich zu zweit zurückziehen könnten, um danach einen Vorschlag zu unterbreiten. Nach einer Viertelstunde kamen wir alle wieder zusammen.

Serena (Anwältin von Stephen): Wir glauben, dass unser Vorschlag für alle funktioniert. Als erstes ist Stephen bereit, einen Brief zu schreiben, in dem er einräumt, dass er Eddie gegenüber seine Stimme erhoben hat, dass er zuweilen vergaß, Eddie seine Medizin zu geben und dass er dies bedauert. Zweitens haben wir bereits zugestimmt, dass Jamie Eddies persönliche Habe erhält. Drittens schlagen wir vor, dass Stephen 60 000 Dollar in ein Treuhandkonto einzahlt, das für die Ausbildung von Jamies Kindern bestimmt ist.
Mediator: Können Sie uns sagen, auf welchen Überlegungen diese Idee beruht?
Stephen: Ich weiß, dass ich bei der Pflege von Eddie Fehler gemacht habe, aber ich habe alles getan, was ich konnte; deshalb bin ich bereit, das anzuerkennen. Was das Geld angeht, denke ich, dass der Vorschlag den Gefühlen gerecht wird, die Eddie Jamies Kindern gegenüber hatte; deshalb fühle ich mich gut, wenn sie etwas Geld bekommen. Ihre Ausbildung war Eddie wichtig. Ich glaube, es würde ihn freuen, wenn er wüsste, dass er etwas dazu beiträgt. Und ich behalte diesem Vorschlag zufolge auch etwas von seinem Geld, weil Eddie wollte, dass ich es bekomme und er es als unser gemeinsames Geld ansah; deshalb fühlt sich auch das richtig an.

Einen Augenblick lang wirkte Jamie schockiert; dann hatte sie sich wieder im Griff.

Jamie: Das ist gut so. Ich wollte bei dieser ganzen Angelegenheit das Geld nie für mich selbst haben, wenn es also meine Kinder bekommen, dann ist das gut so. Es ist auch angemessen, dass Stephen zugibt, was er getan hat. Für mich ist das wichtig, weil es Leute gibt, die denken, ich hätte ihn schikaniert. Deshalb hilft mir das. Stephen, ich wollte immer nur helfen.

Wir schienen also fertig zu sein. Ich fragte Stephen und Jamie, ob sie noch etwas sagen wollten. Beide verneinten und ich hatte den Eindruck, dass es für sie nichts mehr zu sagen gab. Ich sprach ihnen meine Anerkennung für ihr Durchhaltevermögen aus: Sie hatten sich wirklich darum bemüht, die Situation besser zu verstehen und zu einer Übereinkunft zu kommen, die für sie beide gut war. Auch die Anwälte hatten dem nichts mehr hinzuzufügen; sie wollten nur noch etwas über die schriftliche Abfassung der Vereinbarung wissen, die wir noch vor Ort aufsetzten.

Ich war dankbar, dass sich Stephen und Jamie soweit unter ihren eigenen Bedingungen auf die Sache eingelassen hatten. Hätte ein Mediator durch eine Vermittlung zwischen ihnen, während sie mit ihren Anwälten in unterschiedlichen Zimmern saßen, das gleiche oder eine ähnliche finanzielle Übereinkunft zustande gebracht? Möglich ist es. Die Zahlen und auch die Lösung mit dem Treuhandkonto für Jamies Kinder hätten durchaus ähnlich aussehen können. Aber das Thema Entschuldigung hätte alle Bemühungen zu Fall bringen können, wenn Stephen nicht in der Lage gewesen wäre, sie aufrichtig zu äußern und es Jamie nicht gelungen wäre, sie als aufrichtige Entschuldigung anzunehmen.

Noch entscheidender war die Frage, ob Einzeltreffen das gleiche bei Stephen und Jamie bewirkt hätten. Ich bin überzeugt, dass das nicht der Fall gewesen wäre. Es schien, dass beide nun mit all den unerfreulichen Erlebnissen und ihrem Schmerz abschließen konnten. Was aber für mich am wichtigsten war – und vielleicht auch für sie – war der Umstand, dass sie das *gemeinsam* zustande gebracht hatten. Ihre Vereinbarung stand auf einer Grundlage, die für sie beide verständlich war. Es ging nicht nur darum, *dass* es geklappt hatte, sondern dass sie verstanden hatten, *warum* es geklappt hatte.

Kommentar: Einzelgespräche – Pro und Contra

Beim verstehensbasierten Ansatz der Mediation ist es uns sehr wichtig, dass sich alle Beteiligten während des gesamten Verfahrens im gleichen Raum befinden. Wir glauben nicht, dass Einzelgespräche (Caucusing) nur Nachteile und keine Vorteile bieten. Aber wenn der Mediator motiviert und bereit ist, den Parteien zu helfen, *ihren Konflikt gemeinsam durchzuarbeiten* – und auch die Parteien dazu bereit sind – dann gibt es durch die gemeinsamen Sitzungen viel mehr Vorteile als Nachteile.

Probleme bei Einzelgesprächen

Bei Mediationen, die sich der Methode des Caucusing bedienen, pendelt der Mediator zwischen beiden Seiten hin und her und versucht, die Parteien dazu zu bringen, gemeinsam eine Vereinbarung zu schließen, die ihren Konflikt lösen soll.

Gemeinsame Lösung

Unser Ziel ist es, die Parteien darin zu unterstützen, dass sie ihren Konflikt *gemeinsam* lösen. Daher stehen getrennte Zusammenkünfte

– bei denen vermutlich auch Dinge geheim- oder zurückgehalten werden – unserer Auffassung von Chancen und Möglichkeiten eines Konflikts deutlich entgegen. Eine Vorgehensweise, bei der die Methode des Caucusing zu Hilfe genommen wird, birgt unseres Erachtens zwei Gefahren.

Den Mediator zum Richter machen

Die erste Gefahr ist, dass die Parteien den Mediator als eine Art Schiedsrichter oder kundigen Berater betrachten, der entscheidet, welche Lösung für ihr Problem die beste ist. Während der Mediator zwischen den Parteien hin und her wechselt und dabei immer mehr von jeder Seite erfährt, ist er der einzige, der *alles* zu hören bekommt. Die Parteien bringen ihre Ansichten und Vorschläge direkt zum Ausdruck, aber die Vorschläge und Ansichten der Gegenseite hören sie weitgehend aus zweiter Hand, nämlich durch den Mediator – und nur in dem Maße, wie der Mediator das Gesagte weitergibt.

Wenn der Mediator am besten Bescheid weiß, folgt daraus, dass er oder sie auch am besten in der Lage ist, das Ergebnis zu formulieren und beide Seiten dazu zu bringen, dass sie es akzeptieren. All das geschieht, ohne dass der Mediator alle Gründe offenlegen muss oder ohne dass ihm erlaubt ist, die Gründe offenzulegen, auf denen das Ergebnis beruht. Es gibt Mediatoren, die so arbeiten – manche Parteien und ihre Rechtsbeistände erwarten sogar, dass sie das tun.

Die Parteien tragen die Hauptverantwortung für ihre Konfliktlösung

Wo liegt also das Problem? Vielleicht gibt es gar keins, wenn man nicht der Meinung ist, dass die *Parteien* die Hauptverantwortung für die Lösung ihres Konflikts tragen und man auch nicht den Anspruch hat, dass sie das *gemeinsam* bewältigen. Mancher Partei ist es egal, mit welchen Methoden der Mediator dabei vorgeht, solange der Konflikt dadurch gelöst wird. Bei vielen Mediationen – vor allem wenn Anwälte zugegen sind – gehen die Mediatoren automatisch davon aus, dass Caucusing das richtige Vorgehen sei und denken nicht daran, den Parteien noch eine andere Option zu geben.

Bevorzugen die Parteien den Mediationsansatz mit Einzelgesprächen und entscheiden sich wissentlich dafür, dann erscheint er ihnen möglicherweise sinnvoll. Kennen sie hingegen die Folgen dieses Ansatzes und die ihm zugrunde liegenden Prinzipien nicht und wissen sie auch nicht, dass es eine Alternative dazu gibt – was die Regel ist – dann wird die Sache komplizierter.

In gemeinsamen Gesprächen wird das Wissen auf alle verteilt

Wir sind der Ansicht, dass die Parteien zumindest darüber informiert werden sollten, dass es die Möglichkeit gibt, die Mediation im Beisein aller Beteiligten durchzuführen, ebenso wie über die möglichen Vorteile eines solchen Vorgehens.

Manipulation

Zweitens besteht beim Caucusing-Ansatz die Gefahr, dass die Parteien beeinflusst werden oder sich beeinflusst fühlen. Einflussnahme findet dann statt, wenn der neutrale Dritte den in vertraulichen Einzelgesprächen erhobenen Informationsfluss lenkt, um zu versuchen, dadurch das Ergebnis zu bestimmen. Dies läuft unserem Ziel zuwider, demzufolge die Parteien das Ergebnis bestimmen sollen. Manche Mediatoren glauben, es sei nicht nur vertretbar, sondern vielmehr sogar ihre Aufgabe, Einfluss auf die Parteien zu nehmen, damit sie eine Vereinbarung schließen.

Beeinflussung

Bei einem Treffen von Anwälten, die regelmäßig an Mediationen teilnehmen, fragte der Moderator in die Runde, wie viele von ihnen lieber Caucusing anwandten, anstatt die Parteien gemeinsam in einem Raum zu belassen. Die meisten bevorzugten Einzelgespräche. Nach ihren Gründen gefragt, rief eine Antwort bei den übrigen Anwesenden ein wissendes Lächeln hervor: »Ich weiß, dass ich den Mediator beeinflussen kann.« Oft haben beide Anwälte dieselbe Vorstellung. Die Gefahr der Manipulation ist akut – egal ob der Mediator Einfluss ausübt, ob er selbst beeinflusst wird oder beides zusammen zutrifft.

Die Gelegenheit zur Einflussnahme ergibt sich bei der Einzelgespräch-Mediation oft dann, wenn der Anwalt einer Partei dem Mediator von einer Verhandlungsstrategie oder dem Vorhandensein bestimmter Informationen oder Beweisen erzählt, die die Gegenseite nicht kennt und die die Wahrscheinlichkeit eines günstigen Ausgangs vor Gericht erhöhen würde.

Eine solche Enthüllung wird häufig von den mahnenden Worten begleitet: »Aber erzählen Sie nichts davon der anderen Seite!« Anwälte tun das, um dem Mediator zu zeigen, dass ihr Fall aussichtsreich ist; zudem hegen sie die Hoffnung, dass der Mediator dieses neue Wissen dahingehend verwendet, dass er der Gegenseite nahelegt, ihr Fall sei nicht so aussichtsreich wie sie gedacht hatten – ohne dabei die zugrunde liegenden Informationen anzugeben.

Aber was soll der Mediator mit diesem vertraulichen Wissen anfangen, insbesondere wenn es den Ausgang des Falls beeinflussen könnte? Er oder sie könnte der anderen Seite einen Tipp geben oder einfach so tun, als sei nichts gesagt worden. Wahrscheinlicher ist es jedoch, dass der Mediator zur anderen Seite geht und etwa Folgendes sagt: »Ich habe einige Informationen, die ich Ihnen nicht weitergeben kann, die mich aber zu der Überzeugung gebracht haben, dass sich Ihr Fall sehr viel ungünstiger darstellt und Ihre Position schwieriger durchzusetzen ist als Sie glauben. An Ihrer Stelle würde ich das letzte Angebot der Gegenseite noch einmal ernsthaft überdenken.« Das ähnelt dem Modell einer Vergleichsverhandlung und überträgt unserer Meinung nach hinsichtlich der Lösung des Konflikts dem Mediator zu viel Macht und Verantwortung.

Der Mediator erhält vertrauliches Wissen, das er nicht weitergeben darf

Arbeiten die Parteien zusammen, teilen sie dieselben Informationen wie der Mediator. So können sie den Fortgang der Mediation wesentlich besser beurteilen und haben letztendlich auch mehr Kontrolle über das Verfahren. Zudem wird dadurch sichergestellt, dass der Mediator den Parteien keine unterschiedlichen Botschaften überbringt. Der Mediator hat dadurch sehr viel weniger Einflussmöglichkeiten; vielmehr belässt er den Parteien und ihren Anwälten mehr Kontrolle und auch mehr Verantwortung, um eine Lösung zu finden. Wir glauben, dass dies ein ganz entscheidender Aspekt ist, durch den sich unser Ansatz von anderen abhebt. Wir möchten, dass die Parteien – unterstützt durch ihre Anwälte – bei der Entscheidungsfindung *Verantwortung übernehmen* und *das Ergebnis bestimmen.*

Zusammenarbeit belässt den Parteien mehr Verantwortung für eigene Lösungen

Gründe für Einzelgespräche

Es gibt mehrere Gründe, warum Mediatoren den Caucusing-Ansatz befürworten:

1. Eine Beziehung zu den Parteien aufbauen.
2. Die Neutralität als Mediator wahren.
3. Konflikte vermeiden.
4. Jede Partei intensiv beraten.
5. Die Parteien bei der Offenlegung wichtiger Informationen unterstützen.

Zu 1. Eine Beziehung zu den Parteien aufbauen

Viele Mediatoren geben an, Einzelgespräche seien deshalb für sie sehr wertvoll, weil sie ihnen ermöglichten, eine Beziehung zu den Parteien aufzubauen und Verständnis für sie zu entwickeln.

Das ist auch unser Ziel. Im Fall von Jamie und Stephen sowie anderen in diesem Buch genannten Fällen kann der Mediator als eine Brücke zu gegenseitigem *Verstehen* fungieren. Durch Looping stellt er sicher, dass er beide Sichtweisen versteht und dass sich beide Parteien vom Mediator verstanden fühlen.

Manchmal bezeichnen wir diesen Teil unseres Ansatzes scherzhaft als »Einzelgespräche in Gegenwart der anderen Seite«. Fühlen sich die Parteien erst einmal vom Mediator verstanden, sind sie zuweilen eher dazu bereit, sich mit der Gegenseite auf direktere, effektivere und authentischere Weise auseinanderzusetzen. Sieht und fühlt eine Partei, dass der Mediator beide Seiten versteht, wird sie mit dem großen Paradox der Mediation konfrontiert, demzufolge »nur einer von uns recht haben kann«. Genau das kann die Konfliktfalle aufbrechen. Natürlich ist es eine Herausforderung zu zeigen, dass man beide Seiten eines Konflikts versteht, während sich beide Parteien in ein- und demselben Raum befinden. Aber dadurch wird das Fundament für alles weitere Verstehen und die gesamte noch folgende Arbeit gelegt, wie wir bei Stephen und Jamie beobachten konnten.

Zu 2. Die Neutralität als Mediator wahren

Einer der Hauptgründe, weshalb Serena Einzelgespräche führen wollte, war die Sorge, dass der Mediator möglicherweise eine der beiden Seiten bevorzugen könnte, wenn das Recht bei einer gemeinsamen Sitzung abgesteckt würde.

Wir bemühen uns darum, keine der Parteien zu bevorzugen. Durch das Rechtsgespräch versuchen wir in unseren gemeinsamen Sitzungen, das Verständnis für die Rechtswirklichkeit zu fördern. Wir können kaum einen Vorteil in einer Erörterung von Rechtsfragen bei separaten Treffen erkennen, es sei denn, es ginge darum, beiden Seiten die Dinge unterschiedlich darzustellen.

Wir haben über diese Angelegenheit häufig mit Mediatoren gesprochen, die argumentieren, dass sie über rechtliche Fragen gerade deshalb Einzelgespräche führen müssen, weil sie niemals eine Rechtsauffassung zugunsten der einen Seite äußern könnten, wenn die Gegenseite anwesend wäre. Wenn wir fragen, ob sie beim Einzelgespräch beiden Seiten gegenüber die gleiche Meinung hinsichtlich des Rechts äußern, beharren die Mediatoren in der Regel darauf, dass sie das tun. Dann insistieren wir: »Wollen Sie damit sagen, dass Sie beiden Seiten das Gleiche sagen, nur zu unterschiedlichen Zeitpunkten – weil Sie nicht möchten, dass die Seite, die die schlechte Nachricht erhält, darauf in Gegenwart der anderen reagieren muss?« Fast immer antworten die Mediatoren dann: »Naja, nicht ganz. Ich betone gegenüber jeder Seite eher die Risiken, die sie eingeht, wenn der Fall vor Gericht landet.«

Neutralität und Transparenz

Wenn beide Parteien alles sehen und hören können, was während des Mediationsprozesses geschieht, sichert das nicht nur die Neutralität des Mediators in authentischer Art und Weise, es sorgt auch für Transparenz auf allen Ebenen.

Hat eine Partei oder auch der Mediator selbst den Eindruck, dass der Mediator eine der beiden Seiten bevorzugt, bekommen das alle mit und können diesen Punkt ansprechen. Neutralität des Mediators bedeutet für uns, dass der Mediator darauf hinarbeitet, beide Parteien zu verstehen und zu unterstützen. Dieses Bemühen wollen wir vor keiner Seite verbergen, sondern sie gerade in Anwesenheit beider Parteien deutlich machen.

Zu 3. Konflikte vermeiden

Viele Mediatoren denken, es sei den Konfliktpartnern nicht möglich, sich im gleichen Raum aufzuhalten oder auf konstruktive Weise miteinander umzugehen, wenn sie erregt sind und ihr Streit hitzige Züge annimmt. Serena, die Anwältin von Stephen, wollte unter anderem deshalb Einzelgespräche durchsetzen, weil sie fürchtete, dass der Streit zwischen Stephen und Jamie eskalieren würde. Diese Annahme hat ihren Ursprung in der Art und Weise, wie viele Menschen Konflikte einschätzen und wahrnehmen.

Wir stellen diese Annahme infrage. Es ist durchaus möglich, *einen Konflikt gemeinsam zu bearbeiten*, anstatt davon auszugehen, dass die Parteien es nicht schaffen werden, das Zerwürfnis zu bewältigen, das sie entzweit hat. Wir glauben, dass dieses Vorgehen ihnen sogar noch mehr Möglichkeiten bietet, sich dem Konflikt zu stellen, um dadurch zu lernen, wie sie ihn lösen können. Viele Mediatoren sind aber darauf nicht vorbereitet und fühlen sich nicht sicher genug, so zu arbeiten.

Caucus aus Bequemlichkeit?

Was das Thema Konflikte angeht, gibt es einen weiteren, nicht unwichtigen und nur selten genannten Grund, weshalb das Caucus-Modell oft angewandt wird: die Bequemlichkeit des Mediators. Es ist in der Tat für die Mediatoren – und oft auch für die Anwälte – alles andere als angenehm, wenn die Parteien direkt miteinander verkehren. Manchmal ist es weniger mühsam, sich nur mit einer Seite befassen zu müssen, anstatt mit beiden gleichzeitig; sie können die Situation dann besser steuern. Zudem glauben viele Mediatoren, dass sie sich besser konzentrieren und zielgerichteter arbeiten können, wenn sie die Parteien trennen; dadurch müssen sie sich nicht mit den Dynamiken auseinandersetzen, die auftreten, wenn die Konfliktparteien einander gegenübersitzen. Kurz gesagt: viele Mediatoren und Anwälte sehen ihre Aufgabe eher darin, einen Konflikt zu managen, anstatt den Parteien zu helfen, ihn zu bearbeiten und zu bewältigen. Für uns liegt die Herausforderung gerade darin, die Parteien zu unterstützen, dass sie *ihren Konflikt gemeinsam bearbeiten*.

Gemeinsame Konfliktbearbeitung

Glaubt der Mediator allerdings nicht, dass die Parteien in der Lage sind, den Konflikt gemeinsam zu bewältigen, dann ist die Chance natürlich entsprechend geringer, dass die Parteien diese Möglichkeit selbst wahrnehmen. Die Parteien sind dann gefangen in einer auf Annahmen bestehenden, eingeschränkten Sichtweise. Wir glauben, dass Menschen einen Konflikt gemeinsam bearbeiten können, selbst wenn sie sich selbst nicht sicher sind, ob sie es können und bisher nicht gut zusammengearbeitet haben. Wir möchten niemanden zu einem solchen Vorgehen zwingen, aber wir möchten die Menschen durchaus darüber *aufklären*, wie wertvoll dieser Ansatz ist und ihnen die Möglichkeit geben, ihn auszuprobieren.

Zu 4. Jede Partei intensiv beraten

Viele Mediatoren verfahren nach der Grundregel, dass sie regelmäßig oder nach Bedarf Einzelgespräche führen und alles Gesagte vertraulich behandeln – mit Ausnahme jener Situationen, in denen ihnen ausdrücklich erlaubt wird, Informationen weiterzugeben. Für Mediatoren und Anwälte ist das Einzelgespräch der Ort, an dem sie Informationen einholen oder Sichtweisen kennenlernen, von denen die Partei und/oder ihr Rechtsberater nicht möchten, dass die Gegenseite davon erfährt. Der Gedanke dahinter: beide Seiten sind offener, wenn sie allein mit dem Mediator sprechen, als wenn die Gegenseite anwesend ist.

Auf diese Weise trägt das Einzelgespräch den Sorgen vieler Anwälte Rechnung, wonach die Mediation die Schwachstellen ihres Falls, nachteilige Informationen und Elemente ihrer Rechtsstrategie bloßlegt, die später vor Gericht gegen sie verwandt werden könnten. (Wir haben allerdings die Erfahrung gemacht, dass die meisten Anwälte die voraussichtliche Strategie der Gegenseite ebenso wie deren Schwächen ziemlich gut kennen.) Der ungestörte und vertrauliche Rahmen des Einzelgesprächs scheint vor diesen Gefahren zu schützen und daher den Anwälten – die darauf verpflichtet sind, ihren Mandanten zu helfen – die Sicherheit zu geben, dass sie ihrer Verantwortung nachkommen können und sich alle rechtlichen Möglichkeiten offenhalten.

Wir räumen ein, dass der vertrauliche Rahmen eines Einzelgesprächs, in dem die Beteiligten untereinander frei sprechen können, durchaus Vorteile bietet: Hier kann der Mediator der jeweiligen Seite dabei helfen, den Konflikt, ihre eigenen Interessen und das für sie möglicherweise geeignete Vorgehen zur Lösung des Konflikts zu verstehen. Manchmal haben auch die Beteiligten einer Seite unterschiedliche Auffassungen oder divergierende Standpunkte; dann geht es eher um interne Probleme und weniger um Probleme zwischen den Kontrahenten – wie bei der Mediation des San-Francisco-Symphonieorchesters (vgl. Abschnitt 2.1). Es ist gut möglich, dass die Beteiligten sich nur ungern im Beisein der Gegenseite mit solch internen Konflikten auseinandersetzen. Aber blindlings anzunehmen, dass Caucusing die Lösung ist, ohne mit den Parteien dessen Begrenzungen und Gefahren zu besprechen, ist unfair gegenüber allen Beteiligten.

Darüber hinaus werden in der Regel kaum Anstrengungen unternommen, um die Anwendung von Einzelgesprächen auf bestimmte Ziele zu begrenzen oder deren Durchführung grundsätzlich einzuschränken; ansonsten könnten die Beteiligten von dessen Vorteilen profitieren, während gleichzeitig häufig auftretende Probleme vermieden werden könnten.

Zu 5. Die Parteien bei der Offenlegung wichtiger Informationen unterstützen

Ein weiteres Argument zugunsten der Caucusing-Methode lautet: Teilen die Parteien dem Mediator Informationen oder Ansichten mit, ohne dass der Konfliktpartner zugegen ist, kann der Mediator der Partei dabei helfen abzuwägen, *ob* und wenn ja *wie* jene Informationen der anderen Seite mitgeteilt werden sollen.

Nicht immer bestehen die Parteien darauf, dass die Informationen, die sie im Einzelgespräch preisgeben, geheim bleiben. Es kann sogar sein, dass sie durchaus möchten, dass die andere Seite von etwas Kenntnis erhält, glauben jedoch, dass der Mediator ihre Sichtweise besser erklären kann als sie selbst. Möglicherweise sind sie auf das Drängen eines Mediators hin auch einverstanden, dass der Mediator die Information preisgeben darf, wenn er es als nützlich erachtet. Viele Mediatoren hoffen, dass es ihnen gelingt, eine Partei, die eine Information in einem vertraulichen Treffen offengelegt hat, davon zu überzeugen, dass sie diese bei einem gemeinsamen Treffen auch der anderen Seite mitteilt.

Beratung über das *ob* und *wie* der Informationsweitergabe

Wir glauben, dass die Beratung einer Partei darüber, wie sie am besten ihre Sichtweise in einer gemeinsamen Sitzung darstellt, einer der wichtigsten Gründe für das Einzelgespräch-Verfahren ist.

Demgegenüber sind wir der Auffassung, dass die Parteien beträchtliche kommunikative Möglichkeiten verspielen, wenn sie eine Information zunächst im Vertrauen äußern und die Gegenpartei erst aus zweiter Hand von ihr erfährt oder wenn eine Partei die Information der Gegenseite erst dann übermittelt, nachdem sie vom Mediator »gecoacht« wurde. Beim vorliegenden Fall war Jamies Enthüllung, sie habe nach dem Tod ihres Vaters das Pflegeheim verklagt und eine Entschädigung erhalten, durchaus riskant. Sollte der Fall jemals zur Verhandlung kommen, musste Jordan befürchten, es könne so aussehen, als laste Jamie den Pflegern grundsätzlich Fehler an und schlüge auf diese Weise aus einer persönlichen Tragödie einen finanziellen Vorteil. Jordan, der Anwalt von Jamie, hätte Jamie dahingehend beraten können, diese Information nicht vor Stephen und seiner Anwältin anzusprechen, sondern sie wenn überhaupt nur im vertraulichen Rahmen eines Einzelgesprächs anzuschneiden. Im Einzelgespräch hätte Jamie den Mediator bitten können, diesen Punkt gar nicht oder aber mit äußerster Vorsicht zu erwähnen.

Als Jordan Jamie ermutigte, diesen Punkt vor Stephen und seiner Anwältin Serena spontan anzusprechen, führte das unseres Erachtens zu einem größeren Verständnis, was allen Anwesenden zugutekam. Wahrscheinlich wusste Stephen bereits, woher das Einlagenzertifikat kam. Vor allem jedoch entstand dadurch, dass er hörte, was Jamie beim

Emotionale Räume öffnen

Tod ihres Vaters durchgemacht hatte, ein ganz entscheidender *emotionaler Raum*, der ihr Leiden und auch die Ansprüche, die sie an Stephen stellte, verständlich machte. Selbst wenn Stephen die Schwester seines Freundes weiterhin für unverschämt hielt, war ihr Verhalten immerhin sehr viel verständlicher geworden.

Die gleiche Botschaft wäre wohl kaum mit dem gleichen Bedeutungsgehalt durchgedrungen, wenn jemand dabei vermittelt hätte. Selbst wenn das Einzelgespräch dazu verwandt worden wäre, um Jamie auf das Mitteilen dieser Information in einer gemeinsamen Sitzung vorzubereiten, hätte sie die Nachricht viel weniger spontan und emotional vorgebracht; stattdessen hätte sich Stephen womöglich misstrauisch gefragt, was in dem Einzelgespräch wohl sonst noch besprochen worden war.

Nicht viele Parteien sind bereit, derart sensible Informationen offenzulegen, ohne sie zuvor im Einzelgespräch zu besprechen. Das ist möglicherweise ein Nachteil unseres Ansatzes. Dennoch ist es ein Risiko, das sich lohnt; aber viele Mediatoren wissen die Chancen nicht zu würdigen, die darin liegen, wenn sich die Parteien zu einem *offenen Austausch* treffen. Sie stellen den Rahmen für einen entsprechenden offenen Dialog daher gar nicht erst her – vielleicht auch deshalb, weil ihnen selbst nicht wohl bei einem solch offenen Austausch ist.

Wir glauben, dass – wenn die Parteien *Verständnis dafür entwickeln*, was jedem von ihnen wichtig ist – es auch viel wahrscheinlicher wird, dass sie kreative Lösungen finden, die beiden Seiten nützen. Wird eine Lösung dem gerecht, was *beiden* wichtig ist, sind auch beide eher bereit, sich an ihre getroffene Vereinbarung zu halten. Haben die Parteien auch nach der Mediation noch regelmäßig miteinander zu tun, kann ein *gemeinsames Arbeiten durch den Konflikt hindurch* diese Beziehung erhalten oder gar verbessern. Bei Konfliktpartnern wie Jamie und Stephen wiederum würdigt allein die Tatsache, dass sie für den Konflikt gemeinsam eine Lösung gefunden haben, die Beziehung, die sie zuvor zueinander hatten – selbst wenn es in Zukunft keinen weiteren direkten Kontakt zwischen ihnen geben wird.

Zusammenarbeit zum Erhalt einer langfristigen Beziehung

In einer Welt voller destruktiver Konflikte kann es einen bedeutenden Unterschied machen, wenn man konstruktive Wege zur *Zusammenarbeit* findet.

3.3 Positive Neutralität: Nachbarn

Anstatt zu versuchen, von beiden Parteien gleich weit entfernt zu sein, bemühen wir uns darum, ihnen gleich nah zu sein.

Als Mediator bin ich nicht automatisch dadurch disqualifiziert, dass ich bereits vorher Kontakt zu einer der Konfliktparteien hatte oder dass sie Freunde, Kollegen oder Verwandte von mir sind. Aber ich bin sehr vorsichtig, wenn ich eine Mediation durchführen soll und die Beteiligten kenne. Meine Alarmglocken läuteten, als mein Assistent mir mitteilte, Nachbarn hätten angefragt, ob ich frei sei. Ihr Streit war in unserem Wohnviertel am Strand bereits berüchtigt. Wenn ich den Fall übernähme, musste ich sicher sein können, dass ich nach unserer Definition neutral bleiben könnte.

Beide Nachbarn hatten Anwälte beauftragt, von denen ich eine Anwältin persönlich kannte. Als sie bei mir im Büro anrief, um ein Treffen zu vereinbaren, war sie offensichtlich darüber im Bilde, dass ich die Parteien kannte, denn sie sagte zu meinem Assistenten, ich wäre entweder der am besten oder der am wenigsten geeignete Mediator für diesen Fall. Obwohl ich Vorbehalte hatte, reizte mich gleichzeitig die Herausforderung. Nachdem ich mit den Anwälten telefoniert, ihnen meinen Mediationsansatz beschrieben und meine bisherigen Begegnungen mit ihren Mandanten und der mir bekannten Anwältin offengelegt hatte, kamen wir zu dem Schluss, dass sich ein Mediationsversuch lohnen würde. Dies galt umso mehr, als die Anwälte in dem Fall einfach nicht vorankamen. Wegen einer Angelegenheit befanden sie sich bereits in einem Rechtsstreit; sollte es ihnen nicht gelingen, in der Mediation all die Streitigkeiten beizulegen, die sich im Lauf ihrer vierjährigen, unmittelbaren Nachbarschaft angesammelt hatten, würden noch zahlreiche Gerichtsverfahren folgen.

Die 78-jährige Nancy lebte mit am längsten im Viertel; seit 35 Jahren bewohnte sie schon ihr schön gelegenes Haus – die letzten 20 Jahre allein. Sie setzte sich leidenschaftlich für den Erhalt der Natur ein und war nicht zu Unrecht dafür bekannt, großen Wirbel um zahlreiche nachbarschaftliche Anliegen zu machen: dazu gehörte zum Beispiel die Art und Weise, wie meine Familie mit unserem Hund umging. Mit ihrer Meinung hielt sie sich nicht zurück; vielmehr galt sie als federführend bei Protesten, mit denen sie die von ihr vertretenen Werte verteidigte.

Henry war ein junger erfolgreicher Bauunternehmer, der mit seiner

Familie ein Haus in unserer Nähe bezog. In einer Gegend, die zu weiten Teilen jegliche Bauvorhaben ablehnte, wurde er mit einem gewissen Misstrauen beäugt. Nancy machte der Umstand, dass er in der Baubranche tätig war, von vornherein misstrauisch. Von Anfang an ärgerte sie sich über alles, was er machte – ob er nun einen Laubbläser benutzte oder andere Dinge tat, die sie als beispielhaft für seinen »Verrat an der Natur« betrachtete.

Henry seinerseits betrachtete Nancy mehr und mehr als jemanden, der auf jeden kleinen Verdacht hin etwas unternahm. Er machte sie persönlich dafür verantwortlich, dass er gezwungen worden war, 50 000 Dollar für ein neues Abwassersystem aufzuwenden, das den Bezirksauflagen entsprach, obwohl das alte vollkommen in Ordnung gewesen war. Nancy wiederum war sich sicher, dass Henry zum Gegenschlag ausgeholt hatte, als er ungefähr vor einem Jahr ein Angebot für eine unbebaute Parzelle abgab, die zwischen ihren beiden Häusern lag, um es »für die Nachbarschaft zu erhalten«. Der Vorgang schadete seinem Ruf in der Gegend, was Henry darauf zurückführte, dass Nancy unablässig gegen ihn hetzte.

Vor kurzem war die Angelegenheit dann übergekocht. Zunächst hatte Henry einen Großteil der auf seinem Grundstück stehenden Bäume gefällt, um seine Aussicht zu verbessern. Dadurch entfiel allerdings der Sichtschutz für Nancys vormals sehr geschütztes Haus. Nancy hielt dies sowohl für ein Verbrechen an der Natur als auch gegenüber ihr selbst und war empört, dass er sie nicht im Vorfeld über seine Pläne informiert hatte.

Wenig später sagte Henry zu Nancy, dass er aus diversen unvorhergesehenen Gründen nun doch nicht in der Lage sei, die von ihm gekaufte Parzelle vor einer Bebauung zu bewahren. Tatsächlich würde er dort selbst ein Haus bauen, es mit seiner Familie beziehen und sein altes Haus verkaufen. Nancy, die bereits wegen der gefällten Bäume wütend war, fühlte sich zutiefst betrogen, da Henry nun auch noch seine Meinung hinsichtlich des Grundstückserhalts geändert hatte. Sie erzählte mehreren Leuten im Viertel, die ein ähnliches Verhältnis zur Natur pflegten wie sie, von dem Verrat an ihr und verfolgte noch wachsamer als zuvor jegliches erneute Vorgehen von Henry, welches ihrer Ansicht nach die Umgebung noch weiter verschandelte.

Wenig später rief eines schönen Sommerabends ein Nachbar bei ihr an, der Henry am südlichen Ende ihres Grundstücks gesehen hatte. Nancy sprang in ihren Geländewagen, fuhr oder raste – je nach Schilderung – zu der Stelle, wo sie Henry »auf meinem Grundstück!« sah und brachte den Wagen nur wenige Zentimeter vor seinen Knien abrupt zum Stehen. Wie alles vor sich ging und was genau geschah – darüber gab es in der Folge höchst unterschiedliche Berichte von Henry, Nancy und einigen Zeugen. Henry rief den Bezirkssheriff an und ließ Nancy wegen Körperverletzung festnehmen. Nancy drohte, dass sie Henry wegen der Festnahme und wegen seiner Pläne zur Bebauung des Grundstücks verklagen würde, das zu bewahren er versprochen hatte.

Sich von (Vor-)Urteilen befreien

Schnelle (Vor-) Urteile verstärken Konflikte

Bemüht man sich bei einer Mediation ernsthaft darum zu verstehen, was für jede Partei wirklich wichtig ist, muss man sich auch der Tatsache stellen, dass man gemeinhin dazu neigt, sich schnell ein Urteil über die Parteien zu bilden – das wurde auch im Fall der Nachbarn deutlich. Man wird das Problem nicht umgehen, indem man als Mediator einfach alle Parteien von seiner Praxis ausschließt, die man vorher bereits kannte. Die meisten von uns urteilen schnell über andere Menschen, insbesondere wenn sie miteinander im Konflikt stehen. »Er ist zu aggressiv.« – »Sie ist selbstgerecht.« – »Ihm wurde Unrecht getan.« Tatsächlich ist einer der Gründe, weshalb ein Konflikt eine so mächtige, einengende Wirkung hat, dass die Urteile über Menschen so selbstverständlich und gerechtfertigt scheinen.

Für uns als Mediatoren geht es nicht um die Frage, wie man Urteile vermeiden kann; vielmehr geht es um die Frage, was zu tun ist, wenn sie *auftreten* – denn das werden sie! Nur so können wir verhindern, dass sie unser Bemühen blockieren, ganz für jede Partei da zu sein. Ich hatte mir schon oft ein Urteil über Henry und Nancy gebildet. Erst als ich mir ziemlich sicher war, dass diese Urteile meiner Absicht nicht ins Gehege kommen würden, voll und ganz für beide präsent zu sein, stimmte ich einem Treffen mit ihnen zu.

Obwohl die Mediation über einen Monat nach dem Vorfall stattfand, der zu Nancys Festnahme geführt hatte, wirkten Henry und Nancy, die mit ihren Anwälten eintrafen, immer noch traumatisiert – Henry aufgrund des Vorfalls mit dem Geländewagen, Nancy aufgrund der Festnahme. Als ich bei beiden hinter ihrer streitlustigen Haltung Angst spürte, bestätigte mich das darin, dass es mir gelingen würde, mich in beide hineinzuversetzen.

Gleich zu Beginn der Mediation forderte Nancys Anwältin, Henry möge seine Strafanzeige bei der Polizei zurückziehen, damit über Nancy nicht das Strafverfahren wie ein Damoklesschwert baumelte. Henrys Anwalt erwiderte, das sei nicht möglich, da der Fall nun bei der Staatsanwaltschaft liege. Darüber hinaus machte er deutlich, dass er es ablehnte, das Strafverfahren in der Mediation zu verhandeln oder auch nur zu besprechen, denn er glaubte, es sei unmoralisch oder gar illegal, eine solche Unterhaltung zu führen.

Bevor ich sie über die Situation befragte, wollte ich zunächst klarstellen, wie ich ihnen helfen könnte. Ich war unsicherer als sonst, ob ich der Richtige sei, die Mediation mit ihnen durchzuführen.

Mediator: Henry, Sie wissen, dass Nancy und ich im Lauf der Jahre oft miteinander zu tun hatten, da wir beide in der Nachbarschaft leben, und Sie wissen auch, dass ich Nancys Anwältin kenne. Nancy, Sie wissen, dass ich auch mit Henry als Nachbar mehrmals in Berührung gekommen bin. Und natürlich wissen Sie beide, dass ich als Anwohner des gleichen Viertels viel über Ihre Reibereien gehört habe. Wenn ich mit Ihnen beiden eine Mediation durchführe, müssen wir alle überzeugt sein, dass ich neutral sein kann.
Henry: Ich gehe davon aus, dass Sie objektiv sein können.
Mediator: Möglicherweise tun Sie das und ich weiß es zu schätzen. Was aber vielleicht wichtiger ist: Ich möchte, dass Sie und Ihre Anwälte wissen, dass meine Vorstellung von Neutralität nicht bedeutet, dass ich objektiv bin oder vorgebe, objektiv zu sein. Meines Erachtens bin ich neutral, wenn ich für Sie beide ›da bin‹, um Ihnen zu helfen. Mein Ziel ist es, Sie beide so gut wie möglich zu *verstehen*. Ich werde in der Mitte verbleiben, indem ich versuche, Ihnen und dem, was Ihnen wichtig ist, näher zu kommen, anstatt Ihnen gegenüber den gleichen Abstand zu wahren.
Henry: Das ist nicht, was ich meinte. Ich hatte gehofft, dass Sie objektiv sein würden und uns dann sagten, was Sie für fair halten.
Mediator: Ich sehe meine Rolle anders. Als Mediator entscheide ich nicht, wer recht hat. Meine Aufgabe wird sein, Ihnen dabei zu helfen, gemeinsam Entscheidungen zu treffen. Deshalb wäre es nicht hilfreich, wenn ich unbeteiligt bliebe und Distanz wahrte. Selbst in diesem Moment möchte ich nicht nur das wirklich verstehen, was Sie sagen, sondern auch das, was möglicherweise hinter Ihren Worten steht.
Henry: Und was, glauben Sie, ist das?
Mediator: Nun, da sie möchten, dass jemand objektiv über diese Angelegenheit entscheidet, könnte ich mir denken, dass Sie keine großen Hoffnungen haben, dass es Ihnen selbst gelingt, sich mit Ihrer Nachbarin zu einigen.
Henry: Stimmt.
Mediator: Für mich stellt sich damit die Frage, ob Sie überhaupt mit

Nancy darüber entscheiden möchten, wie Ihr Streit gelöst werden soll, wenn das denn möglich wäre.
Henry: Also, ich würde schon wollen, aber wie Sie vielleicht wissen, ist einiges zwischen uns vorgefallen.
Mediator: Angesichts der Gerüchteküche habe ich das vermutet. Aber für mich ist die Frage zum Teil dadurch beantwortet, dass Sie angedeutet haben, motiviert zu sein, um die Sache gemeinsam in den Griff zu bekommen, auch wenn Sie keine großen Hoffnungen hegen. Wenn Nancy also auf ähnliche Weise motiviert ist, lautet die Frage ganz einfach: Was für eine Art von Hilfe brauchen Sie von einem neutralen Dritten, um in die Position zu kommen, in der Sie gerne sein möchten? Wenn ich zu entscheiden hätte, was Sie tun sollten, wäre Distanz meinerseits sehr hilfreich. Aber wenn Sie und Nancy die Entscheidungen fällen, dann muss ich mich stärker einmischen. Ich werde verstehen wollen, was für Sie beide auf einer Ihrem Streit zugrunde liegenden Ebene wichtig ist; ich möchte Ihnen helfen, dass Sie sich selbst besser verstehen und möglicherweise auch den anderen. Aber wenn ich das tun soll, müssen Sie beide darauf vertrauen, dass ich nicht bereits Partei ergriffen habe und das im Rahmen dieser Mediation auch niemals tun werde.

Positive Neutralität wahren

Anstatt eine objektive und distanzierte Haltung gegenüber beiden Parteien einzunehmen, versucht der verstehensbasierte Mediator den Sinn einer *positiven Neutralität* zu vermitteln. Das heißt er versucht, gegenüber beiden Parteien gleichermaßen subjektiv eingestellt und ihnen gleichermaßen nahe zu sein. Wir arbeiten daran, uns mit jeder Partei zu identifizieren – in dem Versuch, zu verstehen und in uns zu empfinden, wie sich der Streit für jede Seite anfühlt; kurz: wir versuchen, empathisch zu sein und sicherzugehen, dass sich jede Partei vom Mediator verstanden fühlt.

Das Bemühen darum, jede Partei auf diese Weise zu verstehen und eine Verbindung zu ihr aufzubauen – und zwar in Gegenwart der anderen Partei – kann bei der Bearbeitung eines Konflikts einen entscheidenden Unterschied bewirken.

Das sollte sich am Fall von Nancy und Henry bewahrheiten. Ein solches Vorgehen bedeutet nicht nur, dass wir mit den Parteien auf eine positive Neutralität hinarbeiten, sondern dass wir auch an uns selbst als Mediatoren arbeiten.

Henry: Was Sie sagen, leuchtet mir einigermaßen ein. Aber wie können wir Ihre Neutralität überprüfen?
Mediator: Nun, ich habe bereits dargelegt, inwiefern ich schon einmal mit jedem von Ihnen Kontakt hatte und auch, woher ich über Ihren Streit Bescheid weiß. Ich glaube zwar nicht, dass ein etwaiges Vorwissen mit meiner Rolle unvereinbar ist, aber Sie und Nancy, ebenso wie Ihre Anwälte, sollten sich jederzeit frei fühlen, mich über mein früheres Verhältnis zu einem von Ihnen zu befragen. Und wenn zu irgendeinem Zeitpunkt einer von Ihnen den Eindruck haben sollte, dass ich meine neutrale Position verlassen habe und zu einem Parteigänger geworden bin – wenn es also den Anschein hat, ich stünde mehr auf der einen Seite als auf der anderen – möchte ich, dass Sie das im Rahmen der Mediation ansprechen. Es ist gut möglich, dass Sie irgendwann denken, ich sei im gängigen Sinn nicht neutral, weil ich mich sehr darum bemühe, Nancy zu verstehen; so wie Nancy das Gleiche in diesem Moment von uns beiden denken könnte.
Nancy: Ich war tatsächlich ein wenig darüber besorgt, wie viel Aufmerksamkeit Sie ihm schenken, aber ich denke, ich verstehe, was Sie sagen. Zudem glaube ich dass, gerade weil Sie ein Nachbar von uns sind, Ihnen mehr als einem Außenstehenden daran liegt, was in unserem Viertel geschieht. Und das könnte für uns hilfreich sein.
Mediator: Das denke ich auch. Ich spüre, dass mein Wunsch, Ihnen zu helfen, über meine professionelle Haltung hinausgeht, da wir alle im gleichen Viertel wohnen. Das könnte die Gefahr bergen, dass ich aufgrund dieser Verbindung eine größere Verantwortung auf mich nehme und vielleicht sogar versuche, Sie zu einer Übereinkunft zu drängen. Mein Ziel ist es, keinerlei Druck auszuüben. Von Ihnen erhoffe ich mir, dass Sie den Großteil der Verantwortung selbst übernehmen – sowohl für den Umstand, *dass* Sie eine Vereinbarung treffen, als auch für die *Art* der Vereinbarung. Natürlich ist es Ihnen jederzeit freigestellt, dieses Verfahren abzubrechen.
Nancy: Über mich brauchen Sie sich keine Sorgen zu machen. Niemand wird mich zu irgendetwas zwingen. Ich treffe schon seit sehr langer Zeit meine eigenen Entscheidungen und damit werde ich nicht plötzlich aufhören.
Mediator: Darauf vertraue ich.

Dann fragte ich Henry und Nancy, warum sie sich für eine Mediation interessierten. Beide antworteten eher verhalten, was mich beunruhigte. Es war offensichtlich, dass keiner von ihnen an eine erfolgreiche Mediation glaubte. Ich hoffte, dass sich dies ändern würde, sobald sie ein besseres Gespür für das Verfahren sowie dessen Möglichkeiten erlangt hätten. Henrys und Nancys Anwälte hingegen waren optimistischer.

Anwälte unterstützen die Mediation

Als die Mediation noch in den Kinderschuhen steckte, warnten Anwälte ihre Mandanten vor den Risiken einer Mediation; heute hingegen treten viele Anwälte für Mediation ein. Die Anwälte von Henry und Nancy waren sich nicht nur der Tücken bewusst, die ein Zivilprozess für ihre beiden Mandanten barg; sie spürten zudem, dass der einzige Weg, diesen Konflikt endgültig beizulegen, in einer Lösung lag, die unmittelbar auf die Bedürfnisse ihrer Mandanten zugeschnitten war. Eine Gerichtsentscheidung würde vermutlich nur zu weiteren Rechtsstreitigkeiten führen.

Nachdem wir noch etwas über das Mediationsverfahren sowie zusätzliche Vereinbarungen hinsichtlich der Vorgehensweise gesprochen hatten, wandten wir uns *Gespräch eins* zu – dem rechtlichen Rahmen des Streits. Im Hinterkopf behielten wir die Option eines Gerichtsverfahrens, aber unser Ziel war festzustellen, ob wir letztendlich nicht doch eine bessere Lösung konstruieren könnten, die für beide Parteien besser wäre als die Ergebnisse eines Zivilprozesses. Alle stimmten überein, dass es sich lohne, uns mit den Folgen eines Prozesses zu befassen, auch wenn das nicht die Richtung war, die Henry und Nancy einschlagen wollten. Letzteres würde vom persönlichen Kontext ihres Streits abhängen – namentlich *Gespräch zwei*.

Zunächst erläuterten die Anwälte die diversen rechtlichen Schritte, die erfolgen würden, sollte es ihren Mandanten nicht gelingen, ihre Differenzen in der Mediation beizulegen. Danach war uns allen eines klar: Unabhängig davon, wer von beiden gewinnen würde, stünden Henry und Nancy möglicherweise jahrelange Rechtsstreitigkeiten bevor. Solange sie Nachbarn blieben, würden Feindschaft und Zorn das Leben beider sehr belasten.

Daraufhin schlug ich vor, uns Gespräch zwei zuzuwenden. Dabei sollte sich jeder so viel Zeit nehmen wie er brauchte, um mir seine Sicht auf die Dinge darzulegen; ich versicherte ihnen, dass ich mich bemühen würde, jede Seite zu verstehen.

Die Parteien verstehen

Bemüht sich der Mediator, jede Partei gleichermaßen zu verstehen, motiviert das die Parteien, ihre eigenen Ansichten auszudrücken und über ihre eigenen Erfahrungen nachzudenken.

Einige Parteien sind zu zurückhaltend, ihre Ansichten vorzubringen – Henry und Nancy hatten damit allerdings kein Problem, wie wir noch sehen werden. Aber selbst für durchsetzungsfähige Parteien kann es frustrierend sein, wenn ihr Gegenüber auf jedes Wort, das sie sagen, unmittelbar reagiert. Möglicherweise versuchen beide zu sprechen, aber jeder hat das Gefühl, unablässig unterbrochen zu werden und es ist nicht klar, ob sie einander überhaupt zuhören. Trifft man die Vereinbarung, dass der Mediator nacheinander auf die Parteien eingeht, so hat jede Seite genügend Zeit, um ihre Ansichten darzulegen, während der Mediator sich darum bemüht, *zu verstehen*.

Der Mediator wahrt die Haltung der positiven Neutralität

Um unsere Haltung der *positiven Neutralität* zu wahren, müssen wir unablässig an uns selbst arbeiten. Nur so können wir sichergehen, dass wir für beide Parteien voll und ganz da sind – unabhängig davon, dass sie ihre eigene Situation vielleicht ganz anders sehen. Ein Konflikt drängt jeden, der ihn von außen erlebt dazu, Partei zu ergreifen. Als Mediatoren nehmen wir die unterschiedlichen Ansichten der Parteien an. Wir leugnen nicht die Differenzen und versuchen auch nicht, eine Partei dazu zu überreden, ihre Sichtweise zu ändern.

Wie wir bereits in Abschnitt 2.2 zu den Verständnisräumen beschrieben haben (vgl. S. 150 ff.), fühlen sich beide Parteien vom Mediator verstanden, sobald dieser sich ernsthaft darum bemüht, beide Parteien gleichermaßen zu verstehen. Da sich in einem Konflikt die meisten Menschen missverstanden fühlen – zumindest von der gegnerischen Seite – kann das aufrichtige Verstehen einer unabhängigen dritten Partei enorm wertvoll sein. Mangelndes Verstehen und Missverständnisse fachen die Flammen eines Konflikts an. Verstehen ist der erste Schritt, um die Flammen zu ersticken.

Aufrichtiges Verstehen des Mediators ist wertvoll

Bemüht sich ein Mediator darum, zu verstehen, anstatt die Parteien zu einer Meinungsänderung zu bewegen, dann können auch viele Parteien nach und nach besser verstehen, was ihnen wichtig ist. Sobald der Mediator die jeweiligen Sichtweisen der Parteien verstanden hat, können auch die Parteien versuchen, ansatzweise Verstehen für die Gegenseite aufzubringen.

Ich erklärte Nancy und Henry, wie ich in dieser Phase der Mediation vorgehen wollte, um sie beide zu verstehen: Ich würde mit jedem von ihnen ein separates Gespräch führen – und zwar in Gegenwart des anderen. Beide sagten, dies leuchte ihnen ein, solange sie einen vom Konfliktpartner heraufbeschworenen falschen Eindruck »zurechtrücken« könnten.

Dann warf Henrys Anwalt eine Fragestellung auf.

Henrys Anwalt: Seit einiger Zeit stecken wir im Sumpf der Vergangenheit fest. Wenn wir den nun wieder hervorkehren, wird sie das erneut in Rage bringen und sich alles nur wiederholen. Ich glaube, es wäre besser, wenn wir die Vergangenheit nicht noch einmal aufwärmen, sondern uns stattdessen auf die Zukunft besinnen würden. Wenn wir uns fragen würden, was nötig ist, damit wir den Ort, an dem wir bereits waren, hinter uns lassen können.
Mediator: Sie fänden es also besser, wenn wir versuchen würden voranzukommen, indem wir nicht über die Vergangenheit sprechen – wozu auch der Vorfall mit dem Geländewagen gehört.
Henrys Anwalt: Ich glaube tatsächlich, dass wir auf diese Weise unsere Zeit sinnvoller nutzen.
Mediator: Wir können das gerne versuchen, wenn Sie alle es möchten. Meiner Erfahrung nach ist das Verstehen der Vergangenheit jedoch oft notwendig, um die Beteiligten aus dem von Ihnen erwähnten ›Sumpf‹ zu befreien. Zudem bin ich mir nicht sicher, ob einige der Probleme, mit denen Sie konfrontiert waren, nicht daher rührten, wie Nancy und Henry über die Vergangenheit gesprochen haben. Ich war natürlich nicht dabei, aber ich vermute, Nancy und Henry haben das Gefühl, dass sie sich noch nicht wirklich äußern konnten oder dass sie verstanden wurden. Wenn wir einen Weg finden, über die Vergangenheit zu sprechen, ohne in eine Sackgasse zu geraten, kann das daraus gewonnene Verstehen uns die Richtung weisen, die für die Zukunft sinnvoll ist. Ich glaube, dass mein Vorschlag einen Unterschied bewirken könnte. Ihre Mandanten werden jedenfalls die Gelegenheit haben, ihren Ansichten Ausdruck zu verleihen; hoffentlich müssen sie sich dabei nicht gegen die Einwürfe des anderen verteidigen. Ich werde unterdessen versuchen, zu verstehen, worum es den beiden wirklich ging.

Zurückschauen, um nach vorne zu blicken

Die Einwände von Henrys Anwalt überraschten mich kaum. Viele Mediatoren vertreten eine ähnliche Meinung. Sie glauben, über die Vergangenheit zu sprechen führe nur dazu, dass die Probleme wiederholt und womöglich noch verschärft würden; häufig folge daraus ein Zusammenbruch, der wiederum die Verhandlungen in eine Sackgasse führe. Habe das Sprechen über Vergangenes überhaupt einen Sinn, dann den, dass die Parteien angestauten Gefühlen »Luft machen« könnten; und das geschehe am besten in einem Moment, in dem die Gegenpartei nicht anwesend sei.

Für uns geht es bei dem Gespräch über die Vergangenheit darum, dass wir besser verstehen, wie die Beteiligten an den Punkt gelangt sind, an dem sie stehen. Wir wissen, dass das in ein bedeutsames Gespräch darüber münden kann, was für die Parteien im Hinblick auf die Zukunft wichtig ist. Blendet man die Vergangenheit aus, kann das Menschen sogar in ihrem Konflikt gefangen halten: Die negative Meinung über zurückliegende Handlungen und Motive des jeweils anderen heizen die Sache noch zusätzlich an. Die Vorstellung, dass der Ausdruck von Gefühlen dazu da ist, »Luft abzulassen«, legt den Gedanken nahe, dass Gefühle in dem gesamten Prozess lediglich eine Art Schadstoff sind. Gefühle, auf authentische Weise empfunden und ausgedrückt, sind jedoch eine wertvolle Erfahrung der Betroffenen und damit ein wichtiger Teil des Verfahrens – manchmal sogar der Schlüssel zu einem umfassenderen Verstehen.

Gefühle können der Schlüssel zu einem umfassenderen Verstehen sein

Allerdings kann es durchaus gefährlich sein, wenn Menschen in die Vergangenheit zurückkehren. Die Herausforderung liegt darin, die Parteien so zu unterstützen, dass sie jene Nachforschung auf konstruktive Weise erleben können.

Der Austausch mit Henrys Anwalt sollte keine weiteren Folgen haben. Sowohl Henry als auch Nancy waren schnell davon überzeugt, dass wir rekapitulieren mussten, was geschehen war, wenn wir für ihre Probleme eine Lösung finden wollten – auch wenn dieses Vorgehen schmerzhaft sein würde. Ich unterstützte sie und auch die Anwälte bekundeten ihre Unterstützung, wenngleich sie vielleicht ein wenig skeptisch blieben. Während ich zuhörte, wie jede Partei den Streithergang beschrieb, fühlte ich mich zu beiden hingezogen – erst zu Nancy, dann zu Henry; die positive Neutralität in mir wuchs.

Nancy: Vor 30 Jahren war es mir gelungen, eine Bebauung dieses Grundstücks zu verhindern, als der damalige Besitzer dort eine echte Scheußlichkeit errichten wollte. Es ist ein wertvolles Grundstück, direkt am Meer gelegen und ich fürchtete, dass das empfindliche Ökosystem aus der Balance geriete, wenn dort etwas gebaut würde, insbesondere aber ein 370 Quadratmeter großes Haus, wie vom Besitzer beabsichtigt. Die Gemeinde war der gleichen Meinung wie ich, zumindest erhielt der Mann nicht die nötigen Genehmigungen. Als Henry sein Angebot für diese Parzelle abgab, sagte er mir, dass er das Land so belassen wolle: unbebaut. Ich war so dumm, ihm zu glauben. Dabei hatte er das doch die ganze Zeit vor.
Mediator: Sie sind, nicht zuletzt durch Ihr Engagement für den Erhalt der Natur, schon seit langem mit diesem Stück Land in seinem unbebau-

ten Zustand verbunden. Und sie glaubten Henry, als er sagte, dass er es nicht bebauen werde; nun allerdings glauben Sie, dass er nicht aufrichtig war. Warum?
Nancy: Jeder Esel kann doch zurückblicken und erkennen, was er da tat.
Mediator: Ich verstehe, dass Sie dachten, er hinterginge Sie absichtlich. Es wäre hilfreich, wenn Sie noch mehr dazu sagen könnten, was *Sie* durchgemacht haben, anstatt uns zu sagen, was Ihres Erachtens in Henrys Kopf vorgeht.

Unterschiedliche Sichtweisen beachten

Wie bereits dargelegt, sind Parteien im Konflikt in der Regel davon überzeugt, dass ihre eigene Position wahr und richtig ist, während die der Gegenseite falsch und von bösen Absichten geprägt ist. Henry und Nancy waren beide in der Konfliktfalle gefangen, da sie sich selbst nach ihren *Absichten* beurteilten, während sie den anderen danach beurteilten, wie sich dessen *Handlungen* auf sie selbst *auswirkten*. Nimmt der Mediator eine Haltung der positiven Neutralität ein und akzeptiert aufrichtig beide Meinungen, dann gibt das den Parteien die Möglichkeit, ihre Auseinandersetzung als einen Konflikt zu betrachten, in dem unterschiedliche Sichtweisen aufeinandertreffen. Und damit fangen sie an, sich aus den Fängen ihres Konflikts zu befreien.

Positive Neutralität

Ermutigen, über eigene Erfahrungen zu sprechen

Eine wichtige Methode, um den Parteien aus dem Spiel der gegenseitigen Schuldzuweisungen herauszuhelfen, ist es, sie zu ermutigen, über ihre *eigene Erfahrung* zu sprechen, anstatt dem anderen Motive und Absichten zu unterstellen. Selbst kleine Anregungen in diese Richtung können dazu beitragen, die einengende Macht des Konflikts aufzubrechen.

Nancy: In Ordnung, dann halte ich mich an das, was ich erlebt habe. Aber was offensichtlich ist, ist offensichtlich. Ich habe ihm sogar gesagt, dass ich sein Angebot unterstütze. Er hatte viel Geld. Ich hatte keins, also konnte ich ihm nicht finanziell helfen, aber ich war bereit zu tun, was immer ich konnte, um das Grundstück unbebaut zu halten. Wenn alles zu einer Parzelle wurde, umso besser. Henry und ich schienen gut miteinander auszukommen – bis zu dem Fiasko mit den Bäumen. Er hatte mir gesagt, er werde drei Bäume fällen. Stattdessen fand ich, als ich nach Hause kam, 36 Baumstümpfe vor, die seine Leute an einem Tag abgeholzt hatten. Da wusste ich, dass er ein großer Lügner war.
Mediator: Sie waren am Boden zerstört, als jene Bäume gefällt worden waren.

Nancy: Ich fühlte mich verraten. Ich war wütend. Nicht nur waren jene Bäume für immer verloren; ich war außerdem noch den Blicken vom Strand ausgesetzt. Ich war nicht mehr geschützt.
Mediator: Sie fühlten sich also vor allem hintergangen und waren wütend. Ich hatte zudem den Eindruck, aus Ihren Worten Trauer herauszuhören.

Wut wahrnehmen und anerkennen

Ganz wichtig und zugleich eine große Herausforderung ist es, in der Mediation eine Möglichkeit zu finden, konstruktiv mit der Wut der Parteien umzugehen. Das ist schwierig, droht sie doch ständig, den Konflikt zu verschlimmern oder zumindest zu verfestigen. Manchmal ist man versucht, den Fokus des Gesprächs zu verlagern: etwa hin zu der Frage, was sich die Partei ganz konkret wünscht. Alternativ ermutigt man die Parteien, von ihrer Wut abzulassen oder sie zumindest beiseite zu schieben und mit dem Verstand zu argumentieren. Es gibt Mediatoren, die genau deshalb das Einzelgespräch bevorzugen: um wütende Konfrontationen zwischen den Parteien zu vermeiden.

Auf die Wut *richtig* reagieren

Bei unserem Ansatz gelten Wut, Schuldzuweisung, Angriff und Gegenangriff als Momente, durch die sich ein Konflikt festsetzen kann. Deshalb halten einige es vielleicht für sinnvoll zu versuchen, dem Einhalt zu gebieten oder diese Reaktionen zumindest einzugrenzen. Wir jedoch sind der Ansicht, dass nicht die Wut an sich das Problem ist, sondern die Art, wie darauf reagiert oder eben *nicht* reagiert wird. Wird auf Wut mit Wut reagiert und erfolgt auf eine Schuldzuweisung eine neue Schuldzuweisung, kann das tatsächlich den Konflikt unendlich fortsetzen. Aber das gleiche gilt, wenn man den Parteien *keine* Gelegenheit gibt, diesen Gefühlen Ausdruck zu verleihen.

> Haben die Parteien das Gefühl, dass ihre Empfindungen ernstgenommen werden und ihnen empathisch und verständnisvoll begegnet wird – wobei sowohl darauf einzugehen ist, wie sich beide Parteien fühlen, als auch darauf, wie sie die Situation wahrnehmen – kann sich dadurch die Rolle extrem verändern, die die Wut im jeweiligen Konflikt spielt.

Aufrichtiges Verstehen verändert die Wut

Es geht nicht nur darum, dass die Wut Ausdruck finden kann, die Parteien also ihrem Ärger »Luft machen«. Es geht vielmehr darum, dass der Mediator versucht, aufrichtig zu *verstehen*, dass die Parteien wütend sind und dass die Parteien den Eindruck haben, genau das wird verstanden. Mehr noch: Sobald Verständnis dafür herrscht, dass die Parteien wütend sind, ist es wichtig zu schauen, was der Wut *zugrunde liegt*.

Als es um Nancys Sicht auf die Vorgeschichte ihres Streits ging, versuchte ich nicht nur ihre Wut, sondern auch die anderen Gefühle zu verstehen, die den Anschuldigungen *zugrunde lagen*, die zwischen ihr und Henry hin- und hergewandert waren. Solche Gefühle finden oft keinen Ausdruck, sie werden weder wahrgenommen noch akzeptiert; manchmal sind sie sogar der Partei, die diese Gefühle hat, selbst verborgen. Als Nancy ausführlicher über ihre eigene Erfahrung und die Auswirkungen der Geschehnisse auf sie selbst sprach, kamen diese Gefühle allmählich zum Vorschein; ich half ihr, sie in Worte zu fassen.

Im Herzen eines Konflikts liegen häufig *Angst und Schmerz*; sie sind Ursprung jener selbstgerechten Ansichten, aufgrund derer jede Seite denkt, sie sei im Recht und die Gegenseite im Unrecht. Im Schlagabtausch mit dem Gegenüber verfestigen sich diese Vorstellungen immer weiter. Gelänge es mir, jene tiefer liegenden Gefühle als Quelle ihrer gegenseitigen Vorwürfe wahrzunehmen, fiele es mir leichter, für jeden von ihnen Mitgefühl zu entwickeln. Spricht man diese Gefühle den Parteien gegenüber direkt an, lässt sich auf diese Weise das Muster von Angriff und Verteidigung durchbrechen, das ihren Konflikt am Leben hält.

Nancy: Sie haben keine Vorstellung davon, wie viel mir diese Bäume bedeutet haben. Das waren Lebewesen und sie wurden ermordet.
Mediator: Sie sagen, dass durch jeden Baum, der gefällt wird, Ihres Erachtens die Umwelt entwertet und zerstört wird.
Nancy: Ja, das gilt sogar für den Baum, der mein Haus überragt und von dem es heißt, er könne möglicherweise umstürzen. Ich halte nichts davon, die Natur zu zerstören. Die Natur schützt uns und wir sollten die Natur schützen.
Mediator: Die Bäume boten Ihnen also Schutz und der Verlust Ihrer Privatsphäre machte für Sie die ganze Sache noch schlimmer.
Nancy: Ja. Ich hasse es, wenn Menschen, die sich am Strand aufhalten, mir nachspionieren können. Ich lebe hier seit 35 Jahren, und auf einmal ist es vorbei mit meiner Ruhe und Ungestörtheit.
Mediator: Und seit dem Tag, an dem die Bäume gefällt wurden, hat sich Ihr Verhältnis zu Henry verändert?
Nancy: Natürlich. Würde es Ihnen nicht genauso gehen? Als ich dann noch herausfand, dass er dort ein Haus bauen würde, wusste ich, dass ich es mit dem Teufel zu tun hatte.
Mediator: Ich verstehe, dass Sie so wütend auf ihn sind. Aber anstatt

Aussagen über Henry zu machen, wäre es mir lieber, wenn Sie über Ihre eigene Erfahrung sprechen. Das wird mir helfen, Sie zu verstehen, und wir gießen nicht weiter Öl ins Feuer.
Nancy: In Ordnung. Ich erzähle Ihnen aber nur die ungeschminkte Wahrheit.
Mediator: Ich glaube Ihnen, dass Sie ganz ehrlich über das sprechen, was Ihnen widerfahren ist. Es gibt auch noch Henrys Sicht auf die Ereignisse, die sich vermutlich von der Ihren unterscheidet. Momentan versuche ich nur dafür zu sorgen, dass hier genug Platz für beide Ansichten ist und möchte sehen, ob Sie anerkennen können, dass es möglicherweise mehr als nur eine Wahrheit gibt.
Nancy: Okay, dies ist *meine* Wahrheit. Aber die Fakten sprechen für sich. Nun hat er eine Genehmigung und wird dort ein Haus bauen. Und er versucht, das ganze Viertel gegen mich aufzubringen.

Bisher war es mir recht leicht gefallen, eine Nähe zu Nancy aufzubauen und Mitgefühl für sie zu empfinden. Sie war in unserem Viertel eine Legende, die für ihr Heim und für die Natur kämpfte – Werte, mit denen ich mich leicht identifizieren konnte. Angesichts dessen, was ich vorab über den bedrohlichen Vorfall mit dem Geländewagen gehört hatte, war es jedoch möglich, dass mir mein Urteil über sie nun in die Quere kommen und es mir schwerer machen könnte, beim nächsten Schritt ihr gegenüber ganz offen zu bleiben. Die Möglichkeit eines solchen Hindernisses in mir selbst war mir durchaus bewusst, als ich meine nächste Frage stellte.

Mediator: Können Sie mir schildern, was passiert ist?
Nancy: Ich hatte den Verdacht, dass er auf meinem Grundstück herumschnüffelte. Es gab gewisse Anzeichen, denen zufolge er über den Zaun geklettert war, um irgendwelche Untersuchungen durchzuführen. Ich hatte ihn vor weiterem unbefugten Betreten gewarnt. Eines Abends rief mich jemand an und sagte, dass Henry am unteren Ende meines Grundstücks auf meiner Seite sei, also habe ich mich in meinen Geländewagen gesetzt, bin hingefahren und habe ihn erwischt. Es stimmt, dass der Wagen auf den losen Steinen etwas schlitterte, als ich auf die Bremse trat, aber ich kenne jeden Zentimeter meines Grundstücks und fahre dort ständig. Ich hatte nie vor, ihn anzufahren. Das habe ich nicht getan und das würde ich nie tun. Aber er weiß, wie man sich das System zunutze macht. Er schrie, er werde den Sheriff rufen und wenn ich es wagte, mich von der Stelle zu rühren, dann würde er dem Sheriff sagen, ich hätte Fahrerflucht begangen. Als ich nach Hause kam, rief ich den Sheriff an und sagte ihm, dass ich zuhause sei, für den Fall, dass er mit mir

sprechen wollte. Ich habe Henry nicht angerührt. Das ist seine Art, um mich dazu zu bringen, klein beizugeben. Aber das werde ich nicht tun.
Mediator: Sie machten sich Sorgen, was mit Ihrem Grundstück geschehen könnte und wollten daher nachschauen. Sie fuhren sofort hin; Ihr Geländewagen ist zwar etwas ins Rutschen gekommen, aber Sie hatten nicht die Absicht, Henry etwas anzutun.
Nancy: Das würde ich nicht und das habe ich nicht.
Mediator: Dann wurde der Sheriff eingeschaltet, was sicher unangenehm für Sie war.
Nancy: Ihnen wäre das auch nicht angenehm, oder? Aber auf ihn wird es auch nicht gut zurückfallen.
Mediator: Sie werden sich weiterhin für das, woran Sie glauben, einsetzen.
Nancy: Er wird mich nicht dahin bringen, dass ich klein beigebe.
Mediator: Es geht mir nicht darum, einen von Ihnen dahin zu bringen, dass Sie das aufgeben, was Ihnen wichtig ist. Momentan versuche ich nur, in Erfahrung zu bringen, wie jeder von Ihnen die Geschehnisse einschätzt. Ich glaube, wenn Sie genügend Verständnis aufbringen, wird es Ihnen gelingen, eine Lösung zu finden, die widerspiegelt, was für Sie beide wichtig ist. Ihren Schilderungen zufolge muss der ganze Vorfall Sie sehr belastet haben. Denken Sie, dass ich das, was Sie erzählt haben, verstanden habe?
Nancy: Ich bin mir nicht ganz sicher. Es scheint so. Aber ich sage schon seit Jahren das Gleiche, also ist es auch kein Geheimnis.
Mediator: In Ordnung. Als nächstes werde ich versuchen zu verstehen, wie sich die Ereignisse aus Henrys Perspektive darstellen.

Emotionale Wirklichkeit und Neutralität

Den Parteien habe ich nahegelegt, dass es mehr als nur eine mögliche Sicht auf ihren Konflikt gibt und gleichzeitig versucht, Nancys Sichtweise und ihre emotionalen Erfahrungen zu verstehen. Je stärker man diese tiefer liegenden Gefühle in den Verstehensprozess einbeziehen kann, desto größer ist die Wahrscheinlichkeit, dass sich die Parteien verstanden fühlen und den Eindruck haben, man könne nachvollziehen, wer sie sind und was sie empfinden. Je mehr sie sich verstanden und anerkannt fühlen, desto wahrscheinlicher ist es, dass sie ihre ursprüngliche Beurteilung des anderen überwinden und das Menschliche in ihm erkennen können.

Über das Verstehen die ursprüngliche Beurteilung des anderen überwinden

Das gilt auch für den Mediator. Ein ganz wichtiger Schritt, um mein eigenes Urteil über Nancy und ihre Haltungen hinter mir zu lassen war es, anzuerkennen, wie viel Angst sie hatte und wie sehr sie versuchte, sich zu schützen. Zwar sprach ich es nicht aus, weil ich ihre Angst und Verletzlichkeit wahrnehmen konnte, war es mir auch möglich, ihr und ihrer Erfahrung näherzukommen.

Nun musste ich das gleiche bei Henry tun, was bedeutete, dass ich seiner Sichtweise gegenüber genauso offen sein musste, wie ich es Nancy gegenüber gewesen war. Dabei durfte ich jedoch die Verbindung, die ich zu Nancy aufgebaut hatte, nicht wieder abbrechen. Zudem hegte ich einige ganz persönliche Ansichten über Menschen, die beruflich Grundstücke »entwickeln«; ich würde also darauf achten müssen, dass diese Ansichten mir beim Bemühen, Henry zu verstehen, nicht in die Quere kämen. Ich schob diese Urteile beiseite und forderte ihn ganz offen dazu auf, mir seine Sicht darzulegen.

Henrys Variante des Vorgefallenen klang völlig anders.

Henry: Das Ganze war für mich eine schwierige Situation. Anfangs, als ich beschloss, für die Parzelle ein Angebot abzugeben, wollte ich das Grundstück lediglich davor bewahren, dass es auf eine Weise bebaut würde, die ich und die Gemeinde als furchtbar empfunden hätten. Genau wie Nancy wollte ich keinerlei Risiken hinsichtlich dessen eingehen, was direkt neben meinem Haus gebaut werden könnte. Ich war mir ziemlich sicher, dass das Grundstück, das die Verkäuferin als Baugrund deklariert hatte, keineswegs bebaubar war. Daher gab ich ein Angebot ab, das von seiner Bebaubarkeit abhing, weil ich annahm, dass der Preis gehörig sinken würde, nachdem ich bewiesen hätte, dass es nicht bebaubar war. Zwei meiner Nachbarn erklärten sich bereit, sich am Kaufpreis zu beteiligen, sodass wir die Grenzen unserer Grundstücke neu ziehen könnten; dadurch hätte jedes unserer Grundstücke hinzugewonnen und wir hätten das Land vor einer Bebauung geschützt. Ich gab das Angebot ab, das von der Bebaubarkeit der Parzelle abhing und es wurde angenommen.
Mediator: Sie sagen, Sie wollten nicht, dass etwas auf der Parzelle gebaut würde und waren zuversichtlich, es würde sich zeigen, dass man es tatsächlich nicht bebauen konnte. Als Sie Nancy von Ihrem Plan erzählten, glaubten Sie also, dass das Grundstück nicht angetastet werden würde. War das, bevor die Bäume gefällt wurden?
Henry: Ja. Wir haben tatsächlich insgesamt drei Bäume gefällt. Der Rest waren ...
Nancy: Das ist absolut nicht ...
Mediator: Nancy, ich weiß, dass Sie möglicherweise viele Dinge anders sehen. Aber bitte warten Sie so lange, bis Henry mit seiner Darstellung der Geschehnisse fertig ist. Dann werden Sie die Möglichkeit haben zu sagen, was immer Sie möchten.

Nancy: Tatsachen sind und bleiben Tatsachen. Aber ich werde mir jetzt auf die Zunge beißen.

Henry: Was ich sagen wollte ist, dass bis auf die drei Bäume alles andere Büsche und Gestrüpp waren. Das musste beseitigt werden, damit wir das Auslaugungsfeld prüfen konnten, was beweisen sollte, dass das Land nicht bebaubar war. Zumindest glaubte das der Fachmann, den ich beauftragt hatte. Dann geschahen mehrere Dinge, durch die sich die Gesamtsituation dramatisch veränderte. Zunächst sagte mir die Verkäuferin, dass sie nicht mit dem Preis runtergehen würde, falls sich das Grundstück als nicht bebaubar erweisen sollte. Zweitens zogen sich die Nachbarn zurück, die den Kauf unterstützen wollten. Schließlich wurde ein zusätzliches Angebot abgegeben, das das Doppelte von dem bot, was ich geboten hatte. Also hatte ich keine andere Wahl als herauszufinden, ob das Grundstück doch bebaubar war. Zu unserer Überraschung und unserem Entsetzen stellte sich heraus, dass das tatsächlich der Fall war. Nun steckte ich finanziell in der Klemme. Es war mir nicht möglich, das ganze Geld allein aufzubringen, nur um das Land zu erhalten. Wenn ich aber mein Angebot zurückzog, würde das Grundstück an denjenigen gehen, der das bessere Angebot gemacht hatte und keiner von uns hätte mehr einen Einfluss darauf gehabt, was dort hochgezogen werden würde.

Mediator: Die ökonomischen Faktoren änderten sich also dramatisch, als die Verkäuferin sich weigerte, den Preis zu senken, die anderen Nachbarn sich nicht mehr am Kauf beteiligen wollten, ein höheres Angebot abgegeben wurde und der Auslaugungstest ergab, dass dort ein Haus gebaut werden könnte.

Henry: Richtig.

Mediator: Was bedeutete das im Hinblick auf Ihr Verhältnis zu Nancy?

Henry: Ich wusste, dass sie sich bereits wegen der Bäume ärgerte, aber das war eine Frage der Fehlkommunikation. Ich hatte ihr gesagt, dass wir drei Bäume fällen würden, was wir auch taten; als wir die Bäume und Büsche zurückschnitten, dachte ich tatsächlich, dass sie sich freuen würde, weil wir damit für sie den Blick aufs Meer freilegten. Aber anscheinend wollte sie das gar nicht. Und als sie hörte, dass es keinen Weg gab, um das Land zu schützen, brachte sie das noch mehr auf.

Mediator: Ihre Beziehung war also ziemlich belastet. Das alles ging dem Vorfall mit dem Geländewagen voraus?

Henry: Ja. Ich wusste, dass sie ziemlich wütend war, aber nun stand ich unter Zeitdruck, um mit der Baugenehmigung voranzukommen. In der Zwischenzeit zog sie einen Zaun hoch, der eigentlich auf unserer gemeinsamen Grundstücksgrenze verlaufen sollte, der aber de facto auf meinem Grundstück stand. Eines Abends war ich dort am unteren Ende, um das zu überprüfen und in dem Moment war ich wirklich gerade dabei zu überlegen, wie ich einen Baum retten könnte, als ich aufblickte und sah, wie Nancy in ihrem Geländewagen direkt auf mich zugerast kam. Ich konnte nicht ausweichen, da ich vor einer Betonwand stand. Wenn sie nur wenige Zentimeter weiter zum Stehen gekommen wäre, hätte das meine beiden Beine zerschmettert.

Mediator: Für Sie war es also eine echte Bedrohung, als der Geländewagen so nah an Sie heranfuhr?

Henry: Ich war starr vor Schreck. Ich wusste, dass sie so wütend war, dass sie mich verletzt hätte. Aber ich war auch zornig. Ich rief den Sheriff an, denn diesmal war sie zu weit gegangen.

Mediator: Sie waren wirklich erschrocken und riefen dann die Polizei?

Henry: Ich habe mich als Bauunternehmer bereits mit vielen Problemen auseinandergesetzt, aber es ist etwas ganz anderes, wenn es um das eigene Zuhause geht. Das war wirklich für mich selbst und auch für meine Familie sehr belastend.

Mediator: Ich verstehe, dass die ganze Erfahrung für Sie schwierig war.

Nachdem Henry bestätigt hatte, dass ich das von ihm Gesagte verstanden hatte, war es an der Zeit herauszufinden, ob Nancy und Henry bereit waren zu sagen, was sie von den Äußerungen des anderen verstanden hatten.

Die Parteien auffordern, einander zu verstehen

Wir hatten einen wichtigen und heiklen Punkt in der Mediation erreicht. Beide Parteien hatten die Gelegenheit, ihren Ansichten Ausdruck zu verleihen; beide fühlten sich jetzt vom Mediator verstanden. Das hatte womöglich schon dazu beigetragen, die durch Missverständnisse belastete Atmosphäre etwas zu entgiften.

Henry und Nancy bestätigten beide, dass der Mediator sie zumindest ansatzweise verstanden hatte. Dennoch erschien es ihnen paradox, dass der Mediator offensichtlich auch die Gegenseite verstanden hatte, obwohl deren Sichtweise der eigenen absolut entgegengesetzt zu sein schien. Ja, der Mediator schien sogar beide Sichtweisen nebeneinander zu stellen, ohne dass sie sich dadurch gegenseitig aufhoben. Das entspricht dem Versprechen der *positiven Neutralität*. Wir nennen dies die »mediative Perspektive«. Der Mediator ist ganz bei den Parteien und für die Parteien da; er fühlt mit ihnen mit und versteht sie. Und weil er dies in Anwesenheit beider Parteien tut, wird der nächste Schritt möglich: ein *tieferes Verstehen* der Parteien, sich selbst und den anderen gegenüber. Nachdem sie miterlebt hatten, dass der Mediator

Das Versprechen der positiven Neutralität

dazu in der Lage war, könnten vielleicht auch die Parteien selbst einen Schritt in diese Richtung tun.

Scheint ein umfassenderes gegenseitiges Verstehen möglich zu sein, fordern wir die Parteien auf, dies auf eine strukturierte Art zu versuchen. Zwar erweist sich Verstehen für eine Zusammenarbeit oft als grundlegend, aber wir setzen es nicht voraus. Wir geben Acht, dass wir nur dann weiter in Richtung eines gegenseitigen Verstehens vorstoßen, wenn es den Parteien sinnvoll erscheint. Unter Druck kann dieses Vorhaben leicht das Gegenteil bewirken. Manchmal verändert bereits der Austausch über die Frage, ob diese Aufgabe angegangen werden soll oder nicht, den gesamten Tenor einer Mediation.

Mediator: Ich glaube, dass ich jetzt Ihre beiden Sichtweisen verstehe, was ich als sehr wertvoll empfinde. Und ich hoffe und erwarte, dass auch Sie ein etwas umfassenderes Verständnis von der Sicht des anderen haben. Nun haben Sie beide die Gelegenheit, das zu prüfen, also zu sehen, ob Sie den anderen verstehen, und ob Sie von ihm verstanden werden – wenn Sie denn bereit sind, das auszutesten.
Nancy: Ich glaube keineswegs, dass Henry mich versteht. Denn wenn er das täte, würde er nicht denken, dass ich ihn mit meinem Geländewagen anfahren wollte.
Mediator: Und Sie möchten, dass er das begreift?
Nancy: Das sollte er.
Mediator: Denken Sie, dass Sie verstanden haben, was er gesagt hat?
Nancy: Bis zu einem gewissen Grad, ja.
Mediator: Wären Sie beide bereit zu demonstrieren, was Sie voneinander verstanden haben? Und Lücken zu füllen, wo Sie es für nötig halten? Wie sieht es mit Ihnen aus, Henry? Glauben Sie, dass Sie Nancys Sicht der Dinge verstehen?
Henry: Das hoffe ich.
Nancy: Warum sollten wir eine solche ›Demonstration‹ vornehmen?
Mediator: Sie müssen es nicht tun, ganz und gar nicht. Aber da Sie beide hier die Entscheidungen fällen, gilt: Je besser jeder von Ihnen die Gesamtsituation versteht, desto größer ist die Chance, dass Sie Entscheidungen treffen, die Ihnen beiden gerecht werden. Momentan scheine ich der einzige zu sein, der beide Auffassungen versteht, aber Sie sind es, die über die Zukunft entscheiden.
Nancy: Mir ist es wichtig, dass Henry ein paar ganz grundlegende Dinge begreift.
Mediator: Ich denke, es könnte ebenfalls wichtig sein, dass Sie Henrys Perspektive verstehen.
Nancy: Wenn das der Preis ist, den Sie von mir verlangen, dann meinetwegen.

Mediator: Sie wären bereit, das zu tun?
Nancy: Ja. Machen Sie sich über mich keine Gedanken. Ich komme schon selbst zurecht.
Mediator: Stimmt, das weiß ich.
Nancy: Schauen Sie, ich finde ja auch, dass wir hier in einer ziemlich verworrenen Situation stecken und wenn Ihr Vorschlag eventuell hilft, die Sache zu entwirren, dann lohnt sich ein Versuch. Zumindest weiß ich, dass es helfen wird, wenn Henry es schafft.
Mediator: Was ist mit Ihnen, Henry?
Henry: Ich bin mir nicht sicher, dass uns das irgendetwas bringt, aber ich bin bereit, es zu versuchen.
Mediator: Warum?
Henry: Für mich würde es einen Unterschied machen, wenn ich wüsste, dass Nancy ansatzweise versteht, was sie mir abverlangt hat. Wenn wir jemals wieder Vertrauen zueinander fassen wollen, muss ich wissen, dass sie begreift, was geschehen ist.

Was motiviert die Parteien, einander zu verstehen?

Wird der Versuch, einander zu verstehen, von echter Motivation getragen und beruht er nicht nur auf Zustimmung, ist es sehr viel wahrscheinlicher, dass er erfolgreich sein wird. Es überrascht kaum, dass diese Aufgabe den meisten Konfliktpartnern als sinnvoll erscheint, wenn es bedeutet, dass der andere sie versteht. Das ist der Punkt, an dem die meisten Parteien ansetzen. Der Gedanke, dass es auch für sie wertvoll sein könnte, den anderen zu verstehen, liegt zunächst weniger auf der Hand – aber das kann sich ändern.

Selbst der Versuch, verstehen zu wollen, kann helfen

Selbst wenn die Parteien diesen Versuch nicht unternehmen möchten oder er ihnen nicht gut gelingt: allein die Beschäftigung mit der Frage, ob sie *versuchen* möchten, den anderen zu verstehen und von ihm verstanden zu werden, kann ihnen deutlich machen, dass unterschiedliche Meinungen einander nicht notwendigerweise ausschließen. Sehen sie das ein, haben sich die Parteien bereits ein wenig aus der Umklammerung befreit, mit der ihr Konflikt sie im Griff hatte.

Wir einigten uns darauf, dass Nancy anfangen sollte. Ich bat sie, mir eine Sache zu nennen, an die sie sich erinnerte und die Henry als wichtigen Aspekt seiner Sichtweise bezeichnet hatte.

Nancy: Ich denke, er hatte immer vor, das Grundstück zu bebauen.
Mediator: Das haben Sie ihn hier sagen hören?
Nancy: Nein, aber ich lasse mich nicht reinlegen.
Mediator: Ich versuche Sie nicht in eine Position zu bringen, in der das

geschieht. Ich versuche einfach nur festzustellen, ob Sie gehört haben, was er gesagt hat, sodass Sie beide wissen, dass Sie es gehört haben, falls dies so ist – und umgekehrt. Wenn Sie immer noch bereit sind – was haben Sie hier von ihm gehört?

Nancy: Dass er nicht von Anfang an vorhatte, das Grundstück zu bebauen. Aber ich glaube ihm nicht.

Mediator: Ich frage nicht, ob Sie ihm glauben. Das ist recht verzwickt. Ich sage nicht, dass Sie Ihre Meinung über das, was Sie für wahr halten, ändern sollen. Es kommt nur darauf an, dass Sie zeigen, dass Sie *verstehen*, was Henry sagt. Sie können nicht wissen, was in seinem Kopf vorgeht, noch kann er das von Ihnen wissen. Versuchen Sie einfach, mir zu sagen, was Henry über seine Sicht auf die Dinge ausgesagt hat.

Nancy: Aber ich denke, dass er lügt.

Mediator: Wenn Sie das für die einzige Möglichkeit halten, werden Sie sehen, was das für uns bei diesem Verfahren bedeutet. Später werden wir darüber sprechen, was in Ihnen vorging, als Sie in Ihrem Geländewagen saßen. Ich kann mir vorstellen, dass es Henry schwerfällt zu glauben, dass Sie nicht vorhatten, ihn in Gefahr zu bringen. Jeder von Ihnen wird letzten Endes entscheiden müssen, was Sie als wahr anerkennen.

Nancy: Ich sehe schon, was Sie hinsichtlich des Geländewagens sagen wollen. So lange niemand denkt, dass ich mit Henrys Bericht übereinstimme, bin ich bereit, weiterzumachen.

Verstehen heißt nicht zustimmen oder einverstanden sein

Mediator: Verstehen heißt nicht, dass Sie zustimmen oder einverstanden sind. Das ist hier von fundamentaler Bedeutung.

Nancy: Ich werde es versuchen, aber Sie müssen verstehen, dass das bei mir einen Nerv trifft.

Mediator: Das sehe ich. Möglicherweise trifft das auf Sie beide zu.

Nancy: In Ordnung. Ich habe gehört, dass Henry sagte, seine Pläne hätten sich geändert.

Mediator: Das habe ich auch gehört. Inwiefern und weshalb haben sie sich geändert?

Nancy: Er sagte, zuerst habe er das Grundstück vor einer Bebauung schützen wollen.

Mediator: Und wodurch, sagte er, habe sich das geändert?

Nancy: Er hatte darauf gesetzt, sein Angebot zu senken, sobald erwiesen wäre, dass der Grund nicht bebaubar sei. Aber die Eigentümerin wollte das nicht tun.

Mediator: Henry, hat sie es richtig wiedergegeben?

Henry: Ja, so ist es richtig.

Den Parteien gegenseitiges Loopen beibringen

Mediator als Looping-Coach

Der Mediator kann bei Bedarf korrigierend eingreifen, wenn eine Partei die andere falsch verstanden hat; auch kann er die angesprochene Partei um eine Korrektur bitten. Auf diese Weise fungiert er als Brücke zwischen ihnen. Tatsächlich ist der Mediator ein Looping-Coach.

In diesem Beispiel ist der Loop vollständig, wenn Henry seine Zustimmung gibt.

Nancy: Dann änderten die anderen Nachbarn ihre Meinung und wollten sich nicht mehr an der Finanzierung des Grundstücks beteiligen. Ich weiß, dass das stimmt, denn sie erzählten mir, dass das Henry sehr viel mehr nutzen würde als ihnen.
Mediator: Gut. Gab es noch mehr?
Nancy: Das andere Angebot. Davon wusste ich nichts. Ich bin mir nicht sicher, ob es das tatsächlich gab.
Mediator: Wenn es das gab, könnten Sie sich vorstellen, dass es dazu beitrug, dass sich für Henry die Situation insgesamt änderte?
Nancy: Sicher. Ich verstehe, dass Henrys Mittel nicht unbegrenzt sind. Ich weiß, dass er sein altes Haus verkaufen muss, wenn er auf dem Grundstück baut, um einen Teil seines Geldes wieder reinzuholen.
Mediator: Sie können also nachvollziehen, dass das Beharren der Verkäuferin auf dem Kaufpreis in Kombination mit dem zusätzlichen Angebot die Lage für Henry noch verschärfte?
Nancy: Wenn das stimmt – ja. Aber er hat mir nie etwas von dem zusätzlichen Angebot erzählt.
Mediator: Gut. Hat sie Ihr Dilemma korrekt beschrieben, Henry?
Henry: Ja. Als sich die Zahlen so gravierend verändert hatten, wusste ich, dass ich es mir nicht leisten konnte, das Grundstück unerschlossen zu belassen, insbesondere als sich herausstellte, dass es doch Baugrund war.

Die Erkenntnis des gegenseitigen Verstehens kann die Sichtweise auf den Konflikt ändern

Möglicherweise geschieht an dieser Stelle der Mediation noch etwas Bedeutendes. Beide Parteien fangen eventuell an, ernsthaft in Erwägung zu ziehen, dass der andere ihre Sichtweise verstehen könnte und er das vielleicht auch wirklich möchte. Vielleicht begreifen sie auch, dass sie sich dabei gegenseitig helfen können. Wenn Erkenntnisse dieser Art dämmern, ändert sich möglicherweise die Sichtweise auf den Konflikt; damit steigen für die Parteien die Chancen, ihren Streit zu bewältigen.

Mediator: Henry, nennen Sie mir eine Sache, an die Sie sich erinnern und die für Nancys Darstellung der Geschehnisse wichtig war.
Henry: Ich wusste nicht, dass sie sich von den Bäumen geschützt fühl-

te, dass sie ihr eine Art Privatsphäre ermöglichten. Ich dachte, ich täte ihr einen Gefallen, als ich die Bäume und das Gebüsch fällte, weil sie dadurch einen besseren Blick aufs Meer hatte.

Mediator: Sie hatten nicht die Absicht, irgendetwas zu tun, das sie verletzen könnte, aber es kam anders. Das ist Ihre Sicht. Und Nancys?

Henry: Ich wusste schon vorher, dass sie jegliches Fällen von Bäumen ablehnte, aber nun kann ich verstehen, dass die Freilegung ihres Grundstücks nicht etwas war, das sie wollte.

Mediator: Stimmt das so, Nancy?

Nancy: Ja, und er hatte es so eilig. Als ich morgens aus dem Haus ging, hatte ich keine Ahnung, dass die Bäume gefällt werden sollten. Als ich abends zurückkam, hatte er den Bereich vollkommen verschandelt.

Henry: Es stimmt, dass ich schnell gehandelt habe, aber ich hatte Angst, dass Nancy sonst alles viel komplizierter machen würde. Zudem musste ich möglichst schnell wissen, ob wir Auslaugrohre verlegen konnten und das konnten wir erst wissen, wenn die Bäume gefällt waren.

Mediator: Sie erklären uns die Gründe Ihres Handelns. Im Moment frage ich jedoch, ob Sie Nancys Sicht der Dinge verstehen. Können Sie sich vorstellen, inwiefern das von Ihnen veranlasste Fällen der Bäume Nancy wie Hohn vorgekommen sein muss?

Henry: Ich weiß, dass diese Bäume ihr sehr viel bedeuteten, aber ich muss nochmals wiederholen, dass nur drei der Fällungen Bäume betrafen. Beim Rest handelte es sich um Gebüsch.

Nancy: Das stimmt nicht. Das meiste davon war Klebsamen und wuchs seit über zwanzig Jahren dort.

Mediator: Sie haben also über viele Fragen unterschiedliche Ansichten, auch über die Definition eines Baums. Können Sie Nancys Auffassung diesbezüglich verstehen, Henry?

Henry: Ich weiß, dass sie alles Lebendige für heilig hält. Ich weiß, dass für sie das Töten eines beliebigen Lebewesens eine ernste Angelegenheit ist. Sie unterscheidet nicht so wie ich.

Mediator: Stimmt das, Nancy?

Nancy: Absolut.

Mediator: Für sie also …?

Henry: Für sie muss es ein Schock gewesen sein, zumal alles auf einmal geschah. Es war und ist nicht meine Absicht, mir eine Nachbarin zum Feind zu machen.

Nancy: Es war ein furchtbarer Schock.

Mediator: Gut. Lassen Sie uns sehen, ob wir noch eine Runde hinbekommen.

Beide Seiten sind verletzbar

Es war wichtig, dass ich nicht von Nancy verlangte, sie solle umfassendes Verständnis für das von Henry Gesagte äußern, bevor ich nicht Henry um das Gleiche bat. Wir wechseln immer zwischen den Konfliktpartnern ab, da diejenige Partei, die sich um Verständnis bemüht, in einer verwundbaren Position ist. Wir möchten nicht, dass sich diese Partei übermäßig exponiert fühlt, wenn die Gegenseite nicht willens oder nicht in der Lage ist, die gleichen Anstrengungen zu unternehmen. Daher versuchen wir, die Angreifbarkeit jeweils auf beiden Seiten in der Waage zu halten. Macht eine Partei einen Schritt nach vorn und die andere Partei reagiert darauf entsprechend, kann das beide Seiten darin bestärken, weiterzumachen.

Angreifbarkeit auf beiden Seiten im Gleichgewicht halten

Mediator: Nancy, erinnern Sie sich noch an etwas, was für Henrys Position wichtig ist?
Nancy: Er sagte, dass es für ihn eine schwierige Situation gewesen sei. Wenn das der Fall war, habe ich es nicht bemerkt. Ich hatte den Eindruck, dass er einfach ein Geschäftsmann ist und er diese Angelegenheit nicht persönlich nahm. Jetzt sehe ich ein, dass es ihm am liebsten wäre, wenn es keinen Streit zwischen uns gegeben hätte. Zumindest sagt er das. Er hat eine falsche Vorstellung von Aussöhnung, aber ich kann erkennen, dass es für ihn besser wäre, wenn wir die Dinge klären könnten. Bei all unseren Differenzen – keinem ist wohl dabei, wenn seine Nachbarn ihn hassen.
Mediator: Ich könnte mir vorstellen, dass Sie das zum Teil deshalb anerkennen, weil das Gleiche auch für Sie gilt.
Nancy: Seit sechs Monaten bin ich wegen meiner schwachen Nerven in ärztlicher Behandlung. Aber glauben Sie nicht, dass ich deshalb daran denke, aufzugeben.
Henry: Das tue ich nicht, aber es ist gut zu wissen, dass Sie ein wenig nachempfinden können, wie sich die Sache für mich darstellt; und ich verstehe, dass es für Sie schwierig ist.
Mediator: Sie sind dran, Henry.
Henry: Ich kann verstehen, dass Nancy mir gegenüber misstrauisch ist. Es stimmt nicht, dass mir der Strand egal ist. Ich ziehe hier meine Kinder groß und möchte den Rest meines Lebens hier verbringen. Aber mir leuchtet ein, dass es so aussehen könnte, als hätte ich von Anfang an hier ein Haus bauen wollen; insbesondere da sie nicht wusste, dass ein zusätzliches Angebot gekommen war, das mir meinen Verhandlungsspielraum gegenüber der Verkäuferin nahm. Ich sehe ein, dass sie sich hintergangen fühlte, als sie erfuhr, dass sich mein ursprüngliches Vorhaben, das Stück Land so zu erhalten, geändert hatte und ich nun im Besitz einer Baugenehmigung war.

Mediator: Zumal ihr der Erhalt der Natur so wichtig ist. Ich glaube, dass das eine von Nancys Kernüberzeugungen ist.
Henry: Das weiß ich. Auch mir ist das wichtig, aber meines Erachtens muss sich diese Überzeugung mit praktischen Überlegungen die Waage halten. Aber für Nancy geht es um mehr. Und eins müssen Sie wissen, Nancy: Falls ich auf diesem Grundstück ein Haus baue, werde ich sehr viel mehr auf Ihre Anliegen eingehen, als es ein Fremder täte.
Nancy: Das werden Sie mir beweisen müssen.
Mediator: Heißt das, er hat Sie richtig verstanden?
Nancy: Sicher. Aber das bedeutet nicht, dass ich glaube, er werde sich um meine Interessen scheren.
Henry: Das verstehe ich.

Wir beendeten diese Phase unserer Bemühungen um gegenseitiges Verstehen, indem ich nochmals wiederholte, dass Verständnis für die Position der Gegenseite noch nicht hieß, man stimme mit ihr überein. Ich lobte ihre bisherige Arbeit. Dann bat ich Nancy und Henry, noch einen Schritt weiter zu gehen.

Mediator: Wäre jeder von Ihnen bereit zu sagen, wie Sie die Perspektive des anderen hinsichtlich des Vorfalls mit dem Geländewagen einschätzen?
Nancys Anwältin: Finden Sie nicht, dass es reicht? Sie wissen doch, dass eine strafrechtliche Verfolgung anhängig ist.
Nancy: Schon gut, ich möchte das machen.

Wir trafen gemeinsam die Absprache, dass wir nicht über die strafrechtliche Verfolgung verhandeln würden; Nancy begann als Erste zu sprechen.

Nancy: Okay. Henry konnte nicht wissen, dass ich nicht versuchen würde, ihn anzufahren. Vielleicht war ihm nicht bewusst, dass ich absolute Kontrolle über den Geländewagen hatte.
Mediator: Wenn Sie sich in seine Lage versetzen – wie meinen Sie, hat sich das angefühlt?
Nancy: Ich hätte Angst gehabt, wenn eine 78-jährige Frau auf mich zugerast wäre. Er hatte Platz, um auszuweichen; meines Erachtens war das ziemlich offensichtlich. Aber er sagte, er habe das nicht gewusst, sodass das Ganze dadurch doppelt beängstigend gewesen sein muss.
Mediator: Stimmt das, Henry?
Henry: Ja. Außerdem lag dort, wo sie den Wagen zum Stehen brachte, Rollsplit und ich hatte wirklich keinen Platz, um auszuweichen. Ein paar Zentimeter mehr, und sie hätte mir beide Beine gebrochen. Ich war zu Tode erschrocken.
Mediator: Können Sie sich in ihre Situation versetzen?

Henry: Ja. Ich weiß, dass es sie überraschte, dass ich an jenem Ende des Grundstücks arbeitete und dass sie wirklich wütend war. Aber ob Sie es glauben oder nicht, in jenem Moment war ich wirklich nur dabei zu überlegen, wie ich einen Baum retten könnte, von dem wir glaubten, er müsse eventuell gefällt werden. Aber das konnte sie nicht wissen. Und ich bin sicher, dass die Festnahme für sie auch nicht gerade ein Kindergeburtstag war.
Mediator: Ist das richtig, Nancy?
Nancy: Es stimmt, dass ich wirklich wütend war. Und es stimmt auch, dass die Festnahme eine fürchterliche Erfahrung war. 78 Jahre und noch nie war mir so etwas passiert. Aber ich muss auch sagen, dass es sich richtig gut anfühlte, als ich ihn auf frischer Tat ertappte. Ich hatte schon vermutet, dass er sich da herumtrieb, aber als ich ihn dann tatsächlich auf meinem Grundstück erwischte, wusste ich, dass ich nicht bloß paranoid war. Es erleichterte mich wirklich zu wissen, dass ich nicht verrückt war.
Henry: Deshalb fühlten Sie sich dazu berechtigt, mich anzufahren.
Mediator: Henry, ich habe das, was Nancy gesagt hat, anders wahrgenommen. Nancy, können Sie deutlicher sagen, was damals in Ihrem Kopf vorging?
Nancy: Ich hatte nie die Absicht, ihn zu verletzen. Aber selbstverständlich wollte ich ihm klarmachen, dass ich seine Übertretungen auf mein Grundstück überwachte.
Henry: Ich habe gehört, dass Sie nicht vorhatten, mich anzufahren. Und ich möchte, dass Sie wissen, dass ich es nicht hinnehmen werde, nochmals in eine solche Situation gebracht zu werden.
Nancy: Ich weiß.

Es herrschte Schweigen. Nancy und Henry fehlten die Worte, was für sie ganz untypisch war. Es war ein ergreifender Moment. Mehrere Sekunden verstrichen, dann fragte ich sie, ob sie dies als hilfreich empfänden.

Henry: Es scheint ein Schritt in die richtige Richtung zu sein. Ich höre Sachen aus meinem und aus Nancys Mund, die ich heute Morgen noch für vollkommen undenkbar gehalten hätte.
Nancy: Damit ist das Problem nicht gelöst, aber ich denke, dass es hilft.

Etwas hatte sich im Verhandlungsraum definitiv verändert, obwohl es schwer zu benennen war. Nancy und Henry schienen sich selbst und den anderen besser zu verstehen – irgendwie waren sie sich anders begegnet als bisher.

Ebenso wie sich die Atmosphäre verändert hatte und die Gefühle eine andere Färbung und Tiefe erlangt hatten, so hatte sich auch das

Verständnis des Streitinhalts gewandelt. Als wir die Interessen auflisteten, die unter der Oberfläche ihres hitzigen Streits lagen, ergab sich folgende Aufstellung.

Die Interessen von Nancy und Henry:

Nancy	Henry
Natur schützen und erhalten	Vermögensanlage schützen
Privatsphäre schützen	Ein Zuhause für die Familie bieten
Unabhängigkeit erhalten	Eigene Entscheidungen treffen
Eigenen Grundstückswert erhalten	Aussicht verbessern
Gemeinschaftliche Werte erhalten	Sicherheit gewährleisten
Gute Nachbarschaftsbeziehungen pflegen	Gute Nachbarschaftsbeziehungen pflegen

Tiefere Bedeutungsebenen

Die Diskussion, die mittlerweile für beide möglich geworden war, rückte nach und nach auf eine tiefere Bedeutungsebene: hin zur Frage nach der Lebenseinstellung. Bei Nancy war das der Fall, wenn sie über ihre Verbindung zur Natur und ihren Wunsch nach guten nachbarschaftlichen Beziehungen sprach. Henry näherte sich dieser Ebene am ehesten an, wenn er von dem Traumhaus sprach, das er für seine Familie bauen wollte und von dem inneren Frieden, nach dem er sich in seiner Beziehung zu Nancy und den Leuten im Viertel sehnte.

Nachdem beide die Möglichkeit hatten, der Liste hinzuzufügen, was immer ihnen sonst noch sinnvoll erschien, gab es eine Basis für ein gegenseitiges Verständnis, von der aus sie den Blick nach vorne richten konnten. Beide sprachen aus, was ihnen für die Zukunft wichtig war und gaben sich Mühe, die Prioritäten des anderen zu verstehen. Sie waren nun in einer Position, in der sie ihr Problem lösen konnten, indem sie anerkannten, was ihnen beiden wichtig war und die es ihnen künftig erlauben würde, friedlich Zaun an Zaun zu leben.

Obwohl die Anwälte bis zu diesem Zeitpunkt nicht besonders aktiv am Gespräch teilgenommen hatten, war ihre Anwesenheit unentbehrlich gewesen. Sie hatten ihre Mandanten sowohl in rechtlicher als auch in emotionaler Hinsicht enorm unterstützt. Dadurch trauten diese sich mehr zu, als es darum ging, die eigenen Ansichten offenzulegen und es half ihnen auch, die Gegenseite besser zu verstehen als es sonst der Fall gewesen wäre. Würde es uns gelingen, ähnlich konstruktiv weiterzumachen, würden sich die Anwälte womöglich als hilfreich erweisen – sowohl innerhalb als auch außerhalb unseres Verhandlungsraums –

sobald wir uns um Lösungen bemühen würden, die auf ihre Mandanten zugeschnitten waren.

Als Nachbar war ich besonders froh, die Deeskalation eines Konflikts unterstützen zu können, der für das gesamte Wohnviertel zu einem Problem geworden war. Als Mediator hatte die Herausforderung für mich darin bestanden, nicht nur mit den Parteien, sondern auch an mir selbst zu arbeiten, damit ich für beide Seiten ganz da sein konnte. Aber wie immer bei einer erfolgreichen Mediation sind es die Teilnehmer selbst und ihr Mut, die Grenzen eines angenehmen Gesprächs hinter sich zu lassen und in schwieriges emotionales Terrain vorzustoßen, die für das Gelingen verantwortlich sind.

Die Lösung, zu der Nancy und Henry mit Hilfe ihrer Anwälte gelangten, hatte zwei Aspekte. Zunächst sollten sie gemeinsam in Erfahrung bringen, ob die Möglichkeit bestand, dass ein Naturschutzverband die umstrittene Parzelle kaufen könne, wodurch das Land für künftige Generationen als offene, unbebaute Fläche erhalten bliebe. Henry war dafür, glaubte aber, dass das sehr unwahrscheinlich sei. Für den Fall, dass sich dieser Weg als nicht gangbar erweisen sollte, wurde ein Entwurf für Henrys Haus vereinbart, der das Grundstück nur minimal beeinträchtigen und Nancys Privatsphäre wiederherstellen würde. Allen war klar, dass die erste Lösung die bestmögliche war, hielten aber die zweite immer noch für deutlich besser als jegliche Art von Lösung, die ein Gericht oder eine Behörde anordnen würde.

Desweiteren blieb noch die Frage, was mit der strafrechtlichen Verfolgung Nancys wegen des Vorfalls mit dem Geländewagen geschehen sollte. Henrys Anwalt hatte immer wieder betont, dass es unmoralisch und vermutlich auch illegal sei, über das Strafverfahren zu verhandeln. Im Anschluss an die Mediation schrieb Henry dem Staatsanwalt jedoch einen Brief, in dem er angab, es sei ihm nur darum gegangen sicherzustellen, dass sich ein solcher Vorfall nicht wiederholen werde. Das war zwar weniger als ein Antrag auf Einstellung des Verfahrens gegen Nancy, worauf sie und ihr Anwalt gehofft hatten. Aber da Henry die Anklage nicht mehr aktiv betrieb, war zu vermuten, dass der Staatsanwalt nicht besonders geneigt sein würde, den Fall weiter zu verfolgen.

Ein paar Monate verstrichen, bis ich Nancy und Henry wiedersah. Mittlerweile war klar, dass es so gut wie keine Chance gab, dass der Naturschutzverband das Grundstück kaufen würde; aber es war auch klar, dass Henry den Versuch voll und ganz unterstützt hatte. Die Parteien waren also zu Plan B übergegangen: einen Entwurf für Henrys neues

Haus, das Nancys Anliegen so weit wie möglich berücksichtigte. Nancy fand zudem, dass es wichtig war, die Zustimmung der Gemeinde zu dem Entwurf einzuholen. Gemeinsam setzten sie ein Schreiben auf, das sie an die Nachbarn schickten. Darin beschrieben sie den Weg, den sie zurückgelegt hatten, um zusammenzufinden und gaben ihrer Hoffnung Ausdruck, dass andere Bewohner des Viertels ihre Ideen beisteuern würden, ohne dass der Gang durch die Behörden notwendig würde. Die Anwälte nahmen zwar nicht mehr unmittelbar an unseren Treffen teil, aber Nancy und Henry hielten zwischen unseren Sitzungen immer wieder Rücksprache mit ihnen.

Abermals vergingen zwei Monate, bis Nancy und Henry mich um ein weiteres Treffen baten. Das Strafverfahren wegen des Vorfalls mit dem Geländewagen war eingestellt worden; Henry wollte seinen endgültigen Entwurf vorstellen, damit Nancy ihn absegnen könne. Nancy brachte ihren erwachsenen Sohn mit, der über unser Verfahren stets auf dem Laufenden gewesen war. Sie wirkte weniger lebhaft als sonst, aber ihren Humor hatte sie behalten. Sie wies auf mehrere kleine Fehler im Entwurf hin, die wir anderen nicht bemerkt hatten und Henry machte sich Notizen. Als wir darauf zu sprechen kamen, dass Henrys Architekt die Pläne in einer für Henry enttäuschenden Weise verändert hatte, sagte Nancy: »Henry, auch ich möchte, dass Sie damit zufrieden sind.«

Keiner sagte etwas dazu, aber es war deutlich, dass Henry überrascht und auch berührt war. Es war förmlich mit Händen zu greifen, dass alle im Raum erkannten, wie viel wir erreicht hatten. Nachdem noch einiges klargestellt worden war, beendeten wir schließlich die Mediation.

Der Geist dieser letzten Momente wurde noch spürbarer, als ich von Nancys Sohn einen Brief erhielt. Er hatte ihre Teilnahme an der Mediation unterstützt und war bei unserem letzten Treffen dabei gewesen. Er schrieb:

»Nach der Rückkehr von der Mediation, blieb ich bei meiner Mutter über Nacht. Sie wirkte ziemlich müde, aber sie hatte ihren Frieden mit der Situation geschlossen. Angesichts ihres Temperaments und all dessen, was sie durchgemacht hatte, war das für sie ein Segen. Nach dem Abendessen unterhielten wir uns noch ein wenig, dann legte sie sich zur Ruhe. In jener Nacht entschlief sie. Ich bin so dankbar, dass es ihr möglich gewesen war, die Angelegenheit auf diese Weise hinter sich zu bringen. Hätten wir nicht an jenem Tag unser Treffen gehabt, dann wäre sie allein gestorben. Das Haus wird nun an mich übergehen und ich beabsichtige, dort mit meiner Familie zu leben. Aufgrund der Arbeit, die meine Mutter und Henry geleistet haben, denke ich, dass wir gute Nachbarn sein werden.«

Abschnitt 4: Verstehen – Verständigung – Lösung

4.1 Von Interessen zu Optionen – Raum für Kreativität: Radix und Argyle

(Fortsetzung des Falles aus Abschnitt 1.2 – S. 60 ff.)

Als wir uns, wie in Abschnitt 1.2 dargestellt, zum ersten Mal mit den Managern und Anwälten im Radix-Argyle-Fall trafen, führten die beiden Firmen bereits seit Jahren gerichtliche Auseinandersetzungen. Im aktuellen »Alles-oder-Nichts«-Rechtsstreit ging es um 300 Millionen Dollar. Es drohten jahrelange Zivilprozesse, die für beide Unternehmen eine fortwährende Belastung darstellten. Die tief verwurzelte Feindschaft zwischen beiden Firmen – kräftezehrend und scheinbar unvermeidlich – warf ihre Schatten bis weit in die Zukunft. Als jedoch die führenden Manager erkannt hatten, dass es die konservativ-schützende Haltung ihrer Anwälte gewesen war, die sie in ihrem Konflikt festhielt, begannen sie, andere Möglichkeiten in Erwägung zu ziehen. Die beiden Unternehmen beschlossen, zusammenzuarbeiten, um ihre Auseinandersetzungen beizulegen.

Die Mediation erstreckte sich über mehrere Monate. Beide Vorstandsvorsitzende waren bei sämtlichen Terminen anwesend und beteiligten sich aktiv. Um das Verfahren zu erleichtern, trafen wir während der Auftragsklärung eine Reihe von Vereinbarungen. Unter anderem einigten wir uns darauf, dass wir nach Festlegung der Themen *zwei Gespräche* führen würden: Zunächst über das Recht; anschließend über die Wirtschaftsrealität sowie darüber, was für die beiden Firmen auf dem Spiel stand.

Im Kern war der Konflikt eine relativ einfache Angelegenheit. Als Kunde beziehungsweise als Verkäufer nahmen die beiden Seiten den Konflikt aus sehr unterschiedlichen Perspektiven wahr – und entsprechend unterschiedlich stellten sie ihn auch dar. Dennoch waren sie sich hinsichtlich der wesentlichen Fakten einig. Führungskräfte beider Seiten hatten in der Vergangenheit eine Reihe langfristiger Verträge zwischen den Firmen geschlossen, die den Ein- und Verkauf einer bestimmten Ware regeln sollten. Zu dem Zeitpunkt, als die Vereinbarungen geschlossen worden waren, war die betreffende Ware relativ knapp, sodass der Käufer Radix – der anderen Firmen gegenüber als Verkäufer auftrat – den langfristigen Nachschub sicherstellen wollte und sich aus diesem Grund auf einen relativ hohen Preis festlegte.

Mehrere Jahre nach Vertragsabschluss änderte sich der Marktpreis aufgrund einer unvorhergesehenen Verfügbarkeit der Ware ganz erheblich. Radix verlangte daher von Argyle, den Vertrag zu ändern, um der gegenwärtigen Marktsituation Rechnung zu tragen. Nach sorgfältiger Prüfung der Vertragsbedingungen war Radix zu der Überzeugung gelangt, dass genügend Rechtsgründe für eine umgehende Vertragskündigung vorlägen, sollte es nicht gelingen, einen neuen Preis auszuhandeln. Argyle hingegen wollte Radix an die ursprüngliche Zusage binden, denn die Firma hatte damals ein Risiko auf sich genommen, um Radix eine kontinuierliche Lieferung zu garantieren. Dieses Risiko hätte für Argyle einen nur sehr geringfügigen Profit oder gar einen Verlust bedeuten können, hätte sich der Markt nicht so grundlegend verändert. Gelänge es Argyle, Radix an den Vertrag zu binden, würde dies einen Gewinn von 300 Millionen Dollar für Argyle bedeuten. Gelänge es Radix, aus dem Vertrag auszusteigen, könnten sie 300 Millionen Dollar einsparen, indem sie die Ware aus anderen Quellen bezögen.

Zu Beginn befürchteten die Manager beider Seiten, dass sie eine Fokussierung auf das Recht möglicherweise noch weiter polarisieren würde. Sie erklärten sich jedoch bereit, die rechtlichen Umstände und Möglichkeiten bei ihren Verhandlungen gewissenhaft zu berücksichtigen. Somit forderten beide Seiten die Anwälte, die sie zivilrechtlich vor Gericht vertreten würden, dazu auf, vor allen Anwesenden eine Präsentation über die Rechtswirklichkeit zu halten *(erstes Gespräch)*. Dabei wurden die Anwälte angewiesen, der Gruppe nicht nur die Stärken ihres Falls zu präsentieren, sondern auch die Risiken zu benennen, denen ihre Mandanten möglicherweise ausgesetzt wären. Die Anwälte wollten für ihre Präsentation einen Tag veranschlagen. Die Manager beschlossen, dass jeder Anwalt für seine Ausführungen eine halbe Stunde Zeit bekommen sollte.

Als die Anwälte den Raum betraten, war die Anspannung mit Händen zu greifen. Zunächst sprach der Anwalt, der Argyle vertrat. Mit großer Zuversicht teilte er den Zuhörern mit, dass sich im Falle eines gerichtlichen Verfahrens die Richter höchstwahrscheinlich zugunsten seines Mandanten entscheiden würden. Als er auf die möglichen Risiken für seinen Mandanten zu sprechen kam, gab er zu, es bestehe eine geringfügige Wahrscheinlichkeit, dass sie den Fall verlieren könnten. Dies sei jedoch extrem unwahrscheinlich.

Anschließend ergriff der Anwalt von Radix das Wort. Er blickte seinem Zielpublikum – den Managern von Argyle – direkt in die Augen. »Eines will ich Ihnen gleich ganz offen und ehrlich sagen: Wenn dieser Fall vor Gericht landet, glaube ich, dass ein reales Risiko besteht, dass wir verlieren. Ja, ich würde sogar so weit gehen zu sagen, dass die Wahrscheinlichkeit, dass wir diesen Fall verlieren, genauso groß ist wie unsere Chance, ihn zu gewinnen.«

Der Radix-Anwalt legte eine kleine Pause ein; in den Gesichtern der Argyle-Manager war deutlich zu lesen, dass ihre Anspannung nachließ. Dann fuhr der Anwalt fort: »Bevor Sie sich allerdings zu sehr in Ihren Stühlen zurücklehnen, möchte ich Ihnen ein paar Dinge sagen, die Sie wissen sollten. Erstens: Zwar sitzen wir hier wahrscheinlich am kürzeren Hebel, aber wenn wir diesen Fall gewinnen, dann büßen Sie viel Geld ein – ungefähr 300 Millionen Dollar. Daher unterstützt mich meine Kanzlei darin, diesen Fall auf Erfolgshonorarbasis zu vertreten. Wir sind also mehr als gewillt, es darauf ankommen zu lassen, da der zu erwartende Gewinn die Risiken in jedem Fall rechtfertigt.«

Die Gesichter der Argyle-Manager nahmen wieder einen besorgten Ausdruck an. Die Worte des Radix-Anwalts waren dermaßen offen gewesen, dass man den Funken Wahrheit, der in ihnen steckte, nicht ignorieren konnte. Er hatte die für seinen Klienten bestehenden Risiken zugegeben und dadurch bei allen Anwesenden an Glaubwürdigkeit gewonnen. Als er mit seiner Präsentation fertig war, war die Motivation im Argyle-Lager, den Fall gütlich zu lösen, offensichtlich stärker als je zuvor.

Die Anwälte waren tatsächlich beide der Auffassung, dass ein Gericht der Klage entweder stattgeben oder die Klage abweisen würde. In Anbetracht der Rechtslage würde das Urteil lauten: 300 Millionen Dollar – oder gar nichts. Der Fall würde von einer Sachentscheidung abhängen: von der Auslegung einer im Vertrag enthaltenen Rücktrittsklausel, die zweideutig war. Die Klausel gab Radix die Möglichkeit, den Vertrag zu kündigen, falls Argyle nicht allen Bestellungen von Radix nachkäme. Jede Seite führte zahlreiche schriftliche Belege und mündliche Berichte von Managern an, die zurückliegende Gespräche über die Frage in Erinnerung riefen, ob Argyle der Anforderung entsprochen habe oder nicht.

Dann verließen die Prozessanwälte den Raum. Die Manager kamen in der Mitte in einem Kreis zusammen; um sie herum bildeten die Syndikusanwälte und das mittlere Management einen äußeren Kreis.

Die Sitzanordnung bildete den Rahmen für das *zweite Gespräch*. In diesem Setting erläuterten die Manager ihre Auffassung von der Vorgeschichte des Streits.

Das zweite Gespräch: Vom Wesen des Streits

Von außen gesehen war es leicht, die wirtschaftlichen Gründe nachzuvollziehen, aus denen Argyle den Vertragspartner Radix an den ursprünglichen Vertrag binden und Radix sich aus jener vertraglichen Verpflichtung befreien wollte. Im Rechtsgespräch war es nur um die Frage gegangen, ob die Bedingungen der zweideutigen Rücktrittsklausel eingehalten worden waren oder nicht. Als die Manager über den Hergang der Vertragsverhandlung und den Vertragsabschluss sprachen, wurde jedoch deutlich, dass es für jede Seite um mehr ging, als nur um Gewinn und Verlust.

Abgesehen von den Verträgen über den Ankauf der erwähnten Ware – bei dem Radix und Argyle sich in einer Konkurrenzsituation befanden – traten sie bei anderen Projekten, bei denen es um die Förderung und den Verkauf von Gütern an Dritte ging, als Partner auf. Das hatte zu relativ komplizierten Beziehungen geführt, die schließlich in eine lange Abfolge von Gerichtsverfahren mündeten. Aus diesem Grund hatten sie während der letzten beiden Jahrzehnte die überwiegende Zeit rechtlich miteinander gefochten.

Diese fortwährenden rechtlichen Verwicklungen hatten den Ausschlag dafür gegeben, dass die Parteien eine Mediation in Betracht zogen. Nun berichteten die Manager beider Seiten über die vergangenen Zivilprozesse, die beiden Firmen nicht nur enorm hohe Anwaltskosten beschert, sondern intern auch viel Energie gekostet hatten, was zulasten eines effizienten Handelns auf dem Markt gegangen war. Letztendlich hatten veränderte Marktbedingungen, die die gesamte Branche betrafen, beide Firmen dazu gezwungen, sich mit grundlegenden Fragestellungen hinsichtlich ihrer zukünftigen Ausrichtung auseinanderzusetzen.

Darüber hinaus herrschte zwischen einigen Managern beider Seiten ein unterschwelliges Misstrauen. Obwohl die Verträge von ihnen und letztendlich von ihren Anwälten ausgehandelt worden waren, zeigten die Schilderungen der Manager über die vergangenen Geschehnisse, dass einige von ihnen eindeutig fanden, die Prozesse hätten den persönlichen Beziehungen zwischen ihnen geschadet.

Auf beiden Seiten gab es Manager, die in der gesamten Branche eine so bedeutende Rolle spielten, dass sich künftige Geschäftsbeziehungen zwischen ihnen nicht vermeiden lassen würden. Anders ausgedrückt: es würde genügend Gelegenheiten geben, dem Ruf oder den wirtschaftlichen Zielen des anderen zu schaden.

Das Verstehen der Parteien stärken

Wir forderten die Manager auf, einander zu loopen (vgl. Abschnitt 1.4 S. 102 ff.). Dadurch sollten sie zeigen, dass sie die Sicht der Gegenseite verstanden – es ging nicht darum, dass sie mit ihr übereinstimmten. Im Raum befanden sich etwa 30 Personen: Im inneren Kreis saßen die Manager, die die Vertragsverhandlungen geführt hatten und am darauf folgenden Konflikt beteiligt gewesen waren; der äußere Kreis setzte sich aus Vertretern des mittleren Managements und den Anwälten zusammen. Die Manager beider Seiten legten ihre Sicht über den Verlauf des Streits dar; die verantwortlichen Manager loopten daraufhin gegenseitig ihre Positionen. Zuvor hatten wir vereinbart, dass alle anderen aufmerksam zuhörten, während die Manager sprachen; einige machten sich Notizen, weil sie wussten, dass sie das, was sie verstanden hatten, bald unter Beweis stellen müssten. Zwar wichen die Darstellungen deutlich voneinander ab, aber allein die Tatsache, dass sich beide Seiten offenbar aufrichtig bemühten, die Ansicht der Gegenseite zu verstehen, schien deutlich zum Abbau der Spannungen beizutragen.

Dann standen wir vor der nächsten Herausforderung: zu verstehen, was für jede Firma auf der Ebene wichtig war, die dem Streit zugrunde lag.

Vorstandsvorsitzender von Radix: Wir verstehen also, was auf dem Spiel steht – 300 Millionen Dollar; und wir haben die unterschiedlichen Einschätzungen der Anwälte gehört. Wir müssen nun offensichtlich eine Zahl zwischen Null und 300 Millionen Dollar finden, die für beide Firmen annehmbar wäre. Es ist an der Zeit für einen Kompromiss. Ich glaube, beide Seiten wissen, wie so etwas geht.
Mediator: Natürlich können wir so vorgehen, aber ich denke, wir könnten eine noch bessere Lösung finden.
Vorstandsvorsitzender von Radix: Was schwebt Ihnen da vor?
Mediator: Für beide Firmen steht bei dieser Auseinandersetzung viel

auf dem Spiel. Gelingt es uns festzustellen, was für beide Firmen auf einer Ebene unterhalb dieses Streits wichtig ist – Ihre eigentlichen Interessen – könnte uns das in der Lösungsphase nützlich sein. Möglicherweise kommen wir so zu einer anderen Lösung als wenn wir jetzt bestimmen, wie wir die 300 Millionen aufteilen.
Vorstandsvorsitzender von Argyle: Was meinen Sie damit?
Mediator: Sie haben beide darauf angespielt, als sie über die Geschichte Ihrer Auseinandersetzung sprachen. Offensichtlich ist für beide Unternehmen die Gewinnmaximierung ausschlaggebend. Aber Ihre Unternehmen haben jeweils noch andere Interessen, die – sofern sie einmal benannt sind – uns zu anderen Lösungen führen könnten, die den Kuchen möglicherweise noch über die 300 Millionen Dollar hinaus vergrößern.
Vorstandsvorsitzender von Argyle: Sie meinen unseren Geschäftsplan. Den werden wir unserem größten Konkurrenten gegenüber aber nicht offenlegen.
Mediator: Selbstverständlich müssen Sie nichts offenlegen, wenn es Ihnen nicht sinnvoll erscheint. Es ist ganz klar, dass sie einige Dinge geheim halten müssen. Aber vielleicht gibt es einige Bereiche, über die Sie sprechen wollen, insbesondere wenn Sie wüssten, dass die andere Seite das gleiche täte?
Vorstandsvorsitzender von Argyle: Das könnte interessant sein. Aber es klingt riskant.
Mediator: Sie müssen es nicht tun, wenn Sie nicht möchten. Aber bezüglich der Risiken wäre es interessant abzuwägen, welche Risiken bestehen, wenn Sie etwas offenlegen beziehungsweise geheim halten.
Vorstandsvorsitzender von Radix: Ich sehe eindeutig die Gefahren, die bestehen, wenn wir etwas offenlegen.
Mediator: Es ist wichtig, die Risiken einer Offenlegung einzuschätzen; Sie alle sind sich dieser Risiken bewusst. Sie möchten nicht, dass die andere Firma die Information ausnutzt. Das Risiko, das besteht, wenn Sie nichts offenlegen, mag weniger offensichtlich sein, aber dadurch ist es keineswegs weniger real. Kurz, wenn Sie einander Ihre wahren Interessen aufdecken, finden wir vielleicht eine Lösung, die für beide Seiten besser wäre. Das sollten Sie sich überlegen.
Vorstandsvorsitzender von Radix: Also, wenn Argyle auch dazu bereit wäre, könnten wir uns durchaus vorstellen, etwas offener über das zu sprechen, was unserem Unternehmen wichtig ist.
Vorstandsvorsitzender von Argyle: Wahrscheinlich wissen wir mehr übereinander, als uns bewusst ist. Es könnte sich lohnen.

Bei unserem nächsten Treffen waren beide Vorstandsvorsitzenden bereit, die Interessen hinter ihren Positionen eingehender zu betrachten. Abgesehen von der Profitabilität befasste sich jedes Unternehmen intensiv mit seiner zukünftigen Ausrichtung auf einem schnelllebigen Markt. Beide waren recht vorsichtig, was die Offenlegung bestimmter Optionen betraf, die sie derzeit prüften. Aber eine wichtige Tür hatte sich geöffnet, um ihr Verstehen für das zu vertiefen, was ihrem Streit zugrunde lag und wie sie ihn möglicherweise lösen könnten.

Brainstorming: Lösungsoptionen ohne Bewertung

Nachdem wir eine Liste mit Interessen erstellt und auf einem Flipchart festgehalten hatten, legten wir sie beiseite. Nun hielten wir gemeinsam ein Brainstorming zur Lösung des Konflikts ab, ohne uns für den Moment darum zu kümmern, wie gut diese Lösungsoptionen zu den Interessen beider Seiten passen würden. In dieser Phase geht es nur darum, dass sich die Kreativität der Parteien entfalten kann. Am Ende dieses Abschnitts werden wir einige Grundregeln zur Förderung der Kreativität erläutern.

Vorstandsvorsitzender von Radix: Wir haben viel darüber nachgedacht, wie man diesen Streit möglicherweise beenden könnte. Aber wie gesagt läuft es nach wie vor darauf hinaus, einen Kompromiss zu schließen und uns auf eine Zahl zu einigen, die irgendwo zwischen Null und 300 Millionen Dollar liegt.
Vorstandsvorsitzender von Argyle: Wir stimmen dem voll und ganz zu. Wir sollten unseren Vertrag abändern und die Zahl einfügen, auf die wir uns einigen.

Die Lösungsoptionen umfassten: Zivilprozess, Ermittlung des Betrags durch Schiedsspruch, Zweiteilung der Differenz, Anpassung des Vertragspreises auf der Basis verschiedener externer Indikatoren, Beendigung des Vertragsverhältnisses sowie eine Auswahl von Kooperationen mit anderen Unternehmen, die die Marktrisiken minderten. Alle beruhten auf einer recht statischen Betrachtungsweise des Problems und der Lösungsmöglichkeiten und bei allen ging es im Kern darum, die 300 Millionen Dollar auf die eine oder andere Weise aufzuteilen. Interessant wurde es, als der Mediator vorschlug, einmal anders über Lösungsmöglichkeiten nachzudenken.

Wertschöpfung durch Zusammenarbeit

Mediator: Natürlich werden wir eine Zahl finden müssen, der beide Seiten zustimmen, um diesen Streit beizulegen. Doch bevor wir tatsächlich anfangen, eine Zahl zu ermitteln, mit der beide Seiten leben können, würde ich gerne wissen, ob wir nicht noch andere Möglichkeiten für die Zukunft finden können, die günstiger für Ihre beiden Unterneh-

men wären, als wenn wir einfach versuchen, die 300 Millionen Dollar aufzuteilen.
Vorstandsvorsitzender von Argyle: Was denn zum Beispiel?
Mediator: Nun, Ihre beiden Firmen haben beim Ein- und Verkauf dieser Ware viele unterschiedliche Funktionen inne. Ich frage mich, ob es nicht eventuell Möglichkeiten der Kooperation gibt, durch die sich der Gewinn für beide Unternehmen steigern ließe.
Vorstandsvorsitzender von Radix: Wenn wir den Rechtsstreit beilegen, würden unsere Firmen enorm viel Geld einsparen und es würden Energien freigesetzt, die momentan in den Rechtsstreit fließen.
Mediator: Gut. Das ist bereits ein Anfang. Aber ich frage mich, ob es nicht noch andere Wege der Kooperation gibt, die sich für beide Unternehmen auszahlen könnten.

Es hätte an Ketzerei gegrenzt, wenn ich derartige Möglichkeiten zu Beginn der Mediation angesprochen hätte. Da sich die Parteien einander anfangs fast kriegerisch begegneten, wäre eine solche Option zu einem früheren Zeitpunkt unvorstellbar gewesen; sie ging auch weit über das hinaus, was ein Richter den Parteien auferlegen würde. Aber sie hatten so hart dafür gearbeitet, um an diesen Punkt zu kommen. Daher schien es eine gute Idee zu sein, die Arbeitsbeziehung, die in der Mediation ihren Anfang genommen hatte, zu nutzen und auf ihr aufzubauen. Ein deutlicher Vorteil eines Verfahrens, bei dem die Parteien während der gesamten Mediation in einem Raum *zusammenarbeiten* ist der, dass man diese Arbeitsbeziehung und das vollständige Verstehen der Problematik dazu nutzen kann, neue Ideen zu entwickeln.

Vorteile der Zusammenarbeit

Vorstandsvorsitzender von Argyle: Ich glaube, das wäre möglich, aber das können unsere technischen Mitarbeiter am besten beurteilen.
Mediator: Sprechen Ihre technischen Mitarbeiter je miteinander?
Vorstandsvorsitzender von Radix (lachend)**:** Ja, sie gehen einander ständig an die Gurgel.
Mediator: Weil sie sich über die Einzelheiten der Vertragserfüllung streiten.
Vorstandsvorsitzender von Radix: Ja. Es geht dort recht feindselig zu.
Mediator: Ich frage mich, was passieren würde, wenn Sie die technischen Mitarbeiter alle in einem Raum versammeln würden, um herauszufinden, ob ihnen irgendwelche kreativen Möglichkeiten für eine Kooperation zwischen beiden Unternehmen einfallen.
Vorstandsvorsitzender von Argyle: Das würde ein absolutes Chaos ergeben.
Mediator: Weshalb?
Vorstandsvorsitzender von Argyle: Weil sie sich so daran gewöhnt ha-

ben, miteinander zu streiten. Jede neue Idee wäre nur der Anlass für neue Streitereien. Das entspricht der Unternehmenskultur beider Firmen.
Mediator: Und wenn wir ihnen eine andere Aufgabe stellten?
Vorstandsvorsitzender von Argyle: Sie meinen Anweisungen, dass sie nicht miteinander streiten sollen?
Mediator: So etwas in der Art. Worüber streiten sie sich?
Vorstandsvorsitzender von Radix: Unseren Leuten kommt es immer so vor, als versuchte die andere Seite die Gewinne zu schmälern, die uns laut Vertrag zustehen.
Vorstandsvorsitzender von Argyle: Unseren Leuten geht es genauso.
Mediator: Nehmen wir einmal an, Sie würden sie gezielt anweisen, dass ihre Aufgabe nur darin besteht, neue Ideen für die Zusammenarbeit Ihrer beider Firmen zu entwickeln. Ihre Leute könnten sich zu diesem Zweck sogar vorstellen, sie arbeiteten alle für die gleiche Firma, so als hätten sich die beiden Unternehmen zusammengeschlossen.
Vorstandsvorsitzender von Radix: Das könnte funktionieren. Wir müssten deutlich machen, dass sie keine Verantwortung dafür tragen, wie die Ideen umgesetzt werden.
Mediator: Genau. Letztendlich werden Sie beide zusammen mit Ihren Führungsteams diese Entscheidungen treffen, insbesondere wenn es um die Frage geht, wie die durch neue Ideen entstandenen Gewinne verteilt werden. Ihre Leute sollen sich lediglich neue Rezepte ausdenken, mit Hilfe derer man den Kuchen vergrößern kann.
Vorstandsvorsitzender von Argyle: Ich denke, das könnte funktionieren. Wir müssten auch deutlich machen, dass *wir* eine Lösung dafür finden, wie der Kuchen aufgeteilt werden soll. Ihre Aufgabe ist es, neue Ideen zu entwickeln, um ihn zu vergrößern.
Vorstandsvorsitzender von Radix: Darüber werden sie sich aber trotzdem Gedanken machen.
Mediator: Natürlich, aber wenn Sie ihnen vermitteln können, dass ihre Aufgabe nur darin besteht, neue Ideen zu entwickeln, entsteht vielleicht etwas Neues.
Vorstandsvorsitzender von Radix: Interessant.
Vorstandsvorsitzender von Argyle: Das finde ich auch.

Grundregeln der Zusammenarbeit

Radix und Argyle bildeten Teams mit je etwa zehn Personen. Dann verwandten wir mehrere Stunden mit Vertretern beider Seiten darauf, die *Grundregeln ihrer Zusammenarbeit* für das Brainstorming zugunsten neuer Ideen festzulegen. Überraschenderweise waren die Mitarbeiter recht aufgeschlossen und durchaus erleichtert, dass sie nicht miteinander verhandeln mussten. Sie verbrachten drei Tage miteinander und verfassten dann gemeinsam einen Bericht, in dem sie ihre Ideen beschrieben und den potenziellen finanziellen Nutzen dieser Ideen nannten. Bei unserer nächsten Mediationssitzung stellte ein Vertreter jeder Seite, der an dem Brainstorming teilgenommen hatte, den gemeinsamen Bericht vor.

Die »Taskforce« – so hatten wir sie bezeichnet – benannte 25 Ideen für eine Kooperation beider Unternehmen bei neuen Projekten. Trotz einiger spannungsgeladener Momente war es den Teamleitern gelungen, die Gruppe bei der Stange zu halten und auf Restriktionsmaßnahmen zu verzichten, die abgelenkt hätten.

Als die Leiter der Taskforce den Bericht vorstellten, änderte sich die Atmosphäre im Raum spürbar. Als wir uns Klarheit verschafft und die Berichte verarbeitet hatten, brachen wir die Vorschläge auf realistische Projekte herunter, die alle im nächsten Quartal in Angriff genommen werden könnten. Es wurde deutlich, dass die Gruppe die bereits zur Debatte stehenden 300 Millionen Dollar um einen Größenwert von ungefähr 200 Millionen Dollar gesteigert hatte. Würden diese Projekte umgesetzt, könnte sich daraus ein zusätzlicher Gewinn von 200 Millionen Dollar für beide Firmen zusammen ergeben.

Als das bekannt wurde, spannte sich die Lage im Raum erneut an. Bis dahin war nicht klar gewesen, ob Radix und Argyle in der Lage sein würden, erfolgreich über eine Aufteilung der 300 Millionen Dollar zu verhandeln. Durch die zusätzlichen 200 Millionen Dollar wuchs der Kuchen auf 500 Millionen Dollar an. Für alle war klar ersichtlich, dass sich für den Fall, dass sich Radix und Argyle für einen Zivilprozess entscheiden sollten, nicht nur die zusätzlichen 200 Millionen Dollar in Luft auflösen würden, sondern auch alle zukünftigen Projekte, die man noch nicht einmal in Betracht gezogen hatte. Die neuen Projekte würden einen enormen Kooperationsaufwand zwischen den Unternehmen erfordern, was schwer wenn nicht gar unmöglich umzusetzen wäre, befände man sich in einem neuerlichen Rechtsstreit.

Beide Seiten erkannten, dass es unvernünftig wäre, wenn sie sich nicht einigen würden. Unsere Aufgabe war es nun, uns den spannungsreichen Verhandlungen zwischen den beiden leitenden Geschäftsführern (CEOs) zuzuwenden, die bereit waren, den 500-Dollar-Kuchen untereinander aufzuteilen. Beiden war bewusst, dass die Alternative – der Gang vor Gericht – noch unattraktiver war als je zuvor.

Die Mediatoren mussten jetzt jene Schwungkraft, die die Parteien geschaffen hatten, für die Mediation nutzen, anstatt den Parteien »einzuheizen«, um eine Lösung zu erzwingen. Die Herausforderung bestand darin, weiterhin auf die *Kraft des Verstehens* anstatt auf Druck zu setzen, um mit der Anspannung fertig zu werden, die mit der Aufteilung des Kuchens einherging. Zudem war es wichtig, fortwährend eine Verbindung zwischen den zur Debatte stehenden Zahlen und den zuvor benannten Interessen der Parteien herzustellen. Das würde verhindern, dass die Zahlen ein Eigenleben entwickelten, das von den Prioritäten der beiden Unternehmen losgelöst war.

Die Kraft des Verstehens

Erforderlich wurde ein neuer Vorschlag, der für jede Seite besser wäre als die Alternative; das würde leicht sein. Außerdem mussten wir eine Lösung finden, die die CEOs ihren Vorständen unterbreiten könnten und die beide Seiten als fair erachten würden. Neu war, dass keine Seite glaubhaft mit einem Prozess drohen konnte. Alle wussten inzwischen, dass der Fall zur beidseitigen Zufriedenheit gelöst werden musste, da sonst keine Vereinbarung zustande kommen würde.

Die abschließende Verhandlungsrunde, das Aufsetzen der Dokumente und die Umsetzung der Vereinbarung, erforderte nochmals mehrere Treffen, die sich über einen Zeitraum von zwei Monaten hinzogen – aber der Geist der Mediation hatte sich gewandelt. Anstatt den Streit ausschließlich als Problem zu betrachten, traten die beiden Unternehmen ihren Konkurrenten auf dem Markt nun mit vereinten Kräften entgegen. Sie mussten vorsichtig mehrere Stolpersteine beiseite räumen, sich mit den Regularien ihrer Branche auseinandersetzen und damit, wie ihre Konkurrenten ihre neue Kooperation wahrnahmen. Darüber hinaus mussten sie von ihren Vorständen und Aktionären die Zustimmung zu der Vereinbarung einholen.

Kommentar: Optionen entwickeln und bewerten (Phase vier)

Wie in unserer Definition der Mediation dargelegt, geht es darum, den Parteien zu einem Ergebnis zu verhelfen, das für beide Seiten besser ist als ihre Alternative.

Individuelle Ergebnisse

Eine Mediation gibt den Parteien die Möglichkeit, ihr eigenes Ergebnis zu erzielen – ein Ergebnis, das auf den individuellen Charakter ihrer Situation zugeschnitten ist. Damit diese Möglichkeit überhaupt gegeben ist, ist eine Atmosphäre entscheidend, in der die Parteien ihrer Kreativität freien Lauf lassen können. Das ist die vierte Phase der Mediation: *Optionen entwickeln und bewerten.*

Unser gesamtes bisheriges Handeln war auf diese Bemühung ausgerichtet.

Am Anfang stimmten die Parteien dem *verstehensbasierten Mediationsansatz* zu: Sie waren bereit, die *Verantwortung* für die Lösung ihres Konflikts zu übernehmen und mit allen Beteiligten in einem Raum *zusammenzuarbeiten*. Sie waren ebenso bereit, sich auf eine Weise der Zusammenarbeit zu einigen, die allen – auch den Anwälten – sinnvoll erschien, und schließlich den *Konflikt* auf einer tiefer liegenden Ebene zu *ergründen*, um herauszufinden, welche Interessen und Bedürfnisse beiden Seiten wichtig waren.

Vom gegenseitigen Verstehen zum kooperativen Sammeln von Optionen und deren Bewertung

Diese Aspekte des verstehensbasierten Ansatzes leuchten den Parteien oft stärker ein, wenn sie erkennen, dass sie tatsächlich die Chance haben, ein für beide Seiten zufriedenstellendes Ergebnis zu erzielen.

In dieser vierten Phase der Mediation ist es an der Zeit, das von den Parteien gemeinsam erarbeitete *gegenseitige Verstehen* als Basis zu nutzen, von der aus wir *Optionen* für die Lösung des Konflikts *entwickeln* und anschließend *bewerten*.

Aus einem einfachen Grund trennen wir das Sammeln von Lösungsoptionen von deren Bewertung: In Verhandlungen führt das Sammeln von Optionen zunächst immer zu Wertschöpfungen. Andererseits besteht bei einer sofortigen Bewertung – immer eine Spannung zwischen Momenten der Kooperation und der Konkurrenz. Ein schneller, auf Konkurrenz ausgerichteter Schritt im Rahmen der Bewertung fördert zwar die Interessen des Einzelnen. Die kooperativen Schritte beim Sammeln von Optionen orientieren sich jedoch daran, was gemeinsam möglich und für beide Seiten erstrebenswert ist.

Lösungsoptionen entwickeln

Der Mediator sollte die Parteien zu einem Brainstorming bewegen, das entweder qualitativ oder quantitativ wertvolle Ideen hervorbringt. Dieser Prozess sollte so moderiert werden, dass die Parteien die Ideen *nicht* analysieren oder bewerten, während sie sie entwickeln.

Parteien, die Ideen und Werte für sich in Anspruch nehmen, denken häufig, dass es bei der Verhandlung darum ginge, zu gewinnen. Ihre Strategie besteht darin, hoch anzusetzen, allmählich nachzugeben und sich dabei nicht in die Karten schauen zu lassen. Sie glauben, dass der Kuchen begrenzt groß ist und möchten dafür sorgen, dass ihr eigener

Anteil so groß wie möglich ausfällt. Parteien, die kreative Ideen und Werte entwickeln, wollen den Kuchen größer oder wertvoller machen. Sie sorgen also für eine qualitative oder quantitative Verbesserung. In einem solchen Fall agieren die Parteien erfinderisch und kooperativ. Ihre Strategie ist es, miteinander zu kommunizieren und Informationen auszutauschen, um *gemeinsame* Werte zu schaffen. Aus einer Verhandlung wird so die gemeinsame Suche nach kreativen Lösungen, die mithilfe eines Brainstormings gefunden werden.

Kreative Ideen sorgen für qualitative oder quantitative Verbesserungen

Die folgenden Grundregeln haben sich in dieser Phase als nützlich erwiesen, um die Kreativität der Beteiligten fördern:

1. Keine Bewertungen.
2. Keine Zuschreibungen.
3. Alle Lösungsoptionen sind willkommen, die auf Wertschöpfung abzielen.
4. Die Lösungsoptionen des Mediators werden mit aufgenommen (vorzugsweise mehrere Vorschläge und erst, nachdem die Parteien ihre Ideen genannt haben).

Zu 1. Zunächst trennen wir die Entwicklung der Ideen von ihrer Bewertung. Das hat mehrere Gründe. Kreativität und Bewertung nutzen unterschiedliche Bereiche unseres Gehirns; eine voreilige Bewertung kann die Kreativität blockieren. Außerdem möchten wir sichergehen, dass die Parteien nicht voreilig miteinander verhandeln. Wartet man mit der Bewertung, hält man sich zahlreiche Möglichkeiten offen, bevor die Parteien eine davon als endgültige Lösung festlegen.

Eine voreilige Bewertung kann blockieren

Aus diesem Grund waren die Worte der CEOs an die Manager von Radix so hilfreich, sie sollten sich während des Brainstormings keine Sorgen über das Verhandeln der Optionen machen – das würden später sie, die CEOs, übernehmen. Die besten Ideen entstehen außerdem oft dann, wenn alle Ressourcen ausgeschöpft sind und keinem mehr etwas einfällt. Manchmal schlägt dann jemand etwas vor, was zunächst wenig sinnvoll erscheint, was aber jemand anderen zu einer wertvollen Idee anregt.

Zu 2. Als nächstes einigen wir uns darauf, dass eine Idee nicht derjenigen Partei zugeschrieben wird, die sie vorgeschlagen hat. Auf diese Weise wird von keiner Partei erwartet, einem bestimmten Lösungsvorschlag zuzustimmen. (Wir führen alle Lösungsoptionen auf einem Flipchart auf, ohne anzugeben, von wem die Vorschläge stammen). Jeder Vorschlag, der aufgeschrieben wird, kann später ebenso schnell wieder

Ideensammlung ohne Zuweisung

vom Flipchart entfernt werden, so dass die Parteien frei sind, alle möglichen Vorschläge einzubringen.

Zu 3. Wir sind insbesondere daran interessiert, die Parteien zu Vorschlägen zu ermutigen, durch die der Kuchen größer wird – sei es, dass dadurch die Einnahmen erhöht, die Ausgaben reduziert oder qualitative Veränderungen vorgenommen werden, die möglicherweise beiden Seiten nutzen, weil die Wertsteigerung beiden zugutekommt. Wir trennen in der Brainstorming-Phase die Wertschöpfung von der Entscheidung über die Aufteilung des gesteigerten Werts, um ein Taktieren möglichst zu verhindern und stattdessen dafür zu sorgen, dass die Parteien sich darauf konzentrieren, kreative Optionen zu entwickeln.

Da Radix und Argyle schon seit Jahrzehnten miteinander im Streit lagen, hatten sie sich ausschließlich darauf konzentriert, ihren Anteil am Streitwert zu maximieren – das ist eine natürliche Folge, wenn man sich vom Konflikt eingeschränkt fühlt.

Indem wir die Parteien dazu aufforderten, ihre bisherigen Positionen und Annahmen über eine mögliche Konfliktlösung einmal beiseitezulassen und sich vorzustellen, beide Seiten gehörten ein und derselben Firma an, waren sie frei, ganz anders über das Problem und über mögliche Lösungen nachzudenken. Als sie das Potenzial dieser Möglichkeit erkannt hatten, nahmen die Manager von Radix und Argyle sie begeistert auf.

Mitwirkung des Mediators mit Selbstdisziplin

Zu 4. Schließlich kann es sich lohnen, wenn sich der Mediator am Brainstorming beteiligt, ohne dabei eine besondere Rolle einzunehmen. Er muss dabei jedoch über ein gewisses Maß an Selbstdisziplin verfügen, um zu vermeiden, dass die Parteien seinen Ideen besonderes Gewicht beimessen. Diese Gefahr verringert sich, wenn der Mediator mehr als nur eine Idee einbringt und damit wartet, bis die Parteien ihre Vorschläge gemacht haben.

Lösungsoptionen bewerten

Nachdem die Parteien im Radix-Argyle-Fall gemeinsam neue Lösungsoptionen entwickelt hatten, durch die der Kuchen größer wurde, war es an der Zeit, sie an den Interessen beider Unternehmen zu messen. Die wertschöpfenden Optionen fanden offensichtlich beide Seiten spannend. Ein Manager meinte: »Wir hätten ohnehin über sie nachdenken sollen, aber wir waren so darauf fixiert, den anderen als Gegner wahrzunehmen, dass wir noch nicht einmal auf die Idee kamen. Es ist nur halbwegs scherzhaft gemeint, wenn ich sage, dass dieser Rechtsstreit für uns ein Glücksfall ist.« Natürlich mussten wir immer noch austüfteln, wie die geschaffenen Werte verteilt werden sollten. Aber beide Seiten waren von den Möglichkeiten des Wertschöpfens offenbar so fasziniert, dass sich dadurch das komplette 300-Millionen-Dollar-Problem veränderte.

Sind Parteien bereit zu verhandeln, kehrt die Anspannung, die während der kreativen Phase oft nachlässt, wieder in den Raum zurück. Als Mediatoren sind wir besorgt, wenn das *nicht* geschieht. Denn egal wie sehr der Kuchen während der Brainstorming-Phase angewachsen ist: geht es an die Aufteilung der Kuchenstücke, müssen beide Parteien konkret entscheiden, *wie* er aufgeteilt werden soll. Bei Radix und Argyle zog sich diese Phase über zwei Monate hin, in denen jede Firma intern analysierte, was für sie umsetzbar und akzeptabel war.

Letztendlich wurden die 500 Millionen Dollar nicht halbiert, sondern zu 60 Prozent an Argyle und zu 40 Prozent an Radix verteilt, da die Projekte für Argyle aufwändiger sein würden. Die Verhandlungspartner hatten entdeckt, wie sie mit einem Konkurrenten auf einer für beide Seiten tragfähigen Basis zusammenarbeiten könnten. Außerdem kamen die Firmen überein, dass sie den bestehenden Vertrag überarbeiten würden, um künftige Marktrisiken in eindeutiger und beiderseits tragfähiger Form zu mindern.

4.2 Evaluierung der Lösungsoptionen: Alles dreht sich ums Geld

Zu meiner Überraschung fand ich am Tag vor einem ersten Mediationstermin in meiner Post die Stellungnahme eines Anwalts, dessen Name mir nichts sagte. Sie bezog sich auf die Mediation in einer baurechtlichen Angelegenheit, die unmittelbar bevorstand und war mit »privat und vertraulich« gekennzeichnet. Zwei Tage zuvor hatte ich in Vorbereitung auf die Mediation an einer Telefonkonferenz mit zwei Anwältinnen teilgenommen, die mit ihren Mandanten zu mir kommen würden. Bei diesem Streit hatte ein Hausbesitzer einen Bauunternehmer wegen Mängeln am Umbau seines Einfamilienhauses verklagt. Keiner von ihnen hatte noch einen weiteren Anwalt erwähnt, der an der Mediation teilnehmen würde. Das sollte auch nicht die einzige Überraschung bleiben, die mich erwartete. Diese vertrauliche Stellungnahme stellte mich vor ein Dilemma: Normalerweise bitte ich die Anwälte, vor unserem ersten Treffen Stellungnahmen über den Fall zu verfassen, mir zukommen zu lassen *und* diese auch untereinander auszutauschen. Auf diese Weise kann ich mich vorab mit dem Fall und den jeweiligen Positionen ein wenig vertraut machen. Ich erkläre den Parteien, das ich deshalb um den Austausch der Berichte untereinander bitte, weil ich mit *allen* zusammenarbeiten möchte und keinerlei Informationen, die ich von einer Seite erhalte, der anderen Seite vorenthalte.

Ich rief daher den Anwalt an, der mir die Stellungnahme geschickt hatte. Es stellte sich heraus, dass er die Versicherung des Bauunternehmers vertrat. Zwischen uns entspann sich folgendes Gespräch:

Mediator: Ich wusste nicht, dass Sie ebenfalls an diesem Fall beteiligt sind und es tut mir leid, dass Sie bei der Telefonkonferenz in Vorbereitung auf unser Treffen nicht dabei waren.
John: Ich habe schon viele Mediationen mitgemacht, daher fand ich, dass ich bei einem Telefonat nicht unbedingt dabei sein müsste.
Mediator: Nun, vielleicht werden Sie feststellen, dass mein Mediationsansatz etwas anders ist als das, was Sie bei anderen Mediationen kennengelernt haben.
John: Dumm gelaufen. Ich habe Ihnen eine vertrauliche Stellungnahme geschickt und erwarte, dass Sie sie auch als solche behandeln.
Mediator: Zum Glück für uns beide habe ich sofort aufgehört weiterzulesen, als ich sah, dass sie als ›vertraulich‹ gekennzeichnet war. Daher bleiben uns meines Erachtens zwei Möglichkeiten: Entweder ich schicke Ihnen die Stellungnahme ungelesen zurück und Sie schicken mir eine nichtvertrauliche Version. Oder – wenn Sie möchten, dass ich sie lese –

entscheiden Sie, dass sie doch nicht vertraulich ist und schicken auch den anderen eine Kopie.
John: Wissen Sie, es ist ziemlich brisant, daher denke ich, dass es besser ist, wenn Sie sie mir zurückschicken. (Er zögerte einen Moment). Ach, was soll's. Es geht darin nur um Geld und die anderen können ruhig wissen, dass wir verärgert sind und ihr Spiel durchschauen. Ich werde ihnen eine Kopie schicken.

Anwaltliche Stellungnahmen

Wie bereits erwähnt, lasse ich mir bei Fällen, in denen Anwälte aktiv an der Mediation teilnehmen, vorab Stellungnahmen schicken, um auf diese Weise ein Gespür für die Situation zu bekommen – auch hinsichtlich der rechtlichen Perspektiven. Die in der Regel fünf- bis zehnseitige Stellungnahme vermittelt mir dieses »Gespür für die Lage«, sodass ich bei unserem ersten Treffen gleich zur Sache kommen kann. Auch den Anwälten ist es recht, als Vertreter ihrer Mandanten dem Mediator vorab Informationen über den Fall zukommen zu lassen. Aus diesen Stellungnahmen erfahre ich sehr viel – nicht nur über die den Fall betreffenden Fakten oder das Recht, sondern auch darüber, welche Einstellung die Anwälte bezüglich der Konfliktbewältigung haben.

Stellungnahmen der Anwälte als Informationsquellen

Die meisten Anwälte verzichten darauf, ihren Mandanten diese Stellungnahmen vor der Mediation zu zeigen, auch wenn das besser wäre; ich ermutige sie dazu, verlange es aber nicht von ihnen. Die Gründe, weshalb ich nicht darauf bestehe, sind zum einen, dass ich das Verhältnis zwischen Anwalt und Mandant respektiere und zum anderen gar nicht die Autorität habe, den Vorschlag durchzusetzen. Auch zeigen nur die wenigsten Anwälte ihren Mandanten den Brief, den *ich* den Anwälten in der Regel vorab schicke. Darin beschreibe ich meinen Mediationsansatz und mache einen Vorschlag, wie man *zusammenarbeiten* könnte. Ich wünschte, sie täten es, gehe aber nicht davon aus.

Unabhängig davon, ob die Parteien vorab über das vor uns liegende Verfahren informiert worden sind, finde ich es wichtig, am Anfang persönlich mit ihnen darüber zu sprechen, wie wir zusammenarbeiten werden. Sind Anwälte anwesend, ist es wichtig, dass die Parteien und ihre Anwälte über ihre eigene und die Teilnahme der Anwälte Vereinbarungen treffen, die ihnen sinnvoll erscheinen. Das wird dadurch erleichtert, dass die Anwälte wissen, dass ich bereits ihre Stellungnahmen gelesen habe. In diesem Fall stieß ich an dem Tag, an dem die Mediation begann, allerdings abermals auf eine Überraschung.

Die Mediation war auf neun Uhr morgens angesetzt, aber bereits ab halb neun trafen die ersten Teilnehmer ein. Ich wusste, dass Linda, die Anwältin des Hauseigentümers Larry, mit ihrem Mandanten kommen wollte und dass Connie, die Anwältin des Bauunternehmers Colby, zusammen mit ihm erscheinen würde. Ich nahm auch an, dass John, der Versicherungsanwalt, erscheinen würde. Als erstes trafen jedoch die Gutachter ein, die von beiden Seiten bestellt wurden. Sie sollten feststellen, ob Colby bei seiner Arbeit Fehler gemacht hatte und – wenn ja – angeben, was es kosten würde, die Arbeit fertigzustellen. Als die Anwälte mit ihren Mandanten eintrafen, versammelten sich zwanzig Menschen in meinem Wartezimmer, die übrigen warteten vor der Tür.

Ich bat die Anwälte und ihre Mandanten in mein Büro, in dem ungefähr acht Leute bequem Platz finden, um unsere gemeinsame Arbeit zu besprechen. Als ich sie nach ihren Vorstellungen fragte, ergriff John das Wort.

John: Ich gehe davon aus, dass es am sinnvollsten wäre, wenn Sie sich zuerst mit unserer Seite und unseren Gutachtern treffen und dann mit der anderen Seite.
Mediator: Ich habe eine andere Vorstellung, über die ich mit den Anwältinnen Connie und Linda bereits gesprochen habe, als wir vor ein paar Tagen miteinander telefonierten. Mein Ziel wäre es, Ihren Mandanten zu ermöglichen, gemeinsam darüber zu entscheiden, wie ein angemessener Vergleich aussieht. Dafür wäre es mir am liebsten, wenn wir unsere Sitzungen stets gemeinsam in einem Raum abhielten, damit Ihre Mandanten von der gesamten Expertise profitieren und sich ein umfassendes Bild von ihrer Situation machen können.
John: Das klingt für mich verrückt. Wie sollen wir Ihrer Meinung nach offen miteinander verhandeln, wenn wir alle im gleichen Raum sind? Schauen Sie, in diesem Fall geht es nur ums Geld und wir haben bereits einen fehlgeschlagenen Mediationsversuch hinter uns. Ich glaube, dass Ihr Vorschlag zum Scheitern verurteilt ist.
Mediator: Ich würde gerne glauben, dass das nicht der Fall ist. In meinen Ohren klingt es so, als befürchteten Sie, die Parteien könnten denken, in Anwesenheit der Gegenseite nicht offen sprechen zu können – zumindest wenn es ans Verhandeln geht. Das leuchtet mir ein. Ich glaube durchaus, dass es eine Herausforderung darstellt, die Verhandlung so offen zu führen, dass sie Erfolg hat. Letzten Endes hängt es davon ab, ob Sie und Ihre Mandanten glauben, der Versuch könnte sich lohnen. Es klingt so, als sei für Sie ein solches Vorgehen neu. Können Sie sich vorstellen, dass es sich für Sie und Ihre Mandanten lohnen könnte, dies gemeinsam zu tun?
John: Sie sind hier der Chef. Wenn Sie denken, dass wir es so machen

sollten, bin ich bereit, es zu versuchen. Ich glaube nur nicht, dass es klappt.
Connie (Anwältin von Colby): Ich unterbreche nur ungern, aber ich glaube, dass wir gerade unsere kostbare Zeit verschwenden. Es sind ungefähr elf Personen gekommen, die alle für ihre Zeit bezahlt werden. Linda und ich hatten einfach angenommen, dass sie hier sein sollten wie bei einem Schiedsverfahren. Wir hätten Ihnen Bescheid geben sollen, aber nun sind die Leute einmal hier. Und jede Stunde kostet unsere Mandanten mehrere Tausend Dollar.
Mediator: Das verstehe ich. Haben Sie einen Vorschlag?
Connie (Anwältin von Colby): Ich denke, dass wir die Gutachter an die Arbeit gehen lassen sollten, um zu sehen, ob sie ihre unterschiedlichen Auffassungen einander annähern können.
Mediator: Während wir also hier arbeiten, könnten sich unterdessen die zwei Expertenteams in einem anderen Raum gemeinsam an die Arbeit machen.
Linda (Anwältin von Larry): Das könnte funktionieren, aber ich denke, dass sie möglicherweise Ihre Unterstützung brauchen.
Mediator: In Ordnung, wenn alle von Ihnen das für sinnvoll halten. Ich habe noch nie so gearbeitet, aber ich wäre bereit, immer mal wieder zu den Gutachtern rüberzugehen, während wir uns weiterhin hier besprechen, bis sie so weit sind, um uns gemeinsam Bericht zu erstatten; unterdessen bin ich auch bei Ihnen, um Sie in Ihrem Vorankommen zu unterstützen. Wenn wir ein solches Vorgehen wählen, könnte es entscheidend sein, die Gutachter wissen zu lassen, dass Sie alle es befürworten, wenn sie untereinander ihre Differenzen verringern.
Linda (Anwältin von Larry): Das klingt stimmig.

Die Anwältinnen und ihre Mandanten befanden das als guten Plan. Also zwängten wir alle Anwesenden in mein Büro. Ich erläuterte unseren Plan und die Anwältinnen und Mandanten bekundeten ihre Zustimmung und Unterstützung. Die Fachgutachter stimmten einer Zusammenarbeit untereinander zu. Anschließend traf ich mich mit ihnen separat im Nebenzimmer, um für ihr Gespräch einige Grundregeln aufzustellen. Sie würden mir Bescheid geben, wenn sie mich bräuchten.

Gutachter einsetzen

Haben die Parteien zu Beginn einer Mediation noch keine Gutachter beauftragt, rate ich ihnen in der Regel, bei der Wahl auf Folgendes zu achten: Die Gutachter sollen ihre Expertise unparteiisch im Sinne der Problemlösung einbringen; ihre einzige Aufgabe besteht also darin, ihre Einschätzung – beruhend auf den Fakten und ihrer Fachkenntnis – so korrekt wie möglich abzugeben und zugleich anzuerkennen, dass ihre Meinung subjektiv ist.

Arbeitet man mit Gutachtern, die klar im Sinne einer Parteinahme beauftragt wurden, ähnelt das sehr der Arbeit mit gegnerischen Anwälten. Obwohl sie als »Parteilose« beauftragt werden, neigen die meisten Experten dazu, sich mit der Seite zu solidarisieren, die sie »vertreten«. Gutachter beider Seiten sichten bereitwillig die Beweislage und stellen ihr professionelles Augenmerk in den Dienst einer bestimmten Sichtweise; so geschieht es leicht, dass sie in eine *Experten-Konfliktfalle* geraten.

Gutachter anregen, Ergebnisse mit allen Stärken und Risiken offener darzulegen

Wie bei gegnerischen Anwälten liegt auch hier die Herausforderung darin, ihnen zu helfen, darüber hinauszuwachsen, ihre Meinung als die einzig »richtige« zu verteidigen. Stattdessen sollen sie das Problem aus einer offeneren Perspektive heraus betrachten, die die Stärken ihrer Position, aber auch deren Risiken berücksichtigt. Natürlich erfordert das die Unterstützung ihrer Auftraggeber und deren Anwälten. Aber es stellt auch eine Herausforderung für Fachleute dar, die davon überzeugt sind, dass ihre Wahrnehmung des Problems die einzig richtige ist. Haben sie die Gelegenheit, sich miteinander auszutauschen, ohne dass Anwälte und Mandanten anwesend sind, nähern sich ihre polarisierten Haltungen möglicherweise einander an. Oft kennen und respektieren sie einander und ihnen ist bewusst, dass sie – hätte die Gegenseite sie beauftragt – möglicherweise selbst die Position ihres Gegenübers vertreten würden. Ich hoffte, dass es in diesem Fall so sein würde.

Ich kehrte in den Raum zurück, in dem sich die Anwältinnen mit ihren Mandanten befanden.

> **Mediator:** Ich möchte eine Sache klarstellen. Ich bin hier nicht der Chef, aber es gibt ein paar Dinge, die ich klar bevorzuge: Ich möchte Sie so weit wie möglich in die Gestaltung dieses Verfahrens mit einbeziehen. Ich möchte zwar eventuelle Einzeltreffen mit beiden Seiten nicht ganz ausschließen, aber meines Erachtens steigt die Chance einer für beide Seiten zuträglichen Lösung enorm, wenn wir alle in einem Raum verbleiben; daher würde ich gerne sehen, wie weit wir kommen, wenn wir alle hierbleiben. Wenn wir an einen Punkt gelangen, an dem Sie alle der Ansicht sind, dass ich mich mit beiden Seiten einzeln treffen sollte, bin ich bereit, diese Möglichkeit in Erwägung zu ziehen. Aber ich gehe nicht davon aus, dass solche Einzeltreffen nötig sein werden und in jedem Fall

würde ich nicht wollen, dass der Inhalt der Gespräche der Gegenseite vorenthalten würde.
John: Lassen Sie uns einfach weitermachen.

Im Lauf der nächsten Stunden machten wir in beiden Räumen Fortschritte. Die Gutachter hatten ihre unterschiedlichen Auffassungen hinsichtlich der Kosten für die Ersetzung einer tragenden Wand, die nachgegeben hatte, einander stark angenähert. Ihre jeweiligen Schätzungen hatten zu Beginn bei 15 000 beziehungsweise 75 000 Dollar gelegen – nun lagen sie bei 30 000 beziehungsweise 45 000 Dollar. Hinsichtlich der Kosten für die Fertigstellung des Umbaus des Hauses war die anfängliche Spanne von 5000 bis 75 000 Dollar auf 25 000 bis 40 000 Dollar geschrumpft.

Die geschätzten Differenzen waren somit im Hinblick auf die Wand von 60 000 Dollar auf 15 000 Dollar gesunken und im Hinblick auf die Fertigstellung des Hauses von 70 000 Dollar auf 15 000 Dollar. Das hieß, dass der Differenzbetrag zwischen ihren Einschätzungen für den Abschluss der Arbeiten von zuvor 130 000 Dollar auf 30 000 Dollar gesunken war. Allen war die Bedeutung dieser Veränderung klar. Die unterschiedlichen Ansichten der Gutachter wären also vermutlich kein unüberwindbares Hindernis bei der Konfliktlösung.

Unterschiede klarstellen

Im Nebenraum machten wir mit den Parteien und ihren Anwältinnen mit *Gespräch eins* weiter – dem Rechtsgespräch. Die Anwältinnen hatten sehr unterschiedliche Auffassungen von einer Klausel des ursprünglichen Vertrags, in dem für die Fertigstellung des Hauses ein bestimmtes Datum angegeben war. Zudem herrschte Uneinigkeit in der Frage, ob wenige Wochen vor dem Ablaufdatum des ursprünglichen Vertrags diesem ein von beiden Parteien unterzeichneter Zusatz beigefügt worden sei. Obwohl beide Anwältinnen bei ihren Rechtspositionen blieben, behaupteten sie auch nicht, dass ihre Positionen ohne jegliche Risiken seien. Daher waren ihre Differenzen bei Beendigung unseres Rechtsgesprächs zwar nur marginal angenähert, aber beide Mandanten erkannten, dass bei einer gerichtlichen Verhandlung keine der beiden Positionen deutlich die Oberhand haben würde.

Gespräch eins: Rechtsgespräch

Anschließend gingen wir zu *Gespräch zwei* über, in dem die Parteien berichteten, wie sich der Konflikt entwickelt hatte. Larry beschrieb sein Verhältnis zu Colby als eines, das von beiden Seiten von großem Opti-

Gespräch zwei: Konfliktschilderung

mismus getragen war. Sie glaubten, dass ein wesentlicher Umbau des Hauses nicht erfolgen könne, während Larry mit seiner schwangeren Frau und ihrem dreijährigen Kind dort wohnen bliebe, trotzdem aber auch, dass dies innerhalb eines festen Zeit- und Kostenplans möglich sein würde. Im Lauf der Umbauarbeiten hinkten die Arbeiter immer mehr dem Zeitplan hinterher; zudem wurden Veränderungen vorgenommen, die zu Mehrkosten führten. Kurz vor dem Fälligkeitsdatum des Vertrags arbeitete Larry eine neue Vereinbarung aus, die zum einen Colbys Arbeit an dem Projekt beendete und zum anderen eine Vertragsstrafe für den Fall vorsah, dass der Umbau des Hauses nicht innerhalb der neuen Zeitvorgaben fertig werde.

In seiner Darstellung der anschließenden Ereignisse warf Larry dem Bauunternehmer Colby mangelhaftes handwerkliches Können, die unsachgemäß ausgeführte Errichtung einer tragenden Wand und die Nichteinhaltung der neuen Frist vor. Er empfand die Situation offenkundig als frustrierend und machte Colby dafür verantwortlich, dass das Haus wegen des Zivilprozesses nun – ein Jahr später – noch immer nicht fertig war. Er hatte sich auf Colbys Sachverstand beim Bau der tragenden Wand verlassen. Diese war jedoch eingestürzt, sodass das Fundament des Hauses nun ernsthaft gefährdet war.

Colby machte demgegenüber geltend, dass Larry und seine Frau ständig den Bauplan änderten, was die Verzögerungen und höheren Kosten verursacht hatten. Als er die neue Vereinbarung unterschrieb, habe er diese als Ergänzung und nicht als Änderung des ersten Vertrags betrachtet und ihm sei nicht klar gewesen, dass er bei Nichteinhaltung der Frist eine Vertragsstrafe zahlen sollte. Jedenfalls war er schockiert, als er die vereinbarten Zahlungen für die Fertigstellung der jeweiligen Arbeitsschritte am Haus nicht erhielt und sah sich gezwungen, von seinem Zurückbehaltungsrecht Gebrauch zu machen, um die noch nicht bezahlten Anteile seiner Arbeit zu sichern. Colby fühlte sich ausgenutzt und fand seine Arbeit nicht hinreichend gewürdigt. Es sei Larry gewesen, der im Rahmen von Kosteneinsparungen die Entscheidungen hinsichtlich der umstrittenen Wand getroffen habe. Außerdem fand Colby, dass die Rede vom »Einbrechen« der Wand stark übertrieben war; die Wand wäre nie dazu gedacht gewesen, das Fundament zu schützen, das wiederum seines Erachtens zu keinem Zeitpunkt gefährdet war.

Die Sichtweise der Parteien erweitern

Selbstschutz als natürliche Reaktion

Colby und Larry hatten beide eine Haltung des Selbstschutzes eingenommen und sich gegenseitig die Schuld an der Entstehung des Problems gegeben. Das ist eine ganz natürliche Reaktion gegenüber Anschuldigungen von der Gegenseite und führt schnell dazu, dass die Parteien in einer Konfliktfalle landen. Von meiner Warte als Mediator aus konnte ich erkennen, dass beide von den (negativen) Auswirkungen, die die Handlungen des anderen auf sie hatten, auf dessen Absichten geschlossen hatten. Ihr eigenes Tun bewerteten sie dagegen nach Absichten und Motiven, die ihrer Meinung nach gerechtfertigt und achtbar waren. Auf diese Weise rückten sie den anderen in ein schlechtes Licht, während sie ihre eigenen Handlungen als eine notwendige Schutzmaßnahme darstellten. Wenn ich sie dazu bringen konnte, dass sie dieses Muster erkannten, dann – das wusste ich – würden sie einander etwas weniger verbittert und hart gegenübertreten; zudem würde es ihnen helfen, über ihren eigenen Tellerrand hinauszublicken.

Ich arbeitete weiter mit Colby und Larry daran, dass sie ihre eigenen Positionen und auch die des anderen besser verstanden. Colby räumte ein, dass es für Larry sehr frustrierend gewesen sein musste, mit all den Verzögerungen und Kostenüberschreitungen zurechtzukommen; er sah ein, dass er, Colby, aus Larrys Sicht die Dinge nicht deutlich genug kommuniziert hatte, um Larry vor Überraschungen zu bewahren. Larry wiederum konnte verstehen, dass Colby hart gearbeitet, unter den gegebenen Umständen sein Bestes gegeben hatte und sich dazu berechtigt fühlte, für den Wert seiner Arbeit entschädigt zu werden.

Anschließend machten wir uns an eine Aufstellung ihrer Interessen.

Die Interessen von Colby und Larry:

Colby	Larry
Arbeitsaufwand fair entlohnen	Arbeiten zu einem vernünftigen Preis fertigstellen
Verantwortlichkeit für die Folgen von Planänderungen gerecht zuweisen	Sicherheit für die Familie gewährleisten
Ruf als zuverlässigen Vertragspartner erhalten	Schutz der Vermögenswerte gewährleisten

Ich hatte den Eindruck, dass beide noch mehr Interessen hatten; aber diese würden eventuell später zutage treten, wenn wir uns mit den Lösungsoptionen auseinandersetzten.

Lösungsoptionen evaluieren

Dann erkundeten wir verschiedene Optionen für die Fertigstellung des Hauses und die Handhabung der damit verbundenen Risiken, ohne sie zunächst zu bewerten:

- Colby führt die restlichen Arbeiten am Haus aus
- jemand anderes wird beauftragt, die Arbeiten am Haus fertigzustellen
- das Haus wird in seinem jetzigen Zustand verkauft
- das Haus wird in seinem jetzigen Zustand belassen
- Colby gibt Larry einen Preisnachlass
- Colby erhält eine Entschädigung
- die Entschädigung wird an den tatsächlichen Kosten der Fertigstellung des Hauses bemessen

Bewertung der Optionen

Als wir diese Möglichkeiten anschließend in Bezug auf die vorher genannten Interessen bewerteten, wurde deutlich, dass die von allen bevorzugte Option darin bestand, sich auf eine Kostenregelung für die Fertigstellung des Umbaus zu einigen; sie sollte einerseits eine Lösung für die tragende Wand enthalten und andererseits Colby für die von ihm geleistete Arbeit entschädigen. An diesem Punkt brachte John erneut Einzelgespräche ins Spiel.

> **John:** Ich denke schon, dass es bis hierhin hilfreich war, dass wir alle in einem Raum versammelt waren; aber wenn wir nun weiterkommen wollen, sollten wir uns einzeln mit Ihnen treffen. Ich vertrete die Versicherung, die – wie bereits gesagt – hier keine große Verantwortung zu tragen scheint. Wir haben also andere Interessen als Colby. Das werden wir hier aber nicht in aller Öffentlichkeit besprechen.
> **Mediator:** Sie scheinen den Eindruck zu haben, John, dass nun Einzeltreffen sinnvoll sind; nicht zuletzt deshalb, weil sich die Interessen der Versicherung von denen Ihres Versicherungsnehmers, Colby, unterscheiden. Vielleicht wäre es hilfreich, wenn sich jetzt jede Seite untereinander besprechen würde und zwar ohne mich. Dann können Sie mögliche Angebote besprechen oder was auch immer Ihnen sonst wichtig ist.

Alle stimmten zu. Colby, Connie und John zogen sich für etwa zwanzig Minuten zurück; gleichzeitig beriet die andere Seite ihr weiteres Vorgehen.

Angebote machen

Angebote können unterschiedlich aufgebaut sein. In der Regel bevorzuge ich schriftlich erarbeitete Vorschläge jeder Seite und im Idealfall sind es mehr als einer. So können beide Seiten dafür sorgen, dass der Prozess in Bewegung bleibt. Aufbau von Angeboten

Als wieder alle zusammenkamen, begann John zu sprechen.

John: Wir haben einen Vorschlag. Aber wir befürchten, dass zwei Dinge geschehen könnten, wenn wir ihn vorbringen. Erstens, wenn er den anderen nicht passt, lassen sie uns vielleicht einfach sitzen und beenden die Mediation; zweitens erhöhen sie vielleicht ihren Betrag, wenn sie unser Angebot hören.
Mediator: Für mich klingt das so, als hätten Sie ein Angebot erarbeitet, das Sie für Ihre Seite als sinnvoll erachten, befürchten aber, dass die Gegenseite es provokativ finden könnte oder als ein Eröffnungsangebot auffasst und dann strategisch reagiert. Stimmt das so?
John: Ja. Wir haben es gut durchdacht und in Anbetracht dessen, wo wir jetzt stehen, halten wir es für einen guten Ansatzpunkt.
Mediator: Eine Lösung also, die das Terrain sondiert. Aber von der anderen Seite wünschen Sie sich die Zusage, weiterzumachen – unabhängig davon, was sie von Ihrem Angebot hält.
John: Richtig.
Mediator: Was halten Sie davon, Linda und Larry?
Linda (Larrys Anwältin): Wir erklären uns dazu bereit, den Raum nicht zu verlassen. Aber ich kann Ihnen sagen, wenn dies ein absichtlich niedriges Angebot ist – wonach es klingt – werden wir entsprechend darauf reagieren.
Mediator: Ihnen geht es also auch darum, dass Sie nicht aufgrund irgendwelcher taktischer Verhandlungsstrategien benachteiligt werden. Das Gute daran ist, dass Sie beide anscheinend ernsthaft vorankommen möchten. Und dass es zu Reibereien hinsichtlich der Frage kommt, wie Sie die Runde beginnen, ohne dass sich einer von Ihnen benachteiligt fühlt, ist ganz natürlich.

Zahlen verhandeln

Geht es darum, in einer gemeinsamen Sitzung Zahlen auf den Tisch zu legen, sträuben sich gewiefte Verhandlungspartner naturgemäß dagegen, mit einer Zahl zu eröffnen, die nahe an dem Betrag liegt, mit dem ihres Erachtens der Fall beigelegt werden sollte. Jede Partei neigt dazu, eine Zahl zu nennen, die ihr viel Spielraum lässt – weil sie annimmt, dass die Gegenseite es ebenso handhabt. Oft testen beide Seiten einander aus, indem sie ihr Eröffnungsangebot machen und dabei die Reaktion des anderen beobachten. Anschließend folgt eine altehrwürdige, klassische Form des Feilschens, bei der sich jede Seite von ihrer extremen Ausgangsposition langsam auf die andere Seite zubewegt. Es ist eine wahre Herausforderung, diesen üblichen Reigen zu durchbrechen, wenn alle Parteien anwesend sind.

Die typische Art des Feilschens thematisieren

Ein Mediator kann hier auf verschiedene Weise helfen. Zum einen kann er diese typische Art des Feilschens schlichtweg als solche benennen und herausfinden, ob die Parteien gewillt sind, davon abzulassen. Natürlich verschwindet dadurch das Problem nicht, insbesondere, wenn sehr erfahrene Verhandlungspartner anwesend sind; aber es fördert das Gespräch und führt eventuell zu einer Einigung über das *Wie* dieses Teils des Verfahrens, bevor wir uns dem *Was* zuwenden.

Der Mediator kann den Parteien zum anderen dazu verhelfen, sich weniger taktisch zu verhalten, indem er darauf hinweist, dass beide Seiten verwundbar sind. Findet ein Hin und Her strategischer Extrempositionen statt, kann man die Neigung der Parteien, taktisch auf das Angebot der Gegenseite zu reagieren, dadurch mindern, dass man beide Seiten ihr Angebot aufschreiben lässt. Beide geben es anschließend gleichzeitig dem Mediator, der die Angebote überprüft, bevor er sie an die jeweilige Gegenseite weiterreicht. Hat der Mediator den Eindruck, nur eine der beiden Parteien gehe strategisch vor, besteht die Möglichkeit, die Angebote nicht weiterzureichen.

Parteien in die Lage versetzen, Lösungen mit den wechselseitigen Interessen zu begründen

Nicht zuletzt ist entscheidend, sich das Verhältnis zwischen den Interessen der Parteien und den von ihnen genannten Zahlen zunutze zu machen. Dabei muss man erkennen, was für eine Beziehung zwischen den Lösungen der Parteien und ihren Interessen besteht; so kann man die Interessen nutzen, um daran die Lösung zu verankern. Entscheidend ist, dass jede Lösung, die für beide Seiten annehmbar sein soll, auch den Interessen *beider* Parteien entsprechen muss. Sind die Parteien in der Lage zu erklären, inwiefern jede Zahl sowohl ihren eigenen Interessen als auch denen der Gegenseite entspricht, haben wir unser Ziel erreicht. Das sollte in diesem Fall meine Hauptaufgabe sein.

> **Mediator:** Ich möchte gerne, dass Sie beide das Gefühl haben, dass wir hier gemeinsam vorankommen. Dafür wäre es hilfreich, wenn jeder von Ihnen vernunftbasierte Vorschläge machen würde, von denen Sie glauben, dass sie attraktiv für die Gegenseite sind. So sehen wir am besten, in welchen Punkten Sie unterschiedlicher Ansicht sind und wo Sie übereinstimmen. Um Reibereien oder Einseitigkeiten auszuschließen oder

zu minimieren, können Sie die Vorschläge auch schriftlich erarbeiten und über mich der anderen Seite zukommen lassen.
John: Nein. Wir sollten das Angebot einfach auf den Tisch legen und dann sehen, was passiert.
Linda (Larrys Anwältin): Damit bin ich einverstanden.
Mediator: In Ordnung. Falls wir ins Stocken geraten, können wir später immer noch auf meinen Vorschlag zurückkommen.
John: Also, wir haben alles sorgfältig erwogen, sowohl aus der Perspektive der Versicherung als auch aus Colbys Sicht. Die Versicherung wäre bereit, 30 000 Dollar zu zahlen, die unseres Erachtens ihrer Haftung für den Wasserschaden an der tragenden Wand nahekommt. Colby sollte die noch ausstehenden 25 000 Dollar erhalten, die ihm für bereits geleistete Arbeiten zustehen. Dieser Betrag ist bereits niedriger als das, was Colby ursprünglich verlangt hat, und der Betrag für den Mauerschaden bewegt sich eher am oberen Ende dessen, was die Firma zahlen müsste, wenn wir vor Gericht verlieren würden.
Linda (Larrys Anwältin): Jetzt tut es mir leid, dass ich versprochen habe, wir würden nach Anhörung Ihres Angebots nicht aufstehen und rausgehen. Ich traue meinen Ohren nicht! Der Vorschlag entspricht einem Nettoangebot von 5000 Dollar. Machen Sie Witze? Das ist vermutlich noch schlimmer, als wenn wir vor Gericht ziehen und verlieren würden.
Mediator: Sie sind also enttäuscht. Ich würde gerne mit Ihnen die Begründung durchgehen und sehen, an welchem Punkt Ihre Meinungen auseinandergehen. Anstatt um Beträge zu feilschen, sollten wir lieber feststellen, auf was sich die Zahlen begründen. Ist das für Sie in Ordnung?
John: Sicher.
Linda (Larrys Anwältin): Ich würde darauf gerne reagieren. Erstens, selbst wenn wir uns auf deren Zahlen für die Kosten der tragenden Wand und die Fertigstellung des Hauses stützen würden, wären das bereits 55 000 Dollar. Also liegt das Angebot von 30 000 Dollar sogar noch unter dem, was Ihre Gutachter veranschlagen würden. Es ist unbestritten, dass die tragende Wand nichts taugt und es ist unbestritten, dass der Umbau noch nicht fertig ist. Was die Bezahlung Colbys angeht, haben wir einen von ihm unterzeichneten Vertrag, demzufolge er für den Fall, dass er das Haus nicht fristgerecht fertigstellt, keine weiteren Zahlungen mehr erhält.
Mediator: Das wären also Ihre Gründe, weshalb Sie das Angebot als unzureichend erachten. Würden Sie gerne hören, was John über sein Angebot zu sagen hat?
Linda (Larrys Anwältin): Eigentlich nicht.
John: Warum machen Sie dann nicht einfach ein Angebot?
Mediator: Das könnte der nächste Schritt sein, aber ich fände es hilf-

reich, wenn zumindest ich verstünde, was hinter Johns Angebot steckt. Ist das für Sie in Ordnung, Linda?
Linda (Larrys Anwältin): Wenn Sie möchten, von mir aus, aber ehrlich gesagt würde ich lieber vorher unser Angebot abgeben.
Mediator: Einverstanden, aber dann möchte ich wieder auf die Gründe für beide Angebote zurückkommen. Denn das verschafft uns am ehesten eine Basis, um weiterzukommen.
Linda (Larrys Anwältin): Wir würden einem Vergleich zustimmen, bei dem die Versicherung 125 000 Dollar zahlt und Colby keine weiteren Zahlungen erhält.
John: Genau das hatte ich von Ihnen erwartet. Das ist vollkommen absurd und liegt weit jenseits dessen, was vor Gericht geschehen könnte.

Bei strategischen Fallen vom *Was* zum *Wie* wechseln

Wieder einmal schien das wirksamste Gegenmittel gegen das von ihnen betriebene Feilschen darin zu bestehen, die Aufmerksamkeit vom *Was* auf das *Wie* zu lenken. So könnten wir möglicherweise ein konstruktiveres Vorgehen finden, um aus der strategischen Falle herauszukommen.

Mediator: Bislang ist es Ihnen beiden gelungen, durch Ihr Angebot die Gegenseite zu verstören.
John: Wir brauchen jetzt Ihre Hilfe. Dies ist eine Situation, in der ich von Ihnen erwarte, dass Sie Einzelgespräche mit uns führen, damit wir unsere Positionen einander annähern.
Linda (Larrys Anwältin): Das will ich nicht. Ich würde immer noch gerne sehen, ob wir nicht alle gemeinsam eine Lösung hinbekommen.
Mediator: Für mich ist es offensichtlich, dass wir noch ausführlicher darüber sprechen müssen, was vor Gericht geschehen könnte, denn davon scheinen Sie extrem unterschiedliche Auffassungen zu haben. Außerdem müssen wir noch einmal über Ihre jeweiligen Interessen sprechen und die Angebote unter diesen Gesichtspunkten betrachten. Nicht zuletzt sollten wir uns darüber verständigen, wie wir bei der nächsten Angebotsrunde vorgehen möchten, um weniger zu polarisieren.
John: Also gut. Aber eins muss ich Ihnen sagen: Wenn wir ein weiteres Angebot machen, das nahe an dem liegt, was wir maximal bieten können, befürchte ich, dass wir in eine Situation geraten, in der wir nicht sein wollen.
Mediator: Und die wäre?
John: Wir haben ein Angebot guten Willens abgegeben und die anderen rühren sich nicht.
Mediator: Sie wünschen sich also, dass in der nächsten Runde mehr Gegenseitigkeit herrscht.
John: Ja.
Mediator: Und Sie, Linda?

Linda (Larrys Anwältin): Schon, aber die anderen müssen realistisch werden.
Mediator: Damit uns die nächste Runde voranbringt, wäre es hilfreich, wenn jeder von Ihnen sein Angebot so formulierte, dass es Ihres Erachtens für die andere Seite attraktiv ist – und Sie sollten bereit sein, Ihre Gründe dafür zu erläutern. Ansonsten setzen Sie einfach das Feilschen um Zahlen und Ihre gegenseitigen Angriffe fort. Damit es funktioniert, wäre es hilfreich festzustellen, dass Sie die Interessen des anderen ebenso wie Ihre eigenen verstehen. Daher ist es sinnvoll, dass wir uns nochmals jenen Interessen zuwenden.

Zahlen an den Interessen messen

Da wir bereits zuvor die Interessen der Parteien benannt hatten, konnten wir diese Aufstellung als Ausgangspunkt für die Lösungsoptionen verwenden, über die wir gesprochen hatten. Insbesondere nutzte die Interessenliste den Parteien für die Frage, inwiefern ihre Lösungen den Interessen beider Seiten gerecht wurden. Im weiteren Mediationsverlauf kann eine dynamische Beziehung zwischen der Ebene der Optionen und der Ebene der Interessen dabei helfen, die Interessen genauer zu untersuchen. Möglicherweise tauchen so neue Interessen auf, aufgrund derer wiederum neue Lösungsoptionen entstehen.

Lösungsoptionen an den Interessen beider Parteien messen

Linda (Larrys Anwältin): Larry hat deutlich gemacht, dass sein Hauptziel darin liegt, das Haus zu einem erschwinglichen Preis zu vollenden.
Mediator: Das ist richtig. Er hat auch gesagt, er wolle die Gewissheit haben, dass das Haus für die Kinder sicher sei und in der Zukunft keine hohen Instandhaltungskosten erfordere. Gab es noch etwas, Larry?
Larry: Ich habe das bereits gesagt und meine es auch so. Ich will niemanden übers Ohr hauen. Hätte Colby das Haus fristgerecht und sachgemäß fertiggestellt, wären wir nicht hier. Es war nie meine Absicht, Colby zu bestrafen.
Mediator: Abgesehen von dem Ziel, dass Sie und Ihre Familie das Haus bekommen, das Sie sich wünschten, möchten Sie auch, dass Colby fair bezahlt wird. Stimmt das so?
Larry: Ich habe nie etwas anderes gesagt.
Mediator: Das ist hilfreich. Lassen Sich mich diesen Punkt der Liste hinzufügen. Und was ist mit Colby und der Versicherung?
Colby: Ich will nur eins sagen: Ich bin jetzt als Bauunternehmer im Ruhestand und habe das Gefühl, dass ich wirklich alles in meiner Macht Stehende getan habe, um das Bestmögliche für Larry und seine Familie zu tun. Aber sie haben immerfort neue Ideen entwickelt.

Mediator: Eine Ihrer Interessen ist also, dass die Verantwortlichkeiten für jene Änderungen gerecht zugewiesen werden?
Colby: Ja. Und sie müssen auch die Verantwortung dafür übernehmen, dass sie aufgrund finanzieller Erwägungen Entscheidungen getroffen haben, die das Problem mit der tragenden Wand erst hervorbrachten. Ich hatte ihnen gesagt, dass ich bauen würde, was immer sie wollten und Larry sagte, er wolle die Kosten senken.
Mediator: Sie möchten also, dass die Verantwortung für bestimmte Entscheidungen ebenso wie für Budgeteinschränkungen, mit denen Sie nichts zu tun hatten, übernommen wird.
Colby: Das wird bei dem Durcheinander immer außen vor gelassen.
Mediator: Gibt es noch etwas, das Ihnen wichtig ist und das wir noch nicht benannt haben?
Colby: Ja. Mit am meisten enttäuscht mich bei alldem, dass ich das Gefühl habe, ich habe mir ein Bein ausgerissen, um die Sache für Larry und seine Familie hinzubekommen. Einige Dinge standen nicht in unserer Macht, aber was immer wir tun konnten, haben wir getan. Wir machten Überstunden, ohne sie extra in Rechnung zu stellen. Und ich hatte Leute von anderen Jobs abgezogen, um den Zeitplan einzuhalten.
Mediator: Sie würden sich irgendeine Anerkennung dafür wünschen, wie sehr Sie sich bemüht haben, diesen Auftrag gut und effizient zu erledigen.
Colby: Richtig. Es gibt kaum Bauunternehmer, die zu diesen Konditionen gearbeitet hätten.
Mediator: Und warum waren Sie dazu bereit?
Colby: Ich hatte das Gefühl, dass wir einer Familie halfen, die sich in einer schwierigen Situation befand.
Mediator: Das Ganze bekam durch Ihre Beziehung zu Larry und seiner Familie für Sie also eine persönliche Dimension. Wenn beide Seiten das im Hinterkopf behalten und Sie nun Angebote erarbeiten, die Ihres Erachtens auf die Interessen eingehen, die hier von Ihnen allen deutlich als Ihre Prioritäten benannt wurden, könnte uns das meines Erachtens genügend Antrieb für eine nächste Runde geben. Wir sind bisher noch nicht darauf eingegangen, ob es aus Sicht der Versicherung etwas gibt, das wir noch berücksichtigen sollten.
John: Wir wären nicht hier, wenn wir nicht dieses Problem lösen wollten. Aber, Linda, Sie müssen realistisch sein, nur dann können wir irgendetwas erreichen.
Mediator: Sie sind hier, um den Fall auf eine Weise zu lösen, die Sie vor Ihrem Träger rechtfertigen können.
John: Und das bedeutet, dass Sie Folgendes begreifen müssen: Wir können nur die zusätzlichen Kosten decken, die sich auf die tragende Wand beziehen. Unser Haftungsrahmen ist wirklich ziemlich begrenzt.
Mediator: Sie betonen also, dass Ihr Versicherungsschutz nur für die tra-

gende Wand gilt. Und der andere Kostenfaktor, nehme ich an, wären die Kosten für den Rechtsstreit?
John: Genau. Unserer Firma geht es auch um die Bezahlung für die Gutachter und die Anwaltshonorare. Aber das ist nicht Grund genug, sich für einen Vergleich zu entscheiden. Sonst kämen wir in die Lage, Vergleiche abzuschließen, die einer sachlichen Grundlage entbehren.

Indem wir die Optionen gegen die Interessen abwogen, hatten wir neue Interessen bestimmt. Diese fügten wir unserer Interessenliste hinzu, sodass alle den Zusammenhang zwischen Optionen und Interessen sehen konnten.

Den Zusammenhang zwischen Optionen und Interessen erkennbar machen

Lösungsoptionen an der Rechtswirklichkeit messen

Egal, wie sehr wir uns auf die Interessen der Parteien konzentrieren, um sie beim Verhandeln einer Lösung zu unterstützen – fast immer gelangen wir irgendwann an einen Punkt, an dem wir auf die Rechtswirklichkeit zurückkommen müssen. Dadurch können wir die einzelnen Lösungsoptionen überprüfen, denn letztendlich sollen die Parteien ein Ergebnis erzielen, das für beide das bestmögliche ist. Obwohl man bereits zu einem früheren Zeitpunkt *Gespräch eins* über die Rechtswirklichkeit geführt hat, muss man es oft gegen Ende der Mediation noch einmal in abgewandelter Form führen; beide Seiten vergleichen dann das bei einer Gerichtsverhandlung zu erwartende Ergebnis mit der in der Mediation diskutierten Lösung. Zur Rechtswirklichkeit gehören auch die Kosten, die in Vorbereitung des Rechtsstreits entstehen; sie können bei der Entscheidung eine wichtige Rolle spielen – ob das nun ausgesprochen wird oder nicht.

Gespräche über die Rechtswirklichkeit am Ende der Mediation noch einmal führen

Linda (Larrys Anwältin): Ich schlage vor, dass wir Ihnen die Angebote übergeben und dann gemeinsam darüber sprechen.
John: Ich bin bereit, das auszuprobieren, aber um es noch einmal zu sagen: Meines Erachtens wird es uns ohne Einzelgespräche nicht gelingen, so offen miteinander zu sprechen, wie es zur Lösung dieses Falls möglicherweise nötig ist. Aber wir machen mit. Wir besprechen uns nochmal mit Colby und bringen für die Verteidigung einen gemeinsamen Vorschlag vor.
Mediator: Sie haben Ihre Skepsis benannt. Ich kann Ihnen nur sagen: Wenn Sie dieses Verfahren gemeinsam steuern und den Fall beilegen möchten, wird Ihnen das auch gelingen.

Beide Seiten zogen sich zu separaten Besprechungen zurück. Nach einer Viertelstunde kamen wir erneut zusammen; sie gaben mir ihre Angebote, die ich an die Gegenseite weiterreichte. Linda, Larrys Anwältin, bot 95 000 Dollar, abzüglich einer Zahlung von 20 000 Dollar an Colby. Johns Angebot sah eine Zahlung von 55 000 Dollar an Larry vor, wovon Larry 30 000 an Colby zahlen sollte. Der Nettobetrag von Larrys Anwältin Angebot betrug 75 000 Dollar, bei John waren es 25 000 Dollar. Sie lagen 50 000 Dollar auseinander.

> **Mediator:** Ich denke, nun wäre es hilfreich, die Gründe zu kennen, die hinter diesen Zahlen stehen. Insbesondere wäre es interessant zu hören, inwiefern Ihre Angebote die von uns zuvor identifizierten Interessen beider Seiten berücksichtigen.

Gemeinsam das Problem untersuchen

Gemeinsames Gespräch zur Betrachtung der Lösungsoptionen im Licht beider Interessen

Hier kann eine *Zusammenarbeit* eine echte Chance sein. Haben beide Parteien ihre Interessen abgeklärt, benannt und sich – in Anwesenheit aller Beteiligten – darum bemüht, auch die Interessen der Gegenseite zu verstehen, dann betrachten wir alle zusammen das Gesamtbild. Das Problem eines Einzelnen ist das Problem aller. Da es zu keiner Einigung kommt, wenn wir nicht eine Lösung finden, die den Interessen beider Parteien gerecht wird, führen wir mit den Parteien ein Gespräch, in dem wir die Lösungsoptionen im Licht ihrer beider Interessen betrachten. Dadurch entsteht eine vollkommen andere Dynamik, als wenn jede Partei nur ihre eigenen Interessen im Blick hat. Die Parteien werden auf diese Weise auch dazu ermutigt, das Problem aus Sicht des Mediators zu betrachten.

> **John:** 55 000 Dollar sind ein sehr großzügiges Angebot. Ich denke, es liegt nahe am Höchstsatz dessen, was die Versicherung zahlen müsste, sollten wir den Fall verlieren. Es gibt Larry die Möglichkeit, das Haus fertigzustellen.
> **Linda** (Larrys Anwältin): Dafür reicht es noch nicht einmal ansatzweise. Ihr eigener Gutachter hat anerkannt, dass es sehr viel mehr kosten würde, um künftige Wasserschäden an der Wand auszuschließen, und es berücksichtigt noch nicht einmal im Ansatz all die unfertigen Bereiche, derentwegen das Haus unbewohnbar ist. Auf der vierten Seite des Fachgutachtens gibt er das zu.
> **John** (an den Mediator gewandt): Genau das hatte ich befürchtet. Wir haben ein seriöses Angebot gemacht und sie versucht einfach nur es auszuhöhlen. Ich ziehe dieses Angebot zurück.
> **Mediator:** John, Sie finden also, dass Ihr Angebot schon beträchtlich auf Larry zugeht, um ihm die Fertigstellung seines Hauses zu ermöglichen,

und dass es zugleich eine realistische Einschätzung der gerichtlichen Alternative darstellt. Sie hingegen, Linda, finden, dass die Kluft zwischen Angebot und Wirklichkeit allzu groß ist. Es scheint, als seien Sie beide von der Reaktion des jeweils anderen frustriert. Natürlich ist es Ihnen freigestellt, jederzeit ein Angebot zu widerrufen. Aber bevor Sie auf das Angebot der Gegenseite eingehen, würde ich gerne verstehen, wie Sie zu Ihren Schlussfolgerungen gelangt sind. Insbesondere interessieren mich Ihre Überlegungen dazu, inwiefern Ihr Angebot nicht nur Ihren Interessen dient, sondern auch denen der anderen Seite.
Linda (Larrys Anwältin): Wir liegen sehr weit auseinander. Ich glaube nicht, dass es uns gelingen wird, uns zu einigen.
Mediator: Ich weiß nicht, ob uns das gelingt oder nicht. Aber wenn es uns gelingt, dann meines Erachtens deshalb, weil Sie beide besser verstehen, inwiefern das Angebot der Gegenseite auf Ihre Interessen und Prioritäten eingeht.
Linda (Larrys Anwältin): Ich höre.

Zahlen mit den Interessen verbinden

Verbindung zwischen Zahlen und Interessen aufrechterhalten

Obwohl die Parteien weiterhin vor allem mit den Zahlen beschäftigt waren, war es wichtig, die Verbindung zwischen Geldbeträgen und Interessen aufrechtzuerhalten, anstatt sich in eine rein zahlenorientierte Diskussion zu verrennen. Das gelingt, indem man die Parteien darum bittet zu erklären, inwiefern sie glauben, ihr Angebot käme den Interessen der Gegenseite entgegen.

John: Wir denken, dass 55 000 Dollar den Großteil der Kosten für die Fertigstellung von Larrys Haus abdecken. Da Larry die Pläne für das Haus so oft geändert hat, ist es nicht an uns, für eine Fertigstellung zu sorgen, die nicht dem Vertrag entspricht. Zudem glauben wir, dass man die Wand auch auf eine günstigere Weise richten kann, die für die Kinder und die Gesamtstruktur sicher ist. Eine solche Lösung ist besser als die Idee, die Larry ursprünglich für die Wand hatte. Colbys Entschädigung fällt bei unserem neuen Angebot erheblich niedriger aus und wir denken, dass wir seinem Anteil an der Verantwortung für den gegenwärtigen Zustand des Hauses mehr als genug entsprochen haben.
Mediator: Linda, verstehen Sie und Larry die Gründe für das Angebot der anderen Seite und verstehen Sie, weshalb sie glauben, dass es Larrys Interessen entspreche?
Linda (Larrys Anwältin): Ich glaube schon. Aber ich bin einfach anderer Meinung.
Mediator: Dann wollen wir jetzt hören, weshalb Sie denken, Ihr Angebot entspreche Colbys und Johns Interessen.
Linda (Larrys Anwältin): Also, erstens sind wir bereit, Colby 20 000 Dollar zu bezahlen; im Grunde genommen aus reinem Entgegenkommen,

denn rechtlich sind wir nicht verpflichtet, ihm überhaupt etwas zu zahlen. Der Vertrag legt eindeutig fest, dass er bei Nichteinhaltung der Frist keine weiteren Zahlungen erhält. Das ist eine große Geste und ein signifikantes Entgegenkommen unsererseits. Zudem haben wir unsere Forderung auf 95 000 Dollar gesenkt, weil wir einsehen, dass die Frage nicht ganz unumstritten ist, ob Larry Änderungen vorgenommen hat. Wir vertreten die Auffassung, dass jene Änderungen durch die strukturellen Probleme hervorgerufen wurden, für die Colby verantwortlich ist. Aber uns ist bewusst, dass mit dem Fortschreiten des Projekts Larry und seine Frau einige Entscheidungen gefällt haben, die sich auf den Umfang dieses Auftrags ausgewirkt haben.

Colby: Ich bin kein Baustatiker und habe nie vorgegeben, einer zu sein. Auch gab es keinerlei Anlass für eine Fertigwand.

Linda (Larrys Anwältin): Unsere Gutachter sehen das anders und selbst Ihr Fachgutachter hat eingeräumt, dass die Gefahr von Undichtigkeiten bestünde.

Mediator: Colby, Sie vertreten immer noch eine andere Auffassung hinsichtlich der Frage, wie viel Verantwortung Sie für die Wand tragen. Aber ich hoffe, dass Sie auch bemerkt haben, dass sich Larry und seine Anwältin Linda durchaus darum bemühen, Ihnen eine Entschädigung anzubieten und dass sie einen Teil der Verantwortung für Änderungen am Projekt übernehmen.

Colby: Das tue ich; ich wollte nur auf dieses Problem hinweisen, auf das wir immer wieder stoßen.

John: Und was machen wir jetzt, Herr Mediator?

Mediator: Zunächst müssen wir meines Erachtens anerkennen, dass beide Seiten sich enorm bewegt haben. Was Colbys Entschädigung anbelangt, besteht nur noch eine Differenz von 10 000 Dollar, und hinsichtlich der Zahlung der Versicherung an Larry gibt es eine Differenz von 40 000 Dollar. Ich schlage vor, dass jede Seite nochmals ein Angebot vorlegt, um diese Kluft zu schließen oder sie zumindest zu verringern.

John: Ich glaube, dass es nun wirklich helfen würde, wenn Sie sich mit jeder Seite einzeln träfen oder eine Einschätzung abgäben, wie der Fall Ihrer Ansicht nach beizulegen wäre.

Die Meinung des Mediators

Den Mediator nicht zum Schiedsrichter werden lassen

Für den Mediator ist es oft verlockend, sich auf eine Zahl festzulegen, die den Fall beenden könnte oder sollte – und natürlich wäre das selbst bei unserem Modell nicht völlig ausgeschlossen. Die Gefahren bleiben allerdings bestehen. Verlassen sich die Parteien auf den Mediator, damit er den Ausgang bestimmt, könnte die Mediation dadurch zu einer Art Schiedsgericht werden. Nachdem die Parteien so hart gearbeitet haben, um an diesen Punkt zu kommen, wären sie nun möglicherweise bereit, ihre Macht an den neutralen Dritten zu delegieren und auf diese Weise die Verantwortung dafür abzugeben, selbst einen Kompromiss zu finden. Die andere Gefahr liegt darin, dass eine oder beide Parteien sich von dem Betrag des Mediators verprellt fühlen, was dessen neutrale Beziehung untergraben würde.

Gefahr für die Neutralität des Mediators

Der Wert eines Vorschlags von Seiten des Mediators liegt darin, dass diese Zahl die Meinung eines Menschen darstellt, der keine anderen Interessen verfolgt als den Fall zu schlichten; wenn diese Zahl vom Mediator anstatt von einer der Parteien stammt, ist es möglich, dass die Parteien sich weniger verwundbar fühlen. Zwar sind wir zuweilen dazu bereit, eine Zahl zu nennen, wenn uns die Erfahrung lehrt, dass dadurch ein Fall gelöst werden könnte – aber wir tun das nur sehr ungern. Wir sind prinzipiell davon überzeugt, dass das ein Vorrecht der Parteien ist – darin liegt für uns der Sinn und Zweck einer Mediation.

Mediator: Sie sagten, Sie fänden es gut, wenn ich mich mit jeder Seite einzeln treffe und einen Betrag nenne, auf den Sie sich meines Erachtens einigen sollten. Ich habe allerdings den Eindruck, dass Sie auch große Fortschritte machen, ohne dass ich das tue. Natürlich könnten wir versuchen, die Differenz zu teilen, aber ich denke, es könnte nützlich sein, wenn wir noch etwas mehr über die Kosten für die Wand sprechen sowie über das Maß nötiger Schutzvorkehrungen, um künftige Probleme auszuschließen. Auch könnte es hilfreich sein, noch ausführlicher darüber zu sprechen, was für beide Seiten am Ende einer Einigung steht, um besser zu verstehen, wie wir die Kluft schließen könnten.
Connie (Colbys Anwältin): Ich habe bisher geschwiegen, aber es muss einmal gesagt werden: Das Einzige, was zählt ist, dass Colby für seine Arbeit bezahlt wird. Der Versicherung ist das im Grunde genommen ziemlich egal.
John: Und ich muss sagen, dass wir bald am Limit dessen sind, was die Versicherung Larry bezahlen kann. Persönlich fände ich es gut, wenn Colby Geld erhielte, aber der Versicherung nutzt das überhaupt nichts.
Linda (Larrys Anwältin): Larry muss sein Haus fertigstellen können. Alles Geld, das er Colby gibt, beschneidet seine Möglichkeiten, genau das zu tun.
Mediator: Ich finde dieses Gespräch ziemlich hilfreich. Es herrscht immer noch Spannung hinsichtlich der Frage, welcher Betrag für jeden der richtige ist, aber ich finde, dass es eine produktive Spannung ist, die die unterschiedlichen Realitäten anerkennt. Sind wir für eine weitere Angebotsrunde bereit oder gibt es noch etwas, das einer von Ihnen gerne sagen würde, bevor wir weitermachen?

Spannungen zulassen

Keine Vereinbarung, nur um Spannungen zu entgehen

Eine der größten Herausforderungen am Ende einer Mediation liegt für die Mediatoren und die Parteien darin, *die Spannungen auszuhalten*, die in der letzten Phase auftreten. Wir spüren alle, dass eine Einigung möglich ist, aber die Unterschiede sind noch da. Wir möchten nicht, dass eine der Parteien oder wir als Mediatoren in die Falle tappen, dass wir eine Vereinbarung treffen, nur um den Spannungen zu entgehen, die durch die Unterschiede zwischen den Parteien hervorgerufen wurden.

Als Mediator habe ich gelernt, diese Spannung als etwas anzunehmen, das der Mediation zugutekommt. Wenn ich sie spüre, heißt das, dass ich genau dort bin, wofür mich die Parteien beauftragt haben. Auch für die Parteien ist es wichtig, die Spannung auszuhalten anstatt entweder so zu tun, als gäbe es sie nicht oder – noch gefährlicher – nachzugeben, damit die Spannung verschwindet.

> **Linda** (Larrys Anwältin): Ich würde Colbys Anwältin Connie und John gerne etwas fragen. Würde Ihr Experte die Wand tatsächlich für den Betrag reparieren, den die Reparatur seinen Worten nach kosten würde?

Das war, wie sich herausstellen sollte, ein entscheidender Schritt hin zur Verringerung der Kluft. Connie und John gingen hinaus, um den Gutachter zu fragen, ob er die Wand für den von ihm geschätzten Betrag reparieren würde. Nach wenigen Minuten kamen sie zurück.

Optionen an der Realität messen

Optionen mit den Interessen und der Realität abgleichen

Sobald wir eine bestimmte Lösung ins Auge fassen, müssen wir die Optionen nicht nur mit den Interessen abgleichen, sondern auch mit der Realität – und das erfordert oft Informationen von Außenstehenden. Was auch immer die Interessen waren, es ist wichtig, dass die Parteien keiner Vereinbarung zustimmen, die nicht funktioniert. Tun die Parteien das nur widerwillig, weil sie Probleme fürchten, muss der Mediator nachhaken, um sicherzugehen, dass der Fortschritt nicht nur eine Farce ist.

> **Connie** (Colbys Anwältin): Unser Experte ist bereit, aus seiner Einschätzung ein verbindliches Angebot zu machen.

Nun gingen Linda und Larry hinaus, um sich zu besprechen und kamen nach wenigen Minuten wieder.

Linda (Larrys Anwältin): Wir sind bereit, unsere Forderung von 95 000 Dollar auf 70 000 Dollar zu senken, und wir bleiben bei unserem letzten Angebot von 20 000 Dollar für Colby.
Mediator: Weshalb?
Linda (Larrys Anwältin): Da unsere Kosten sinken, denken wir, dass wir es so hinbekommen, dass Larry sein Haus fertigstellen kann.

Connie und John besprachen sich mit Colby und kehrten kurz darauf zurück.

Connie (Colbys Anwältin): Wir werden die 70 000 Dollar zahlen, aber wir verlangen, dass Colby nicht weniger als die 30 000 Dollar erhält, über die wir bereits sprachen.

Linda und Larry besprachen sich abermals; nach wenigen Minuten kehrten sie zurück und akzeptierten das letzte Angebot. Wir waren fertig und im Raum herrschte Erleichterung. Ich fand die Abmachung gelungen. Larry würde sein Haus fertigstellen können und Colby würde genug haben, um sein neues Leben zu starten. Larry und Colby gaben sich die Hand und wünschten einander Glück. Dieser Augenblick fühlte sich echt an.

Ich denke, dass dieses Verfahren für die Parteien besser war als der übliche Vergleichsprozess, bei dem sich eine unabhängige Partei einzeln mit den beiden Parteien getroffen und sie gedrängt hätte, sich zu einigen. Es hatte funktioniert, weil sie sich nicht nur bezüglich des Geldes geeinigt hatten. Das Geld war die Grundlage, die jeder verstand. Die eine Seite hatte von der Expertise der Gegenseite profitiert, um das Haus fertigstellen zu können. Der Versicherungsvertreter hatte ein Gespür für das bekommen, was Larry und seiner Familie wichtig war – und möglicherweise war das die Motivation gewesen, die den Vergleich voranbrachte. Im Endeffekt zählte also nicht nur die Nettobilanz. Es war die besondere Zusammenstellung der beiden Beträge und was die Parteien damit anfangen konnten, was uns letztendlich zu unserer Lösung geführt hatte.

Als wir den Raum verließen, nahm John mich beiseite.

John: Sie haben mich zwar nicht bekehrt, aber ich muss zugeben, dass ich etwas weniger skeptisch hinsichtlich der Idee bin, die ganze Zeit zusammenzubleiben. Das klappt aber nur in wenigen Fällen, denn in den

> meisten Fällen, mit denen ich zu tun habe, dreht sich alles nur ums Geld.
> **Mediator:** Ich dachte, dass Sie das am Anfang auch von diesem Fall dachten.
> **John:** Vermutlich war das so. Darüber muss ich nochmal nachdenken. Aber jetzt muss ich mich beeilen, um zu einem anderen Fall zu fahren – und glauben Sie mir: in dem Fall dreht sich wirklich alles nur ums Geld …

Einzelgespräche halten die Wirklichkeit von den Menschen fern

Ich war froh, dass wir keine Einzelgespräche geführt hatten, denn meines Erachtens hält man dadurch die Wirklichkeit von den Menschen fern. Es war zwar für alle Beteiligten unbequem gewesen, im gleichen Raum zu bleiben – auch für mich. Aber ich denke, dass es wirkungsvoller war, als wenn ich zwischen beiden Parteien hin- und hergependelt wäre und sich die eine Seite jeweils gefragt hätte, was im anderen Raum gerade geschehen würde. So konnten wir die Expertise aller Beteiligten nutzen und jeder von uns hatte am Ende verstanden, was den Parteien wichtig war und es gab ein Gefühl der *Zusammenarbeit*. Ich bin überzeugt, dass all das zusammen letztendlich den Ausschlag gegeben hatte.

Kommentar: Lösungsoptionen evaluieren

Die von den Parteien in der Brainstorming-Phase gesammelten Lösungsoptionen werden in drei Schritten evaluiert: Zunächst werden Prioritäten gesetzt, anschließend werden die Optionen an Interessen und Bedürfnissen gemessen und schließlich wird ein Ergebnis ausgehandelt.

Evaluierung der Lösungsoptionen:

1. Prioritäten setzen: Jede Partei benennt die praktikabelste und die am wenigsten praktikable Option.
2. Optionen an Interessen und Bedürfnissen messen: Jede Partei beurteilt die Erfolg versprechenden Optionen danach, inwieweit sie die Interessen und Bedürfnisse *aller* Parteien erfüllen.
3. Ein Ergebnis aushandeln: Die Parteien entwickeln die Optionen weiter, überprüfen sie und wählen aus.

Zu 1. Prioritäten setzen

Sobald wir eine Aufstellung aller Lösungsmöglichkeiten haben, besteht die nächste Aufgabe darin, festzustellen, welche davon für alle Parteien annehmbar sind.

Sind alle Optionen auf Flipcharts aufgeführt – oder anderen, für alle Teilnehmer gut sichtbaren Darstellungsformen – beginnen wir mit dem Evaluationsprozess. Dabei bewertet jede Partei für sich alle Optionen. Auf diese Weise stellen wir fest, welche Lösungsmöglichkeiten die Parteien näher untersuchen möchten und welche nicht. Dafür gibt es keinen festgelegten Modus; häufig lassen wir die Parteien jede Option mit A, B oder C bewerten, wobei A für »Interesse an weiterer Analyse« steht, C für »kein Interesse daran« und B dazwischen liegt.

Evaluierung durch Bewertung in praktikablen und nicht praktikablen Optionen

Daraufhin gibt jede Partei ihre Bewertungsliste dem Mediator, der die Ergebnisse auf dem Flipchart festhält, auf dem zuvor die Optionen gesammelt wurden. So sehen die Parteien schnell, welches Interesse sie beide an jeder der Optionen haben. Das spart nicht nur viel Zeit gegenüber einer langwierigen Diskussion aller Optionen – inklusive der uninteressanten! – sondern ist auch für die Parteien sehr aufschlussreich bezüglich ihrer jeweiligen Präferenzen. Ein weiterer Vorteil: Dadurch, dass sie ihre Prioritäten zunächst dem Mediator geben, wird strategisches Taktieren weitgehend ausgeschlossen.

Zu 2. Optionen an Interessen und Bedürfnissen messen

Sobald die Optionen priorisiert sind, werden sie an den von beiden Seiten benannten Interessen gemessen. In der Regel fangen wir dazu – falls vorhanden – mit Optionen an, die von beiden Seiten mit A bewertet wurden, ansonsten mit Optionen der Kategorien A und B. Dafür ziehen wir die Aufstellung heran, auf der wir zuvor die Interessen der Parteien und die Optionen aufgelistet haben. Anschließend arbeitet der Mediator mit den Parteien daran, diejenigen Optionen zu überprüfen, die die Parteien weiter verfolgen möchten.

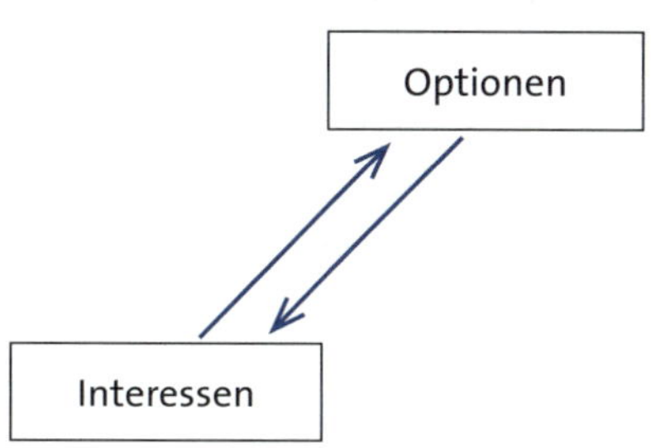

Abbildung 12.1: Lösungsoptionen evaluieren.

Vergleichen von Optionen mit Interessen

Inwiefern die Lösungsoptionen tatsächlich den Interessen der Parteien gerecht werden, stellt sich häufig erst durch einen iterativen Prüfprozess heraus (Abb. 12.1). Indem sie immer wieder ihre Interessen ins Auge fassen – diesmal aus der Perspektive der Optionen – wird den Parteien möglicherweise bewusst, dass sie weitere Interessen haben, die sie zuvor gar nicht ausgesprochen haben. Genauso gut können so zusätzliche Lösungsmöglichkeiten auftauchen.

In diesem Stadium der Mediation bitten wir jede Seite, sich zu äußern, inwiefern eine bestimmte Option den Interessen *beider Parteien* entsprechen könnte. Das funktioniert besonders dann, wenn beide Parteien einander wirklich verstanden haben. Sind die Parteien dazu fähig, dann blicken auch sie – nicht mehr nur der Mediator – auf den Konflikt in seiner Gesamtheit. Wir bezeichnen diese Sichtweise als »mediatives Wissen«. Wie bei Larry und Colby kann eine solche *Zusammenarbeit* den Ausschlag dafür geben, dass die Parteien zu einem Abschluss gelangen, der ihren Streit wirklich beilegt.

Stellt man die Interessen in den Vordergrund, kann das zwar zunächst nach einem Rückschritt aussehen. Ist es aber mitnichten. Entscheidend ist, dass die Optionen den Interessen *gerecht werden*. Gleicht man die Optionen mit den Interessen ab, erhält man automatisch ein umfassenderes Bild – sowohl des Problems als auch seiner Lösung. Stehen die Optionen fest auf der Grundlage der Interessen, ähnelt das Finale eher einer Suche nach Gemeinsamkeiten als bloßen Verhandlungen und Feilschereien.

Interessensabgleich verdeutlicht die Lösungsoptionen

Bei Larry und Colby führte das Messen der Optionen an den Interessen dazu, dass die bloßen Zahlen »übersetzt« wurden in die Fertigstellung des Hauses: Colby bekräftigte, auch er wolle, dass Larry das Haus bekäme, das er sich für seine Familie wünschte. Für Colby bedeutete das, die Wirtschaftlichkeit seines Bauunternehmens war auch für Larry wichtig geworden, als sie sich auf einen Abschluss zubewegten. Larry bestätigte, auch er wolle, das Colby angemessen entschädigt werde.

Indem wir Optionen und Interessen abgeglichen hatten, waren die Möglichkeiten nun eingegrenzt und die Ideen so weit überarbeitet, dass sie an der wirtschaftlichen Realität überprüft werden konnten – der Weg für Verhandlungen war geebnet.

Zu 3. Ein Ergebnis aushandeln

Sobald die Parteien zum Verhandeln bereit sind, kehrt häufig die Anspannung zurück, die während der Brainstorming-Phase und der Entwicklung von Lösungsoptionen nachgelassen hat. Als Mediatoren sind wir beunruhigt, wenn das *nicht* geschieht, denn: wie groß auch immer der »Kuchen« durch unsere Bemühungen geworden sein mag – beiden Parteien ist bewusst, dass sie nun konkret entscheiden müssen, wie er aufgeteilt werden soll.

Damit der Mediator in der Endphase besonders effektiv ist, ist es gut, wenn er die *bifokale Sichtweise* beibehält – wenn er also sowohl das *Was* als auch das *Wie* im Blick hat.

Bifokale Sichtweise (siehe S. 99)

Arbeiten mit dem *Wie*

Auch wenn also die Anspannung zwischen den Parteien während der Entwicklung von Optionen nachgelassen hat, ist es sowohl für die Parteien, wie auch für den Mediator häufig überraschend, wenn sie dann langsam wieder zurückkommt. Wir Mediatoren spüren auch, wie unangenehm diese Spannung ist. Versuchen wir jedoch, sie zu vertreiben, gefährdet das schnell die gesamte bisherige Arbeit. An diesem Punkt tritt eines unserer Leitprinzipien in Kraft: *Spannungen zulassen*. Der Mediator kann dafür sorgen, dass die Parteien diese unbequeme Spannung aushalten – sowohl untereinander, als auch zwischen sich und dem Mediator.

Spannungen zulassen

Für uns Mediatoren gilt es in dieser Phase auf folgende Gefahren zu achten:

1. Zu versuchen, unsere eigene Lösung durchzusetzen.
2. Zuzulassen, dass eine Partei die andere beeinflusst, manipuliert oder zu etwas zwingt.
3. Zu versuchen, den Prozess zu beschleunigen, indem wir die Parteien zu Entscheidungen drängen, bevor sie dazu bereit sind.
4. Sich zu sehr »zurückzulehnen« und die Verhandlung in ein Gefeilsche um Zahlen ausarten zu lassen, bei dem die Parteien den Bezug zu ihren Interessen verlieren.
5. Die Neutralität zu verlieren und eine Partei zu Lasten der anderen zu favorisieren.

Als Mediatoren müssen wir uns an diesem Punkt einer zentralen inneren Herausforderung stellen – wir dürfen den Erfolg der Mediation oder unseren Erfolg als Mediatoren *nicht* daran messen, ob die Parteien eine Einigung erzielen. Das ist schwierig – ist es doch die überwiegende Haltung von außen, Kompetenz genau daran festzumachen. Eine sol-

Der Mediator darf seinen Erfolg nicht daran messen, ob die Parteien eine Einigung erzielen

che Haltung ist in mehrfacher Hinsicht problematisch und kann den Erfolg der Mediation gefährden.

Wir sind der Ansicht, dass die Frage, ob die Parteien zu einer Übereinkunft kommen oder nicht, nicht unbedingt etwas über die Qualität der Mediation aussagt. Sind die getroffenen Vereinbarungen instabil oder nicht aus gemeinsamen Entscheidungen hervorgegangen, kann man unseres Erachtens nicht von einem Erfolg sprechen. Es gibt viele Verfahren, auf die Mediatoren stolz sein können und in denen die Parteien keinen Vergleich geschlossen haben; stattdessen kam es zu einem aufrichtigen Austausch, der eine wichtige Veränderung zwischen den Parteien widerspiegelt.

Auch für die Parteien ist eine Abschlussvereinbarung nicht das Einzige, was zählt. Haben sie eine Vereinbarung getroffen, dann zählt für sie vor allem, *wie* es dazu kam. Haben sie keine getroffen, dann ist entscheidend, was sich *zwischen* ihnen abgespielt hat.

Was bedeutet all das nun hinsichtlich der Frage, wie man mit den Parteien in dieser Endphase arbeiten soll? Denken Sie zunächst an das Prinzip: *Belassen Sie die Verantwortung für den Konflikt bei den Parteien.* Es ist tatsächlich Aufgabe der Parteien, ihre eigene Lösung zu finden und zu erkennen, dass sie dafür die *Hauptverantwortung* tragen. Haben wir uns erst einmal von dem selbst auferlegten Druck befreit, dass wir als Experten die Last dafür tragen, ob sich die Parteien einigen oder nicht, dann haben wir möglicherweise mehr Spielraum, um ihnen zu helfen.

Der Mediator trägt nicht die Hauptverantwortung für die Konfliktlösung

Darüber hinaus begleiten wir den Prozess, in dem wir *beobachten* und *kommentieren*, wie die Parteien kommunizieren. Bemühen sich beide darum, für sich selbst einzustehen und auf den anderen einzugehen? Verstehen beide ihre Situation – wo sie stehen und welche Ziele sie haben? Falls Anwälte anwesend sind: Wer übernimmt die Verhandlung? Unterstützen die Anwälte ihre Mandanten darin, für sich selbst einzustehen oder nehmen sie das Heft in die Hand? Fühlen sich die Parteien von ihren Anwälten unterstützt?

Nicht zuletzt versuchen wir den Parteien so weit wie möglich das Gefühl zu vermitteln, dass das Verfahren fair abläuft. Das gelingt, indem wir darauf achten, dass sich die Parteien gleichermaßen zu ihren »wunden Punkten« äußern, sodass keine Partei den Eindruck hat, sie habe mehr von sich preisgegeben als die Gegenseite.

Arbeiten mit dem *Was*

Man kann eine Reihe von Methoden anwenden, um in der Endphase für faire und gleiche Wettbewerbsbedingungen und für eine gewisse Dynamik zu sorgen, insbesondere wenn die Mediation scheinbar ins Stocken geraten ist. Wir stellen einige davon vor, wobei es uns nicht um eine vollständige Aufstellung geht. Vielmehr möchten wir beispielhaft zeigen, wie Mediatoren, die mit beiden Parteien zusammenarbeiten, keinen Druck auf die Parteien ausüben, die auftretende Spannung konstruktiv nutzen und mit dem uralten Verhandlungsproblem umgehen, wer anfangen darf.

Die Verbindung zwischen Lösungen und Interessen halten

Zentrale Beziehung von Lösungen und Interessen

Damit die Mediation nicht in ein »Zahlenspiel« ausartet, ist es wichtig, dass der Mediator ständig auf die zentrale Beziehung zwischen Lösungen und Interessen achtet, wie der Fall zwischen Larry und Colby deutlich gemacht hat. Selbst wenn die Parteien kurz vor einer Lösung stehen, kann es nützlich sein nachzuvollziehen, in welchem Verhältnis ihre Verhandlungsschritte zu ihren eigenen und den Interessen des Konfliktpartners stehen. Auf diese Weise wird die Verbindung gehalten und Türen werden geöffnet, die ansonsten womöglich verschlossen blieben.

Angebote zeitgleich vorlegen

Manchmal sind die Parteien an einen Punkt gelangt, an dem eine beträchtliche Kluft zwischen ihren letzten Angeboten liegt. Vielleicht ist es so wie im vorliegenden Fall, dass die Anwälte an Einzelgespräche gewöhnt sind und nicht möchten, dass ihre Mandanten einen Schritt tun, bevor sie nicht sicher sind, dass dieser erwidert wird. In einem solchen Fall kann man die Parteien auffordern, zeitgleich ein Angebot abzugeben.

Zeitgleiche Angebote, um strategische Blockaden zu vermeiden

Nachdem wir erklärt haben, dass es darum geht, eine strategische Blockade zu vermeiden, schlagen wir – wie in diesem Fall – Folgendes vor:

1. Jede Partei notiert einen Betrag, von dem sie erklären kann, inwiefern er auch der Gegenseite nutzt,
2. die Parteien geben diese Zahlen dem Mediator, der überprüft, ob sie die Aufgabe ernst genommen haben, bevor
3. der Mediator die Angebote an die andere Seite weiterreicht.
4. Die Angebote dienen als Grundlage für einen Dialog, bei dem jede

Seite erklärt, warum ihr Angebot ihres Erachtens für beide Seiten tragbar ist.

Vor- und Nachteile der letzten Angebote ausloten

Die Bedeutung einer Angebotsannahme evaluieren

Hierbei müssen die Parteien zunächst kein Entgegenkommen signalisieren. Wir fordern die Parteien auf zu überlegen, was es für sie bedeuten würde, wenn sie das letzte Angebot der Gegenseite annähmen. Gleichzeitig fragen wir, was es hieße, wenn die andere Seite ihr Angebot annehmen würde. Oft führt das zu mehr Verständnis unter den Anwesenden und letztendlich dazu, dass sich wirklich etwas bewegt.

Erneut rechtlich überprüfen

Gespräch über die Rechtslage wiederholen

Bewegt sich die Mediation auf einen Punkt zu, an dem die Parteien merken, dass sie möglicherweise tatsächlich vor Gericht landen, dann kann es sich lohnen, noch einmal über das Recht zu sprechen *(Gespräch eins)*. Die Risiken und Wahrscheinlichkeiten eines Gerichtsurteils zu diskutieren – insbesondere im Vergleich zu den letzten Angeboten beider Seiten – kann die Parteien dazu veranlassen, ihre Position erneut zu überdenken. Zum Rechtsgespräch gehört auch, dass die konkreten *praktischen Folgen* eines Gerichtsverfahrens, ebenso wie der damit verbundene Zeit- und Kostenaufwand näher untersucht werden.

In den Abschluss einwilligen

Das Ende einer Mediation bedeutet für manche Medianden, dass ein Kapitel in ihrem Lebensbuch tatsächlich beendet ist. Diese Einsicht geht manchmal mit einem Gemisch aus Trauer, Erleichterung, Freude und Schmerz einher. In diesem Moment – besonders dann, wenn noch nicht absehbar ist, ob es überhaupt zu einer Einigung kommt – müssen die Parteien entscheiden, ob sie wirklich bereit sind, *gemeinsam* auf eine Entscheidung hinzuarbeiten, die es ihnen erlaubt, den Konflikt endgültig loszulassen.

Sich *nochmal* der emotionalen Seite des Konflikts stellen

Für Colby und Larry bedeutete das, dass sie ihren Schaden begrenzten und den anderen ziehen ließen. Was auch immer die Schwierigkeiten der Vergangenheit gewesen sein mochten – nun war es an der Zeit zu entscheiden, ob sie bereit waren, die Position des anderen zu verstehen. Beide wollten das. Manchmal – wie in diesem Fall – kann es ganz wesentlich sein, sich der zugrunde liegenden emotionalen Wirklichkeit einer Situation zu stellen; dazu gehört auch, dass man sich noch einmal damit beschäftigt, warum die Beteiligten den Konflikt mittels Mediation beenden wollten. In diesem Fall drehte es sich dabei ums Geld, aber nicht nur – für beide Konfliktpartner verkörperte das Geld noch sehr viel mehr.

4.3 Das Unmögliche ermöglichen: Psychische Erkrankungen

Tief unter unseren Konflikten ist es die Menschlichkeit, die uns miteinander verbunden hält. Zuweilen ist sie sehr deutlich präsent, wenn wir in einer Mediation den Parteien helfen, eine Lösung zu finden.

Von Anfang an gab es Probleme. Die Anwälte der drei Parteien waren zusammen mit ihren Mandanten erschienen – bis auf eine Ausnahme. Al, der Anwalt der St. Mary Schule, hatte im Alleingang entschieden, dass die Anwesenheit eines Vertreters der Schule, die unmittelbar in den Vorfall involviert war, nicht nötig sei, da die Schule versichert und der Schadenssachbearbeiter der Versicherung gekommen war. Das war überraschend. Zwei Monate zuvor hatte ich mit allen Anwälten gesprochen; sie hatten sich geeinigt, wer anwesend sein würde und es war ausdrücklich festgelegt worden, dass jemand von der Schule an der Mediation teilnehmen sollte. Nach Rücksprache mit ihren Mandanten hatten die Anwälte einige Vertreter vorgeschlagen, die für alle akzeptabel waren.

Natürlich war die Anwesenheit der Anwälte wichtig, aber es war auch wichtig, dass Leute von der Schule dabei waren, die mit der Angelegenheit unmittelbar vertraut waren. Es würde uns kaum gelingen, ein Gespür dafür zu entwickeln, wie sich die Situation aus Sicht der Schule darstellte, wenn niemand da war, der direkt beteiligt gewesen war. Obwohl es sich bei diesem Fall – wie so oft – scheinbar nur ums Geld drehte, ging es im Grunde genommen um wesentlich mehr. Es ging darum, bei allen Anwesenden ihre menschliche Seite anzusprechen. Das würde den entscheidenden Unterschied machen. Allein mit den Stellvertretern hätten wir vermutlich den üblichen Rahmen der Konfliktfalle nicht überschritten.

Martha – Mutter von Donna – hatte die Schule verklagt, weil sie glaubte, die Schule habe sich gegen ihre Tochter verbündet, um sie als Außenseiterin abzustempeln, nachdem Donna dort einen psychotischen Schub erlitten hatte. Donna war in einer ihrer Unterrichtsstunden auf den Tisch gestiegen, hatte unverständliches Zeug über irgendwelche »Teufel« gefaselt, die sie angeblich sah, war anschließend vom Tisch gesprungen und hatte das Klassenzimmer ebenso schnell verlassen wie sie es betreten hatte. Wenige Minuten später fand man sie bäuchlings auf dem Schulhof im Matsch liegen.

Seitdem war ein Jahr vergangen. Donna saß still neben ihrer Mutter; sie sah jünger aus als ihre achtzehn Jahre. Sie wirkte ängstlich und schien sich in dem Raum voller Erwachsener unbehaglich zu fühlen; ansonsten gab es jedoch kaum Anzeichen für das von ihr erlittene Trauma. Nach mehrmonatiger intensiver psychotherapeutischer Behandlung und mithilfe von Medikamenten war Donna langsam in die Welt zurückgekehrt, aber das Schuljahr war vorüber und von ihren Freunden verlassen stand sie nun allein da. Der Weg zurück ins normale Leben schien ihr schwerzufallen und würde noch längere Zeit dauern; ihr Psychiater hatte den Eindruck, dass sie möglicherweise auf unbestimmte Zeit Medikamente einnehmen müsste, um die psychischen Symptome unter Kontrolle zu halten. Martha trat im Hinblick auf ihre Tochter sehr beschützend auf und saß dicht neben ihr. Durch ihre Anwältin hatte sie deutlich gemacht, dass sie Donna an der Mediation teilnehmen lassen wollte.

Mediator (zu Sally, die Martha und Donna vertrat): Wenn Sie erlauben, würde ich gerne mit Ihren Mandantinnen sprechen, um zu hören, wie sie vorgehen möchten.
Sally (Marthas Anwältin): Bitte.
Mediator (an Martha und Donna gewandt): Sie können entscheiden, ob Sie heute fortfahren möchten oder ob wir die Mediation aufschieben, bis jemand von der Schule dabei ist, dessen Teilnahme Sie zustimmen.
Martha: Ich finde das sehr enttäuschend. Eigentlich spiegelt das genau das Problem, weswegen wir hier sind. Wieder einmal fertigt uns die Schule einfach so ab. Ich habe mich vor allem deshalb für eine Mediation entschieden, weil ich denen vermitteln wollte, wie sehr ihr Verhalten mir und Donna geschadet hat. Und jetzt ist niemand gekommen.
Mediator: Sie und Donna hatten erwartet, dass jemand hier erscheinen würde, der mit der Situation unmittelbar vertraut ist; ehrlich gesagt hatte auch ich das nach meinem Gespräch mit den Anwälten erwartet.
Al (der Anwalt der Schule): Ich bedaure dieses Missverständnis, und wenn Sie die Sitzung aufschieben möchten, bis jemand von der Schule hier sein kann, bin ich dazu bereit.
Martha: Ich möchte, dass Sie wissen, dass allein hier anwesend zu sein für mich bereits traumatisch ist – und für Donna ist es in jedem Fall auch schwierig. Ich habe Herzklopfen und große Angst. Hier geht es um die Vorfälle an der Schule und Sie hatten versprochen, dass jemand kommen würde, aber wieder einmal enttäuschen Sie uns. Nachdem wir es bis hierher geschafft haben, glaube ich, dass es besser ist, die Angelegenheit nicht weiter aufzuschieben. Daher möchte ich lieber anfangen, aber ich bin sehr durcheinander. Es ist keine gute Wahl, die ich damit zu treffen habe.
Mediator: Sie sind also bereit, heute anzufangen. Aber falls Sie im Lauf des Tages Ihre Meinung ändern sollten, möchte ich, dass Sie uns Be-

scheid geben. Al, besteht irgendeine Chance, dass später noch jemand spontan kommen kann?
Al: Ich denke, dass die Vertrauenslehrerin eventuell Zeit hat. Falls wir heute nicht fertig werden und Martha einverstanden ist, versichere ich Ihnen, dass ich dafür sorge, dass jemand zur Verfügung steht, dem Sie zustimmen.
Mediator: Martha, Donna, möchten Sie, dass die Vertrauenslehrerin kommt?
Martha: Diese Frau hat nie wirklich begriffen, was geschehen ist, aber das Gleiche gilt für alle anderen. Das ist das Problem. Sie haben es nie kapiert. Mir wäre es lieber, wenn der Direktor käme, aber wenn die Vertrauenslehrerin kommt, ist es immer noch besser als keiner. Zumindest kann sie denen vielleicht erzählen, was hier geschieht.
Mediator: Dann wollen wir mal sehen, ob es klappt.

Wir machten eine kurze Pause, in der Al die Schule anrief, worauf Pat – die Vertrauenslehrerin – zu uns stoßen konnte.

Möglichkeiten aufdecken

Als Konfliktexperten blicken wir oft über den Rand dessen hinaus, was die Parteien – und ihre Anwälte – in ihrer eigenen Wahrnehmung vom Konflikt und den Möglichkeiten einer außergerichtlichen Konfliktlösung für »möglich« oder »unmöglich« halten. Manchmal hält der Konflikt die Parteien deshalb gefangen, weil er ihnen vermittelt, die Möglichkeiten seien begrenzt – was sie nicht sind. Wir versuchen diesem Eindruck der Begrenztheit entgegenzuwirken. Bei diesem speziellen Konflikt war es ausschlaggebend, dass es uns gelang, neue Möglichkeiten aufzudecken.

Als wir wieder zusammenkamen, erklärte ich ausführlich den verstehensbasierten Mediationsansatz: Wir würden uns stets gemeinsam treffen und die *zwei Gespräche* führen. Zunächst stieß ich auf Skepsis.

Tom (der Sachverständige der Versicherung): Das würde ich hier nicht gerade als eine ideale Mediationslösung bezeichnen.
Mediator: Ich habe Bedenken, mich mit jeder Seite einzeln zu treffen. Dadurch käme ich in die Situation, wie ein Richter für Sie entscheiden oder möglicherweise auf Sie und Ihre Mandanten einwirken zu müssen, damit Sie eine Übereinkunft treffen.
Tom: Aber so funktioniert Mediation doch. Es geht um Manipulation. Das ist Ihre Aufgabe.
Mediator: Ich sehe meine Aufgabe anders. Bei diesem Verfahren geht es wirklich nur darum, dass die anwesenden Parteien in der Lage sind, ih-

ren Konflikt gemeinsam zu bearbeiten, indem sie sich gegenseitig verstehen und dann gemeinsam entscheiden.

Dann fing ich an, ihnen die beiden Gespräche zu erläutern – zunächst das *erste Gespräch* über das Recht, bei dem die Anwälte sowohl Chancen als auch Risiken eines Gangs vor Gericht beschrieben. Ich wurde bald unterbrochen.

Sally (Marthas Anwältin): Das ist ja wirklich die Höhe! Sie möchten, dass wir verraten, welche Risiken für unsere Mandanten bestehen, wenn wir vor Gericht gehen?! Warum sollten wir das im Beisein der Gegenseite tun?
Mediator: Aus mehreren Gründen. Erstens ist es ehrlicher und vermittelt Ihren Mandanten ein umfassenderes Bild, wenn sie einer solchen Darstellung zustimmen. Zweitens glaube ich, dass sich dadurch die Atmosphäre zwischen uns allen verändert. Wenn Sie als Anwälte dazu bereit sind, können Ihre Mandanten, wenn sie an der Reihe sind, besser und umfassender darüber sprechen, wie sie die Geschehnisse erlebt haben; zudem verstehen wir dann besser, was für jede Seite wichtig ist und was wir möglicherweise berücksichtigen müssen, um zu einem tragfähigen Ergebnis zu kommen.
Sally (Marthas Anwältin): Aber wenn wir über unsere Risiken sprechen, stärken wir die Gegenseite.
Mediator: Deshalb macht dieses Vorgehen nur Sinn, wenn beide Seiten dazu bereit sind. Die eigentliche Frage lautet, ob es Ihren Mandanten ein klareres Bild von der Rechtswirklichkeit vermitteln würde und ob das etwas ist, was sie wertvoll fänden.
Sally (Marthas Anwältin): Darüber muss ich mit meinen Mandantinnen sprechen.
Mediator: Gute Idee. Bei diesem Verfahren geht es einzig und allein darum, dass Ihre Mandanten in die Lage versetzt werden, kluge Entscheidungen zu treffen.

Nachdem sich die Anwälte mit ihren Mandanten besprochen hatten, machten wir mit dem Rechtsgespräch weiter. Sally, Marthas Anwältin, legte dar, dass sich ihre Mandantinnen in mehrfacher Hinsicht vor Gericht durchsetzen würden: wegen Verletzung der Privatsphäre, Rufmord und Verletzung des »Unruh-Gesetzes«, das öffentlichen Institutionen jegliche Diskriminierung untersagt. Zudem war sie zuversichtlich, dass sie den eingeklagten Betrag von einer Million Dollar erhalten würden.

In seiner Antwort wies Al auf die Unzulänglichkeiten von Sallys Fall hin und gab sich absolut zuversichtlich, dass Sally großes Glück hätte, wenn die Klage zugelassen würde. Ihm war durchaus bewusst, dass Donna gelitten hatte, aber er war überzeugt davon, dass die Beweise nicht ausreichen würden, um die Schule dafür verantwortlich zu machen. Dann beschlossen wir, die Risiken zu besprechen.

Mediator: Ich würde gerne damit beginnen, dass uns einer von Ihnen einen Grund nennt, mit dem Sie ein gegen Sie gerichtetes Urteil erläutern würden.
Al (der Anwalt der Schule): Nun, St. Mary ist eine katholische Schule. Wenn jemand bei Gericht etwas gegen die Kirche hat, könnte das durchaus zulasten dieser Schule ausgehen.
Mediator: Wenn also Vorurteile eine Rolle spielen, könnte die Schule selbst dann verlieren, wenn die Beweislage in die andere Richtung deutet?
Al (der Anwalt der Schule): Das könnte passieren.
Mediator: Wie sieht es mit Ihnen aus, Sally?
Sally (Marthas Anwältin): Das gleiche Vorurteil könnte auch umgekehrt greifen. Jemand, der die Kirche für unfehlbar hält oder der Diözese besonders gewogen ist, könnte die Kirche unterstützen, selbst wenn deutlich wird, dass sie sich in diesem Fall nicht korrekt verhalten hat.
Mediator: Gut. Weiter, Al.
Al (der Anwalt der Schule): Wir haben soeben Martha und Donna eine eidesstattliche Erklärung abgenommen. Ich muss zugeben, dass sie zwei sehr ansprechende Zeuginnen sind. Beide sind ehrlich und sympathisch; es wird dem Gericht schwerfallen, sich gegen sie zu stellen.

Martha wirkte ziemlich überrascht; Tom (der Sachverständige der Versicherung) sah irritiert aus und warf Al einen missbilligenden Blick zu. Die Diskussion ging weiter. Sally und Al beschrieben einige weitere technische Risiken – aber etwas hatte sich im Raum verändert. Al schien Martha einen Moment lang gezeigt zu haben, dass ihm die Angelegenheit möglicherweise persönlich näher ging, als es zuvor den Anschein hatte. Sein juristischer Panzer hatte einen Riss bekommen. Zwar ging es in diesem Gespräch nur ums Recht, doch mit einem Mal hatte sich – im Beisein aller – die persönliche Dimension aufgetan. Sie würde noch eine entscheidende Rolle spielen.

Nachdem wir das Rechtsgespräch beendet hatten, bekam schließlich Martha die Gelegenheit, etwas zu sagen. Ich war etwas bestürzt, als sie aus ihrer Handtasche eine siebenseitige Erklärung hervorzog, einzeilig und in Schreibmaschinenschrift verfasst. Mir war klar, dass sie gerne eine förmliche Stellungnahme abgeben wollte, da sie so stark von diesem Fall betroffen war; gleichzeitig wollte ich sicherstellen, dass sie die

Möglichkeit hatte, zu den anderen Anwesenden eine persönliche Beziehung herzustellen. Doch das könnte durch das Vorlesen einer vorbereiteten Stellungnahme schwierig werden.

Mediator: Martha, Sie wissen, dass dies kein offizielles Verfahren ist und ich möchte, dass Sie die Gelegenheit haben, uns alles zu erzählen, was Sie durchgemacht haben.
Martha: Ich weiß, deshalb habe ich es aufgeschrieben; auf diese Weise lasse ich nichts aus. Mir geht das alles so nahe, dass ich Sorge hatte, ich würde unzusammenhängend sprechen, wenn ich es nicht aufschriebe.
Mediator: Sie würden sich also gerne auf Ihre Erklärung stützen. Ist es in Ordnung, wenn ich Sie ab und zu unterbreche, um sicherzugehen, dass ich verstehe, was Sie sagen?
Martha: Natürlich.

Ich dachte, dass es besonders wichtig wäre, Martha zu loopen, unter anderem was die emotionalen Auswirkungen des Vorfalls auf sie und Donna betraf. Denn nicht zuletzt regten sie und möglicherweise auch Donna sich deshalb so auf, weil niemand von der Schule gekommen war – ein weiteres Indiz für sie, dass ihr niemand zugehört hatte.

Martha begann damit, ihre Erklärung vorzulesen. Hin und wieder unterbrach ich sie, um sicherzugehen, dass ich sie verstand und dass sie sich verstanden fühlte. Dadurch wurde sie ruhiger und fühlte sich bestätigt, dass sie genügend Zeit hatte, um alles auszudrücken, was für sie so wichtig war. Als sie an den Punkt kam, an dem sie von der Schule angerufen worden war, um ihre Tochter abzuholen, unterbrach ich sie erneut.

Mediator: Ich könnte mir vorstellen, dass Sie geschockt waren, als Sie in der Schule eintrafen.
Martha: Das ist das Mindeste, was man dazu sagen kann.
Mediator: Können Sie noch mehr darüber sagen, wie das für Sie war?
Martha: So etwas hatte ich noch nie erlebt. Ich hatte meine Tochter in die Schule geschickt, ein gesundes, glückliches Mädchen; als ich drei Stunden später dorthin kam, sah sie aus, als hätte sie der Blitz getroffen.
Mediator: Ihre Veränderung war für Sie niederschmetternd.
Martha: Ja. Ich konnte mir nicht vorstellen, was geschehen war, dass sie so aussah.

Nachdem sie jene Zeit auf ergreifende Weise beschrieben hatte, verlas sie weiter ihre Stellungnahme. Sie erklärte, dass die Schule sie und Donna nach dem Vorfall konsequent von den Lehrern, anderen Schülern und dem Schulgelände abgeschirmt hätte und dass sie sich auf schmerzhafte Weise isoliert fühlten. Immer wieder unterbrach ich sie, damit ihre Emotionalität zur Geltung kam, die so aussagekräftig war, die aber beim Verlesen ihres Berichts oft verlorenging.

> **Mediator:** Sie scheinen Verwunderung, Enttäuschung und auch tiefe Bestürzung empfunden zu haben.
> **Martha:** Ja, aber es wäre mir lieb, wenn Sie aufhören würden, mich ständig zu unterbrechen. Dadurch kann ich mich schlecht auf meinen Bericht konzentrieren.
> **Mediator:** Es tut mir leid, wenn Sie den Eindruck haben, dass ich Sie störe. Ich versuche nur zu verstehen, wie es für Sie gewesen sein muss, diese Erfahrungen zu machen. Ihre auf Fakten gestützte Erklärung ist gründlich und hilfreich. Mir fehlt darin allerdings manchmal die persönliche Dimension, wie es sich für Sie und Donna *angefühlt* haben muss; daher versuche ich diese Dimension für uns alle hier fassbar zu machen.
> **Martha:** Meine Anwältin hat gesagt, ich solle mich an den Bericht halten.
> **Sally** (Marthas Anwältin): Schon gut, Martha. Al und Pat müssen wissen, wie es für Sie war – und ich glaube, der Mediator hilft dabei, das zum Vorschein zu bringen.

Tiefer liegende Gefühle einbeziehen

Gefühle, die uns verbinden, bleiben verborgen

Konflikte halten ihre Macht unter anderem dadurch aufrecht, indem sie verhindern, dass die Betroffenen untereinander ihre tiefer liegenden Gefühle ausdrücken. Wut, Misstrauen, Schuld, Frustration, Enttäuschung – die Gefühle, die uns oft voneinander trennen – können ausgedrückt oder angedeutet werden. Hingegen bleiben Schmerz, Verletzungen, Kummer, Angst – die Gefühle, die uns miteinander verbinden können – eher verborgen.

Der verständliche Wunsch der Anwälte, ihre Mandanten sowohl in rechtlicher als auch in emotionaler Hinsicht zu schützen, führt manchmal zu der ebenfalls verständlichen Warnung an ihre Mandanten, der »anderen Seite« gegenüber nicht zu verwundbar aufzutreten. Sally jedoch hatte erkannt, dass gerade darin eine Chance lag. Unabhängig vom rechtlichen Rahmen war auf *persönlicher Ebene* offenkundig geworden, wie sehr diese Familie gelitten hatte.

> **Martha** (inzwischen war die Vertrauenslehrerin Pat eingetroffen): Es fällt mir unglaublich schwer, darüber zu sprechen, was ich währenddes-

sen empfunden habe. Sie machen sich keine Vorstellung davon, wie sehr dieses Erlebnis mein Leben durcheinander gebracht hat.
Mediator: Ich weiß. Deshalb versuche ich, Ihnen die Gelegenheit zu geben, uns mehr darüber zu erzählen.
Martha: Die Schule wird das niemals verstehen. Pat, Sie haben uns komplett abgeblockt und versucht, die anderen Schüler zu schützen. Al, Sie gehören noch nicht einmal der Schule an, also können Sie das hier den Leuten dort gar nicht vermitteln.
Al: Ich weiß nicht, ob Sie sehen können, dass ich mir Notizen mache. Ich beabsichtige, der Schule das alles vorzulegen. Versprochen. Außerdem ist Pat hier.
Mediator: In Ihren Augen, Martha, hat die Schule nie verstanden, wie massiv das war, was geschehen ist – und wird das auch niemals tun; zudem fühlten Sie sich von Pat abgewiesen. Und als Anwalt hat Al keinerlei Möglichkeit, zur Schule durchzudringen. Sie hingegen, Al, sagen, dass Sie vorhaben, der Schule das alles vorzulegen.
Pat: Kann ich etwas sagen?
Mediator (an Martha gewandt und mit einem Blick auf ihre Anwältin Sally): Ist das in Ordnung?
Martha: Sicher, aber wo waren Sie, als wir Sie brauchten?
Pat: Meine erste Pflicht war es, die anderen Schüler zu schützen; das war eine Ermessensfrage. Natürlich war mir auch Donna wichtig, aber ich hatte das Gefühl, ich würde ihr mehr helfen, wenn wir sie vom Schulgelände entfernten. Wann immer ich dann anrief und versuchte, mit Ihnen und Donna zu sprechen, haben Sie sich verweigert.
Martha: Sie haben es damals nicht verstanden und Sie verstehen es immer noch nicht. Das waren Donnas engste Freunde. Sie haben ihnen gesagt, dass sie nicht mit ihr sprechen sollen. Das letzte, was Donna wollte war, von Ihnen in eine Schublade gesteckt zu werden. Aber genau das haben Sie ihr angetan.
Mediator: Es hat den Anschein, Pat, dass Sie in einer Zwickmühle waren. Sie machten sich um die anderen Schüler Sorgen und auch um Donna. Aber zum Wohle aller schien es Ihnen am besten, Donna von den anderen Schülern zu trennen. Sie, Martha und Donna, empfanden das als Verurteilung.
Martha: Die anderen Schüler sahen das auch so. Die Eltern wollten noch nicht einmal ihre besten Freundinnen mit ihr sprechen lassen. Ich nehme an, dass Pat sie dazu angewiesen hatte.
Pat: Das habe ich nicht getan. Die Eltern hatten Angst um ihre Kinder. Die Wahrheit ist, dass keiner von uns richtig begriff, was vor sich ging.
Mediator (zu Pat): Es war also für die anderen Schüler und Eltern schwierig – und auch für Sie.
Pat: Ja, ich war in einer schwierigen Situation. Ich hatte um alle Angst. Die Schüler waren furchtbar durcheinander und an Donna kam man

nicht heran. Martha bestand darauf, dass wir sie weiterhin zur Schule gehen ließen. Aber als der Direktor mir schließlich sagte, ich solle dafür sorgen, dass sie die Schule verließ, musste ich das tun. Es tut mir leid, dass es dazu kam, aber wir wussten nicht, was wir sonst hätten tun sollen. Donna wirkte so desorientiert und außer Kontrolle und wir konnten keinen Kontakt zu ihr herstellen. Sie faselte unzusammenhängendes Zeug und – ganz ehrlich – wir hatten Angst um sie und auch um ihr Umfeld. Das ging eine Zeit lang so, bis uns klar wurde, dass wir sie zu ihrem eigenen Wohl und zum Wohl der anderen wegbringen mussten.
Martha: Sie haben wirklich keine Ahnung, was Sie damit ausgelöst haben. Es dauerte Monate, bis irgendjemand von der Schule auch nur bereit war, mit uns zu sprechen.
Pat: Ich weiß. Das fand auch ich nicht richtig.
Martha: Warum geschah es dann?
Pat: Das weiß ich nicht genau. Sie riefen mich nicht zurück. Vom Direktor weiß ich, dass es ihm wichtig war, die anderen Schüler durch das Schuljahr zu bringen und die Eltern waren fest entschlossen, ihre Kinder von Ihrer Familie fernzuhalten.
Martha: Das kann nur so gewesen sein, weil Sie Ihnen dazu geraten hatten.
Pat: Ich habe nie zu einem Elternteil oder einem Schüler gesagt, er oder sie solle sich von Ihnen oder Donna fernhalten.

Der Dialog war emotional ziemlich aufgeladen. Mir fiel auf, dass auch Al zu berühren schien, was da vor sich ging.

Mediator: Al, ich weiß, dass Sie damals nicht dabei waren, aber dieses Gespräch scheint Sie getroffen zu haben.
Al: Ich möchte Ihnen etwas sagen. Ich habe zwei Töchter im Teenageralter. All das ist gar nicht so weit von mir entfernt, wie Sie vielleicht denken.
Mediator: Können Sie das noch etwas weiter ausführen?
Al: Das ist der Alptraum aller Eltern. Ich will hier nicht über mich selbst sprechen, aber Sie können mir glauben, ich verstehe durchaus, wie schwer das alles für Sie, Martha, und für Sie, Donna, gewesen sein muss.

Die Augen des Anwalts wurden für einen kurzen Moment feucht – und zum ersten Mal seit Beginn dieser Mediation herrschte im Raum absolute Stille. Es war das letzte, was einer von uns erwartet hätte: ein Anwalt, der seine Menschlichkeit und Empathie einbrachte. Eine weitere Entwicklung, die zunächst als unmöglich gegolten hatte, war greifbar und wirklich geworden.

Hinter der professionellen Fassade

Es geschieht nicht häufig, dass Experten in Rechtsstreitigkeiten von der menschlichen Dimension berührt werden, aber wenn ein solcher Moment kommt, ist er für alle Anwesenden sehr bedeutend. Normalerweise verhindert die »Maske der Professionalität«, dass so etwas geschieht; falls es doch passiert, dann zumindest nicht vor aller Augen. Als Mediatoren können wir so etwas nicht einfach herbeiführen. Wir versuchen jedoch, eine Atmosphäre zu schaffen, die ein entsprechendes Maß an Authentizität fördert – dadurch, dass wir bereit sind, uns vor den Augen anderer von der menschlichen Ebene berühren zu lassen.

Authentizität fördern

Die Gefühle im Raum waren sanfter geworden. Als Martha fortfuhr, stützte sie sich immer weniger auf ihre schriftliche Erklärung und ein Gespür für das, was sie erlebt hatte, durchzog den Raum. Zwischen Martha und Al war etwas Wichtiges geschehen: Zum ersten Mal hatte Martha den Eindruck, dass jemand, der die Schule vertrat – auch wenn er nicht direkt an der Schule arbeitete oder an den Ereignissen beteiligt gewesen war – ihre Erfahrung wirklich nachvollziehen konnte; womöglich noch mehr als Pat, die dabei gewesen war.

Donna hatte bis zu diesem Zeitpunkt geschwiegen. Als Martha endete, fragte ich Donna, ob es irgendetwas gab, was sie gerne sagen wollte.

> **Donna** (den Tränen nahe): Es tut mir einfach so schrecklich leid, dass ich allen so viel Ärger und Kummer bereitet habe – meiner Mutter und meinen Freunden. Ich wusste nicht, was mit mir geschah. Und das schien auch niemand sonst zu wissen. Am schlimmsten fand ich, dass die Eltern meiner Freunde ihnen verboten, mit mir zu sprechen.
> **Pat:** Ich weiß, das war hart für Dich.
> **Donna:** Aber auch Sie haben mir nicht geholfen, dabei ist das eigentlich Ihr Job.
> **Pat:** Ich habe getan, was ich konnte. Aber das war nicht genug und das tut mir leid.

Die menschliche Dimension kam mit aller Kraft zum Vorschein und das sollte für unsere Zusammenarbeit eine unverzichtbare Grundlage schaffen. Für alle Anwesenden war es eine Herausforderung, sich dem Schmerz der Situation zu stellen.

Tom schien sich zunehmend unwohl zu fühlen. Mal blickte er auf seine Uhr, dann in seine Papiere; er sah aus, als würde er am liebsten den Raum verlassen. Mir war klar, dass er ein derart offenes Gespräch nicht gewohnt war. Wir mussten nun einen Weg finden, um das, was geschehen war, in unser weiteres Vorgehen zu integrieren. Ich hoffte, er würde einen Weg finden, um sein Unbehagen gegenüber den anderen Beteiligten der Schule zu artikulieren, ohne dass dadurch die Bedeutung des soeben Geschehenen wieder zunichte gemacht würde.

> **Mediator:** Ich möchte Sie daran erinnern, dass wir jederzeit eine Pause machen können, falls sich ein Anwalt oder ein Mandant zu einer Einzelbesprechung zurückziehen möchte.

Tom sprang förmlich von seinem Platz auf. Nach einer Viertelstunde kamen wir wieder zusammen und verbrachten einige Zeit damit, Martha und Pat dabei zu helfen, sich gegenseitig besser zu verstehen. Martha konnte nachvollziehen, in welcher Zwickmühle Pat gesteckt hatte, als sie Donna helfen wollte, aber die Spannungen zwischen Pat, ihren Vorgesetzten in der Schulverwaltung und den besorgten Eltern der Mitschüler das nicht zuließen. Pat fiel es leichter zu verstehen, dass Martha und Donna sich isoliert gefühlt hatten und außerstande gewesen waren, Hilfe anzufordern. Doch Toms Ungeduld war mit Händen zu greifen.

> **Tom:** Lassen Sie uns zum Wesentlichen kommen.
> **Mediator:** Auch ich denke, es ist an der Zeit, uns mit Lösungsmöglichkeiten zu befassen, wenn Sie alle einverstanden sind. Dafür würde ich gerne die Interessen von Martha, Donna, der Schule und der Versicherung herausfinden, die in den Lösungsoptionen berücksichtiget werden müssten, bevor wir über konkrete Ergebnisse verhandeln. Ist das in Ordnung?
> **Tom:** Im Grunde geht es doch nur um Geld.
> **Mediator:** Über Geld werden wir noch sprechen müssen, aber ich bin mir nicht sicher, ob es für alle hier nur um Geld geht. Und selbst wenn es so sein sollte, kann das von mir vorgeschlagene Verfahren eine Basis schaffen, die uns auch bei der Bestimmung von Geldbeträgen helfen kann.
> **Al** (mit Blick auf Tom)**:** Ich finde den Vorschlag hilfreich.
> **Sally** (Marthas Anwältin): Er hat meines Erachtens recht. Es geht hier um mehr als um Geld.

Interessen herausarbeiten

Wir begannen, über die zugrunde liegenden Interessen der Parteien zu sprechen, die wir auf einem Flipchart festhielten.

> **Mediator:** Können Sie uns aus Sicht der Schule und der Versicherung sagen, was Ihnen im Hinblick auf eine Lösung wichtig wäre?

Tom: Für uns geht es hier wirklich nur um Geld. Je eher wir darüber sprechen, desto besser.
Mediator: Für die Versicherung geht es darum, ein finanzielles Ergebnis zu erzielen, das Sie vor dem Unternehmen rechtfertigen können, wobei Sie auch die Rechtswirklichkeit berücksichtigen müssen. Gibt es noch etwas?
Tom: Nein, das ist alles.
Mediator: Al und Pat, wie sehen die Dinge aus Sicht der Schule aus?
Al: Es gibt ein paar Dinge, die für die Schule wichtig sind. Ihr Ruf ist sehr wichtig. Daneben sind die Folgen dieses Vorfalls für die Lehrer, die Schulverwaltung und die anderen Schüler bedeutend.
Mediator: Wir wollen sehen, ob wir das, was Sie sagen, noch etwas genauer fassen können. Zunächst zur Schule. Sie wünscht sich unter anderem, in dem Ruf zu stehen, den Bedürfnissen der Gemeinde zu entsprechen.
Al: Sie zu schützen.
Mediator: Ja, es geht nicht nur um den Ruf, sondern vor allem um den Schutz. Den Schutz aller Schüler.
Pat: Genau. Zudem ist es für die Schüler wichtig zu wissen, dass die Schule sich um sie kümmert, wenn sie Probleme haben.
Mediator: Gut. Was noch?
Pat: Die Schule steht hinter den Lehrern und den Mitarbeitern der Schulverwaltung.
Mediator: Dazu gehören auch Sie.
Al: Und andere.
Pat: Außerdem muss der Schulbetrieb funktionieren.
Mediator: Ich höre bei Ihnen auch heraus, dass die Lernatmosphäre und das Erziehungsklima für die Schule wichtig sind.
Pat: Das ist fundamental. Und die Schüler zu unterrichten. Darum geht es doch an einer Schule.
Mediator: Zählt dazu auch das, was mit Donna geschehen ist?
Pat: Ja, auf jeden Fall.

Anschließend halfen wir Martha und Donna dabei, ihre Interessen herauszufinden. Es dauerte lange, bis wir in Worte fassen konnten, was für sie wichtig war. Denn wir mussten einen Weg finden, der sowohl dem Ausmaß ihres Leidens gerecht wurde, als auch Raum für den Blick nach vorne ließ. Der Dialog mit ihnen begann folgendermaßen:

Mediator: Martha und Donna, können Sie sagen, was für Sie – unabhängig von einer konkreten Lösung – wichtig ist?
Martha: Ich finde, dass die Schule bestraft werden sollte.
Mediator: Was würde Ihnen das bringen?

Martha: Das würde zeigen, dass wir im Recht sind. Dann würden die Leute vielleicht wieder mit uns sprechen.
Mediator: Wenn festgestellt würde, dass die Schule sich falsch verhalten hat, wäre es für Sie leichter, wieder mit anderen Menschen in Kontakt zu treten. Stimmt das so?
Martha: Ja. Donna hat keinerlei Kontakt zu ihren guten Freunden und Schuld daran ist die Art, wie die Schule mit der ganzen Angelegenheit umgegangen ist.
Mediator: Dass Donna von Menschen ferngehalten wurde, denen sie zuvor nahe gestanden hatte, muss die ganze Sache noch viel traumatischer gemacht haben.
Martha: Wir fühlen uns, als hätte man uns einmal komplett durch die Mangel gedreht.
Mediator: Können Sie erklären, was Sie damit meinen?
Martha: Die gesamte Erfahrung war für mich, Donna und unsere ganze Familie schlichtweg traumatisch. Donna wurde für den Rest ihres Lebens als verrückt abgestempelt.
Mediator: Also war nicht nur das schlimm für Sie, was Donna konkret durchmachen musste. Es war die Art und Weise, wie ihr Umfeld reagierte, die die Sache für Sie alle so schmerzhaft machte.
Martha: Genau. Sie haben Donna ausgestoßen und sie haben mich ausgestoßen. Es war wie eine Ächtung. Sie verstehen bis heute nicht, dass es Donna inzwischen besser geht. Sie kann jetzt wieder lernen.
Mediator: Eines Ihrer Interessen besteht also darin, das Stigma aufzuheben, damit die Gemeinde sehen kann, dass es Donna besser geht.
Donna: Ich würde gerne in meinem Leben weiterkommen. Ich habe noch nicht einmal einen Schulabschluss.
Al: Sie haben Ihre Kurse nicht abgeschlossen.
Mediator: Ihnen ist also wichtig, die High School zu beenden.
Donna: Ja, das ist es.

Es war ein bewegender Augenblick, als Donna das Wort ergriff – und keinem von uns war entgangen, dass Al der erste war, der sie unterstützte.

Martha: Und sie schafft das. Was es so schwierig gemacht hat war, so abgestempelt zu werden. Über uns wurde getuschelt, hinter verschlossenen Türen geredet; andere Schüler, Eltern und Leute von der Schule schauten uns an, als wären wir alle verrückt. Donna ist unser drittes Kind, das auf die Schule ging. Wir waren mit der Schule mehr als zwölf Jahre verbunden.
Mediator: Sie hatten das Gefühl, dass sie alle ein Teil jener Gemeinschaft waren.
Martha: Das war letztendlich der Grund, weshalb wir die Klage einge-

reicht haben. Wir waren so frustriert, dass wir nicht wussten, was wir sonst hätten tun sollen.
Mediator: Es würde Ihnen also viel bedeuten, wenn Sie das Gefühl hätten, dass Donna und Ihre Familie wieder in die Schulgemeinschaft aufgenommen würden. Gibt es noch etwas?
Martha: Nun, ja. Da ist noch die Frage des Geldes.
Mediator: Welche Bedeutung hat das?
Martha: Das Ganze hat viel gekostet: Medikamente, Arztkosten, Psychiater, die ganzen Fachleute eben. Wir mussten mehr ausgeben als es der Fall gewesen wäre, wenn die Schule damit besser umgegangen wäre. Wir mussten sogar für ein Gespräch zwischen dem Psychiater und der Schulverwaltung sorgen.
Mediator: Ein weiteres Interesse von Ihnen ist daher eine angemessene Entschädigung für die zusätzlichen Kosten und Schwierigkeiten, die die Schule verursacht hat.

Im Lauf des Gesprächs benannten Martha und Donna eine Reihe von Interessen – es war mühsam und schmerzvoll für sie. Donna war unter anderem wichtig, ihr Leben wieder in die Hand zu nehmen, indem sie ihren High-School-Abschluss machte, Anerkennung in der Gemeinschaft zu finden und für die Probleme entschädigt zu werden, die die Schule verursacht hatte. Durch das Gespräch über die Stigmatisierung Donnas und ihrer Familie kam Martha auf ihr allgemeineres Anliegen zu sprechen: dass die Gemeinde über psychische Erkrankungen aufgeklärt werden müsste. Dieses letztgenannte Interesse resultierte aus einem Gespräch, das unter anderem folgenden Dialog enthielt:

Mediator: Was ist sonst noch für Sie wichtig?
Martha: Was wir durchgemacht haben, war extrem hart. Ich möchte nicht, dass jemand anders das gleiche erleiden muss, was wir durch die Schule erlitten haben.
Mediator: Ihnen liegt also daran, dass etwas passiert, womit anderen in einer ähnlichen Situation geholfen wäre.
Martha: Wir sind auf so viel Unkenntnis und Hilflosigkeit gestoßen. Wir wussten nicht, wohin wir uns wenden sollten, noch schien das irgendjemand von der Schule zu wissen. Viele Probleme der Kinder werden von der Schule einfach unter den Teppich gekehrt.
Mediator: Eines Ihrer und Donnas Interessen könnte also lauten, dass ein größeres Bewusstsein für den Umgang mit solchen Situationen entsteht.
Martha: Uns würde es wirklich helfen zu wissen, dass wir durch den Vorfall nicht komplett zum Opfer wurden, sondern dass er uns zumindest ermöglichte, uns selbst und anderen zu helfen.

Mediator: Das Wissen, anderen und sich selbst geholfen zu haben, würde für Sie einen großen Unterschied machen.

Martha und Donna bestätigten, dass sie das als wertvoll empfinden würden. Nach einem weiteren Gespräch erarbeiteten wir folgende Aufstellung der Interessen beider Seiten.

Die Interessen der beiden Parteien:

Donna und Martha	Schule und Versicherung
Einen High-School-Abschluss machen	Den Schutz der Schüler gewährleisten
Donnas Beziehung zu Gleichaltrigen wiederherstellen	Die Bildung der Schüler gewährleisten
Eine angemessene Entschädigung erhalten	Den Ruf der Schule wahren
Vom Stigma psychischer Erkrankung befreit zu werden	Für eine gute Lernatmosphäre sorgen
Die Gemeinde über psychische Erkrankungen aufklären	

Wurde eine Basis geschaffen, in der beide Seiten verstehen, was ihnen wichtig ist, kann dies als Sprungbrett genutzt werden, um mögliche Lösungen zu entwickeln.

Kreative Lösungsoptionen entwickeln

Mediator: Wir sollten nun über Lösungen nachdenken. Vielleicht können wir dabei auf lockere Art vorgehen, das heißt, alle von uns entwickeln Ideen, die zu einer Lösung beitragen könnten – und zwar durch ein sogenanntes Brainstorming. Ich schlage vor, wir einigen uns darauf, dass jeder Ideen nennen kann, ohne dass er entscheiden muss, ob er die Idee gut findet, und dass wir die Bewertung der Optionen erst dann vornehmen, wenn wir alle aufgelistet haben. Einverstanden?
Tom (der Vertreter der Versicherung): Ich habe es bereits gesagt: Wir sind hier, um uns auf eine finanzielle Lösung zu einigen. Lassen Sie uns doch endlich auf den Punkt kommen.
Mediator: Ihnen erscheint alles, was über einen Geldbetrag hinausgeht, momentan als nicht sehr sinnvoll. Natürlich kann es gut sein, dass finanzielle Aspekte eine Komponente der Einigung sein werden, aber womöglich gibt es noch andere Aspekte, die für Donna und Martha oder die Schule wichtig sind. Wir haben bereits festgestellt, welche Bedürfnisse und Interessen das sind. Wären Sie bereit, sich noch etwas zu gedul-

den, damit wir sehen können, welche Ideen sonst noch für uns in Frage kommen?
Tom: Okay, aber ich möchte, dass sie ein Angebot machen.
Mediator: Zuvor ist das, was wir gleich tun werden, meines Erachtens nützlich, denn damit gelingt es uns womöglich, alle Elemente einer Lösung zu bestimmen, die wir anschließend mit konkreten Zahlenvorschlägen quantifizieren können.

Manchmal ist es wichtig für die Parteien, nicht schon in den konkreten »Angebots-Modus« zu schalten, bevor sie nicht die Gelegenheit hatten, ihrer Kreativität freien Lauf zu lassen. Dabei können sich alle Anwesenden auf die solide Basis der Interessen stützen, die sie vorher genannt haben. Grenzt man die Optionen vorzeitig ein, verspielt man möglicherweise die Chance, gemeinsam über Möglichkeiten nachzudenken, an die vorher noch keiner gedacht hat.

Martha: Donna hat noch immer kein Abschlusszeugnis von der Schule erhalten.
Al: Die Schule vergibt keine Zeugnisse, solange nicht die erforderlichen Leistungen erbracht wurden.
Mediator: Lassen Sie uns die Bewertung dessen, was möglich oder nicht möglich, angemessen oder nicht angemessen ist, auf später verschieben. Im Moment wollen wir es einfach als einen Aspekt festhalten, um später zu sehen, was Donna für ihren Abschluss braucht.

Brainstorming, um Ideen ohne Details zu generieren

Der Sinn des Brainstormings liegt darin, eine Idee zu haben, *ohne* sich darüber Gedanken zu machen, wie man sie weiter ausarbeiten könnte und ohne sich zu fragen, ob sie praktikabel ist oder was geschehen müsste, damit sie funktioniert. Manchmal ist es wichtig, einfach Ideen zu generieren, ohne sich um die Details zu kümmern – das geschieht erst in der Bewertungsphase.

Martha: Al hat uns hier unterstützt, aber bisher war noch niemand von der Schulverwaltung bereit, sich einmal mit mir zusammenzusetzen und zu verstehen, was die Schule Donna angetan hat.
Mediator: Ein Aspekt wäre also, ein weiteres Treffen zu ermöglichen, an dem Angehörige der Schule teilnehmen würden, die an dem Vorfall beteiligt waren.
Martha: Ich weiß noch nicht einmal, ob sie überhaupt dazu bereit wären.
Mediator: Das weiß ich auch nicht, aber ich merke, dass es Ihnen wichtig ist. Später werden wir uns damit beschäftigen, was tatsächlich möglich ist.

Donna: Das kommt Ihnen vielleicht lächerlich vor, aber ich habe noch nicht mal das Jahrbuch meiner Abschlussklasse erhalten.
Mediator: Das ist nicht lächerlich. Sie möchten an etwas Anteil nehmen, zu dem Sie einmal dazugehörten.
Donna (beginnt zu weinen): Die meisten meiner Freunde wollen noch nicht mal mit mir sprechen.
Mediator: Es war schlimm für Sie, den Kontakt zu Ihren Freunden zu verlieren und womöglich ist es für Sie wichtig, wieder mit ihnen in Verbindung zu treten. Wenn das der Fall ist, könnten wir uns darüber Gedanken machen, wie das vonstattengehen könnte.
Donna: Nein, das will ich nicht. Aber ich möchte das Jahrbuch haben.
Martha: Ich glaube, darüber müssen wir hier nicht weiter sprechen.

Es war offensichtlich, dass der Kontaktverlust zu ihren Klassenkameraden für Donna extrem schmerzhaft war. Ich hoffte, dass wir eine Basis geschaffen hatten, sodass Martha dieser Frage mit ihrer Tochter außerhalb der Mediation weiter nachgehen würde; vielleicht würde sie sogar Pat um Hilfe bitten.

Das Wechselspiel von Interessen und Lösungsoptionen

Dynamisches Wechselspiel von Interessen und Lösungen

In dieser Phase kommt es häufig vor, dass die Parteien auf der Suche nach Lösungsoptionen noch weitere Interessen entdecken – oder aber bereits genannte Interessen werden ihnen noch klarer und deutlicher bewusst. Ein solches *dynamisches Wechselspiel* von Interessen und Lösungen ist ein wesentlicher Bestandteil dieser Mediationsphase und erweist sich oft als hilfreich.

Mediator: Hat jemand noch weitere Ideen?
Pat: Vielleicht könnte die Schule an Donnas Mitschüler einen Brief schreiben, der erläutert, was geschehen ist.
Martha: Ich denke, dass ein Brief der Schule an die Eltern, insbesondere an die Eltern von Donnas Freunden, für Donna wieder einige Türen öffnen könnte.
Mediator: Gut. Was könnte Donna oder der Schule noch helfen?
Martha: Ich würde mir eine Aufklärungskampagne wünschen, die die Schüler besser über psychische Erkrankungen informiert. Ich wünsche niemandem, dass er das durchmachen muss, was wir durchgemacht haben.
Mediator: Das baut auf dem auf, was Sie zuvor über eine Aufklärung der Gemeinschaft gesagt haben. Ich habe den Eindruck, dass wir ein paar vielversprechende Ideen zusammengetragen haben, die über den reinen Geldfaktor hinausgehen; vielleicht gibt es noch mehr. Wenn Sie dazu be-

reit sind, können wir uns nun dem finanziellen Aspekt zuwenden. Aber wir können jederzeit auf die anderen Aspekte zurückkommen, wenn jemandem dazu noch etwas einfällt. Bevor wir über konkrete Zahlen sprechen – gibt es irgendwelche Vorschläge, in welcher Form das Geld gezahlt werden sollte?

Finanzielle Lösungsoptionen besprechen

Selbst wenn wir über Geld sprechen, geht es dabei nicht nur um den reinen Betrag. Es lohnt sich, zeitliche Aspekte, Steuereffekte und andere Faktoren zu untersuchen, bevor wir in die Diskussion über den Geldbetrag einsteigen, da sich diese Überlegungen auf die Höhe des Betrags auswirken. Natürlich kann man auch versuchen, erst einen Betrag zu finden und sich später mit den Details zu befassen. Aber unseres Erachtens dient es der Transparenz, diese Angelegenheiten zuerst zu besprechen, insbesondere in Fällen, in denen die Beteiligten sich unterschiedlich gut in Finanzfragen auskennen. Die meisten dieser Überlegungen gehen – ebenso wie die nichtmonetären Lösungen – weit über das hinaus, was ein Gericht anordnen könnte. Daher besteht ein weiterer Vorteil eines einvernehmlichen Verfahrens darin, dass man auch bei den finanziellen Aspekten die individuellen Bedürfnisse und Prioritäten der Parteien berücksichtigen kann.

Bei finanziellen Aspekten können individuelle Bedürfnisse berücksichtigt werden

Sally (Marthas Anwältin): Meinen Sie eine Zahlung in Raten?
Mediator: Das ist eine Möglichkeit. Ich nehme auch an, dass es steuerliche Erwägungen gibt, wie also das Geld zu klassifizieren ist, damit Martha und Donna keine Steuern darauf zahlen müssen.
Pat: Bisher haben wir nur darüber gesprochen, was die Schule für Donna und Martha tun kann. Aber ich denke, es gibt auch Dinge, die Donna oder Martha für die anderen Eltern und Schüler tun könnten, falls sie dazu bereit sind.
Mediator: Wir können gleich mit der Frage der Zahlungen weitermachen. Woran haben Sie gedacht, Pat?
Pat: Die meisten Schüler haben ihr Leben einfach so weitergelebt. Aber einige sind in die Schusslinie zwischen Martha, Donna und der Schule geraten. Wie wäre es zum Beispiel mit einem Treffen zwischen Martha und einigen Eltern?
Martha: Das halte ich für keine gute Idee.
Mediator: Es ist eine weitere Option. Natürlich würde das nur geschehen, wenn Martha dazu bereit wäre. Für den Moment wollen wir es einfach als eine Möglichkeit festhalten.

Lösungsoptionen erweitern und Interessen vertiefen

Bevor wir mit der Bewertung der Optionen anfingen, identifizierten wir noch einige andere Ideen und hielten sie auf dem Flipchart fest – ohne zu vermerken, wer welchen Vorschlag gemacht hatte. Das Brainstorming von Lösungsoptionen dauert so lange, bis wir alle das Gefühl haben, dass die Möglichkeiten ausgeschöpft sind, wobei uns bewusst ist, dass im Verlauf der Evaluationsphase immer noch neue Lösungsoptionen und Interessen zutage treten können. Ganz wichtig ist es, klar zwischen der Ebene der *Lösungsoptionen* und der Ebene der *Interessen* zu unterscheiden. So erweitert sich unser Horizont durch die Entwicklung von Lösungsoptionen und gewinnt durch die Analyse der Interessen an Tiefe.

Zwischen den Ebenen der Lösungsoptionen und den Interessen unterscheiden

> **Mediator:** Wir sind alle davon ausgegangen, dass ein gemeinsames Gespräch über Geld ein Teil der Lösung ist. Bevor wir bestimmte Beträge nennen, wollen wir sehen, inwiefern die von uns entwickelten Ideen die Interessen berücksichtigen, die wir vorhin herausgearbeitet haben.
> **Al** (der Anwalt der Schule): Einige der Ideen sind mit Kosten verbunden. Sie müssen sich also darüber klar sein, dass Martha und Donna weniger Geld bekommen, wenn wir diese Ideen umsetzen.
> **Martha:** Das ist für mich in Ordnung. Für Donna und mich ist es wirklich wichtig zu wissen, dass Sie Anstrengungen unternehmen, damit so etwas nicht noch einmal passiert.
> **Mediator:** Vielleicht gibt es dafür noch andere Ideen, auf die wir bei unserem Brainstorming nicht gekommen sind. Fällt einem von Ihnen noch etwas ein?

Neue Interessen als Sprungbrett für weitere Lösungsmöglichkeiten

Manchmal ist es sinnvoll, ein weiteres Brainstorming abzuhalten, um zusätzliche Lösungsoptionen zu finden, wenn neue Interessen hinzugekommen sind. Dann können wir das neue Interesse als Sprungbrett nutzen, um über weitere Lösungsmöglichkeiten nachzudenken.

> **Al** (der Anwalt der Schule): Wie wäre es mit einem Schulungsprogramm für Lehrer und Verwaltungsangehörige, um sie über psychische Probleme aufzuklären?
> **Martha:** Und wie wäre es mit einem entsprechenden Programm für die Eltern?

Lösungsoptionen an den Interessen messen

Jede der genannten Optionen wurde auf dem Flipchart notiert. Wir waren nun bereit, die Lösungsoptionen mit den Interessen abzugleichen. Letztendlich geht es darum, die Optionen zu finden, die den Interessen beider Seiten am ehesten gerecht werden. Überprüft man die Lösungsoptionen anhand der Interessen – während alle die Interessen *beider*

Seiten im Blick haben – hilft das den Beteiligten, sich auf das zu konzentrieren, was beiden Seiten wichtig ist.

Pat: Ich würde gerne etwas sagen. Ich habe das Gefühl, Sie verlangen von der Schule, dass sie die gesamte Last für das trägt, was Donna passiert ist. Aber Fakt ist, dass die Schule Donnas Krankheit nicht verursacht hat. Natürlich hätten wir einige Dinge besser machen können. Die Kommunikation hat nicht ideal funktioniert; wir hätten uns besser um die Eltern und Schüler kümmern können; wir haben zu sehr auf unsere Anwälte gehört. Martha, ich weiß, dass bei Ihnen Land unter war, aber zurückblickend denke ich, dass auch Sie ein paar Dinge hätten besser machen können.
Martha: Ich weiß es zu schätzen, dass Sie die mangelnde Unterstützung der Schule einräumen, und ich gebe der Schule nicht die Schuld an Donnas Krankheit. Niemand ist daran Schuld. Es ist einfach passiert und niemand hat es kommen sehen. Aber es gibt eine Stigmatisierung, die nicht nur Donna, sondern unsere ganze Familie betrifft. Obwohl Donna noch nicht alle Probleme überwinden konnte, hat sie schon eine enorme Entwicklung durchgemacht und wir sehen Licht am Ende des Tunnels. Manchmal habe ich mir selbst die Schuld gegeben für das, was geschah und es war frustrierend lernen zu müssen, wie wenig die Fachleute scheinbar von all dem verstehen. Wenn doch nur der Direktor mich angerufen und ein Treffen mit mir vereinbart hätte – dann hätten wir darüber reden können und es wäre nicht zu einer derartigen Polarisierung gekommen.

Die Aufrichtigkeit und Verletzlichkeit dieses Gesprächs war mit Händen zu greifen. Pat und Martha waren aufeinander zugegangen; dass es ein ehrlicher Kontakt war, war für uns alle ersichtlich. Ich war mir allerdings nicht sicher, wie sich das auf Tom auswirkte.

Mediator: Ich hoffe, Sie beide finden dieses Gespräch ebenso sinnvoll wie ich. Besonders wichtig scheint mir zu sein, dass beide von Ihnen mögliche Alternativen erkennen, die Ihre Polarisierung verhindert hätte. Ergibt sich daraus vielleicht etwas, das uns im Hinblick auf unsere Lösungsoptionen nutzt?
Pat: Auf jeden Fall. Martha, ich würde mir Ihre aktive Unterstützung wünschen, und auch Ihre, Donna. Ich weiß, dass Ihre Genesung für Sie das Wichtigste ist und das ist auch richtig so. Aber vielleicht könnte es Ihnen und auch anderen tatsächlich helfen, wenn Sie mitmachen.
Mediator: Was schwebt Ihnen vor?
Pat: Ich weiß noch nicht genau, vielleicht etwas in der Art einer gemeinsamen Stellungnahme von uns allen und weiteren Angehörigen der

Schule, die den Vorfall erklärt, ohne dass irgendjemandem der schwarze Peter zugeschoben wird.
Mediator: Mit Blick auf die von Ihnen zuvor benannten Interessen scheint mir das ein vielversprechender Vorschlag zu sein, weil er meines Erachtens gleich mehreren Interessen auf beiden Seiten gerecht wird.

Das Verfahren hatte eine interessante Wendung genommen. Da es die Interessen aller Parteien sichtbar gemacht hatte, konnte jeder nun ein umfassenderes Bild sehen und das, was er verstanden hatte, in konkrete Lösungen übersetzen, die möglicherweise allen helfen würden.

Blieb immer noch die Geldfrage. Aber mittlerweile hatten wir ein umfassenderes Verständnis der Gesamtsituation entwickelt und die Basis für eine Reihe nichtmonetärer Lösungen gelegt. Dadurch war es weniger wahrscheinlich, dass Geld zum einzigen und potenziell polarisierenden Schwerpunkt wurde – was durchaus hätte geschehen können, hätten wir zu früh darüber gesprochen. Ich war zuversichtlich, dass die entwickelten Lösungsoptionen uns dabei helfen würden, die monetären Differenzen zu überbrücken; daher hielt ich die Zeit für ein solches Gespräch gekommen.

Mediator: Wenn wir nun über den finanziellen Aspekt der Einigung sprechen, möchte ich auf eine Gefahr hinweisen. Sie besteht darin, dass jede Seite ein strategisches Angebot macht, das heißt: Jeder verlangt mehr als er bräuchte und bietet weniger als das, was er letztendlich zu zahlen bereit wäre. Meine Hoffnung ist nun, dass Sie jeweils ein Angebot vorlegen, von dem Sie glauben, dass es für die Gegenseite attraktiv ist. Damit Sie das nicht zu sehr einschränkt, müssen es nicht unbedingt die Beträge sein, denen Sie am Ende auf jeden Fall zustimmen würden, aber sie sollten Ihre aufrichtige Absicht zum Ausdruck bringen. Wenn wir nur ein wenig in dem Geiste handeln, in dem wir die anderen Lösungsoptionen entwickelt haben, könnten wir uns einige der taktischen Manöver ersparen, die das alles erschweren.
Sally (Marthas Anwältin): Woher wissen wir, dass sich die anderen auch daran halten, wenn wir das tun? Und wer fängt an?
Mediator: Ich schlage vor, dass Sie beide Ihr Angebot und die Gründe dafür aufschreiben und mir geben. Habe ich den Eindruck, dass beides seriöse Angebote sind, werde ich sie an den jeweils anderen weiterreichen. Wenn eins der Angebote oder beide nicht seriös sind, werde ich Ihnen das einfach sagen; dann müssen wir uns überlegen, was wir tun. Ich hoffe, dass es nicht dazu kommt.

Angebote machen

Angebote können auf vielfältige Weise gemacht werden. Da in diesem Fall die nichtmonetären Aspekte in das Gesamtangebot einbezogen werden mussten, würde das von beiden Seiten erstellte Paket zweierlei Zwecken dienen. Erstens würden Al und Tom die Gelegenheit haben, die ökonomischen Folgen der nichtmonetären Anteile zu untersuchen und diese in ihr Gesamtangebot zu integrieren. Zweitens würde das gleichzeitige Erstellen der Angebote das Taktieren der Parteien verringern. Macht zuerst eine Seite ein Angebot, lädt das die zweite Partei geradezu dazu ein, es auf der Stelle zu zerpflücken. Erstellen beide Seiten ihre Angebote gleichzeitig, kann mehr Gegenseitigkeit entstehen, da kein Angebot eine direkte Reaktion auf das andere ist.

Sind die Parteien bei einer Frage besonders stark polarisiert, fordern wir beide Seiten häufig dazu auf, ein »Angebotspaket zu schnüren«: Darin sollte ein Angebot enthalten sein, bei dem – für den Fall, dass die andere Seite bereit ist, in der speziellen Frage auf sie zuzugehen – der Rest des Angebots diesen Umstand honoriert. Ein zweites Angebot sollte mehr zugunsten desjenigen verfasst sein, der das Angebot macht, wobei die umstrittene Frage jedoch im Sinne der Gegenseite gelöst wird.

Die Hoffnung dahinter ist, dass man sich auf eine für beide Seiten vertretbare Lösung zubewegt, wenn mindestens ein Angebot von jeder Seite auf dem Tisch liegt. Vielleicht taucht auch eine neue Idee auf. Wir versuchen immer, die Interessen zum Prüfstein zu machen: Beide Seiten müssen erklären, inwieweit ihr Angebot – oder ihre Angebote – *beiden Seiten* dienen. Dafür kehren wir gezielt zu den Interessen zurück und fragen jede Seite, inwiefern jedes Angebot *sowohl* ihren Interessen *als auch* denen der Gegenseite entspricht.

Prüfsteine der Angebote sind die Interessen *beider* Seiten

Al (der Anwalt der Schule): Das ist noch zu vage. Bisher haben wir nur einmal über Geld gesprochen und dabei stellte sich heraus, dass unsere Vorstellungen um 200 000 Dollar auseinander lagen. Hier ist heute viel passiert und ich hoffe, dass wir den Fall jetzt beilegen können. Aber es muss hinsichtlich des finanziellen Aspekts noch konkreter werden, damit wir unsere Angebote machen können.
Mediator: Ihnen würde es also helfen, wenn Sie besser abschätzen könnten, ob sich Marthas und Donnas Haltung in finanzieller Hinsicht ändern würde, wenn Sie die nichtmonetären Aspekte in Ihrem Angebot berücksichtigen.
Al (der Anwalt der Schule): Ja. Wir können auf ihre vorherige Forderung unter keinen Umständen eingehen und es wird auf jeden Fall bedeutend

weniger, wenn wir die anderen Aspekte einbeziehen, über die wir gesprochen haben.
Sally (Marthas Anwältin): Das verstehe ich. Sie sollten wissen, Al, dass wir nicht erwarten, bei 210 000 Dollar zu landen und dass wir infolge der anderen Aspekte bereit sind, neu zu verhandeln.
Mediator: Reicht Ihnen das, Al, damit Sie Ihr Angebot erstellen können?
Al (der Anwalt der Schule): Das wünschte ich. Es hilft mir schon, aber Sie müssen wissen, dass es für uns keine Möglichkeit gibt, diesen Fall sechsstellig zu begleichen.
Sally (Marthas Anwältin): Das verstehe ich.
Mediator: Reicht das oder möchten Sie noch etwas sagen?
Sally (Marthas Anwältin): Uns reicht das.
Al (der Anwalt der Schule): Ja. Tom, wir beide müssen miteinander reden und ich muss auch mit den Leuten von der Schule sprechen.
Mediator: Dann wollen wir dafür eine Pause einlegen.

Nach einer halben Stunde kamen wir wieder zusammen.

Al (der Anwalt der Schule): Ich konnte mit allen sprechen und ich würde gerne einen Vorschlag machen. Sie brauchen kein Angebot abzugeben, Sally, und ich würde gerne erklären, weshalb. Als wir heute Morgen hierher kamen, schwebte mir ein bestimmter Betrag vor, aber in Folge der Gespräche, die wir hier miteinander geführt haben, bin ich zu der Überzeugung gelangt, dass dieser Betrag nicht ausreicht, um den Fall zu beizulegen. Daher haben wir ein umfassendes Angebot erarbeitet, das einen höheren Betrag vorsieht, der über Toms Verfügungsrahmen hinausgeht. Aber wenn Sie zustimmen, verspreche ich Ihnen, dass sowohl Tom als auch ich uns gegenüber der Versicherung für Sie einsetzen werden. Ich kann Ihnen zwar nicht garantieren, dass die Versicherung zustimmen wird, aber aufgrund des Verhältnisses, das wir beide zu der Versicherung haben, halte ich das für sehr wahrscheinlich.
Mediator: Obwohl er über Toms Verfügungsrahmen hinausgeht, möchten Sie einen Betrag anbieten, von dem Sie glauben, dass es Tom und Ihnen gelingen wird, die Versicherung zur Zustimmung zu bewegen.
Al (der Anwalt der Schule): Genau.
Mediator: Ich denke, dass das Sally, Martha und Donna in eine missliche Situation bringt. Wenn sie Ja sagen, könnte die Versicherung ihnen den Teppich unter den Füßen wegziehen.

Bei Fällen, in denen die anwesenden Verhandlungspartner nicht genügend Autorität haben, um ein Angebot zu tragen, besteht die Gefahr, dass der Fortschritt illusorisch ist. Eine weitere Gefahr liegt darin, dass die Parteien die befugten, aber nicht anwesenden Personen strategisch benutzen und somit ein echtes Weiterkommen womöglich untergraben. Indem er auf die Gefahr hinwies, nahm Al mich beim Wort, einen Vorschlag machen zu dürfen, auf den seine Seite nicht festgenagelt war – und er ging offen damit um.

Gleichzeitig wollte ich sichergehen, dass Sally und ihre Mandantinnen nicht enttäuscht wären, wenn es zu einer Übereinkunft käme und anschließend Schule und Versicherung einen Rückzieher machten; kurz: ich wollte, dass sie diese Möglichkeit bei ihrer Antwort in Betracht zogen. Hier war es wichtig, das Bewusstsein aufrecht zu erhalten, dass *beide Seiten verwundbar* waren. Daher leuchtete mir der Vorschlag des Anwalts ein, dass Sally sich nicht durch ein eigenes Angebot angreifbar machen sollte, solange er noch nicht sicher sein konnte, dass die Versicherung sein und Toms Angebot unterstützte. Vielleicht war es aber auch nur ein taktisches Manöver von Al. Für mich gab es kein Mittel, um das mit Sicherheit herauszufinden; ich hatte nur mein Bauchgefühl – und das sagte mir, dass etwas Wichtiges in diesem Raum geschehen war, das zu mehr Vertrauen zwischen den Anwälten und vielleicht auch gegenüber Martha geführt hatte.

Al (der Anwalt der Schule): Das ist richtig, aber sehr unwahrscheinlich.
Sally (Marthas Anwältin): Ich verstehe das Risiko, aber wir haben heute einen weiten Weg zurückgelegt und ich bin bereit, mit Martha und Donna ein solches Vorgehen zu besprechen.
Martha: Ich vertraue Ihrem Urteil, Sally. Ich glaube nicht, dass wir uns noch eigens besprechen müssen.
Al (der Anwalt der Schule): Das weiß ich zu schätzen, denn ich glaube, wenn wir den Fall nicht jetzt beilegen, wird es mehrere Monate dauern, bis wir erneut die Chance dazu haben werden. Bis dahin werden mindestens weitere 100 000 Dollar an Anwaltskosten angefallen sein, was es noch schwerer machen dürfte, den Fall beizulegen.
Mediator: Wenn Sie alle von einem solchen Vorgehen überzeugt sind, ist das in Ordnung – und solange alle verstehen, welche Risiken damit verbunden sind.
Sally (Marthas Anwältin): Das tun wir.
Al (der Anwalt der Schule): Gut. Erstens, was Donnas Abschlusszeugnis betrifft, haben wir herausgefunden, dass sie dafür zwei Hausarbeiten schreiben muss; wenn diese fertig sind, versichere ich Ihnen, dass man wohlwollend mit ihnen verfahren wird. Zweitens erhält Donna ein Jahrbuch. Drittens hat die Schule einem Treffen zwischen Martha und Donna und vier Lehrern oder Personen aus der Schulverwaltung zugestimmt, die Martha und Donna bestimmen können; dabei geht es ausdrücklich darum, dass die Schule versteht, was sie aus dieser Erfahrung lernen kann; Ort und Zeit legen Sie fest. Viertens sind wir bereit, ein Programm zu erstellen, das der Aufklärung des Lehrerkollegiums, der Schü-

ler und der Elternschaft über psychische Erkrankungen dient und an dem sich Martha und Donna beteiligen können, in welcher Form auch immer sie das wünschen; ich nehme an, das ergibt sich dann aus dem Treffen mit der Schule. Zu guter Letzt würden wir der Versicherung empfehlen, dass sie Ihnen 55 000 Dollar zahlt.
Mediator: Ich gehe davon aus, dass die Gründe für Ihre ersten vier Punkte sich deutlich auf die Interessen beziehen, die wir benannt haben, und die Gespräche, die wir geführt haben. Können Sie uns auch sagen, welche Gründe hinter dem monetären Angebot stehen?

Eine Erklärung des monetären Aspekts war wichtig, damit es eine Begründung gab, die das ganze Paket zusammenhielt.

Al (der Anwalt der Schule): Ja, wir halten das für einen beträchtlichen Betrag. Natürlich ist es sehr schwer zu sagen, was vor Gericht geschehen würde oder was tatsächlich einer fairen Entschädigung entspräche. Aber wir denken, dass dieser Betrag auf angemessene Weise dem Rechtsrisiko und der Haftung angesichts der tatsächlichen Ausgaben entspricht – insbesondere wenn man der Schule bestenfalls die Verantwortung für die zusätzlichen Probleme von Donna und Martha anlasten kann, zu denen das Handeln oder die Unterlassungen seitens der Schule beigetragen haben, im Gegensatz zu Donnas eigentlichem Zustand, der die hohen medizinischen und psychiatrischen Kosten verursacht hat.
Mediator: Al, können Sie auch erläutern, inwiefern dieses Angebot Ihres Erachtens den Interessen aller entspricht?
Al (der Anwalt der Schule): Erstens scheint mir dies genügend Geld zu sein, um für Donnas zusätzliche medizinische Kosten aufzukommen. Natürlich ist es sehr schwer abzuschätzen, wie hoch genau der Anteil an den gestiegenen Kosten ist, der auf die Schule zurückgeht, aber unser Betrag erscheint mir ein erheblicher Beitrag zu sein. Zweitens sollte das eine Annäherung zwischen der Schulgemeinschaft und Martha und Donna fördern und dafür sorgen, dass alle etwas aus der Erfahrung lernen. Zudem erleichtert es der Schule, Aufklärungskampagnen über psychische Erkrankungen zu finanzieren, und das erscheint mir wichtig und richtig.

Wir machten eine Pause, damit Sally mit Martha und Donna unter vier Augen sprechen konnte. Nach fünfzehn Minuten kamen wir wieder zusammen; Martha sah etwas verstört aus.

Sally (Marthas Anwältin): Wir haben das Angebot besprochen. Die nichtmonetären Teile sind gut und es ist das erste Mal, dass ein vernünftiger Betrag geboten wurde, aber er reicht noch nicht ganz aus.
Mediator: Sie sind also zufrieden, dass das Angebot die Aufklärung der

Gemeinschaft unterstützt und auch damit, dass Martha und Donna wieder eine Beziehung zur Schule aufbauen, aber der Betrag ist zu niedrig.
Sally (Marthas Anwältin): Das ist richtig.

Alle Blicke wandten sich mir zu.

Sackgassen kreativ und wohlwollend entkommen

Tom: Und was wollen Sie jetzt machen? Wir haben unser bestes Angebot gemacht und jetzt stehen wir dumm da.
Mediator: Sie haben das Gefühl, über sich hinausgewachsen zu sein und viele Gedanken darauf verwandt zu haben, wie man die Beziehungen wieder kitten und dafür sorgen könnte, dass die Schule eine zentrale Rolle bei der Aufklärung der Gemeinde spielt. Jetzt wollen wir mehr darüber hören, was Sally, Martha und Donna denken.
Tom: In Ordnung, aber wir können nicht noch weiter gehen.
Sally (Marthas Anwältin): Wir wollen diesen Streit wirklich beilegen, aber zum Teil besteht das Problem darin, dass wir schon ziemlich viel Geld in den Zivilprozess investiert haben, um überhaupt an diesen Punkt zu gelangen. Es würde kaum Geld für Donnas weitere Behandlung übrig bleiben.
Mediator: Angesichts der Ausgaben, die Sie bereits hatten – wie viel bräuchten Sie, damit die Sache für Sie funktioniert?
Sally (Marthas Anwältin): Im Idealfall bräuchten wir 80 000 Dollar, aber wir wissen die nichtmonetären Aspekte der Vereinbarung zu schätzen, und wenn wir 70 000 Dollar bekämen, wäre der Fall erledigt.
Al (der Anwalt der Schule): Das muss ich mit Tom besprechen.

Wir legten eine Pause ein, damit Tom und Al mit der Versicherung telefonieren konnten; zehn Minuten später waren sie zurück.

Tom: Die Versicherung will nicht mehr als 55 000 Dollar bezahlen. Was nun?

Nun standen wir vor dem Problem, dass es offenkundig einen Unterschied gab zwischen dem, was die Menschen im Raum als richtig erachteten und dem, wozu die Verantwortlichen der Versicherungsfirma bereit waren. Das war ein wichtiges Spannungsmoment, mit dem wir umgehen mussten.

Mediator: Wir haben nun mehrere Möglichkeiten, weiterzumachen. Sie haben eine weite Strecke zurückgelegt, um an diesen Punkt zu gelangen. Über alle nichtmonetären Fragen konnten Sie sich einigen und Sie haben es geschafft, die Differenz zwischen Ihren Positionen auf 15 000

Dollar zu reduzieren. Das ist bedeutend weniger als der Betrag für die laufenden Rechtskosten, sollten Sie den Prozess weiterführen. Richtig?
Tom: Unsere Firma denkt nicht so.
Mediator: Aber es stimmt, oder?
Tom: Ja, aber das ist irrelevant. Ich glaube nicht, dass die Firma noch einen Cent mehr bezahlt.
Mediator: Dann frage ich mich, ob wir noch andere Möglichkeiten haben?

Nach neuen Möglichkeiten suchen

Wir waren zu weit gekommen, um an diesem Punkt stecken zu bleiben. Aber es sah so aus, als würden beide Seiten gleich aufgeben. Wir schienen tatsächlich gefährlich nah am Limit unserer Möglichkeiten zu sein, was die Überbrückung der verbleibenden Kluft anging. Ich wollte keinen Druck ausüben, obwohl ich durchaus versucht war, eine Lösung zu forcieren. Gerade in solchen Momenten ist es für den Mediator immens wichtig, eine Haltung einzunehmen, die es ihm ermöglicht, nach weiteren Optionen Ausschau zu halten – auch wenn absolute Ratlosigkeit herrscht. Als ich nach etwas suchte, das über das im Raum Stehende hinausging, kam mir die Idee zu einer Lösungsoption – indem wir einen Schritt von der Situation zurücktraten und nach Möglichkeiten fragten, an die wir noch nicht gedacht hatten.

Sally (Marthas Anwältin): Was könnte es noch für Möglichkeiten geben?
Mediator: Ich weiß, dass die Versicherung der Schule für diesen Fall aufkommt, aber ich frage mich, ob es vielleicht möglich wäre, dass die Schule selbst einen finanziellen Beitrag leistet – entweder direkt, indem sie einen Geldbetrag zur Einigung mit Donna und Martha beisteuert oder indirekt, indem etwas entwickelt wird, das Marthas und Donnas Interessen entspricht?
Sally (Marthas Anwältin): Ich weiß nicht. Wir würden diesen Fall gerne beilegen, aber Martha hatte erhebliche Ausgaben, daher bräuchten wir einfach etwas mehr Geld.
Al (der Anwalt der Schule): Lassen Sie uns eine Pause machen. Pat und ich müssen mit dem Direktor sprechen.

Als wir wieder zusammenkamen, ergriff Al das Wort.

Al (der Anwalt der Schule): Wir haben mit der Schule gesprochen. Sie ist bereit, 5000 Dollar an Martha zu zahlen; außerdem ist sie bereit, weitere 10 000 Dollar für eine Konferenz bereitzustellen, damit auch die anderen Schulen des Bezirks über Probleme psychischer Erkrankungen bei

Schülern aufgeklärt werden. Aber bevor wir weitergehen, müssten wir sicher gehen können, dass Sie das akzeptieren würden.
Sally (Marthas Anwältin): Ich spreche mit Martha und Donna.

Nach wenigen Minuten kamen sie zurück und schlossen eine Vereinbarung. Tom sah ein wenig verärgert aus. Bei uns allen machte sich Erleichterung breit, die noch deutlich zunahm, als sich Pat an Martha und Donna wandte und ihnen sagte, dass sie ihre Unterstützung bei der Konferenz bräuchte und Martha antwortete: »Ich werde alles tun, was ich kann, um zu helfen.«

Al lächelte ein wenig. Am nächsten Morgen erhielt ich ein Fax von ihm: »Fall wie besprochen beigelegt. Wir sind nun Fans der ›neuen Mediation‹, obwohl ich mir bei Tom nicht ganz sicher bin.«

Kommentar: Die Chancen des Konflikts

Seit es Menschen gibt, hat es auch Konflikte zwischen ihnen gegeben – und das wird wohl immer so bleiben. Konflikte sind häufig unsere schwierigsten und herausforderndsten Erfahrungen – aber mitunter bieten sie uns Menschen auch die Chance, das Beste in uns zu ehren. Beim verstehensbasierten Ansatz versuchen wir, diese Chance wahrzunehmen und zu ergreifen.

Konflikte und ihre menschliche Dimension

Bei Konflikten geht es um die *menschliche Dimension* des Lebens. Oft liegt der reiche Schatz menschlicher Erfahrung tief unter unserem Anderssein vergraben. Manchmal spüren wir, dass er da ist – unerkannt. Manchmal rühren wir flüchtig daran. Bei dieser Mediation wurde er greifbar, rückte in den Mittelpunkt und führte uns zur Lösung.

Bei Konflikten geht es um Meinungsverschiedenheiten zwischen Menschen; darum, dass man darin verstrickt wird und sich ihnen stellt – oder auch nicht.

Einen Konflikt zu lösen bietet uns die Chance, unsere Meinungsverschiedenheiten zu verstehen, sie zu respektieren und gemeinsam zu bearbeiten. Stellen wir uns diesen Differenzen, ermöglicht uns das außerdem, unsere tiefere Verbindung zueinander zu würdigen und eine neue Form des Zusammenlebens zu finden.

Beim vorliegenden Fall der Stigmatisierung einer psychischen Erkrankung wurde diese Chance sichtbar.

Oft rührt ein Konflikt an die Zerbrechlichkeit und Tragik des menschlichen Daseins – in diesem Fall in Form einer psychischen Erkrankung. Die Tatsache und das damit verbundene Stigma stürzten die Betroffenen in einen Konflikt, der sich massiv sowohl auf sie selbst als auch auf ihr schulisches und gesellschaftliches Umfeld auswirkte. Durch ihre *Zusammenarbeit* in der Mediation überwanden die Parteien ihren Konflikt. Sie übernahmen Verantwortung, ließen Verwundbarkeit zu, kommunizierten direkt miteinander, respektierten Verpflichtungen sich selbst und anderen gegenüber und gingen gemeinsam auf eine kreative Entdeckungsreise. Auf diese Weise gelang es ihnen, ihre Auseinandersetzung so zu lösen, dass sie den Einzelnen, der Schule und sogar Teilen der Gemeinde nutzte. Zusammen lernten sie etwas über Tatsachen und Irrtümer psychischer Erkrankungen und auch darüber, wie man mit Konflikten umgeht. Indem sie sich ihrem Konflikt stellten, gelang es ihnen nicht nur, ihn zu lösen, sondern ihn vielmehr in eine Ressource umzuwandeln, die auch anderen nutzte.

Über das Unmögliche hinausschauen

Unser Ansatz basiert darauf, dass wir die durch einen Konflikt gegebenen Einschränkungen nicht hinnehmen; denn sie führen dazu, dass Menschen zuweilen in ihrem Konflikt stecken bleiben. Um Bewegung in die Sache zu bringen, war es in diesem Fall – wie in vielen anderen Fällen auch – entscheidend, über das hinwegzublicken, was gemeinhin als »unmöglich« gilt, um herauszufinden, was – zunächst in unserer Hoffnung und schließlich auch in Wirklichkeit – »möglich« sein könnte.

Index